普通高等教育网络与新媒体专业系列教材

新媒体运营

张晞 刘洁 编著

机械工业出版社

本书是国家级一流本科线上课程的同名配套教材，紧扣当前新媒体运营领域的前沿理论与实践，为读者提供全面、深入的学习体验。

本书严格遵循国家级一流本科课程的教学标准，采用理论与实践相结合、叙述与评价相统一、论证与案例相交融的方式编写。内容涵盖新媒体运营的基本理论、策略、方法以及实践应用，展现出高度的创新性、前瞻性和实用性。

本书的结构安排独具匠心，以全新的价值视角为主线，依次展开新媒体运营概览、新媒体价值发现、新媒体价值创造、新媒体价值传播和新媒体价值变现五大核心板块。这种结构不仅有助于读者系统地掌握新媒体运营的全貌，还能引导读者在实践中不断挖掘和创造新媒体的价值。

本书既可作为高等院校新闻传播学、市场营销、信息技术、艺术设计等相关专业本科生、研究生的教材或教学参考书，也可作为新媒体从业者、政府管理者、企业管理人员的实战手册。同时，本书还可作为对新媒体运营感兴趣的读者的自学读物。

此外，与本书配套的"新媒体运营"国家级一流本科线上课程已在国家高等教育智慧平台、智慧树网、爱课程（中国大学MOOC）等知名在线教育平台上线。读者可以通过这些平台随时随地学习，课程与教材形成互补，帮助读者提升学习效果。

图书在版编目（CIP）数据

新媒体运营 / 张晞，刘洁编著. -- 北京：机械工业出版社，2025.7. -- （普通高等教育网络与新媒体专业系列教材）. -- ISBN 978-7-111-78936-9

Ⅰ. G206.2

中国国家版本馆 CIP 数据核字第 20259MZ721 号

机械工业出版社（北京市百万庄大街22号　邮政编码100037）
策划编辑：裴　泱　　　　　责任编辑：裴　泱　李　琳　施　红
责任校对：潘　蕊　陈　越　　封面设计：王　旭
责任印制：任维东
河北鹏盛贤印刷有限公司印刷
2025年9月第1版第1次印刷
184mm×260mm · 21.75印张 · 508千字
标准书号：ISBN 978-7-111-78936-9
定价：69.80元

电话服务　　　　　　　　　　网络服务
客服电话：010-88361066　　　机　工　官　网：www.cmpbook.com
　　　　　010-88379833　　　机　工　官　博：weibo.com/cmp1952
　　　　　010-68326294　　　金　书　网：www.golden-book.com
封底无防伪标均为盗版　　　　机工教育服务网：www.cmpedu.com

前　言

随着科技的迅猛进步和网络数字经济的蓬勃发展，新媒体运营领域正经历着前所未有的变革与拓展。为了在新媒体的大潮中站稳脚跟并脱颖而出，各类组织和个人必须紧跟变革的步伐，敏锐地捕捉并适应这些新趋势，以期在新媒体时代取得更加卓越的运营成果，进而实现社会和经济价值的双提升。然而现实情况却是，能够充分反映数字时代新媒体运营新理论和实践动态的教材仍然相对稀缺，这无疑加剧了新媒体运营者对于专业知识的渴求和学习需求的迫切。为了填补这一空白，本书应运而生。它从全新的价值视角出发，对新媒体运营体系进行了系统性的重塑。通过对本书的学习，广大新媒体运营者将能够在数字时代创造并实现更大的价值。

本书是一本独具匠心的教材，它囊括了新媒体运营领域的前沿理论和实践案例，构建了以新媒体价值发现、新媒体价值创造、新媒体价值传播、新媒体价值变现为四大支柱的新媒体运营知识体系，旨在为新媒体运营者提供一套全面、实用且富有前瞻性的操作指南和战略框架。

本书的内容分为五篇，共十章。每一章均采用统一而富有启发性的体例结构，旨在为读者提供深入而全面的学习体验。具体内容包括本章导语、引例、知识结构、本章小结、核心概念、思考题、测试题、实训指南以及综合案例等多个环节。

本书的特色主要表现在以下几个方面。

（1）时代特色。本书紧跟数字时代的步伐，深入探讨了新媒体运营在数字经济背景下的前沿理论与实践。它详尽地介绍了移动互联网、大数据、人工智能、5G等新一代信息技术在新媒体运营领域内的革新应用及发展趋势，为读者揭示了新媒体运营在数字时代的巨大潜力。

（2）价值视角。本书以价值作为核心线索，对新媒体运营中的价值发现、创造、传播、变现等关键环节进行了全面而深刻的剖析。基于新媒体价值框架，本书构建了新媒体运营的知识图谱，旨在顺应并推动数字经济时代新媒体运营的蓬勃发展。

（3）理论深度。本书系统地整理和阐述了新媒体运营领域所依托的跨学科理论基础，包括社会学、传播学、心理学、营销学、运营管理等多个方面。同时，本书还汲取了新媒体运营领域的新研究成果，例如技术赋能、社会化传播、推荐算法、知识付费、短视频、智能传播等，并尝试展望未来发展趋势，为理论研究提供新的视角和灵感。

（4）案例典范。本书精心挑选了来自新媒体运营实践一线的典型案例，例如人民日报的数字化转型、故宫博物院的新媒体运营创新、《博物》杂志的媒体融合升级等，这些案例不仅体现了时代精神，而且富有知识性和趣味性，能够引导读者深入分析和思考其中蕴含的新媒体运营智慧和实践经验。

（5）思政融合。本书坚守课程思政的教育理念，通过选取与中国新媒体经济发展息息相关的案例和素材，将社会主义核心价值观巧妙地融入新媒体运营的章节之中。这不仅展示了我国新媒体事业取得的成就，也强调了新媒体从业者应该遵循的法律法规、道德和行为规范。通过阅读本书，读者不仅能够掌握新媒体运营的核心知识，更能够坚定自己的社会主义核心价值观，增强使命感和责任感，成长为德才兼备的新媒体运营人才。

（6）形态创新。本书在继承传统教材优点的基础上进行了大胆创新，实现了理论与实践、基础知识与扩展阅读、教材内容与数字化资源、线上与线下学习环境以及素质教育与能力培养的有机结合。这种形式多样的教材形态不仅在教学内容、育人能力、课程思政资源建设、学习环境建设以及课堂教学改革等方面展现了创新成果，也为读者提供了更加全面和立体的学习体验。

本书的应用范围广泛，实用价值突出，能够为不同领域和职业背景的读者提供切实的帮助和参考。它不仅适合作为各专业研究生、本科生以及高职学生学习新媒体运营等相关课程的教材或教学参考书，还可以作为实训实践的指导手册或课外阅读的优选书目。同时，对于新媒体从业者、政府管理者、企业管理人员等职场人士而言，本书也是一本极具指导意义的实践操作手册。

本书由广西师范大学张晞教授和桂林理工大学刘洁副教授共同编著，汇聚了多位专业领域精英的力量。在此，我们衷心感谢所有参与和支持本书编写工作的个人和机构。

首先，非常荣幸能得到广西师范大学经济管理学院和创新创业学院的众多专家和学者的细致指导与无私帮助。他们在忙碌的工作中抽出时间，对本书的内容进行了细致的审查，并提出了许多有价值的建议，这极大地提升了本书在理论和实践层面的深度与广度。

其次，感谢广西师范大学硕士研究生谢玮欢、张璇、吴琪琪、卿馨和白锴等同学在本书编写过程中提供的帮助与支持。

再次，向编辑团队表示敬意。他们凭借专业的技能和严谨的工作态度，对本书的每个章节进行了精心的审阅和修改，确保了本书内容的高标准和准确性。

最后，对每一位读者表示感谢。正是读者的热情支持和宝贵意见，激励编者不断追求卓越，致力于提升这本新媒体运营教材的质量。编者期望本书能成为读者学习旅程中的有益伙伴，引导读者在新媒体运营领域不断进步。

编写团队在本书编著过程中倾注了大量心血，但限于编者水平和时间紧迫等因素，书中难免存在不足之处或疏漏之处。在此，衷心希望广大读者能够给予宝贵的建议，共同推动本书的进一步完善和提升。

编　者

目 录

前 言

第一篇　新媒体运营概览

第一章　新媒体的产生和内涵　/ 2
　第一节　新媒体的形成与发展　/ 3
　第二节　新媒体的内涵　/ 7
　第三节　新媒体运营的内容　/ 11
　第四节　新媒体运营的伦理　/ 13

第二章　新媒体运营的理论和实践　/ 22
　第一节　新媒体运营的宏观理论　/ 24
　第二节　新媒体运营的微观理论　/ 30
　第三节　新媒体运营的国外实践　/ 35
　第四节　新媒体运营的国内实践　/ 39

第二篇　新媒体价值发现

第三章　新媒体行业的洞察　/ 48
　第一节　新媒体行业的特征　/ 50
　第二节　新媒体行业的分析　/ 55
　第三节　新媒体行业的调查　/ 64
　第四节　新媒体用户消费行为分析　/ 74

第四章　新媒体职业的洞察　/ 86
　第一节　新媒体职业的概述　/ 88
　第二节　新媒体职业的发展环境　/ 92
　第三节　新媒体职业的素质和能力　/ 99
　第四节　新媒体职业的个人发展
　　　　　策略　/ 104

第三篇　新媒体价值创造

第五章　新媒体整体规划策略　/ 116
　第一节　新媒体账号的概述　/ 119
　第二节　新媒体账号的定位规划　/ 122
　第三节　新媒体账号的内容规划　/ 126

第四节　新媒体账号的功能设定　/ 130

第六章　新媒体内容运营策略　/ 145
第一节　新媒体内容运营概述　/ 146
第二节　新媒体内容运营的前期策划
　　　　/ 149
第三节　新媒体内容运营的中期创作
　　　　/ 162
第四节　新媒体内容运营的后期维护
　　　　/ 175

第四篇　新媒体价值传播

第七章　新媒体用户运营策略　/ 188
第一节　新媒体用户运营概述　/ 190
第二节　新媒体用户拉新策略　/ 193
第三节　新媒体用户促活策略　/ 203
第四节　新媒体用户留存策略　/ 209

第八章　新媒体活动运营策略　/ 224
第一节　新媒体活动运营概述　/ 226
第二节　新媒体活动策划　/ 228
第三节　新媒体活动执行　/ 242
第四节　新媒体活动总结　/ 249

第五篇　新媒体价值变现

第九章　新媒体数据分析策略　/ 266
第一节　新媒体数据分析概述　/ 268
第二节　数据收集与整理　/ 272
第三节　数据分析与探索　/ 282
第四节　数据应用与优化　/ 290

第十章　新媒体价值变现策略　/ 299
第一节　新媒体价值变现概述　/ 301
第二节　新媒体价值变现规划　/ 304
第三节　新媒体价值变现执行　/ 319
第四节　新媒体价值变现评估　/ 328

参考文献　/ 339

第一篇
新媒体运营概览

第一章 新媒体的产生和内涵

本章导语

新媒体，新挑战，新机遇，新未来。

引例

智能媒体时代人民网的融合发展

2023年是习近平总书记提出"加快传统媒体和新兴媒体融合发展"十周年。十年来，人民网坚守正确政治、舆论和价值导向，以报道习近平总书记及其思想为首要任务，推动媒体深度融合。凭借品牌栏目、内容原创、数据资源和国际传播等优势，人民网持续创新内容、拓展数据业务、研发智能科技，提升了传播力、引导力、影响力和公信力。

一、内容业务拓展

人民网坚持"内容为王"，视原创为核心竞争力。自2019年推出"深度融合发展规划"后，围绕内容主业推动原创、风控、运营和聚发四大业务创新：首先，强化内容原创，提升内容的思想性、真实性和引导性，以增强核心竞争力；其次，发展内容风控，制定审核标准并利用智能技术，与地方网安合作，提升风险防范标准；再次，推出内容运营服务，助力党政机关和企事业单位在网络空间发挥作用；最后，打造内容聚发平台，以科技手段汇聚并精准推送优质内容，提升传播覆盖面和精准度。

二、深化媒体融合

人民网十年媒体融合探索，巩固"网上的人民日报"定位，与报社全媒体体系深度融合，推出高质量内容产品。2021年人民网启动融媒体精品支持计划，与近50个融媒体工作室紧密合作，打造有影响力的产品。内容聚合分发利用自身优势，实现多元化渠道分发，提高内容传播效率和影响力。人民视频坚持"移动优先、视频优先"战略，打造视频产业公共资源共享平台，为人民提供全方位服务，保障视频产业健康发展。

三、开拓数据业务新领域

人民网积极践行"党管数据"理念，从"党管媒体"向数据业务延伸，被誉为"数据领军"企业。其子公司人民在线专注于舆情大数据研究，推出人民众云平台，提供全方位舆情服务。2019年，人民在线融入内容科技战略，推动舆情服务向高端咨询转型升级。人民网的"党管数据"实践体现在内容的严格把关、数据的科学治理和高效利用，为党和政府提供精准数据支撑。

四、增强国际传播能力

人民网推进国际传播体系建设，稳固自有平台并拓展海外合作，形成多语种、多渠道、全媒体、广覆盖的国际化传播体系。体系特色包括领航"一带一路"媒体合作、拓宽语言与地域范围、社交媒体全球布局、海外机构深度融入和国际化团队协同作战。这些努力提升了中国声音的国际传播力和影响力。

五、引领智能媒体时代，全面落实"四全媒体"战略

人民网引领智能媒体时代，通过构建内容科技体系、推出智能化技术产品、建立生成式AI合规性评估机制和整合资源丰富语料库等举措，全面落实"四全媒体"战略。同时，人民网在媒体创新领域取得显著成果，例如推出人民链、打造"灵境·人民艺术馆"和上线"828企业服务平台"等，为智能媒体时代的发展奠定基础。

资料来源：根据人民网研究院《迎接智能媒体时代 融合发展再攀新峰》（"金台资讯"头条号，2023年9月27日）相关内容整理改编。

> **预热思考题：**
> 1. 人民网为什么要推动传统媒体与新兴媒体的融合发展？请探讨融合发展的意义。
> 2. 结合人民网的案例，思考新媒体有哪些价值，以及如何通过新媒体运营来实现这些价值。
> 3. 结合人民网"党管媒体"和"党管数据"的理念，思考新媒体运营需要遵循哪些伦理原则，为什么？

▎知识结构▎

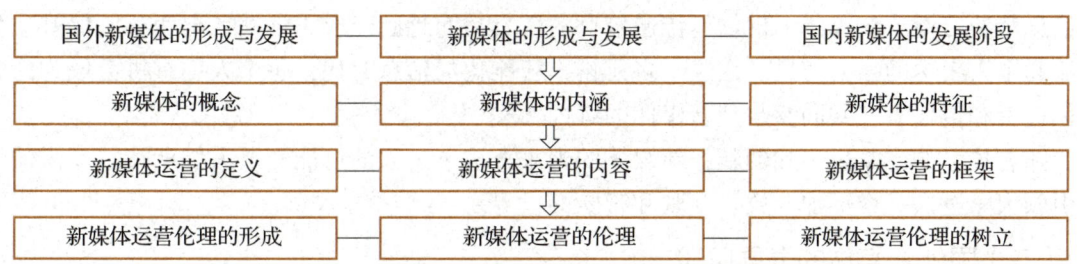

第一节　新媒体的形成与发展

一、国外新媒体的形成与发展

（一）国外新媒体的形成

1. 媒体的起源与早期发展

媒体的历史是一部充满变革与渐进式发展的史诗。每一次技术的突破，都为媒体领域注入了新的活力，并逐步推动了信息传播方式的革新。1605年印刷报纸的出现，信息传播开始脱离口头和手抄的限制，实现了更广泛和快速地扩散。1844年电报的发明，使得信息能够快速跨越大陆。1876年电话的问世，进一步实现了实时的远距离通信。1920年无线电广播的出现，让信息传播不再依赖物理连接，就能够覆盖更广阔的区域。1925年电视的诞生，更是将动态图像和声音带入了千家万户，极大地丰富了信息的表现形式。这些技术的发展，逐步推动了媒体领域的重大变革，为后来的信息时代奠定了基础。

2. 技术革新与新媒体的兴起

20世纪70年代，新媒体技术迎来了爆炸式增长。有线电视和通信卫星的出现，以及以计算机为辅助的传播手段，例如电子邮件和早期的在线服务，都极大地扩展了媒体的传播渠道。特别是1969年互联网的前身——阿帕网的诞生，不仅改变了信息的传播方式，更是开启了一个全新的数字时代。这些新媒体技术以其分众化和互动性的特点，打破了传统媒体的线性传播模式，使得信息传播变得更加灵活、多样化和高效。

3. 万维网的诞生与全球信息共享

在1989年，英国计算机科学家蒂姆·伯纳斯·李提出了万维网的概念，并在1990年开发了第一个工作原型。随后在1991年，他创建了世界上第一个网站，并发布了超文本标记语言（HTML）和超文本传输协议（HTTP）的初始版本，这些发明为全球信息共享与交流奠定了基础。他创建的世界上第一个网站，标志着万维网的诞生，将互联网从一个封闭的学术研究工具转变为一个开放的、全球性的信息平台。

4. 新媒体的今天与未来

在21世纪的今天，新媒体已经渗透到现代社会的每一个角落。社交媒体的兴起、在线新闻的即时性、网络直播的普及以及虚拟现实技术的革新，都在不断地重塑人们的沟通方式和信息消费习惯。新媒体不仅仅是传递信息的工具，而且已经成为推动社会变革、促进文化交流和个人表达的强大力量。在这个多元化、智能化的信息时代，每个人都有机会成为内容的创造者和传播者，共同参与到新媒体的辉煌历程中。

随着技术的不断进步和创新，新媒体的未来充满了无限的可能性。人们期待着新媒体继续引领大家进入一个更加开放、互联和智能的世界。

（二）国外新媒体的发展阶段

以互联网发展为代表，国外新媒体的发展经历了以下三个阶段。

1. Web 1.0 时代（20世纪90年代到2004年）

Web 1.0时代是互联网的起步阶段，互联网主要表现为静态网页，内容的更新和呈现主要依赖手动操作，用户交互性和内容的动态性相对有限。新媒体的主要形态包括门户网站、搜索引擎、电子邮件、BBS论坛和聊天室等。内容形式较为简单，以文字、图片及基础的Flash动画为主，视频和音频内容尚未真正兴起。用户主要通过浏览网页来接收信息，而无法直接参与内容的创作。

随着互联网的逐渐普及和技术的不断进步，越来越多的企业开始意识到互联网的商业潜力，纷纷建立自己的网站，导致网站数量迅速攀升。据统计数据显示，1995年全球网站数量仅为3万个，但到了1997年，这一数字已激增至300万以上。网络广告成为Web 1.0时代新媒体的重要收入来源之一，其精准定位、高效传播和用户互动性强等特点迅速吸引了广告主的关注。Google、Facebook 等互联网平台因此崭露头角。

在这一阶段，网络媒体与传统媒体开始形成互补关系。传统媒体如报纸、杂志等纷纷进入互联网领域，通过网络发布新闻、广告等信息，而网络媒体则通过与传统媒体的合作，进一步丰富了自己的内容和服务。例如，1987 年美国诞生了第一份网络报纸《圣何塞信使报》，随后《纽约时报》和《华尔街日报》等传统媒体也相继推出电子版报纸。

总体而言，在起步阶段，国外新媒体的发展呈现出快速变革和创新的态势。各种新媒体形式和技术层出不穷，为互联网后续的繁荣发展奠定了坚实的基础。

2. Web 2.0 时代（始于 2004 年）

Web 2.0 时代是互联网发展的一个重要阶段，它标志着用户生成内容和参与式网络文化的兴起。达西·迪努奇（Darcy DiNucci）在 1999 年的 *Print* 杂志中首次提及了 Web 2.0 这一概念。但直到 2004 年，蒂姆·奥莱利（Tim O'Reilly）举办了具有里程碑意义的 Web 2.0 会议，才让 Web 2.0 这一概念得到了广泛的认可和深入的探讨，从而明确了 Web 2.0 的发展方向。

在 Web 2.0 时代，新媒体形式如 UGC（用户生成内容）、SNS（社交网络服务）、SoLoMo（社交的、本地的、移动的）等迅速崭露头角，并逐渐展现出更多的交互性、社会化、本地化、移动化和个性化等特点。这些变革深刻地改变了用户获取和消费信息的方式。

国外用户开始广泛地使用各种新媒体平台。例如，以 Yahoo 为代表的互联网门户网站成为他们获取各类信息的重要入口；以 Google 为代表的搜索引擎则帮助他们更高效地搜索和筛选信息；Facebook 等 SNS 社交网站让他们能够与朋友和家人保持更紧密的联系；YouTube 等在线视频网站为他们提供了观看和分享视频内容的平台；Twitter 等社交媒体网站成为他们获取即时新闻和动态的重要来源；Instagram 等社交图片分享网站让他们能够轻松地分享和欣赏精美的图片。这些新媒体平台的兴起不仅丰富了国外用户的互联网体验，也推动了互联网行业的持续创新和发展。Web 2.0 时代并没有结束的标志，它的许多特点和技术仍在不断演进，塑造着我们今天的网络生活。

3. Web 3.0 时代（发展中）

Web 3.0 是互联网发展的新篇章，代表着一个智能化、开放性和去中心化的网络时代。Web 3.0 的概念没有一个确切的起源点，但它的构想可以追溯到 2006 年，蒂姆·伯纳斯·李（Tim Berners-Lee）提出了语义网的愿景，这可以看作 Web 3.0 的早期形态之一。到了 2014 年，以太坊联合创始人加文·伍德（Gavin Wood）进一步明确了 Web 3.0 的概念，将其定义为一种去中心化的互联网生态系统，用户在其中拥有更高的自主权和数据控制权。2020 年之后，随着区块链、加密货币、非同质化通证（Non-fungible Token，NFT）等技术的快速发展，以及元宇宙等新概念的流行，Web 3.0 逐渐成为业界关注的焦点。这些技术的发展为 Web 3.0 的实现提供了基础，激发了公众对去中心化网络未来潜力的广泛讨论和期待。

在这一阶段，新媒体的发展持续朝着智能化、个性化和高度交互化的方向发展。人工智能的广泛应用，尤其是自然语言处理和计算机视觉，极大地增强了新媒体的智能特性，使其能够更准确地理解用户需求，并提供定制化服务。同时，新媒体平台通过分析用户数据，不断提升用户体验和服务质量，为用户提供更加个性化的内容和服务推荐。此外，新媒体与社交平台、物联网、AR、VR 等技术的融合，进一步拓展了交互的可能性，如智能家居系统通过语音和手势识别实现了用户与家居设备的智能交互。由此可见，Web 3.0 时代是一个充满创新和变革的时期，它不仅推动了技术的发展，也为新媒体的演进提供了新的方向和可能性。

总结来说，国外新媒体的演进是一个持续且充满变革的过程，经历了从初期探索、快速发展到逐步成熟等多个阶段，这一进程与互联网技术的飞速进步紧密相连，并且与每个时代的社会文化背景和技术革新同步发展。

二、国内新媒体的发展阶段

回顾我国新媒体的发展过程可以发现，新媒体在国内的发展与中国互联网的发展紧密相关，大致经历了以下三个发展阶段。

（一）国内新媒体的启蒙阶段（1994—2004 年）

这一时期对应国外新媒体的 Web 1.0 时代，是中国互联网从起步到快速发展的关键时期。1994 年，中国通过一条 64K 国际专线实现了与国际互联网的连接，标志着我国正式迈入互联网时代。此后，互联网基础设施建设迅速推进，1996 年，国务院信息化工作领导小组的成立和 CHINANET 全国骨干网的建成，为互联网的普及和发展奠定了坚实基础。

随着国家对信息化建设的重视程度不断提升，1997 年全国信息化工作会议通过了《国家信息化"九五"规划和 2010 年远景目标（纲要）》，将互联网纳入国家信息基础设施建设的重点。主流媒体如《中国新闻周刊》《中国青年报》等也积极响应，开启了网络化进程。

1998 年是中国互联网商业化的元年。搜狐、网易、腾讯、新浪、阿里巴巴、百度等企业相继成立，它们以搜索引擎和新闻服务为切入点，迅速占领市场，推动了中国互联网行业的蓬勃发展。

随着网络和个人计算机的逐渐普及，中国网民数量呈现爆发式增长。人们开始习惯通过互联网进行社交互动和电子商务交易。2001 年中国互联网协会的成立，进一步规范了互联网行业的发展秩序。2002 年，中国第一家博客网站"博客网"的成立，标志着个人博客的兴起，为网民提供了新的信息获取渠道。

到了 2003 年，以淘宝网为代表的电子商务平台开始崭露头角改变了传统商业模式，为中国消费者提供了更加便捷、多样的购物选择。至此，中国互联网完成了从信息门户到个人门户再到电子商务平台的多元化发展阶段，为新媒体的进一步演进奠定了基础。

（二）国内新媒体的成长阶段（2004—2020 年）

这一时期，中国新媒体随着 Web 2.0 时代的到来而蓬勃发展。智能手机的广泛普及和移动互联网的快速崛起，不仅使网络服务更加便捷，也极大地拓展了用户的在线活动范围，从而催生了巨大的网络流量和商业机会。

在这个阶段，社交媒体平台如新浪微博、微信、抖音等迅速成为用户日常生活的重要组成部分，它们在用户规模、交互性、社会化、本地化、移动化和个性化方面取得了显著进步。同时，知识分享社区如 Bilibili、知乎等也吸引了大量用户，成为学习和交流的新渠道。

2014 年是中国媒体融合发展的重要转折点。主流媒体如《人民日报》等积极响应国家号召，推进"两微一端"建设，通过创新内容生产模式，实现了媒体理念、传播方式和经营机制的全方位的深度融合。

在新媒体快速发展的同时，我国也高度重视互联网治理，通过一系列监督和治理行动，依法治理网络空间，保障了网络生态健康有序地发展。

（三）新媒体的变革阶段（2020年至今）

随着Web 3.0时代的到来，中国新媒体正在经历一场深刻的变革。5G、大数据、云计算、物联网、区块链、人工智能等新一代信息技术的发展，正在推动新媒体向数字化、智能化的方向快速发展。这一变革与中国的数字发展战略紧密相连，数字化趋势在新媒体领域表现得尤为明显。

在这个阶段，新媒体用户规模持续增长，内容形式更加多样化，个性化推荐系统越来越精准，交互方式不断创新。商业模式也在不断探索和创新中焕发新的活力，这些变化不仅提升了用户体验和满意度，也为新媒体行业的繁荣发展注入了新的动力。

然而，新媒体的快速发展也伴随着挑战。技术自主创新能力有待加强，数据安全和隐私保护问题日益受到重视。此外，运营模式和盈利能力的不确定性、政策和法规的限制以及国际竞争和合作的复杂形势也对新媒体发展构成了压力。

为了应对这些挑战，中国新媒体行业需要采取积极有效的措施。加强技术创新和研发投入，提升自主创新能力是关键。提高数据安全和隐私保护意识，建立完善的数据保护机制是必要的。同时，创新运营模式和盈利方式，拓展多元化收入来源，也是提升新媒体竞争力的重要途径。遵守政策和法规、加强行业自律并在国际竞争中保持特色和优势，是中国新媒体未来发展的关键所在。

> **思维扩展**
>
> 如何理解技术进步对新媒体发展的影响？

第二节　新媒体的内涵

一、新媒体的概念

（一）新媒体概念的产生和发展

新媒体是相对于传统媒体而言，每一次媒介技术变革总会产生"新媒体"，其内涵也在不断发展。新媒体一词最早可追溯到1967年，美国发表的一份商品计划书把"电子录像"称为新媒体（New Media）。随后，美国传播政策领域专家向当时的美国总统提交的报告书中也多处使用"新媒体"一词，新媒体概念由此广为传播，并被社会广泛认同和普遍使用。

联合国教科文组织对新媒体的定义："以数字技术为基础，以网络为载体进行信息传播的媒介。"从这个定义出发，新媒体就是以网络数字技术及移动通信技术为基础，利用无线通信网、宽带局域网、卫星及互联网等传播渠道，以手机、PC、电视机等设备作为输出终端，向用户提供文字、图片、音频、视频动画等合成信息及服务的新型传播形式与手段的总称。

美国《连线》杂志对新媒体的定义："所有人对所有人的传播。"这个定义突出了新媒体信息传播的互动性，每个人既可以是信息传播者，也可以是信息接收者。

美国新媒体研究专家凡·克劳思贝（Vin Crosbie）基于麦克卢汉"媒介是人的延伸"这一观点，认为新媒体是"能为大众同时提供个性化内容，使信息的传播者和接收者融会成对等的交流者，无数的交流者相互间可以同时进行个性化交流的媒体。"

基于以上内容，本书认为：新媒体是一种依托于数字和网络技术的传播形式，它通过互联网、移动设备等多样化的终端为用户提供信息和娱乐服务。新媒体的核心特征包括交互性、即时性、共享性和个性化，这些特点打破了传统信息传播者与接收者的界限，使得每个人都能够成为内容的创造者和传播者。此外，新媒体本身也在不断进化之中。随着技术的持续进步和社会的不断变化，新媒体的内涵和外延正在不断地扩展和深化。它不仅是信息传播的新途径，更是文化、社会互动以及商业模式创新的重要驱动力。

（二）与新媒体相关的概念

日常生活中，人们还经常遇到与新媒体相关的概念：传统媒体、社交媒体、个人自媒体、组织自媒体、全媒体、融媒体。这些概念既有联系，又有区别，要注意区分，避免混淆。与新媒体相关的概念见表 1-1。

表 1-1　与新媒体相关的概念

概念	定义	核心特点	区别点	举例
传统媒体	历史悠久的大众传播手段	权威性强、影响力广泛，正在进行数字化转型和与新媒体的融合	与新媒体相比，传统媒体更侧重于单向传播	报纸、杂志、户外广告、广播电台、电视台等
社交媒体	基于人际关系和社交网络的信息生产、交换和分享平台	交互性强、依赖社交网络、用户生成内容（UGC）	与传统媒体和自媒体相比，社交媒体更强调用户间的互动	微博、微信、抖音、快手、小红书、知乎、天涯社区等
个人自媒体	个人或小团队运营的新媒体账号	内容个性化、形式多样、互动性强、收益来源多元化	与组织自媒体相比，个人自媒体更侧重于个人品牌塑造和个人观点表达	个人博客、微信公众号、知乎专栏、YouTube 个人频道等
组织自媒体	由组织或企业运营的新媒体平台	专业团队管理、信息高效传播、增强品牌形象和客户忠诚度	与个人自媒体相比，组织自媒体更注重官方信息和品牌传播	企业官网、官方微博、企业微信公众号等

(续)

概念	定义	核心特点	区别点	举例
全媒体	综合运用多种媒体表现手段和媒介形态的信息传播方式	全程媒体、全息媒体、全员媒体、全效媒体	侧重于技术层面的整合，追求媒介手段和技术应用的全面融合	多媒体新闻网站、跨平台新闻应用、互动式新闻报道等
融媒体	推动传统媒体与新媒体深度融合的创新模式	内容生产中心与多个分发中心的协同作业。内容的多渠道、多媒介差异化传播	强调媒体形态和组织结构的融合，侧重内容差异化呈现传播	人民日报的融媒体中心、中央电视台的央视新闻客户端等

二、新媒体的特征

与传统媒体相比，新媒体具有明显的"新"特征。表1-2列出了两者的区别。

表1-2 新媒体与传统媒体的不同特征

特征		传统媒体	新媒体
互动化	传播模式	一对多单向传播	多对多互动传播
	用户角色	主要扮演信息接收者	既是信息生产者、传播者也是接收者
	反馈机制	反馈有限，难以及时给予	实时互动反馈，有点赞、评论等多样化方式
个性化	内容选择	标准化、大众化内容	以兴趣为导向的个性化内容选择
	创作主体	少数专家或权威机构	每个人都可以成为创作者
	内容形式	相对单一	文字、图片、视频、音频等多种形式
简便化	操作过程	烦琐的信息采集、制作、传播流程	简便的注册申请、内容发布过程
	创作成本	相对较高	低门槛，简单的工具和设备即可完成创作
	传播效率	时效性受限	快速搭建个人媒体平台，实时信息发布
去中心化	传播方式	中心化传播，专业机构把关	传播主体多样，去中心化控制
	传播权利	集中在少数机构手中	每个人都有发声机会，平等传播权利
	信息筛选	严格筛选、过滤和审核	开放的信息传播，较少筛选和限制
智能化	技术应用	技术基础设施和智能化应用程度较低	积极应用新一代信息技术，例如人工智能、大数据等
	信息处理	多用人工处理，效率较低	自动化、智能化的信息处理和分析
	用户洞察	有限的数据分析和用户洞察能力	精准的数据分析和用户行为预测，洞察用户需求
	商业模式	传统商业模式，创新有限	智能化技术推动商业模式创新和升级

扩展阅读

中国新媒体发展十大未来展望

《新媒体蓝皮书：中国新媒体发展报告（No.14·2023）》发布了中国新媒体发展的十大未来展望。

一、智慧城市建设打通基层治理链条。从数字城市走向智慧城市，后者不仅推动服务型政府的形成，更从民生、公共安全、工商活动等多个角度打通基层治理的各个环节，构建社会综合治理的便捷路径。

二、数字经济成为经济结构转型的主要方面。针对特定群体的新业态成为数字经济发展的行业风口，例如适应老年人群体的"银发经济"、对应年轻人的"Z世代经济"等。

三、新媒体内容生产更加垂直细分。技术为内容表现形式持续赋能，增强内容观感，提升内容的传播力和影响力。

四、区域一体化建设助力全媒体传播体系格局。目前，我国在建立健全县级融媒体中心的基础上，狠抓地市级融媒体中心建设，增强全媒体传播体系中的"腰部力量"，形成具有规模效应和品牌效应的地区品牌。

五、媒体融合规范化程度更高。我国媒体融合发展已从"野蛮生长"转变为规范化、标准化运营。传媒产业在转型升级的同时，也不断细化内容，构建体系化、科学化的媒体融合范式。

六、主流意识形态与网络舆论空间治理加强。数字化进程加速了网络空间意见流动，滋生如网络暴力、网络谣言等互联网乱象，同时各级别媒体融合进展存在差距，舆论引导能力仍有待提升。

七、全媒体传播人才培养成果显著。我国人才结构不断调整优化，应加强"专业+技术"双重人才培养，提升新媒体从业者的舆论感知力和内容创造力，增强融媒体中心的综合实力。

八、文化产品更具中国文化特色。我国不断增强文化产品的创作活力，实现内容创新、形式创新和管理机制创新"三位一体"，利用数字化技术赋能优质文化产品走出去。

九、融媒体产业边界持续拓宽形成发展范式。我国融媒体产业合作规模持续扩大，不断与多元领域形成群体合力，增加经济效益、提升内容水准、拓宽业务范围。

十、国际网络安全问题亟待关注。我国提出构建"网络空间命运共同体"，呼吁世界各国在数据安全、信息保护、跨境流动等领域坦诚交流，共同构建开放包容的国际网络环境。

资料来源：根据胡正荣、黄楚新主编的《新媒体蓝皮书：中国新媒体发展报告（No.14·2023）》（中国社会科学院新闻与传播研究所与社会科学文献出版社，2023年7月21日）相关资料整理改编。

第三节　新媒体运营的内容

一、新媒体运营的定义

随着新媒体技术的迅猛发展，新媒体用户数量不断攀升，进而催生了更广领域、更深层次的新媒体需求。这种需求的激增为新媒体价值的挖掘和释放提供了有利条件。

本书将新媒体运营定义为：一个以用户、合作伙伴和社会的新媒体需求为核心的系统化过程，旨在为所有相关方发现、创造、传播和交付新媒体价值。新媒体运营的本质在于洞察和满足这些新媒体需求，从而构建了一条从新媒体价值发现、价值创造、价值传播到价值变现的连续"价值链"。具体来说，新媒体运营的内涵包括以下几个方面。

（一）主体多元化

新媒体运营的主体不仅包括个人、企业等商业性质的主体，还涉及政府、社会组织等非商业性质的主体。这些主体在新媒体运营中扮演着不同的角色，共同推动新媒体产业的发展。个人和企业作为新媒体运营的直接参与者，通过运营活动推广品牌、产品和服务，实现品牌商业价值的最大化。同时，政府和社会组织也积极参与新媒体运营，制定和传播相关政策法规、行业规范和社会公约，以规范和引导新媒体产业的健康发展。

（二）客体综合化

新媒体运营的客体包括新媒体平台、账号以及多元化的内容。这些元素共同构成了新媒体运营的核心体系。新媒体运营者利用新媒体平台和账号，生产并传播多样化的内容，以满足用户的信息获取、社交互动、个性化内容推荐和娱乐休闲等需求。同时，新媒体运营者还通过与合作伙伴的紧密合作，共同创造价值，实现商业共赢。

（三）目标多维化

新媒体运营的目标是多方面的，它不仅要满足用户的需求，追求实现商业价值，还肩负着重要的社会责任，包括在引导社会舆论、传承文化、普及教育以及推动社会公益事业等方面发挥正面影响。为了实现这些多维化的目标，新媒体运营者需要具备全面的战略规划能力、敏锐的市场洞察力以及强烈的社会责任感。同时，还需要不断学习和适应新技术、新趋势，以创新的方式满足用户需求，推动社会价值的实现。

（四）对象多样化

随着新媒体产业的不断发展，新媒体运营的对象已经远远超出了传统意义上的新媒体用户范围。如今，新媒体运营的对象不仅包括与新媒体运营活动直接相关的个人和单位，还涉及商业合作中的各类合作伙伴。这种多样化的对象范围要求新媒体运营者具备更加全面的视角和深入的洞察力，以便更好地理解不同对象的需求和特点，从而制定出更加精准有效的新媒体运营策略。

（五）过程精细化

新媒体运营涵盖了从价值发现到价值实现的一系列步骤，每一个步骤都需要精细化的操作和管理。这一过程始于对社会新媒体需求的敏锐洞察，以用户需求为导向，通过创新创造、广泛传播、有效变现以及全面保护等环节，实现新媒体价值的最大化。这种精细化的运营过程要求新媒体运营者具备敏锐的市场洞察力、创新的服务理念以及高效的运营能力，以确保新媒体产品和服务在设计、生产和交付的每一个环节都能紧密围绕用户需求进行，实现商业价值和社会价值的双重提升。同时，新媒体运营者还需要注重知识产权保护和品牌形象维护，确保新媒体价值的持续增值和长远发展。

二、新媒体运营的框架

根据本书对新媒体运营的定义，新媒体运营涵盖了新媒体价值发现、新媒体价值创造、新媒体价值传播、新媒体价值变现等紧密相连的环节，如图1-1所示。这些环节共同构成了新媒体运营的基础和关键要素，确保了新媒体运营的有效实施和持续发展。

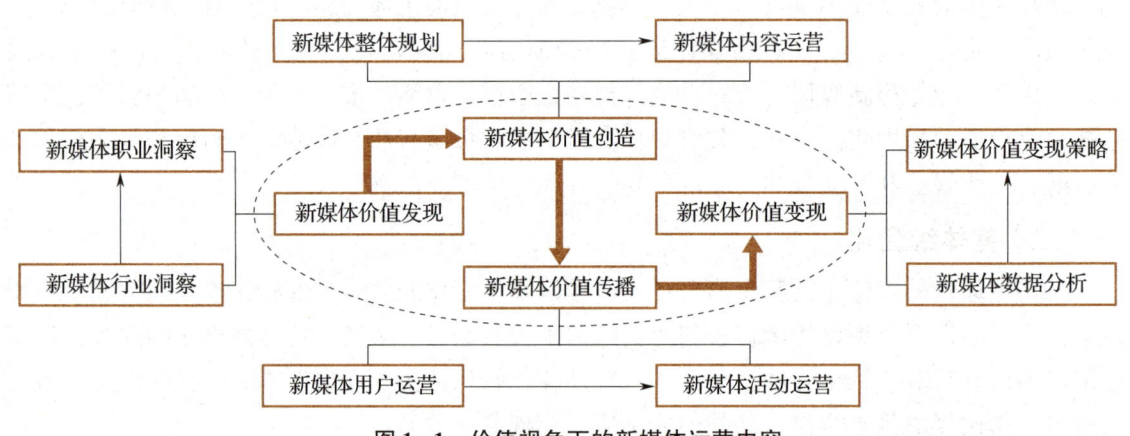

图1-1　价值视角下的新媒体运营内容

（一）新媒体价值发现

新媒体价值发现源于新媒体运营者对新媒体需求的敏锐洞察和深刻理解。他们通过深入观察和分析新媒体行业，把握新媒体用户的消费行为和行业的发展动态，不仅理解各方的新媒体需求，还探索新媒体职业的发展潜力，从而精准地识别新媒体的价值所在。这种价值发现为后续的新媒体价值创造、传播和变现提供重要依据。

（二）新媒体价值创造

新媒体运营者通过深入分析目标用户的需求和偏好，不断探索和创新，以打造独特且富有吸引力的新媒体价值。这一价值创造过程主要围绕新媒体整体规划和新媒体内容运营两个核心领域展开。在新媒体整体规划层面，运营者制定新媒体账号的定位规划，完善内容规划，并做好功能设定，从而提供与众不同的用户体验。在新媒体内容运营方面，他们专注于策划、创作和推广高质量内容，以满足用户需求并提升用户体验。

（三）新媒体价值传播

新媒体价值传播是通过活动运营和用户运营等手段来推广新媒体的价值，以吸引更多用户并增强品牌影响力。新媒体活动运营旨在策划和组织具有吸引力的线上或线下活动，激发用户参与热情，提升品牌认知度。新媒体用户运营则注重以用户为中心，通过各种运营策略来吸引、激活和留住用户，实现用户基数的持续增长。这些运营策略共同推动了新媒体价值的广泛传播。

（四）新媒体价值变现

新媒体价值变现是将新媒体的价值转化为实际收益的过程。为了实现这一目标，新媒体运营者运用数据分析策略深入了解用户需求和市场动态，为价值变现提供有力支持。同时，他们制定并执行有效的价值变现策略，例如广告合作、付费内容、电商推广等，将新媒体的优势转化为商业利益。这种变现过程不仅实现了新媒体的商业价值，也为其持续发展提供动力。

第四节　新媒体运营的伦理

一、新媒体运营伦理的形成

新媒体运营伦理，是指在新媒体背景下，围绕信息传播、内容生成、用户交互等环节形成的一系列道德标准和行为准则，为新媒体运营者的信息传播和运营活动提供了行动指南。

（一）新媒体时代的伦理问题

随着新媒体技术的崛起，信息传播方式经历了翻天覆地的变革。然而，这种进步也凸显了社会传播环境在伦理规范和监管方面的不足。新媒体时代面临的主要伦理问题包括以下几方面。

1. 利益驱动与伦理失衡

在新媒体领域，部分运营者受到利益驱使，采取了不正当手段，这不仅违背了诚信和伦理原则，还对社会公众造成了负面影响。例如，为了推广产品而进行误导性宣传、为了增加流量而抄袭他人作品并进行"洗稿"，或是为了吸引关注而制造和传播虚假新闻等。此外，知识产权侵权行为也频繁发生，包括非法下载音乐、剽窃网络文学内容、侵犯图片和视频版权等，这些不道德行为不仅侵犯了相关作品原创者的合法权益，也对创意产业的健康发展造成了破坏。

2. 个人隐私泄露与信息安全威胁

新媒体环境下，个人隐私泄露和信息安全问题尤为突出。一些新媒体平台或账号通过不正当手段非法收集用户个人信息，包括姓名、联系方式、购物习惯和生活照片等，并未经用户同意就将这些信息用于商业推广和广告。此外，网络钓鱼和恶意软件的攻击行为也相当普遍，它们通过发送伪造的电子邮件或消息，诱导用户点击恶意链接或透露敏感信息，如登录凭证和支付信息。同时，各种病毒、木马程序和勒索软件也在不断窃取公众个人信息，监控用户行为，甚至通过加密用户数据来敲诈勒索。

3. 虚假信息与误导性内容泛滥

新媒体的开放性为虚假信息和误导性内容的传播提供了温床，这些内容不仅干扰了公众的判断，还破坏了社会的信任基础。例如，一些新媒体文章散布关于健康问题的谣言，还有人传播伪科学内容，如否认气候变化的严重性或推广未经科学验证的医疗方法，这些都对公众的认知和判断造成了极大的误导。

随着人工智能技术的发展，新媒体上还出现了深度伪造（Deepfake）技术，如利用 AI 生成的假视频或音频误导公众或损害公众个人名誉。这种现象进一步加剧了信息环境的混乱，给社会带来了更大的挑战。

4. 网络暴力与言论失序

网络的匿名性在一定程度上助长了网络暴力和不当言论，对个人权益和网络秩序构成了严重威胁。一些人将线上讨论升级为人身攻击，使用侮辱性语言，甚至对他人的外貌、家庭等进行恶意评论。更有甚者，利用网络资源进行"人肉搜索"，非法公开他人的个人信息，如联系方式和家庭住址。此外，一些"网络键盘侠"在网络可以匿名发布信息的掩护下，对他人进行无差别的攻击和指责，忽视了言论可能带来的负面影响及其对受害者造成的深远伤害。

5. 算法偏见与信息隔离

算法推荐系统通过向用户展示他们可能感兴趣的内容来增强个性化体验，然而，这种做法有时也可能导致"信息茧房"效应。这种现象即指个人或群体在信息获取和交流中，由于算法偏好而主要接触到与自己现有观点相符或相似的信息，从而形成一个相对封闭的信息环境。这种效应可能导致个人或群体的认知偏差和视野狭窄，限制他们对不同观点和信息的接触与理解。长期处于"信息茧房"中，可能会加剧社会分化，削弱公共讨论的质量，甚至助长极端主义观点。

以上各种问题共同构成了新媒体时代的伦理挑战，需要社会各界共同努力，通过完善法律法规、加强监管、提升公众意识等方式加以解决。

（二）新媒体运营的伦理原则

新媒体运营的伦理原则是媒体社会责任的体现，也是保障用户权益、维护信息真实性、促进行业健康发展的必要条件。只有遵循伦理原则的新媒体，才能赢得用户的信任和支持，实现可持续发展。主要的伦理原则包括尊重原则、诚信原则、公正原则、责任原则，其中尊重原则是基础，诚信原则是核心，公正原则是保障，责任原则是结果。

具体内容如图 1-2 所示。

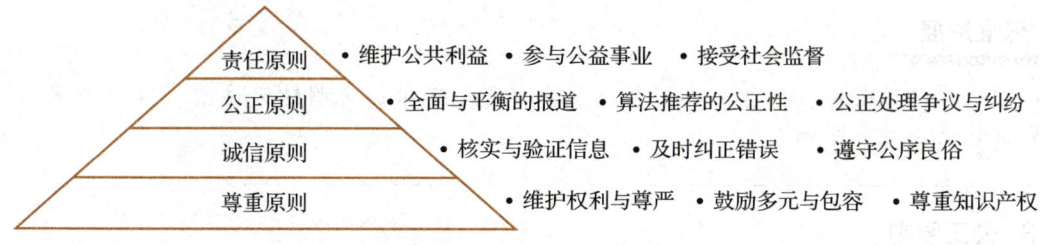

图 1-2 新媒体运营的伦理原则

1. 尊重原则

尊重原则要求新媒体环境中的所有参与者都应充分尊重他人权利和尊严,具体要求见表 1-3。

表 1-3 尊重原则的关键点及要求

关键点	具体要求
维护权利与尊严	避免侵犯隐私、名誉等权利;禁止发布侮辱、诽谤和攻击性内容
鼓励多元与包容	促进多元化观点和文化的自由表达与交流;以开放和包容的心态参与,避免采取极端或偏颇的立场,不使用带有刻板印象和偏见的语言
尊重知识产权	遵守知识产权法;确保所有使用的内容,包括文本、图片、音频和视频等,都已获得合法授权或属于公有领域

注:公有领域(Public Domain)是指那些知识产权保护期已届满或权利人主动放弃权利的作品、发明或其他类型的创作,它们可以被任何人自由使用,无须获得版权持有者的许可。包括过期的版权作品、政府报告、法律法规、放弃版权的作品、传统知识和民间艺术、事实和创意等。

> **思维扩展**
>
> 知识产权在新媒体时代面临挑战。请讨论:新媒体运营者如何尊重和保护原创内容,同时鼓励内容创新?

2. 诚信原则

诚信原则要求新媒体运营者和用户在信息的传播中确保信息真实、准确和完整,以维护自身公信力和用户信赖。具体要求见表 1-4。

表 1-4 诚信原则的关键点及要求

关键点	具体要求
核实与验证信息	提供清晰、可验证的来源标识,无论是引用数据、转述观点还是分享新闻报道,都应给出原始出处或参考链接,并且核实和验证信息的真实性和准确性
及时纠正错误	一旦发现发布的内容存在错误,应立即采取措施纠正,包括迅速发布更正声明,明确指出错误所在,并提供准确信息。同时,应删除或修改原始错误内容,防止错误内容继续传播
遵守公序良俗	进行内容发布、传播和商业活动时,遵守社会公共秩序和良好风俗原则。积极传播正面、健康的社会价值,避免散布违法违规、违背道德伦理的内容

思维扩展

在新媒体运营中,为什么诚信原则如此重要?请举例说明缺乏诚信可能对个人、组织和社会造成的影响。

3. 公正原则

公正原则要求新媒体运营者在信息传播、处理和呈现中保持公正、公平和中立,杜绝偏见、歧视和不公。具体要求见表1-5。

表1-5 公正原则的关键点及要求

关键点	具体要求
全面与平衡的报道	收集和呈现来自不同来源和角度的信息,确保内容能够反映事件或议题的多个方面,包括各方观点和立场
算法推荐的公正性	利用算法向用户推荐内容时,应确保算法的中立性和公正性,避免算法受到特定偏见的影响,从而保证不同声音和多元观点都能得到公平展现
公正处理争议与纠纷	处理争议和纠纷时,应坚持公正和公平原则,尊重事实和证据,确保处理过程透明,以维护账号的公信力

思维扩展

在新媒体运营中,为什么公正原则对于信息传播至关重要?

4. 责任原则

责任原则要求新媒体运营者及用户在传播活动中既关注自身权益,也承担社会责任和道德责任。具体要求见表1-6。

表1-6 责任原则的关键点及要求

关键点	具体要求
维护公共利益	积极关注社会热点问题,通过传播科学知识、正面故事和有益信息传播正能量
参与公益事业	利用自身的影响力和资源,积极参与并推动社会公益事业的发展
接受社会监督	积极接受社会监督,认真对待公众的批评和建议

思维扩展

在新媒体运营中,如何平衡言论自由和社会责任?请讨论:在表达个人观点时,如何避免传播有害信息或误导性内容?

二、新媒体运营伦理的树立

新媒体运营伦理的树立,是指在新媒体环境中,新媒体组织将新媒体运营伦理转化为具体的行为和操作,确保新媒体运营者及用户在信息传播活动中遵循这些伦理原则,以维护新媒体环境的健康、和谐和有序。

（一）加强教育和激励

随着新媒体行业的迅速发展，新媒体组织应加强对新媒体运营者的教育和激励。

1. 组织培训课程和研讨会

为确保新媒体运营的专业性，新媒体组织应针对新媒体运营者的不同需求，设计涵盖伦理、法规及职业素养的培训课程，助力他们深入理解新媒体运营伦理及行业规范。同时，邀请业内专家授课，通过案例与实践教学提升新媒体运营者的应对能力。此外，定期举办研讨会和交流活动，为新媒体运营者提供互动学习与经验分享的平台，共同促进行业健康发展。

2. 建立激励机制

新媒体组织为确保新媒体运营者积极遵守伦理规范，可采取一系列激励措施：首先，设立专门奖项和荣誉，定期表彰在新媒体运营伦理原则上表现突出的新媒体运营者，并提供物质奖励如奖金、奖品等，以激励他们继续坚持伦理原则；其次，建立积分制度，量化评估新媒体运营者的表现，并给予相应积分奖励；再次，宣传优秀案例也是提升行业伦理意识的有效途径，应定期收集和整理优秀案例并广泛宣传；最后，建立用户评价机制，鼓励用户对遵守伦理原则的新媒体账号给予正面评价和推荐，并通过互动活动引导用户关注和参与。

（二）新媒体运营伦理的监管

1. 完善监管体系

为确保新媒体行业健康发展，建立完善的监管体系至关重要，需要政府、行业协会和社会公众三方共同努力。政府应实施备案许可制度，确保新媒体平台合规运营，并建立内容监控机制，过滤违法、虚假信息。对违规行为应依法处罚，以儆效尤。行业协会应制定行为准则和行业标准，引导新媒体组织自律，并通过培训提升协会会员职业素养。社会公众应发挥舆论监督作用，可以建立用户举报机制，并引入第三方评估机构，确保新媒体平台公正、透明运营，提升行业整体形象。

2. 强化技术手段

强化技术手段对新媒体监管至关重要。新媒体平台及组织应建立敏感词过滤系统，通过词库建设、自动过滤和人工审核三重机制，确保违规内容无法发布。同时，构建舆情监测系统，利用大数据分析和机器学习技术，构建一个能够实时监控和分析用户生成内容的系统，识别和预测潜在的负面舆情。一旦监测到负面舆情或违规信息，系统应能自动触发预警，通知相关管理人员及时介入，采取必要措施，如删除内容、封禁账号等。此外，应鼓励用户参与内容监管，通过便捷的举报功能，让用户能够快速报告违规内容。

3. 加强跨部门合作

为有效监管新媒体行为并维护社会稳定，各政府部门之间需要强化跨部门及跨国界合作。宣传部门、网信部门、公安部门等相关政府部门应建立联合工作机制，定期分析新媒体趋势并制定策略；针对违规行为，开展专项行动并共享信息，避免监管重复或空白。同时，积极与他国交流，制定跨国监管标准，打击跨国犯罪，并互相学习借鉴先进经验，共同促进全球新媒体健康发展。

思维扩展

监管在新媒体运营伦理中扮演着重要角色。请讨论：政府、行业协会和社会公众如何共同参与到新媒体运营伦理的监管中？

本章小结

新媒体依托于数字技术的飞速发展，以网络作为主要传播渠道，已经成为现代社会中信息传递的关键角色，在现代传播体系中占据了不可替代的地位。

本章作为全书的开篇之章，首先回顾了新媒体的诞生背景与发展历程，深入剖析了新媒体内涵。在此基础上，进一步探讨了新媒体运营的核心内容，包括新媒体价值的发现、创造、传播和变现等核心环节，为读者揭示了新媒体运营的全貌。最后，本章特别强调了新媒体运营伦理的重要性，系统梳理了新媒体运营伦理原则的形成及树立，旨在为读者提供清晰明确的道德规范和行动指南。这些内容不仅为本书的后续章节奠定了坚实的基础，也为读者在实际操作中提供了宝贵的参考和指引。

核心概念

1. 新媒体（New Media）
2. 新媒体运营（New Media Operations）
3. 新媒体需求（New Media Demand）
4. 新媒体运营伦理（Ethics of New Media Operations）
5. 新媒体价值发现（New Media Value Discovery）
6. 新媒体价值创造（New Media Value Creation）
7. 新媒体价值传播（New Media Value Propagation）
8. 新媒体价值变现（New Media Value Realization）

思考题

1. 简述新媒体的含义及其与传统媒体的区别。
2. 简述新媒体的产生历程。
3. 什么是新媒体运营？介绍新媒体运营的内容。
4. 如何理解新媒体运营的目标？
5. 结合具体案例，讨论新媒体伦理原则在实际运营中的应用和挑战。

测试题

实训指南

一、实训目的

1. 深化对新媒体特征、优势及其在现代传播体系中地位的理解。
2. 掌握新媒体运营的核心概念、运营实质及基本理念。
3. 培养学生运用理论知识分析新媒体运营案例的能力。
4. 激发学生对于新媒体运营创新实践的兴趣和思考。

二、实训内容与步骤

表 1-7　实训内容与步骤

实训内容	任务	步骤
知识回顾	复习新媒体的基本概念和运营伦理	1. 复习新媒体的定义、特征及与传统媒体的区别； 2. 回顾新媒体运营的概念、内容框架及伦理原则
案例分析	分析新媒体运营案例中的伦理实践和成功因素	1. 选择一个典型的新媒体运营案例； 2. 分析案例中的新媒体运营伦理实践； 3. 探讨案例成功因素和面临的挑战
实战模拟	分组模拟新媒体运营活动并贯彻伦理原则	1. 分组选择新媒体账号； 2. 设计并模拟新媒体运营活动（内容策划、用户互动、数据分析等）； 3. 展示模拟过程，解释伦理贯彻原则
反思与讨论	讨论模拟实战中的问题，反思新媒体运营面临的机遇与挑战	1. 讨论模拟实战中遇到的问题及解决策略； 2. 反思新媒体运营在社会文化背景下的机遇与挑战； 3. 预测新媒体运营未来的发展趋势和创新点

三、实训成果

1. 完成一份包含案例分析、模拟实战过程和反思与讨论的实训报告。
2. 报告中应体现出学生对新媒体运营伦理的深刻理解和实践应用能力。
3. 鼓励学生提出创新性的观点和建议，展现对新媒体运营未来发展的独到见解。

综合案例

故宫 IP 的形成与发展

一、传统与现代的碰撞：故宫的 IP 觉醒

故宫，这座承载着近 600 多年历史的宫殿，不仅是中国古代皇宫建筑的杰出代表，更是中华文化的瑰宝。然而，在现代社会的快速发展中，如何让这座古老的宫殿焕发新的生机与活力，成为一个亟待解决的问题。幸运的是，新媒体时代的到来为故宫的创新发展提供了无限可能。

2013 年，台北故宫的"朕知道了"纸胶带风靡市场，成为社交媒体上的热议话题。故宫团队敏锐地意识到故宫在文创领域的巨大潜力，随即启动了"故宫超级 IP 计划"。他们开通了微信公众号、微博等社交媒体账号，通过发布有趣的历史知识、文物故事等内容，吸引了大量粉丝。同时，他们还推出了多款 App，例如《胤禛美人图》《紫禁城祥瑞》等，让粉丝可以通过手机随时随地欣赏故宫的美景和文物。

为了更好地传承和弘扬传统文化，故宫团队深入挖掘自身资源，从文物中汲取灵感，将传统文化元素与现代设计理念相结合。例如，以萌态可掬的雍正皇帝形象为卖点，推出了一系列具有故宫特色的文创产品，如文创书签、手账本、口红等；故宫团队还通过数字化技术，让文物"活"起来，使粉丝能够更直观地感受文物的魅力。

二、跨界合作与品牌联动：故宫 IP 的无限可能

在跨界合作方面，故宫展现了极大的开放性和包容性。故宫团队与腾讯、卡地亚、Kindle 等知名品牌合作，共同推出了多款联名产品。这些产品不仅融合了故宫的文化元素和品牌的设计理念，还通过创新的方式呈现出来，让人耳目一新。同时，这些合作也为故宫带来了可观的收益，进一步推动了故宫的 IP 打造和创新发展。

除了与知名品牌的合作外，故宫还通过 IP 授权等方式，与众多中小型企业合作，共同推出了一系列具有故宫特色的文创产品。这些产品覆盖了家居、服饰、美妆等多个领域，让更多人能够在日常生活中感受到故宫的魅力。

三、影视综艺与口碑传播：故宫 IP 的流量成功

在影视综艺领域，故宫也取得了不俗的成绩。故宫团队推出的纪录片《我在故宫修文物》《故宫新事》等作品，以独特的视角展现了故宫的历史和文化内涵，引发了大家的强烈共鸣。同时，他们还通过综艺节目《国家宝藏》《上新了·故宫》等，让更多人了解到了故宫的珍贵文物和它们背后的故事。

这些影视、综艺作品的成功播出，不仅提升了故宫的品牌形象和知名度，也为其带来了大量流量和粉丝。同时，口碑传播也让故宫 IP 在影视领域收获了更多的关注和认可。

四、自带风景的事件营销：故宫 IP 的持续创新

故宫团队擅长利用故宫自身资源进行事件营销。例如，元宵节的"紫禁城上元之夜"活动就成功吸引了无数关注。他们通过提前发布活动信息和造势图片，营造了一种神秘而浪漫的氛围，让大家对活动充满了期待。同时，故宫团队还通过直播等方式，让更多的人能够

实时参与活动，感受故宫的独特魅力。

此外，故宫团队还善于在新媒体平台上与粉丝互动。他们通过发布有趣的话题、举办线上活动等方式，与粉丝建立了紧密的联系。这种互动不仅增加了粉丝的黏性和忠诚度，也为故宫IP的持续创新提供了源源不断的动力。

五、展望未来：故宫IP的全球征途

作为一个拥有无数子IP的巨型IP综合体，故宫的未来充满了无限可能。在持续深入挖掘故宫自身资源、打造更多优质衍生品的同时，故宫团队还将积极拓展国际市场，让这个超过600岁的IP走向世界舞台。他们计划通过与国际知名品牌合作、推出国际版App等方式，让更多人能够了解和欣赏到故宫的魅力。同时，他们也将不断输出传统文化内容和创新内容，为全球观众提供更多精彩的文化体验。

资料来源：根据郑卓然的《故宫超级IP打造记：故宫是怎么一路火起来的?》（"人人都是产品经理"微信公众号，2019年2月21日）资料整理

案例思考

1. 故宫为什么要通过新媒体实现传统文化的现代传播？请分析其具体策略与成效。

2. 故宫如何在新媒体环境中重新发现和定义其文化价值，采取了哪些新媒体运营措施来创造新的价值，如何利用新媒体渠道传播其文化价值，以及如何通过新媒体运营实现文化价值的商业变现？

3. 故宫IP在全球推广和商业化过程中，如何遵循新媒体运营活动的伦理原则？

第二章 新媒体运营的理论和实践

本章导语

新媒体运营理论铸就深度，新媒体运营实践拓宽视野。

引例

构建全媒体传播体系，讲好新时代国网故事

作为我国首家企业传媒集团，英大传媒集团通过打造两报七刊传统舆论阵地，建成以电网头条"一端三微"为龙头的全媒体传播矩阵，加快构建全媒体传播体系，持续推进媒体融合向纵深发展，用心用情讲好新时代行业高质量发展的生动故事。

一、深耕"第一选题"

英大传媒集团把习近平总书记重要讲话和重要指示批示精神作为"第一选题"，开展主题宣传。

1）坚持守正创新。英大传媒集团围绕国家电网的高质量发展，通过《国家电网报》和电网头条"一端三微"平台，常态化开展"沿着总书记的足迹"主题宣传，发布主题宣传文章60余篇，推出"南瑞之变""疆来更美""东北全面振兴""新时代西部大开发"等多组大型系列报道，取得了良好的传播效果。

2）深挖亮点特色。英大传媒集团立足能源电力行业，聚焦新型电力系统建设、电力保供等议题，通过全媒体策划和报道，如"能源安全新战略·国网实践""'大国重器'能源科技巡礼报道"，展示电力工业的发展和变革。

3）开拓国际传播。英大传媒集团在"一带一路"倡议十周年之际，派出记者团队赴多个国家和地区，制作了包括系列综述、典型案例、整版报道、纪录片和跨文化短视频在内的立体报道，如与探索频道联合制作的《点亮阿里——一名工程师的日记》，该纪录片在19个国家和地区播出，荣获第45届美国泰利奖，成为对外传播的优秀作品。

二、构建全媒体传播体系

英大传媒集团在构建全媒体传播体系方面采取了以下具体措施，并取得了显著成效。

1）强化联动机制。英大传媒集团建立了全媒体运作机制，实现了国家电网融媒体平台、电网头条传播平台、数字报平台和媒体大数据中心的互联互通，形成了上下联动的大传播格局。2023年，英大传媒集团的"国家电网全媒体传播平台"案例被选为第三届中国报业深度融合发展创新案例，成为行业媒体中的佼佼者。

2）打造全媒体矩阵。英大传媒集团构建了"全方位、多层次、立体化"的媒体矩阵，

确保各平台内容的多样性和深度。电网头条"一端三微"新媒体平台用户数超过1100万，年均阅读量超过10亿次，体现了英大传媒集团在新媒体领域的广泛影响力。

3）拓展创新思路。一是选题策划创新，如"点亮阿里———一名工程师的日记"项目，不仅在影视作品中展现新思维，还衍生出中华优秀出版物，构建了全媒介产品体系；二是内容生产创新，如"南瑞之变"项目，拓展了新模式和新资源，推动了融媒体作品与有思想、有价值的出版精品的深度融合；三是协同机制创新，英大传媒集团利用新技术和新应用，深化了重点出版物的宣传工作机制，实现了资源的最大化利用和传播效果的优化。

三、强化数智赋能

英大传媒集团通过以下措施强化数智赋能，培育创新成色。

1）整合生产要素。英大传媒集团深化机制创新，实施全媒体策划和全终端推送，整合媒体资源和生产要素，促进新闻、出版、品牌数据的共享与融合。通过建立跨部门的柔性团队，培养具备多种技能的复合型人才。

2）放大传播合力。英大传媒集团利用"走基层"活动，结合中央媒体和国家电网公司基层单位的资源，构建报道矩阵。在2024年"新春走基层"活动期间，英大传媒集团邀请多家中央和行业媒体，联合报道了国家电网在京津冀地区的服务实践。

3）深化数智赋能。英大传媒集团推广数字报阅读模式，通过全媒体平台向用电客户和150万名电网员工推送内容。英大传媒集团建立的媒资素材库成为能源电力行业中规模最大、质量最高的素材库，为内容生产提供支持。同时，英大传媒集团积极探索新媒体盈利模式，打造共赢共创共享的生态圈。

资料来源：根据郑林《构建全媒体传播体系 讲好新时代国网故事》（中国行业新闻网，2024年7月15日）资料整理。

> **预热思考题：**
> 1. 英大传媒集团如何引导公众对于某些议题的关注度？
> 2. 英大传媒集团的新媒体运营实践，体现出哪些理论的具体应用？
> 3. 英大传媒集团如何通过"数智赋能"来提升新媒体运营的效率和效果？请分析这次变革实践对于其他新媒体组织的借鉴意义。

知识结构

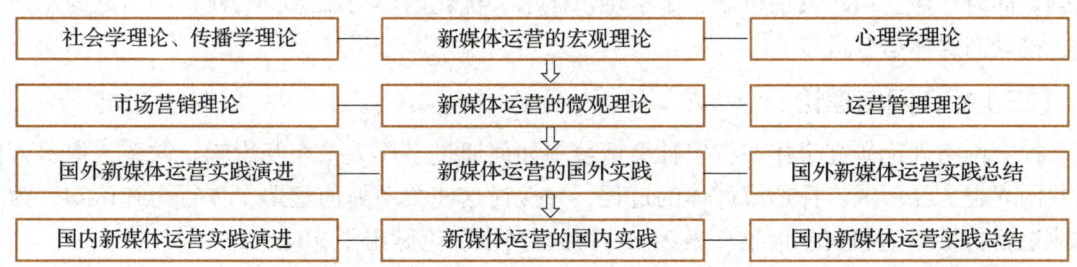

第一节　新媒体运营的宏观理论

新媒体运营相关的宏观基础理论需要从多个学科角度综合考量，包括社会学理论、传播学理论、心理学理论等。这些理论揭示了新媒体运营的规律和趋势，对新媒体运营的发展具有重要的指导意义。

一、社会学理论

社会学理论为人们提供了深入洞察社会现象的工具和视角，对新媒体运营而言，同样具有重要的指导意义。新媒体运营者通过运用社会学理论，能够更加精准地把握受众的心理需求和行为模式，进而设计出更加符合实际情况的传播策略。

（一）结构功能主义理论

结构功能主义理论认为社会像一个生物有机体一样，由相互依存的部分组成，每个部分都有其特定的功能，以维系社会系统的稳定和秩序。在该理论的指导下，新媒体运营应优化以下几个方面。

1）系统性规划。新媒体运营应当将内容创作、用户运营、渠道推广、数据分析等关键环节视为一个有机整体，每个部分都承担着特定的功能，保障整个运营系统的稳定和发展。

2）动态适应性。新媒体运营系统需要具备对外部环境变化的敏感性和适应性。新媒体运营者应该密切关注市场趋势、用户需求变化和技术革新，及时调整运营策略，保持自身的竞争力。

3）跨界融合。新媒体运营者可以借鉴其他领域的成功经验，如传统媒体的内容策略、电商平台的用户参与机制等，通过跨界合作与创新思维，丰富运营手段。

4）矩阵营销策略。新媒体运营者可构建新媒体矩阵，通过在多个平台和账号上的协同作业，增强品牌的可见性和影响力。

（二）社会互动理论

社会互动理论是社会学的核心理论，研究个体与社会环境的相互作用，涵盖象征互动、社会交换、精神分析和日常生活互动等，揭示人们在交往中形成的复杂社会网络。在新媒体运营中，该理论鼓励新媒体运营者设计多元用户互动功能，促进用户交流，增强参与感和归属感。同时，建立用户反馈机制，了解用户需求，优化内容与服务，构建稳固活跃的用户社群，推动新媒体运营进步。

（三）社会网络理论

社会网络理论研究个体在特定社会情境中如何通过多样关系相互影响、联系，揭示人们因共同兴趣、经历或目标形成群体的过程，并探讨这些关系如何塑造个体行为和认知，为新媒体运营提供理论和实践指导。表2-1对社会网络理论做出了相应介绍。

表 2-1 社会网络理论的分支理论及实践运用

分支理论	定义与特点	应用策略
弱关系理论	强调弱关系在信息传播中的作用。弱关系指联系不频繁、不亲密但能连接不同社交圈的关系	利用弱关系吸引新关注者，扩大传播范围，通过创建有趣、有价值的内容进行推广
社会资本理论	认为个体在社会网络中的位置和关系是一种资本，能带来资源和机会	与关键节点建立合作关系，增加资源和曝光机会，积极与关键意见领袖、有影响力的用户建立良好关系
结构洞理论	指出某些个体在社会网络中占据连接不同群体的关键位置，具有信息获取和控制优势	寻找并填补结构洞，成为信息流动的枢纽，提升影响力和权威性，识别并连接不同用户群体，提供有价值的信息和服务
小世界网络理论	揭示任意两个个体间可通过有限中间人建立联系的现象	利用小世界网络效应设计挑战活动或"病毒式"营销，引发用户广泛参与和传播，设计具有吸引力的活动或内容，鼓励用户分享和传播

思维扩展

假如你负责运营一个新媒体账号，如何结合社会网络理论来吸引和保持用户关注？请提出至少三种创新策略，并讨论它们的潜在优势和可能面临的挑战。

二、传播学理论

新媒体因其独特的传播方式和广泛的用户覆盖，已成为现代传播体系中的核心组成部分。传播学理论为新媒体运营提供了深刻的洞见和实用的指导。

（一）使用与满足理论

使用与满足理论强调受众在传播中的主体地位和选择权，认为受众可以基于个人需求和兴趣主动选择媒体。在新媒体环境下，该理论对运营至关重要，因为用户选择自由和互动能力大幅提升，新媒体运营者应深入分析用户动机，研究其行为模式，建立有效的反馈机制，以精准满足用户需求，优化自身内容和服务，持续提升用户体验和忠诚度。

（二）创新扩散理论

创新扩散理论由埃弗雷特·罗杰斯（Everett M. Rogers）提出，描述了创新如何在社会中传播并被接受。这一理论对于新媒体运营至关重要，因为它提供了一个框架，帮助新媒体运营者理解用户如何从接触到最终采纳新媒体内容或服务的过程。

根据创新扩散理论，一个成功的创新扩散过程包括五个阶段：知晓、兴趣、评估、尝试和采纳。在新媒体运营中，这五个阶段可以对应为用户对新媒体内容或服务的认知、兴趣、评估、尝试和持续使用。具体如图 2-1 所示。

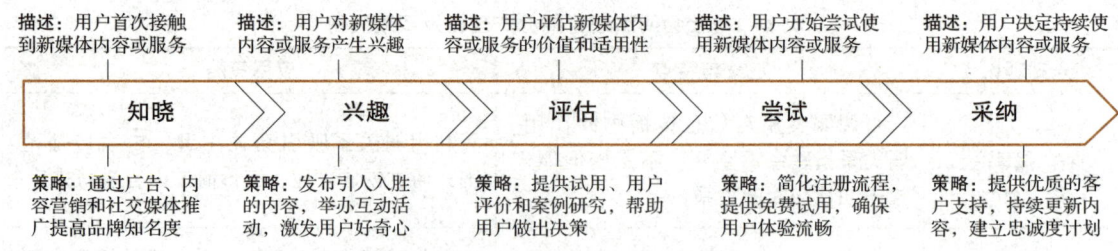

图 2-1 创新扩散理论流程图

此外，创新扩散理论还区分了五种不同类型的创新采用者：创新者、早期采用者、早期大众、晚期大众和滞后者。在新媒体运营中，这些不同类型的用户具有不同的特点和需求。新媒体运营者需要根据用户的类型和特点，制定针对性的策略，以便更好地吸引和留住用户。具体见表 2-2。

表 2-2 创新采用者的类型及运营策略

创新采用者的类型	描述	新媒体运营策略
创新者	愿意冒险尝试新事物的先锋用户	提供独家内容、早期访问权限和社区参与机会
早期采用者	对新趋势敏感，愿意早期尝试的群体	提供独家内容、早期访问权限和社区参与机会
早期大众	在看到成功案例后，愿意尝试的主流用户	通过用户故事、成功案例和口碑营销来建立信任
晚期大众	在新事物被广泛接受后才愿意尝试的保守用户	强调产品的稳定性、安全性和广泛接受度
滞后者	对新事物持怀疑态度，最后一群采纳者	提供详细的用户指南、用户支持和长期承诺

通过这些策略，新媒体运营者可以更有效地引导用户通过创新扩散的各个阶段，最终实现内容或服务的广泛采纳。同时，通过建立积极的社区氛围，可以加速创新的传播，提高用户参与度。

（三）议程设置理论

议程设置理论是传播学领域的核心理论之一，它深刻阐述了媒体在塑造公众议程中的关键角色。简而言之，该理论认为媒体通过选择性地强调某些议题，能够影响公众对这些议题的感知和重要性排序。

在新媒体时代，议程设置理论依然适用，并且其影响力在某些方面得到了放大。新媒体运营者通过平台内容的选择、呈现方式和推广策略，能够有效地设置用户的关注议程，引导他们关注特定的话题、事件或观点。

（四）沉默的螺旋理论

沉默的螺旋理论又被称为"沉默的扩散"或"信息压力与趋同心理"，是传播学中的一个重要概念。它深入探讨了人们在面对公共意见时的心理变化和行为选择。在新媒体环境下，个体因感知到与主流观点不符而可能选择沉默或改变立场，形成主流声音增强、异议声音减弱的螺旋现象。

这一理论对新媒体运营有重要启示：首先，需关注信息环境和用户心理，谨慎选择话题和引导讨论，尽量避免过于敏感或可能引发极端对立的话题，以减少沉默的螺旋现象。其次，应鼓励独立思考和批判性思维，优化算法推荐系统，确保多元化的内容的呈现。再次，要尊重和保护少数派声音，提供匿名回答的功能，让少数派用户能够在不暴露身份的情况下表达自己的观点。最后，对恶意攻击和网络暴力进行监管，保护用户免受不必要的压力。

（五）二极传播论

二极传播论由保罗·拉扎斯菲尔德（Paul F. Lazarsfeld）提出，揭示了信息传播中关键意见领袖的中介作用。信息首先由大众传媒传递给关键意见领袖，再由他们解读、筛选后传播给公众。在新媒体运营中，识别和培养关键意见领袖至关重要，他们能帮助扩大信息影响力。内容的质量和可信度是吸引关键意见领袖的关键。此外，用户互动可增强传播效果，推动信息进一步扩散。

（六）选择性定律

选择性定律着重于受众在信息处理过程中的主动选择性，包括选择性注意、选择性理解和选择性记忆三个层面。该理论指出，受众基于个人需求、兴趣和价值观来筛选、解读和记忆信息。

1. 选择性注意

受众倾向于关注与自己生活紧密相关的信息，忽略其他不相关的内容。新媒体运营者需要深入理解受众的需求，借助社交媒体分析工具识别受众的兴趣点，并据此设计内容，以提升受众的关注度。

2. 选择性理解

受众会根据自身的认知框架和价值观来解读信息，这可能导致不同受众对同一信息的不同理解。新媒体运营者应深入了解受众背景，借助受众反馈和数据分析，调整内容的表达方式，以减少误解。

3. 选择性记忆

受众更容易记住与自己需求和兴趣相关的信息。新媒体运营者应提升内容的质量和互动性，设计互动性强的问答、投票或挑战活动，促进受众参与，进而加深对内容的记忆。

三、心理学理论

心理学理论可以帮助新媒体运营者更好地了解受众的心理需求和行为规律，制定和实施有效的传播策略，提高新媒体的传播效果和市场竞争力。以下是一些常见的心理学理论。

（一）马斯洛需求层次理论

马斯洛需求层次理论由美国心理学家亚伯拉罕·马斯洛（Abraham H. Maslow）于1943年提出，该理论将人类需求从基础到高级划分为五个层次：生理、安全、社交、尊重和自我实现。对新媒体运营者来说，这一理论为精准满足用户需求提供了有力指导。如图2-2所示。

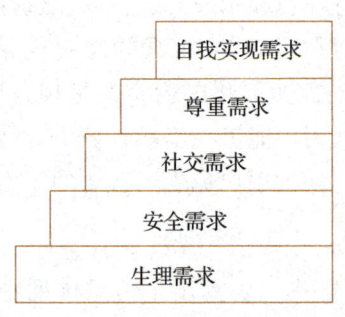

| 自我实现需求 | 提供有深度、专业性的内容，如行业报告、专家讲座、技能提升课程等，帮助用户实现个人成长和提升，满足他们更高层次的精神追求。 |

尊重需求：新媒体应重视用户的反馈和意见，对用户给予充分的尊重和认可，如设立用户赞赏板块、优秀评论展示等，提升用户的自尊心和满足感。

社交需求：通过创建线上社区、组织互动活动等方式，新媒体可以促进用户间的交流与互动，满足用户的社交需求，并增强用户对平台的归属感和黏性。

安全需求：在数据收集、使用和存储方面，新媒体必须严格遵守隐私保护规定，确保用户信息安全，为用户营造一个安全、可信的网络环境。

生理需求：新媒体内容应关注用户的日常生活需求，如提供健康饮食建议、运动健身教程等，确保信息与用户的实际生活紧密相连。

图2-2 马斯洛需求层次理论在新媒体运营中的应用

综上所述，马斯洛需求层次理论为新媒体运营者提供了一个全面的用户需求分析框架，有助于他们更精准地定位用户需求，提升用户体验和满意度。

（二）认知失调理论

认知失调理论由美国社会心理学家利昂·费斯廷格（Leon Festinger）于1957年提出，主要阐述了个体内部认知元素出现冲突或不一致时所产生的心理紧张和不适感，以及个体为恢复内心平衡所采取的策略。在新媒体运营中，该理论具有重要的指导意义。

首先，新媒体运营者可以利用认知失调来吸引用户。当新媒体内容与用户的原有认知产生冲突时，这种不一致性会激发用户的好奇心和探索欲。因此，在内容创作中，适度引入与用户认知相悖的元素，能够有效地吸引用户注意力，引导他们深入思考，并增强对内容的记忆和认同。例如，一个健康类新媒体账号可能会发布一篇文章，标题为"每天跑步竟然不是最佳锻炼方式？"这种标题与大多数人认为跑步是最佳锻炼方式的传统认知相冲突，从而吸引用户点击阅读，探索文章中提出的新观点和建议。

其次，认知失调理论也强调了新媒体活动设计一致性的重要性。如果活动流程、元素、颜色、文案等方面存在过多的不一致或冲突信息，会导致用户感到困惑和不适，从而降低活动的参与度和效果。因此，新媒体运营者在设计活动时，需要确保各个方面的设计都保持协调一致，以提供流畅、舒适的用户体验。

（三）社会认同理论

社会认同理论揭示了人们追求和维持积极社会认同感的心理动机，以及这种认同感如何增强个体的自我价值感。这对于新媒体运营有重要指导意义。

1. 塑造共享价值观

通过发起公益活动、倡导正义话题或分享特定群体文化，吸引和凝聚目标用户，增强他们的归属感和认同感。

2. 利用社会认同提升品牌认同感

与知名博主合作、分享用户经验、争取专家认可，提升品牌知名度和信誉度，增强与受众的联系和品牌认同感。

3. 营造积极社群氛围

建立友好社群，鼓励用户互动和交流，提升活跃度和忠诚度，促进新媒体持续发展。

（四）归因理论

归因理论由社会心理学家海德（Fritz Heider）于1958年提出，探讨个体如何解释自己和他人行为的成因。归因理论认为，个体会将行为归因于内部因素（如个人特质、努力）或外部因素（如环境、情境）。这一理论对新媒体运营具有重要意义，因为它可以帮助新媒体运营者理解用户行为背后的动机，从而制定更有效的策略。以下是归因理论在新媒体运营中的几点应用：

1）用户行为分析。新媒体运营者可以通过分析用户的行为数据，识别用户行为的内在和外在动因。例如，如果用户参与某个活动是因为喜欢活动内容（内部因素），新媒体运营者可以创造更多类似的内容来吸引用户；如果用户参与是因为朋友推荐（外部因素），新媒体运营者则可以通过社交分享机制来增加活动的曝光和用户参与度。

2）内容定制。了解用户行为背后的归因，可以帮助新媒体运营者为用户提供更加个性化的内容。例如，如果用户因为觉得内容有趣而分享（内部因素），新媒体运营者可以设计更多有趣的内容来促进用户分享；如果用户因为想要获得奖励而分享（外部因素），新媒体运营者则可以通过设置奖励机制来激励用户行为。

3）营销策略优化。归因理论可以帮助新媒体运营者识别哪些营销渠道最有效，从而优化广告投放和营销资源分配。例如，通过归因分析，如果发现某个广告渠道带来的用户转化率高，新媒体运营者可以增加对该渠道的投资。

4）提升用户满意度和忠诚度。通过准确识别用户行为的归因，新媒体运营者可以更好地满足用户需求，提升用户体验，从而增强用户满意度和忠诚度。例如，如果用户因为产品质量好而重复购买（内部因素），新媒体运营者可以继续保证产品质量并提供更好的售后服务；如果用户因为优惠活动而购买（外部因素），新媒体运营者则可以通过定期的促销活动来吸引用户。

四、宏观理论小结

从宏观视角来看，社会学、传播学、心理学等学科的理论不仅为新媒体运营提供了坚实的理论基础和行动指南，还在现实操作中发挥着重要的指导作用。它们共同构成了新媒体运营的宏观基础理论框架，为实现卓越绩效提供了有力支撑，见表2-3。

表2-3 新媒体运营的宏观理论

学科	基础理论
社会学	结构功能主义理论、社会互动理论、社会网络理论
传播学	使用与满足理论、创新扩散理论、议程设置理论、沉默的螺旋理论、二级传播论、选择性因素理论
心理学	马斯洛需求层次理论、认知失调理论、社会认同理论、归因理论

第二节 新媒体运营的微观理论

随着技术的持续进步和数字经济的迅猛发展，新媒体运营所处的环境日益复杂且多变。宏观理论尽管在构建整体框架和提供方向性指导上仍具有不可或缺的价值，但在应对日常运营中的具体挑战时，其作用显得相对有限。因此，新媒体运营对更为具体、针对性更强且能够灵活适应时代变化的微观理论的需求变得尤为迫切。

微观理论需要紧密结合新技术的发展趋势、用户行为的变化以及市场竞争的动态，为新媒体运营提供更为精准、实用的策略工具。它们应能够帮助新媒体运营者在海量信息中精准定位目标用户，通过个性化、互动性强的内容和服务，提升用户参与度和忠诚度，从而在激烈的市场竞争中占据优势地位。

具体来说，新媒体运营的微观理论主要包括市场营销理论和运营管理理论两大类。市场营销理论，例如4P理论、4C理论、4R理论、4V理论、4I理论、SIVA理论、IMC整合营销以及病毒性营销等，这些理论从产品、价格、渠道、促销、沟通、关系、价值和创新等多个角度，为新媒体运营提供了全面的市场分析和策略制定工具。运营管理理论，例如用户增长理论、蜂窝模型等，则更侧重于运营环节的具体优化，帮助新媒体运营者提升运营效率和效果。

一、市场营销理论

1. 4Ps营销理论

这一理论由著名学者麦卡锡教授于1960年提出，包括产品（Product）、价格（Price）、渠道（Place）和促销（Promotion）四大关键策略，为组织提供全面的市场策略指引。该理论在新媒体领域的应用见表2-4。

表2-4　新媒体运营的4Ps理论

策略	描述	实施方法	关键指标
产品策略	提供高价值、吸引人的产品和服务	市场调研，了解用户需求；开发精品内容；优化用户界面和体验；定期更新产品	用户满意度、内容点击率、用户留存率
价格策略	灵活、多元化的定价模式	分析用户经济能力和支付意愿；评估内容价值并定价；提供多种定价选项；定期促销和调整价格	付费用户数量、用户转化率、收入增长率
渠道策略	选择最佳渠道进行内容传播	分析用户常用渠道；制订渠道合作计划；优化搜索引擎排名；利用电子邮件等保持联系	渠道流量、曝光量、转化率
促销策略	提升品牌知名度和用户黏性	社交媒体广告定向投放；创作有吸引力的内容；与权威人士合作推广；举办线上活动吸引用户	广告点击率、内容分享率、用户参与度

思维扩展

选择一个你喜欢的新媒体账号，分析该账号是如何应用4P策略的。

2. 4Cs 营销理论

这一理论是一种以消费者为中心的市场营销理念，强调从消费者的视角出发，围绕消费者（Consumer）、成本（Cost）、便利（Convenience）和沟通（Communication）四大要素构建营销策略，鼓励组织更加关注消费者的真实需求、消费成本、使用便利性以及双向沟通，从而实现与消费者的深度连接。该理论在新媒体运营领域的应用见表2-5。

表 2-5 新媒体运营的 4Cs 理论

策略	描述	实施方法	目标
消费者	深入了解目标消费者的需求、兴趣、偏好及消费行为	数据挖掘、用户画像构建	提供符合消费者期望的内容和服务，提升用户满意度和忠诚度
成本	降低消费者的获取成本	提供优质免费内容、简洁易用的界面、策划吸引人的活动	减少用户在时间、金钱和精力上的投入
便利	确保用户随时随地轻松访问所需内容	优化搜索排名、个性化推荐、支持多种访问方式	提升用户体验和活跃度
沟通	利用新媒体平台与用户积极交流	通过社交媒体、评论区等渠道收集用户反馈	及时调整策略，增强用户参与感和归属感

3. 4Rs 营销理论

这一理论以关系营销为核心理念，聚焦于关联（Relevance）、反应（Reaction）、关系（Relationship）和回报（Reward）四大要素。这一理论强调组织在营销活动中与消费者建立长期、稳定且互利的关系，以及快速响应市场变化的重要性。该理论在新媒体运营领域的应用见表2-6。

表 2-6 新媒体运营的 4Rs 理论

要素	描述	实施方法	预期效果
关联	内容与用户需求紧密相关	利用大数据和 AI 技术精准定位用户；定期用户调研；定制化内容推荐；追踪热点话题	提高关注度、留存率和互动
反应	实时捕捉并响应用户反馈	建立用户反馈机制；监测用户行为；快速响应和处理反馈；实时互动	提升用户满意度和忠诚度
关系	建立并维护用户关系	长期关系管理计划；个性化服务和关怀；线上互动活动；社群运营	培养情感认同和忠诚度；提高留存和活跃度
回报	提供吸引力的回报	积分兑换系统；会员特权；用户专属活动和奖品；荣誉徽章和排行榜	激励用户参与和贡献；提升满意度和忠诚度

思维扩展

当新媒体账号面临负面舆论或用户不满时，如何运用 4R 理论来有效管理危机并恢复用户信任？

4. 4Vs 营销理论

4Vs 理论强调在营销活动中应特别关注差异化（Variation）、功能化（Versatility）、附加价值（Value）和共鸣（Vibration）四个维度。这四个方面维度构成了提升消费者满意度和忠诚度的关键路径。该理论在新媒体运营领域的应用见表 2-7。

表 2-7　新媒体运营的 4Vs 理论

策略	描述	实施方法	目标
差异化	在内容同质化挑战中脱颖而出	提供独特的内容创意，设计个性化的用户体验，塑造与众不同的品牌形象	吸引更多用户关注和喜爱，提升市场竞争力
功能化	满足用户多样性和个性化需求	提供多功能、可定制化的产品或服务；开发丰富功能的应用程序；支持多种互动方式	提升用户满意度和忠诚度，满足用户期望
附加价值	提供基本产品或服务外的额外价值	优质的客户服务，独特的品牌文化，有价值的线上活动	增强用户对品牌的认同感和归属感，建立并稳固用户关系
共鸣	情感共鸣，建立深厚的用户关系	深入了解用户的情感需求和价值观，创作有温度的内容，运用情感化的营销策略	建立紧密的情感联系，培养长期信任和依赖

思维扩展

如果要推广一款新上市的健身应用，自己应如何利用 4Vs 理论来设计一次新年健康挑战活动，吸引那些关注健康但又时间有限的上班族？

5. 4Is 营销理论

4Is 理论深刻揭示了互联网时代消费者的行为转变，强调了趣味（Interesting）、利益（Interests）、互动（Interaction）和个性（Individuality）四大核心原则在营销策略中的重要性。通过该理论使新媒体运营者认识到消费者不再是单纯的信息接收者，而是更加主动地参与和塑造市场。该理论在新媒体运营领域的应用见表 2-8。

表 2-8　新媒体运营的 4Is 理论

策略	描述	实施方法	目标
趣味	创造吸引用户的内容	运用幽默诙谐的文案，制作生动有趣的视频，设计富有挑战性的互动游戏	提升用户参与度和品牌好感度

(续)

策略	描述	实施方法	目标
利益	提供有价值的信息或服务	分享实用的生活技巧，提供专业的行业知识，举办独家的优惠活动	吸引用户，提升活跃度和忠诚度
互动	鼓励用户参与和表达	开展线上问答、投票、抽奖等活动，回应用户评论和反馈，建立社群促进用户交流	提升用户对品牌的认同感和归属感，提升用户体验
个性	满足用户的个性化需求	精准用户画像，定制化内容推荐，提供个性化的服务体验	提升用户满意度和忠诚度，稳定用户群体，提升市场份额

思维扩展

假设你是一家旅游公司的新媒体运营专员，请根据 4Is 理论，设计一个推广当地旅游的营销活动方案，来吸引和留住全国的旅游爱好者。

6. SIVA 理论

SIVA 理论作为数字化时代营销的新思维，聚焦于解决方案（Solution）、信息（Information）、价值（Value）和通道（Access）四大要素，为新媒体运营者提供了全新的视角和策略指导。该理论在新媒体运营领域的应用见表 2–9。

表 2–9　新媒体运营的 SIVA 理论

策略	描述	实施方法	目标
解决方案	提供量身定制的用户问题解决方案	精准目标用户定位，创新内容策划，贴心服务优化；快速响应用户需求，例如发布使用教程，提供实时在线客服支持	满足用户需求，解决用户痛点，提升用户体验和满意度
信息	筛选、整合并提供有价值的信息内容	敏锐的信息嗅觉，强大的内容整合能力；创新的信息呈现方式，例如短视频、直播互动、AR/VR 体验	降低用户认知负担，提高信息传播效率，提升用户参与度
价值	挖掘并传递产品或服务的多维价值	打造独特品牌故事，提供个性化定制服务，营造温馨社区氛围；建立情感连接，增强品牌认同感	满足用户多元化需求，提升用户忠诚度和口碑，实现品牌价值增长
通道	提供便捷的进入方式和用户体验	优化平台访问速度，界面设计与交互逻辑；多渠道营销布局，例如社交媒体、应用商店、线下门店触点	提升用户访问体验，促进用户转化，推动业务增长和市场份额

思维扩展

如果你是一家智能家居公司的新媒体运营负责人，你将如何运用 SIVA 理论来策划一次新产品发布会？

二、运营管理理论

1. 用户增长理论

用户增长理论,作为新媒体运营的核心指导思想,强调以用户为中心,通过科学的方法和策略推动用户数量的持续增长。在新媒体运营的实践中,用户增长理论的应用被具体化为 AARRR 模型,即获取(Acquisition)、激活(Activation)、留存(Retention)、收入(Revenue)和推荐(Referral)五个环节。这五个环节相互关联、相互促进,共同构成了用户增长的完整路径。该理论在新媒体运营领域的应用见表 2-10。

表 2-10 新媒体运营的 AARRR 模型

阶段	描述	实施方法	目标
获取用户	精准洞察目标用户需求与偏好,吸引潜在用户注意力	搜索引擎优化(SEO);社交媒体投放广告;内容营销;精准定位与投放;吸引力强的展示方式	引导潜在用户产生了解和体验的兴趣,增加用户获取量
激活用户	引导初次接触用户深入体验产品核心价值	简洁直观的用户界面设计;个性化的引导流程;新手福利和优惠券激励;降低使用门槛,激发用户的探索欲望	提升用户对产品或服务的兴趣和参与度,促使用户全面体验
留存用户	长期留住用户并提升活跃度	持续优化产品功能和服务质量,定期推送个性化内容和活动,建立富有活力的用户社区,数据分析和用户反馈,精准解决用户问题和痛点	增强用户满意度和归属感,确保持续提供优质体验和价值
获取收入	实现商业变现,平衡用户体验和商业利益	推出符合用户需求的付费产品,提供个性化增值服务;开展精准的广告合作;探索用户体验优先的商业模式;平衡用户体验与商业利益	将用户资源有效转化为经济收益,同时不损害用户利益和体验
推荐	鼓励用户分享,引发口碑传播效应	制定吸引用户的推荐奖励机制;建立会员特权体系;提供便捷的分享工具;激励用户参与推荐活动,扩大品牌影响力	降低获客成本;提升品牌知名度和美誉度;扩大用户基础

思维扩展

假设自己负责一款新上市的移动健身应用的新媒体运营,如何运用 AARRR 模型来设计一个全面的用户增长策略?

2. 用户体验蜂窝模型

在竞争激烈的新媒体市场环境中,提供优质的用户体验是吸引和留住用户的关键。用户体验蜂窝(User Experience Honeycomb)模型是由信息架构专家彼得·莫维里(Peter Morville)提出的,用于评估和改进用户体验。该模型认为用户体验包含七个关键要素,它们共同构成了用户体验的全面框架。该理论在新媒体运营领域的应用如图 2-3 所示。

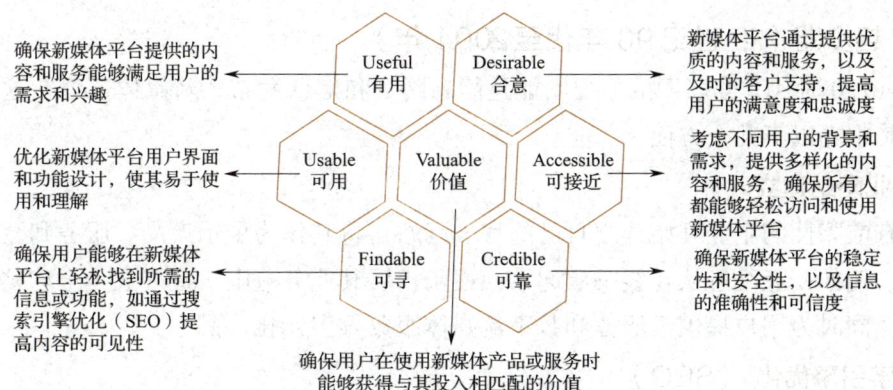

图 2-3 新媒体运营的用户体验蜂窝模型

例如,某旅行博主定期发布关于不同国家和地区的深度游攻略,帮助用户了解目的地的文化、历史和风土人情(有用)。他使用高清图片和流畅的视频展示旅行景点,同时通过简洁的文字描述提供关键信息(可用)。并且,为每篇旅行故事添加了地点标签和主题标签,例如"#四川火锅之旅""#桂林山水甲天下"等(可寻)。博主经常分享自己的旅行照片和故事,同时与一些旅行品牌合作推出联名活动或优惠,为用户提供更多价值(可靠)。博主在多个社交媒体平台上同步更新内容,并经常与粉丝互动,回答他们的问题(可接近)。用户不仅可以从中获取旅行灵感和建议,还能感受到博主的热情和专业(合意)。最终,该账号通过提供有价值的旅行信息和建议,帮助用户更好地规划和享受旅行,并与用户之间建立起信任和情感连接(价值)。

综上所述,新媒体运营的主要微观理论及其中心思想见表 2-11。

表 2-11 新媒体运营的主要微观理论

专业领域	相关理论
市场营销	4Ps 理论、4Cs 理论、4Rs 理论、4Vs 理论、4Is 理论、SIVA 理论等
运营管理	AARRR 模型、蜂窝模型

思维扩展

假设你负责运营一个名为"××体育"的新媒体账号,专注于提供篮球赛事的深度分析和报道。你将如何应用用户体验蜂窝模型来提升用户体验?

第三节 新媒体运营的国外实践

一、国外新媒体运营实践演进

随着互联网技术的不断革新,国外新媒体运营实践经历了显著的演变。这一演变过程可以大致划分为起步期、发展期和变革期三个阶段。

（一）起步期（20世纪90年代至2004年）

在Web1.0时代，互联网的主要功能是静态网页和信息发布。新媒体运营在这一阶段的实践主要集中在以下几个方面。

1. 企业网站建立

许多有前瞻性的企业开始建立自己的官方网站，将其作为展示产品、服务和企业文化的重要窗口。例如，亚马逊从在线书店起家，逐步扩展其业务范围，最终成为全球领先的电子商务平台，同时为用户提供云服务和数字流媒体服务等多元化产品。

2. 搜索引擎优化（SEO）

企业开始意识到通过优化网站结构和内容，可以提高在搜索引擎中的排名，从而吸引更多潜在客户。Dell计算机就是这一时期SEO的成功案例，通过关键词研究、页面优化和链接建设等策略，显著提升了网站流量和潜在客户数量。

3. 内容营销

内容营销在这一阶段开始崭露头角。企业通过发布与品牌或产品相关的有趣、有价值的内容来吸引目标受众。可口可乐就是一个典型的例子，通过发布与音乐、运动和电影等相关的内容，成功吸引了年轻消费者的关注。

4. 社交媒体利用

随着Facebook、Twitter等社交媒体平台的兴起，企业开始尝试在这些平台上进行品牌营销和推广，与消费者进行更直接的互动。

5. 电子邮件营销

电子邮件成为企业与客户沟通的重要工具。通过发送个性化的营销邮件，企业能够为客户提供更精准的信息和促销活动，从而提高客户的参与度和转化率。奈飞（Netflix）就是一个成功的电子邮件营销案例，其通过发送定制化的推荐内容和促销信息，保持了与用户的紧密联系。

6. 线上广告投放

企业开始尝试在互联网上投放广告，以提高品牌曝光度和点击率。例如微软等大型企业通过在搜索引擎、门户网站和社交媒体平台上投放广告，成功吸引了大量潜在客户和消费者。

这一阶段的新媒体运营实践为企业后续的发展奠定了坚实的基础，同时也为整个行业的演进提供了宝贵的经验和启示。

（二）发展期（2004年至2020年）

随着互联网技术的不断进步，Web 2.0时代的到来为新媒体运营注入了新的活力。这一时期，社交媒体平台的迅速崛起成为企业新媒体运营的重要舞台。国外企业纷纷建立自己的社交媒体账号，通过精心策划和执行多元化的营销策略，积极与目标客户进行互动，以此提升品牌知名度和美誉度，推动企业的发展。

在这一阶段，新媒体运营实践呈现出以下几个显著特点。

1. 社交媒体品牌推广

企业充分利用 Facebook、Twitter、Instagram 和 LinkedIn 等社交媒体平台的广泛影响力，发布吸引人的内容，例如广告、新闻和特别活动信息，以吸引潜在客户的关注。同时，通过与这些客户的实时互动，企业能够及时获取反馈，进一步优化营销策略，提升品牌认知度和好感度。

2. 用户生成内容（UGC）

企业鼓励用户参与到品牌活动中来，通过发布有趣的挑战、竞赛或问卷调查等内容，激发用户的参与热情。例如，很多企业在 Instagram 等平台上发起的标签挑战或产品试用活动，不仅吸引了大量用户的积极参与，还通过用户的分享和传播，极大地提升了品牌的曝光度和口碑。

3. 短视频与直播营销

随着移动互联网的普及和网速的提升，短视频和直播成为这一时期非常受欢迎的营销形式。企业在 YouTube 等视频平台上发布精心制作的短视频或直播内容，展示产品的独特魅力和使用场景，吸引目标客户的关注和兴趣。同时，通过与网红或关键意见领袖的合作，企业能够进一步扩大品牌的影响力。

4. 社交媒体客户服务

越来越多的企业将社交媒体平台作为提供客户服务的重要渠道。通过在 Facebook、Twitter 等平台上建立客户服务账号，企业能够及时响应客户的咨询和投诉，提供个性化的解决方案和优质的服务体验。这种即时、便捷的客户服务方式不仅增强了客户对品牌的忠诚度，还为企业赢得了良好的口碑。

（三）变革期（2020 年至今）

随着 Web3.0 技术的深化应用，新媒体运营再次迎来了深刻的变革。这一时期的新媒体不仅具备了更加智能、个性化、安全、开放自由、全球化和无界限等特点，还为用户提供了前所未有的互联网体验和无限可能。对于新媒体运营者而言，这一时期同样孕育着无数的创新机遇和价值创造的空间。

在变革期中，新媒体运营实践呈现出以下几个显著特点。

1. 区块链技术的运用

区块链技术为新媒体运营带来了革命性的变化。通过开发区块链平台，国外企业实现了用户自发行数字资产、去中心化应用、智能合约等创新业务模式。例如，可口可乐推出的基于区块链技术的数字藏品"Friendship Box"，不仅提升了品牌的影响力，还成功引发了用户的热烈反响和积极参与。

2. 虚拟现实（VR）和增强现实（AR）技术的融合

VR 和 AR 技术的快速发展为新媒体运营提供了更加丰富的展现形式。通过开发 VR 和 AR 应用，企业能够为用户提供沉浸式体验，促进用户与品牌的深度互动。例如，宝洁公司打造的"汰渍元宇宙"虚拟现实广告，让用户在虚拟世界中亲身体验产品的魅力和品牌的理念。

3. 人工智能（AI）技术的广泛应用

AI 技术在新媒体运营中发挥着越来越重要的作用。通过开发 AI 应用，企业能够实现智能生成内容、个性化推荐、创造虚拟形象等功能，极大地提升了用户体验和黏性。例如，LinkedIn 开发 AI 求职信息生成工具，以及 Pinterest 利用 AI 技术实现精确推荐系统。

总的来说，随着技术的不断进步和互联网经济的深入发展，国外新媒体运营实践正在不断向高阶演进。数字化转型、社交媒体平台融合、智能化技术变革等趋势日益明显，为新媒体运营者提供了更多的创新空间和价值创造的机会。

二、国外新媒体运营实践总结

在全球化背景下，新媒体运营已成为企业营销和品牌建设的关键环节。欧美等发达国家在此领域的探索与实践无疑提供了宝贵的经验和启示。

（一）重要启示

1. 企业的高度重视

随着互联网的普及和新媒体技术的发展，新媒体运营已经成为企业在品牌塑造、市场推广和客户服务等方面的关键战略。企业应投入充足资源，构建专业、高效的新媒体运营团队，并制定数据驱动的精细化运营策略，以准确把握市场需求和用户偏好。

2. 政府的积极作用

政府在推动新媒体运营方面发挥着关键作用。通过制定法规、提供政策支持和推动人才培养，政府为新媒体运营创造了良好的法律、政策和人才环境。此外，政府还鼓励企业在新媒体领域进行研发和创新，推动新媒体技术的不断发展。

3. 用户的核心地位

用户在新媒体运营中占据核心地位。企业应通过深度挖掘用户数据，了解用户需求和偏好，制定针对性的营销策略。同时，企业应提供高质量的内容，吸引用户并激发其分享和传播的意愿。用户的参与和反馈不仅有助于提升企业的新媒体营销效果，而且能推动品牌的持续发展和创新。

（二）争议和挑战

发达国家在新媒体运营领域的实践，尽管成果显著，但也不可避免地遭遇了一系列争议和挑战。这些问题不仅考验着企业的运营智慧，也对新媒体行业的健康发展提出了严峻挑战。

1. 假新闻和误导性信息泛滥

假新闻和误导性信息的泛滥已成为新媒体运营中的一大顽疾。这类信息往往借助新媒体平台的传播速度和广度，迅速扩散并产生恶劣影响。企业不仅面临品牌形象受损的风险，还可能因此陷入法律纠纷。

2. 广告内容的争议性

广告内容的争议性也是新媒体运营中难以回避的问题。企业在追求广告效果的同时，必须充分考虑广告内容可能引发的社会反响和道德争议。否则，一旦触碰公众敏感神经，可能引发轩然大波，甚至导致品牌形象崩塌。

3. 搜索引擎和推荐算法的公正性

搜索引擎和推荐算法的公正性也受到越来越多人的质疑。有报道称，部分搜索引擎和社交媒体平台通过操纵算法结果，偏袒自家产品或打压竞争对手。这种做法不仅损害了市场竞争的公平性，也严重损害了用户体验和信任度。

4. 数据隐私泄露问题

数据隐私泄露问题在新媒体运营中愈发突出。企业在利用用户数据优化运营的同时，必须承担起保护数据安全的重任。然而，近年来频发的数据泄露事件表明，许多企业在数据安全方面仍存在严重漏洞。这不仅可能导致用户信息被恶意利用，也会让企业面临巨大的法律风险和声誉损失。

5. 过度营销

在激烈的市场竞争中，企业为争夺市场份额往往采取过度营销策略。然而，这种做法很容易引发用户反感和抵触情绪，进而影响品牌形象和市场表现。例如，某社交媒体平台因频繁推送广告而被用户指责为"广告机器"，导致大量用户流失。

综上所述，发达国家在新媒体运营实践中面临的争议和挑战不容忽视。企业在追求商业利益的同时，必须充分考虑社会责任和道德伦理，以实现可持续发展。同时，政府和社会各界也应加强监管和引导，共同推动新媒体行业的健康发展。

第四节 新媒体运营的国内实践

一、国内新媒体运营实践演进

我国新媒体运营实践虽晚于部分发达国家，但得益于技术快速进步和市场需求的持续增长，近年来展现出强劲的发展势头。演进历程大致可分为起步期、发展期和变革期三个阶段。具体如图 2-4 所示。

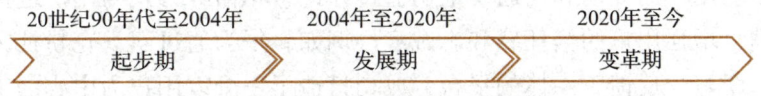

图 2-4　国内新媒体运营实践演进

（一）国内新媒体运营实践的起步期（1994 年至 2004 年）

在 Web1.0 时代的大背景下，我国新媒体运营实践初具雏形，主要集中在企业网站建设、网络广告投放和在线客户服务等基础领域。这一时期的新媒体运营虽互动性有限，但为企业后续在新媒体领域的发展奠定了坚实基础。

1. 企业网站建设

随着互联网的兴起，我国企业开始意识到建立官方网站的重要性。官方网站不仅成为企业传递信息、展示产品和服务的窗口,更是构建品牌形象、扩大企业知名度和影响力的关键平台。例如,瀛海威作为中国第一家互联网企业,在 1995 年率先在互联网上建立了中文主页,引领了中国企业网站建设的潮流。随后,华为、中国移动、海尔、联想等众多知名企业也相继投身企业网站建设,共同推动了中国互联网的蓬勃发展。

2．网络广告投放

随着网络用户数量的不断增加,网络广告投放逐渐成为企业营销的新宠。这一时期,我国企业开始尝试在各大门户网站投放横幅广告、文字链接广告等多种形式的网络广告。例如,联想集团不仅在各大门户网站进行广告投放,还积极探索电子邮件营销等新型广告模式,通过向目标用户发送包含广告内容的电子邮件,实现了精准营销和品牌推广。

3．在线客户服务

在 Web1.0 时代,我国企业开始重视在线客户服务体系的建设。通过官方网站提供 FAQ(常见问题解答)、在线咨询、电话客服等多元化的客户服务方式,企业能够及时响应并解决用户的问题和需求。例如,阿里巴巴在电子商务领域率先建立了完善的在线客户服务系统,提供 24 小时全天候的自助语音服务、在线客服和邮件回复服务,不仅提升了用户满意度和忠诚度,也为企业赢得了良好的市场口碑。

(二)国内新媒体运营实践的发展期(2004 年至 2020 年)

随着 Web2.0 时代的到来,国内新媒体平台如雨后春笋般涌现,例如微信、微博、抖音等短视频平台、今日头条等新闻平台以及爱奇艺等在线视频平台迅速崛起,新媒体运营实践也迎来了蓬勃发展。

1．新媒体内容创作

在新媒体时代,内容为王的原则愈发凸显。国内新媒体运营者纷纷在各大新媒体平台上开设账号,创作并发布高质量、有趣、有价值的内容。这些内容形式多样,包括文字、图片、视频等,旨在打造独特的 IP 形象,传播品牌故事,吸引并保持用户的关注。

2．用户运营

在社交媒体平台上,用户运营的重要性不言而喻。新媒体运营者不仅要注重内容的发布,而且要重视与用户的互动和沟通。他们通过评论、私信等方式与用户进行交流,解答用户的问题和反馈,增强用户的信任感和忠诚度。例如,华为通过建立花粉社区,为用户提供了一个集交流、学习、反馈于一体的平台,成功打造了一个以用户为中心的生态。

3．营销推广

新媒体平台成为企业营销推广的重要阵地。企业通过各种方式在新媒体平台上进行广告投放、KOL 合作、品牌联名等活动,以提高品牌知名度和转化率。例如,红星美凯龙在微信平台上开展了"家装季"营销活动,通过整合微信小程序、微信公众号、微信朋友圈等多个渠道资源,实现了家装服务的广泛推广和有效转化。

4．数据分析

新媒体平台为企业提供了丰富的用户数据资源。国内众多企业利用新媒体平台收集用户行为数据，进行实时分析和挖掘，以洞察用户需求和偏好，实现精准营销和个性化推荐。例如，美的通过官方网站、微博、微信公众号等新媒体平台收集用户数据，并运用数据分析工具进行深入挖掘和分析，以了解用户对美的产品的需求和反馈，为产品改进和营销策略制定提供了有力支持。

5. 舆情监测

在Web2.0时代，舆情信息在新媒体平台上的传播速度和影响力日益增强。国内新媒体运营者越来越重视舆情监测工作，通过实时监测和掌握舆情信息，建立舆情管理制度和应对机制，可以提高新媒体职业人才对舆情的敏感度和危机处理能力。

（三）国内新媒体运营实践的变革期（2020年至今）

随着Web3.0时代的到来，国内新媒体运营实践迎来了前所未有的变革。通过深度融合人工智能、大数据、区块链、云计算、5G等新一代信息技术，新媒体运营正逐步构建一个更加智能、安全、开放的网络生态。这一时期，国内企业的新媒体运营实践主要体现如下。

1. 区块链运营的实践探索

区块链技术的引入为新媒体运营带来了巨大变化，利用区块链去中心化、不可篡改和可追溯的特性，新媒体运营在信息安全、用户隐私保护、传播效果提升等方面取得了显著成效。腾讯、阿里巴巴、百度等大型互联网公司纷纷在区块链领域布局，推出了一系列创新产品和服务。同时，新闻媒体机构如人民网也积极探索区块链在版权保护、内容溯源等方面的应用，推出了"人民版权"等标志性项目，为行业树立了典范。

2. 大数据运营的实践深化

在大数据技术的助力下，新媒体运营者能够更深入地挖掘和分析用户数据，精准刻画用户画像，从而制定更加个性化的运营策略。例如京东等电商平台通过对用户行为数据的深度分析，实现了精准营销和个性化服务，大幅提升了用户满意度和转化率。

3. 人工智能运营的全面应用

人工智能技术在新媒体运营中的应用日益广泛，涵盖了语音交互、视频内容创作、虚拟主播、智能排版美化、内容审核、舆情分析、智能广告投放等多个方面。这些智能技术的应用不仅提高了内容生产的效率和质量，还极大提升了用户体验和品牌商业价值。

4. 虚拟现实（VR）和增强现实（AR）技术的创新融合

VR和AR技术的引入为新媒体运营带来了全新的用户体验。通过这些技术，信息可以以更加直观、生动、真实的方式呈现给用户，实现与用户的深度互动和交流。故宫博物院的"虚拟紫禁城"项目和淘宝的"VR购物"平台就是典型的案例。

> **思维扩展**
>
> 在新媒体时代，国内企业应如何利用大数据和人工智能提升运营效果？

二、国内新媒体运营实践总结

在我国网络和信息化事业快速发展的推动下，新媒体已广泛连接多个行业和领域，成为推动中国社会转型新阶段的关键因素。新媒体运营实践不断创新，取得了显著的成果。然而，我国新媒体运营在某些方面仍需要加以改进和完善。

（一）新媒体技术发展的挑战

与国际前沿相比，我国新媒体技术在某些领域存在滞后现象。人工智能、大数据和云计算等核心技术仍需进一步发展。此外，新媒体平台在用户体验、系统稳定性和安全防护等方面也面临挑战。为了应对这些挑战，我国新媒体行业需要加大技术研发和创新投入，提升技术应用水平，并加强人才培养和引进。

（二）新媒体内容质量需进一步提高

当前，我国新媒体运营在内容层面仍面临同质化、缺乏原创性和个性化等问题。部分内容存在过度商业化和低俗化倾向，影响了用户体验和行业健康发展。为了提升内容质量，国内新媒体运营需要注重人才培养和技术支持，加强内容创新，同时与用户进行深度互动，了解用户需求，打造有价值的内容。

（三）应对新媒体时代的真实性挑战

在新媒体时代，不实信息的广泛传播成为一个严峻问题。平台管理者、用户以及政府和社会各界需要共同努力以应对挑战。平台方应加强内容审核和管理，建立有效的信息审核和辟谣机制。用户应提高媒介素养和辨别能力，承担核实信息真实性的责任。政府和社会各界则应加强对新媒体的监管和管理，规范新媒体行为，维护健康有序的网络信息传播环境。

（四）网络暴力问题亟待解决

网络暴力是一种以网络为媒介，通过捏造事实或者无端谩骂等方式诽谤他人或侮辱他人的行为。网络暴力问题在国内新媒体运营领域不容忽视，这种行为会给受害者带来深重伤害，且污染网络环境，影响社会和谐稳定。为了打击网络暴力，各大互联网平台已采取积极措施加强自律和内容管理。然而，要根治网络暴力问题，还需要广大网民共同努力，提高媒介素养和自身道德水平，自觉抵制网络暴力行为。

（五）侵权盗版问题的严峻挑战

在国内新媒体运营领域，侵权盗版问题日益严重，这不仅侵犯了创作者的知识产权，损害了创作者的权益，还影响了市场的公平竞争。为了有效应对这一挑战，国家需要完善相关法律法规，加大执法力度，严厉打击侵权盗版行为。同时，加强知识产权教育，提高公众对知识产权重要性的认识，培养尊重原创、保护创新的社会氛围。

综上所述，我国新媒体运营实践在取得显著成果的同时，仍面临一些挑战和问题。为了推动新媒体运营行业的健康发展，需要加强技术研发和创新投入，提升内容质量，应对真实性挑战和网络暴力现象，并严厉打击侵权盗版行为。

思维扩展

在人工智能时代，我国新媒体运营实践会面临哪些新的挑战，以及如何应对？

本章小结

在宏观理论如社会学理论、传播学理论、心理学理论,以及微观理论如营销学理论、运营管理理论的共同支撑下,新媒体运营的理论框架体系日趋成熟。与此同时,技术的革新和互联网经济的蓬勃发展为国内外新媒体运营实践提供了广阔的舞台。通过借鉴发达国家的新媒体运营经验,国内新媒体运营实践不断取得新的突破,为新媒体价值的发现、创造、传播及变现创造了更加优越的条件和环境。

本章作为全书理论分析和实践探讨的基石,详细阐述了新媒体运营的宏观与微观理论体系,深入剖析了发达国家新媒体运营的实践现状及宝贵经验。此外,本章还对我国新媒体运营的当前状况进行了全面介绍,并指出了与发达国家相比存在的现实差距。这些内容为后续章节的展开奠定了坚实的基础。

核心概念

1. 结构功能主义(Structural Functionalism)
2. 社会互动理论(Social Interaction Theory)
3. 社会网络理论(Social Network Theory)
4. 使用与满足理论(Uses and Gratifications Theory)
5. 创新扩散理论(Diffusion of Innovation Theory)
6. 议程设置理论(Agenda-Setting Theory)
7. 沉默的螺旋理论(Spiral of Silence Theory)
8. 二级传播论(Two-step Flow of Communication Theory)
9. 选择性定律(Selecte Exposure Theory)
10. 马斯洛需求层次理论(Maslow's Hierarchy of Needs)
11. 认知失调理论(Cognitive Dissonance Theory)
12. 社会认同理论(Social Identity Theory)
13. 归因理论(Attribution Theory)
14. 4Ps 营销理论(The Marketing Theory of 4Ps)
15. 4Cs 营销理论(The Marketing Theory of 4Cs)
16. 4Rs 营销理论(The Marketing Theory of 4Rs)
17. 4Vs 营销理论(The Marketing Theory of 4Vs)
18. 4Is 营销理论(The Marketing Theory of 4Is)
19. SIVA 营销理论(Marketing SIVA Theory)
20. 用户增长理论(User Growth Theory)
21. 用户体验蜂窝模型(User Experience Honeycomb)

思考题

1. 简述新媒体运营的相关理论。
2. 简述国内新媒体运营的现状。
3. 国外新媒体运营实践对我国新媒体运营发展有哪些重要启示？
4. 以特定案例为例，试论新媒体运营策略。
5. 试论我国新媒体运营在哪些方面有待加强。

测试题

实训指南

一、实训目的

1. 理解新媒体运营在宏观与微观理论体系中的位置和作用。
2. 掌握新媒体运营在国内外实践中的现状和发展趋势。
3. 分析和评价我国新媒体运营与国外新媒体运营之间的差距及原因。
4. 提出针对我国新媒体运营现状的改进策略和建议。

二、实训内容与步骤

表 2-12 实训内容与步骤

实训内容	任务	步骤
理论回顾	复习新媒体运营相关理论体系，梳理典型案例	1. 复习宏观与微观理论体系（社会学理论、传播学理论等）； 2. 分析国内外新媒体运营案例； 3. 提炼成功要素和可借鉴之处
案例分析	深入研究一个成功的新媒体运营案例	1. 选择案例（如微博、微信等）； 2. 搜集平台相关资料（发展历程、用户规模等）； 3. 分析运营优势、挑战及应对策略
差距分析	对比国内外新媒体运营实践的差距及原因	1. 对比技术水平、内容质量、用户体验等差距； 2. 探讨政策环境、市场成熟度、人才培养等产生差距的原因
策略建议	提出改进我国新媒体运营的策略和建议，预测未来发展趋势	1. 基于差距分析，提出针对性改进策略； 2. 预测新媒体运营的未来趋势和挑战

三、实训成果

1. 完成一份包含理论回顾、案例分析、差距分析和策略建议的实训报告。
2. 报告中应包含清晰的分析框架、翔实的数据支撑和合理的推论建议。
3. 鼓励学生在报告中提出创新性的观点和见解,以展现对新媒体运营领域的深入理解和思考。

《博物》杂志新媒体运营策略

一、"博物养成系"短视频火爆抖音

《博物》杂志,一本拥有二十年历史的科普刊物,在抖音平台上焕发出了新的生机。通过发布一系列"博物养成系"短视频,《博物》杂志的抖音账号迅速积累了几十万粉丝,并获得了超过百万的点赞。这些短视频以办公室里的奇异动植物为主角,用通俗易懂的语言和风趣幽默的风格,向观众展示了自然的奥秘和科学的魅力。

其中,一期关于蚊子孵化的短视频引起了用户广泛关注。视频中详细演示了蚊子从幼虫到成虫的完整孵化过程,让观众对蚊子的生命周期有了更直观的了解。这种将科学知识以可视化方式呈现的手法,极大地提升了科普效果,也让《博物》杂志在抖音上赢得了更多年轻人的喜爱。

二、抖音成科普新舞台,满足大众需求

2023年春节期间,一位网友在餐桌上发现了蓝环章鱼,并在网络上向"博物君"求解。博物君及时提醒这是一种含有剧毒的章鱼,相关解答截图在抖音上被大量转发。这一事件让《博物》团队意识到,抖音平台上潜藏着巨大的科普需求。

为了满足这种需求,《博物》团队开设了"博物餐桌"系列短视频,科普那些可能在餐桌上碰到的有毒食物。例如,他们通过短视频详细介绍了毒蘑菇的种类和识别方法,避免了观众因误食毒蘑菇而引发健康问题。这些实用且贴近生活的科普内容,让《博物》杂志在抖音上的影响力逐渐扩大。

三、团队共创与智囊团支持,打造精品内容

《博物》杂志的短视频之所以能够受到广泛欢迎,离不开其背后团队的共同努力和智囊团的支持。团队成员都是博物领域的达人,他们各司其职,共同策划和制作每一期短视频。同时,他们还积极联系中国科学院教授等专家学者,为短视频提供专业的知识支持。

例如,在制作一期关于海洋生物的短视频时,团队邀请了海洋生物学领域的专家进行指导,确保了内容的准确性和权威性。这种严谨的制作态度和专业的知识背景,使得《博物》杂志的短视频在抖音上脱颖而出,成为科普领域的精品内容。

四、激发青少年科学梦想,引领科普新风尚

通过抖音平台,《博物》杂志成功触达了更多青少年群体,激发了他们对科学的热爱和追求。很多青少年在观看短视频后,纷纷留言表示对博物学的浓厚兴趣,并询问如何进一步

学习和探索。

为了满足青少年的科普需求，《博物》团队在短视频中特别注重互动性和引导性。他们会在视频中设置问题环节，引导观众思考并留言回答；同时，团队还会在评论区与观众进行互动交流，解答疑问并分享更多相关知识。这种寓教于乐的方式，让青少年在轻松愉快的氛围中学习科学知识，培养科学精神。

此外，《博物》杂志还积极参与抖音青少年科普创作计划，与其他专业机构共建青少年模式内容池，为青少年提供更丰富、更优质的科普资源。他们相信，通过正向的促进和引导，更多孩子将被吸引到科学道路上，做更深的开掘。

五、结语

《博物》杂志用短视频科普的方式，在抖音上为青少年打开了一扇科学之窗。通过具体的事例和生动的讲解，复杂的科学知识变得简单易懂、有趣有料。这种科普新风尚不仅提升了青少年的科学素养，也为科学传播注入了新的活力。未来，《博物》杂志将继续践行科普使命，用更多优质内容点燃更多青少年的科学梦想。

资料来源：根据李濛《近二十岁的〈博物〉，用短视频点燃孩子们的热爱》（北京日报，2023年5月30日）相关内容整理。

案例思考

1. 《博物》团队为什么要在短视频中注重互动性？采取了哪些提高互动性的具体措施？
2. 运用马斯洛需求层次理论，分析《博物》团队是如何满足用户需求的？
3. 运用4Rs理论，分析《博物》团队可以采用哪些措施来与用户建立长期、稳定、互利的关系？

第二篇
新媒体价值发现

第三章 新媒体行业的洞察

本章导语

洞察新媒体行业生态，解码用户消费行为，优化新媒体运营决策。

引例

我国知识付费行业发展现状、趋势及展望

一、知识付费行业发展现状

据艾媒咨询数据显示，我国知识付费行业进入稳定的持续发展阶段。2022年的市场规模达到1126.5亿元，较2015年增长了约70倍，预计到2025年将扩大到2808.8亿元。随着短视频和直播的流行，传统的音频知识付费内容逐渐被视频和图文内容所取代，其中短视频类付费内容学习人次占比最高，达到75.7%。

在供给端，知识付费行业经历了从超级IP向平民IP的转变。在过去几年中，一些知名的个人IP通过高频曝光和付费模式实现了最大化的变现。但随着时间的推移，这种模式的问题逐渐显现，如内容同质化和低复购率。与此同时，技术的变革降低了行业门槛，使得更多普通人有机会参与知识付费，如百度和今日头条推出的付费专栏，为创作者提供了变现工具和方案。

在消费端，35岁以上的用户群体成为知识付费的主力军，他们的消费意愿同比增长最快，显示出这一群体仍有巨大的市场潜力。因此，满足这一中坚力量人群的需求，成为知识付费行业增长的关键。

二、知识付费行业发展趋势

（一）产品形态：付费订阅逐渐崭露头角

在全球的虚拟服务和内容消费中，订阅制逐渐成为主流消费形态之一。除传统媒体外，自媒体也在进行订阅制探索。例如百度付费业务团队推出了"付费订阅"功能，为百家号创作者提供了新的增长机会。这一功能使得创作者能够通过月度订阅模式，将潜在的免费用户转化为稳定的付费用户群体。例如，经过多次迭代，百度的付费订阅体验不断优化，支持多种内容形态的精准推送，并通过连续包月、首月优惠等激励措施，帮助创作者实现稳定的收入。这种模式不仅提升了用户的完播率和续费率，也加深了创作者与用户之间的联系，为创作者提供了一个更加稳定和可预测的收入来源。

（二）内容建设：泛娱乐领域探索积极

知识付费行业正在泛娱乐领域展开积极的内容建设，特别是在付费故事和短剧方面取得

了显著进展。

在付费故事领域，知乎和百度等平台通过推出盐选会员和付费专栏，吸引了大量用户。知乎以其高质量的问答社区为基础，拓展了短篇故事内容，这些内容以第一人称叙述和口语化表达方式，快速吸引了用户的注意力，并通过故事的快节奏和频繁的情节反转，提高了用户的阅读量和消费量。百度则通过付费专栏，为故事类创作者提供了一个展示和变现的平台，创作者通过专栏发布的故事和小说，不仅丰富了平台的内容生态，也为创作者带来了可观的收益。

在短剧方面，随着网络文学市场的成熟，短剧作为一种新兴的内容形式，迅速在各大平台流行起来。短剧以其制作周期短、成本低、回本快的特点，受到了创作者和平台的青睐。腾讯视频、爱奇艺、优酷等长视频平台，以及抖音、快手等短视频平台，都推出了短剧激励计划，以吸引更多的短剧创作者加入。这些平台通常采用分账模式，鼓励创作者制作短剧内容，并通过会员付费、广告和招商等方式实现收益。

（三）经营模式：知识付费向知识服务转型

知识付费行业正在转变为更加个性化和有互动性的知识服务。这种转变通过算法推荐和大数据分析，为用户提供量身定制的内容；同时，内容的形式也更加多样化，包括视频、音频和图文直播，使得学习变得更加生动和直观。平台不仅提供内容，还负责内容的创作、分发以及后续的用户互动和服务，形成了一个完整的服务闭环。

人工智能和大数据分析等技术的应用，让服务更加智能化和高效。这个市场规模的增长显示出知识付费行业的强劲发展势头。疫情期间，用户养成了在线学习的习惯，即使居家红利消退，付费求知的习惯也已经形成，为行业的稳定发展奠定了基础。用户对内容质量的要求不断提升，也促使内容创作者和平台提供更专业和高质量的服务。同时，行业在商业模式上也在创新，推出订阅制和会员制等服务，以满足用户的长期需求。

三、知识付费行业未来展望

AI技术的快速发展正在不断推动新媒体运营的变革。自2019年起，算法推荐已成为各大平台精准推送内容的关键技术，使得信息传播更加个性化，提升了传播效率。知识付费领域也因算法推荐而发生变革，即使是小众内容，通过个性化推荐系统也能精准连接供需双方。

人工智能应用和语言模型成为热门话题，比如ChatGPT和Deep Seek，它们基于大型语言模型并通过强化学习训练，能够以自然对话方式交互，并处理复杂的语言任务，如生成文本、问答和摘要等。这些技术的发展为新媒体运营提供了新的工具和发展可能性。

对于新媒体运营，尤其是知识付费创作者来说，AI技术提供了新的机遇。它们能够生成高质量内容，提升创作效率，但同时也带来了挑战。预计在未来1~2年内，这些AI工具将成为知识付费创作的重要辅助工具，帮助创作者提高生产力，同时也可能对传统内容创作方式产生冲击。新媒体运营者需要紧跟技术发展，探索如何有效利用这些工具来优化内容创作并顺畅地与用户互动。

资料来源：根据艾媒咨询《2023年中国知识付费行业现况及发展前景报告》（中国商报，2023年3月27日）相关资料整理。

预热思考题：
1. 知识付费行业具有哪些特征？
2. 分析知识付费行业当前的市场环境。
3. 如何开展知识付费行业的市场调查，深入了解知识付费用户的需求和喜好？

// 知识结构 //

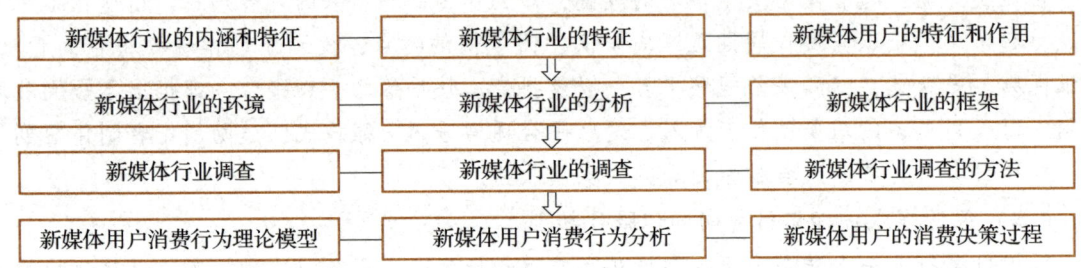

第一节 新媒体行业的特征

一、新媒体行业的内涵和特征

（一）新媒体行业的内涵

新媒体行业作为数字时代的产物，依托创新型媒体技术，以互联网、移动互联网以及社交媒体为核心平台，广泛涉及信息传播、娱乐服务、在线教育等多元化活动。这一行业不仅汇集了众多形态各异的企业和业务，还构建了一个相互依存、共同发展的生态系统。

1. 企业业务类型视角

从业务类型的角度来看，新媒体行业主要包含三类企业：内容型企业、平台型企业和技术型企业。内容型企业以生产和提供高质量内容为主导；平台型企业致力于打造具有吸引力的新媒体平台，通过连接内容创作者和用户，促进信息的有效传播和互动；技术型企业致力于新媒体技术的研发和创新，为其他企业提供强大的技术支撑和解决方案。

2. 企业经营领域维度

从经营领域的维度来看，新媒体行业可进一步细分为互联网企业、移动互联网企业以及数字创意产业企业等几大领域。互联网企业以开发和提供各类互联网服务和产品为核心业务，例如搜索引擎、在线支付和网络安全等，为用户提供便捷、安全的网络环境；移动互联网企业聚焦移动互联网服务和产品的开发与提供，例如移动社交媒体、移动支付和移动电商等，满足用户随时随地的在线需求；数字创意产业企业致力于数字创意内容的生产和传播，涵盖数字游戏、数字音乐、数字影视等创意领域，为用户提供丰富多彩的娱乐体验。

（二）新媒体行业的特征

新媒体行业的特征，包括创新性、融合性、智能化、全球化、社交化和个性化。

1. 创新性

新媒体行业的创新不限于产品或服务的单一层面，而是涵盖了内容创作、表现形式、运营模式和营销策略等多个方面，形成了一种全面且多维的创新态势。

以微信为例，其创新实践在多个层面均取得了显著成果：

1）内容创新。微信利用公众号平台聚集了众多内容创作者，为用户提供了丰富多元的信息。微信的内容推荐系统通过智能算法，帮助用户在海量信息中迅速找到自己感兴趣的内容，提高了用户阅读的个性化体验。

2）商业模式创新。微信不仅仅是一个社交平台，它还整合了支付、电商和广告等多种服务，形成了一个综合性的生态系统。这种一站式的服务模式让用户在社交互动的同时，也能享受到便捷的生活服务，增强了用户黏性。

3）技术创新。微信不断引入人工智能和大数据技术优化产品功能。这些技术的应用不仅提升了用户体验，还使得微信在信息筛选、用户互动等方面变得更加高效和智能。

2. 融合性

新媒体行业的融合特质正日益凸显，这一趋势在媒体、跨界、用户和技术等多个维度均有显著体现。以今日头条为例，其深度融合的策略不仅拓展了行业发展边界，同时也为行业持续创新和进步注入了新动力，见表3–1。

表3–1　今日头条的融合实践

融合维度	今日头条的融合实践
内容融合	与各类媒体、机构和个人创作者合作，集成文字、图片、视频等多样化内容形式，覆盖新闻、娱乐、科技、生活等多个领域，为用户提供全面且个性化的信息服务
技术融合	利用先进的人工智能算法和大数据分析技术，根据用户的兴趣和行为习惯，实现个性化内容推荐。同时，这些技术也应用于内容生产、分发和用户反馈等各个环节，提升整体运营效率和服务质量
商业融合	通过广告、付费内容、电商等多种方式实现营收，同时与广告主、内容提供商、电商平台等多方建立合作关系，打造商业生态，实现商业价值最大化
社交融合	与微信、微博等社交媒体平台实现内容共享和用户互通，用户可以将今日头条上的内容分享到社交媒体平台，也可以从社交媒体平台导入好友和关注列表；还可以通过评论、点赞、私信等功能增强用户之间的互动和交流

3. 智能化

随着人工智能和大数据技术的飞速进步，新媒体行业正迎来深刻的智能化变革。这场变革不仅重塑了数据驱动的决策流程、打造了个性化消费场景，还推动了机器学习与人工智能的广泛应用，为用户带来了实时响应和高度互动的全新体验。以知乎为例，其在智能化领域的探索和实践成果显著，见表3–2。

表3-2 知乎的智能化实践

智能化应用	知乎的智能化实践	效果与影响
个性化推荐	通过数据挖掘和分析实现个性化内容推荐	提升用户信息获取效率和满意度
智能化搜索	结合自然语言处理、语义分析的搜索引擎和问答系统	简化用户查询流程,提高搜索准确性和效率
内容创作优化	运用AI分析用户反馈和行为数据,优化内容策略	推荐更符合用户需求的内容和作者
智能内容创作工具	提供智能创作工具,降低内容生产门槛	为创作者提供更多创新可能
精准营销	利用大数据实现精准营销	为合作伙伴提供有针对性的营销解决方案
内容生态优化	依托数据支撑内容生态优化	提升用户体验和满意度,探索商业化发展新路径

4. 全球化

新媒体行业的全球化趋势日益显著,这一特征在信息内容的全球流通、互联网媒体平台的国际拓展以及跨国资本的广泛参与等多个维度均有所体现。以抖音为例,这款社交媒体平台凭借其全球化布局和本地化策略,已迅速崛起为全球范围内备受瞩目的平台,其全球化实践见表3-3。

表3-3 抖音的全球化实践

全球化维度	抖音的全球化实践	影响与意义
信息内容全球流通	抖音国际版提供多语言支持和本地化内容	突破信息传播时空界限,促进全球文化交流与理解
新媒体平台国际拓展	抖音的全球化布局,满足不同国家和地区用户需求	提升用户体验,增强全球市场竞争力
跨国资本广泛参与	众多跨国品牌与抖音合作,实现品牌推广	推动新媒体行业全球化进程,注入创新与发展活力

思维扩展

一个具有本地文化特色的新媒体社交平台如何通过全球化策略让全球用户了解和欣赏本地文化?

5. 社交化

新媒体行业的社交化特征已愈发凸显,成为其鲜明标志。这一趋势主要体现在用户生成内容的盛行、关系网络的构建、社区氛围的营造,以及实时互动交流的便捷性等方面。以微博为例,这个社交媒体平台已经成为用户分享生活点滴、表达个人观点以及进行实时互动的重要场所,其社交化特征见表3-4。

表 3-4　微博的社交化特征

社交化特征	微博的社交化实践	影响与意义
用户生成内容	具有多样化内容形式（如文本、图片、视频）与高度互动性，用户发布各种内容并参与互动	丰富内容生态，提升用户参与度
关系网络构建	关注机制使用户能够追踪感兴趣的人或话题，形成社群归属，例如加入话题讨论群	拓展社交圈，促进信息流通和共享
社区氛围营造	热点话题讨论引发用户广泛参与；线上线下活动策划增强社区活力	营造积极互动氛围，促进用户间的深入交流
实时互动交流	实时评论功能让用户实现即时反馈，私信功能实现一对一私密沟通	提升信息传播的即时性和用户互动的深度

6. 个性化

新媒体行业的个性化特征日益凸显，在内容定制、用户互动、服务方式及营销策略等多个层面均有所体现。这种趋势不仅精准满足了用户多元化、分层化的需求，更显著提升了用户体验，使得每个人的数字生活更加独特且丰富多彩。以网易云音乐为例，其在个性化服务方面的创新实践见表 3-5。

表 3-5　网易云音乐的个性化创新实践

层面	个性化实践	影响与意义
内容定制	利用数据分析，根据用户的听歌习惯、评论互动和收藏偏好，智能推荐个性化音乐列表	精准满足用户音乐口味，提升音乐探索的乐趣和满意度
用户互动	允许用户在歌曲下方发表评论，分享感受，与其他用户互动，构建活跃的音乐社区	增强社区参与度，让用户在交流中找到共鸣，提升平台活跃度
服务方式	提供个性化界面和功能设置，如自定义界面主题、播放列表排序、创建个人歌单等	让用户享受个性化的音乐体验，增加用户对平台的忠诚度
营销策略	结合用户数据，推出个性化音乐推荐，如运动歌单、睡前音乐等，满足不同生活场景需求	使音乐服务更加贴心，提升用户对品牌的认同感强化情感连接

扩展阅读

中国新媒体产业呈现四大趋势

趋势一：互联网平台监管进入常态化阶段

自 2021 年国家出台一系列互联网监管政策以来，我国对互联网平台的监管政策不断更新、完善。2022 年 7 月，中共中央政治局召开会议，再次强调"常态化监管"，鼓励资本在公平竞争和高质量发展的基础上进入。2022 年 3 月，国家网信办等四部门联合发布的《互联网信息服务算法推荐管理规定》正式施行，我国积极布局人工智能领域法律体系与制度建设。可以预见，我国对互联网平台的常态化监管预期在一定时期内相对稳定。

趋势二：互联网公司继续向海外市场纵深挺进

其一，互联网公司"出海"进程加速，2022 年，互联网大厂在海外上线的非游戏类产品有 30 多款；跨境电商发展势头迅猛，中国出口贸易的强劲态势促进了跨境出口电商的持续发展。其二，游戏行业"出海"前景广阔。

趋势三：人工智能产业复苏

ChatGPT 是一款由人工智能研究实验室 OpenAI 发布的自然语言处理工具，我国头部互联网公司也争相入局，我国人工智能产业迎来复苏契机，在 5G 基础技术和国家政策等的加持下，人工智能产业将进入爆发式增长阶段。

趋势四：新媒体产业数字化趋势明显

其一，新媒体发展与数字中国建设紧密结合。近年来，我国媒体纷纷建设内容聚合平台、媒体资源库及媒体智库，打造集咨询服务、生活服务、政务服务等于一体的"治国理政新平台"，推动"媒体+政务"运作模式的落地。其二，数字经济和实体经济加速融合。传媒产业积极推进数字化改造，提高数字经济比重，产业数字化趋势明显。传统媒体的策划、采编、发布将向集云计算、大数据、5G 技术于一体的全周期升级，同时打造贴合业务流程与应用场景的 AI 中台架构。媒体行业不断整合互联网思维，推动传统广告模式向着电商广告、信息流广告等以流量转化为导向的广告经营新模式发展。

资料来源：根据胡正荣、黄楚新《新媒体蓝皮书：中国新媒体发展报告（No.14·2023）》（中国社会科学院新闻与传播研究所与社会科学文献出版社，2023 年 7 月 21 日）相关资料整理改编。

二、新媒体用户的特征和作用

新媒体用户指在新媒体平台上积极活动的个人或机构，他们不仅利用平台获取和传播信息、享受娱乐服务和在线教育，更展现出强烈的主动性和创造性。

（一）新媒体用户的特征

新媒体用户特征显著，他们展现出多样化的背景和需求，积极参与并在新媒体环境中互动，追求高度个性化的内容体验，并借助移动设备实现信息的即时获取与分享，形成了独特而富有活力的新媒体用户群体。具体见表 3-6。

表 3-6　新媒体用户的特征

特征	表现与示例	影响与意义
多样化	不同背景、身份和兴趣的用户，例如学生偏好教育类内容，商务人士关注行业动态等	丰富了新媒体内容的多样性和包容性，能够满足不同用户群体的需求
互动化	用户通过评论、点赞等方式积极参与互动和反馈，形成兴趣社群	促进了信息的广泛传播和深入讨论，增强了用户参与感和平台活跃度
个性化	用户倾向于接收个性化推荐内容，自主定制服务设置，选择特定社区参与和创新表达	提升了用户体验和满意度，推动了内容创新和个性化服务的发展
移动化	用户使用智能手机等便携式设备随时随地获取信息和服务	提高了信息获取的便捷性、实时性和有效性

（二）新媒体用户的角色和作用

用户在新媒体生态系统中扮演着不同的角色，并发挥不同的作用。从消费者、内容创作者、意见领袖、数据资源贡献者到社区守护者，每个角色都有其独特的功能和影响，共同构成了新媒体生态系统中多元且互补的用户群体。具体见表3-7。

表3-7 新媒体用户的角色和作用

角色	主要作用	具体表现
消费者	主动筛选与互动	基于个人兴趣选择内容；通过点赞、评论等方式互动
	自主选择与信息过滤	定制个性化信息源；过滤不符合个人价值观的内容
	权益保障与责任	要求信息真实、准确、合法；维护网络安全和文明用网
	经济贡献与反馈	通过购买行为支持创作者和平台；反馈需求和趋势信息
内容创作者	创作多样性	用各种方式参与创作；与其他用户交流
	社区活力与互动	互相启发、支持，形成良性生态
	创作者多元性	来自不同地域，拥有不同文化背景；内容具有包容性和多样性
	现场见证与分享	记录并分享见闻；提供第一手资料和参与社会讨论
意见领袖	舆论引导与信息筛选	提供精准信息和深入解读；塑造平台舆论氛围
	协调与干扰传播	影响信息传播；引领潮流并塑造公众认知
	议程设置与焦点引导	引导公众关注特定议题；决定公共讨论的焦点和走向
	群体连接与文化融合	促进群体交流，推动文化融合
数据资源贡献者	行为数据价值	生成阅读、观看、分享等行为数据；反映用户需求
	内容生产与传播优化	提供参考依据，优化策略；提高内容吸引力和传播效果
	精准用户画像	构建用户画像；助力平台精准定位目标用户群体
	个性化推荐	推送个性化内容；提升用户体验和内容曝光率
	市场预测依据	分析数据洞察需求趋势和市场潜力；提供市场决策依据
社区守护者	守护环境与健康	制定和执行公正合理的社区规则；保障交流环境
	纠纷调解与和谐维护	及时介入处理争议和冲突；恢复和维护社区和谐氛围
	强化归属感与凝聚力	增强用户归属感和群体凝聚力，参与社区建设
	推动社区发展	吸引更多用户关注和加入；为社区长远发展奠定基础

第二节 新媒体行业的分析

一、新媒体行业的环境

新媒体行业的环境因素，包括政策环境、经济环境、社会文化环境和技术环境。

（一）政策环境

新媒体行业的发展与政策环境息息相关。政策环境主要涵盖政府为规范、促进新媒体行业发展所制定的一系列法规、政策与措施，这些不仅构成了新媒体行业的法律基石，同时也为其稳健发展绘制了清晰的路线图。

鉴于互联网技术日新月异、新媒体形态层出不穷的现状，各国政府对新媒体的监管日益严格。我国政府对新媒体行业的发展尤为重视，并已出台一系列针对性强的政策措施。这些政策旨在加强对新媒体的监管，确保信息安全，保障用户权益，同时也鼓励行业创新，推动新媒体与传统媒体的深度融合，以更好地服务经济社会发展大局。2000年以来我国新媒体行业领域的主要政策（截止至2023年）见表3-8。

表3-8 2000年以来我国新媒体行业领域的主要政策（截止至2023年）

政策名称	发布时间	发布机构	简要说明
《互联网信息服务管理办法》	2000年	国务院	规定了互联网信息服务提供者的基本义务和要求
《关于推动传统媒体和新兴媒体融合发展的指导意见》	2014年	中共中央全面深化改革领导小组	为媒体融合提供了早期的政策指导
《中华人民共和国网络安全法》	2016年	第十二届全国人民代表大会常务委员会	全面规定了网络安全的各个方面
《网络出版服务管理规定》	2016年	国家新闻出版广电总局、工业和信息化部	对网络出版服务的管理、许可、监督等事项进行了规定
《互联网直播服务管理规定》	2016年	国家互联网信息办公室	规范了互联网直播服务提供者的行为
《关于促进移动互联网健康有序发展的意见》	2017年	中共中央办公厅、国务院办公厅	促进我国移动互联网健康有序发展的意见
《互联网新闻信息服务管理规定》（修订）	2017年	国家互联网信息办公室	对互联网新闻信息服务的许可、运行、监督等进行了全面规定
《关于加强县级融媒体中心建设的意见》	2018年	中央全面深化改革委员会	加强县级媒体的传播力、引导力、影响力
《网络信息内容生态治理规定》	2019年	国家互联网信息办公室	系统规定了网络信息内容生态治理的原则、目标和责任
《县级融媒体中心建设规范》	2019年	中共中央宣传部、国家广播电视总局	为县级融媒体中心的建设提供了具体要求
《关于加快推进媒体深度融合发展的意见》	2020年	中共中央办公厅、国务院办公厅	聚焦于推动传统媒体和新兴媒体的深度融合
《关于加强网络文明建设的意见》	2021年	中共中央办公厅、国务院办公厅	提出了加强网络文明建设的全面要求
《中华人民共和国个人信息保护法》	2021年	全国人民代表大会常务委员会	为个人信息处理提供了明确的法律框架和规则

(续)

政策名称	发布时间	发布机构	简要说明
《广播电视和网络视听"十四五"科技发展规划》	2021年	国家广播电视总局	推进广播电视和网络视听行业的科技发展
《"十四五"文化发展规划》	2022年	中共中央办公厅、国务院办公厅	涉及新媒体行业的部分为行业发展指明方向
《关于加强"自媒体"管理的通知》	2023年	国家互联网信息办公室	规范自媒体行为和维护网络传播秩序的具体管理措施
《数字中国建设整体布局规划》	2023年	中共中央、国务院	国家战略规划,推动中国整体数字化转型和数字经济的发展

> **思维扩展**
>
> 你认为哪些政策对新媒体行业的发展影响最大?举例说明这些政策如何塑造新媒体行业的运营和创新。

(二)经济环境

经济环境是新媒体行业发展的核心驱动力之一,对新媒体的市场规模、收入来源以及创新活力具有深远的影响。经济环境对新媒体行业的影响及战略调整见表3-9。

表3-9 经济环境对新媒体行业的影响及战略调整

经济阶段	对新媒体行业的影响	新媒体战略调整
繁荣期	消费者购买力增强,需求上升;广告市场活跃,广告收入增加;资本涌入,作者创新活力激发	多元化收入来源(付费订阅、用户打赏、电商销售);扩大市场份额,探索新商业模式;利用资本进行扩张和创新
波动期	消费者购买力下降,需求减少;广告主预算缩减,广告收入下降;投资者风险担忧,融资难度增加	优化内容和服务,提升用户体验;加强与用户的互动和沟通,培养用户忠诚度;降低成本,提高运营效率;寻求政府和相关机构支持

> **思维扩展**
>
> 在经济不确定性增加的背景下,新媒体行业如何通过创新吸引投资并保持增长?

(三)社会文化环境

社会文化环境是新媒体行业发展的基石,其多元化和变化性对新媒体形态、内容、传播及受众产生了深远影响。社会文化环境对新媒体行业的影响见表3-10。

表 3-10　社会文化环境对新媒体行业的影响

影响因素	影响方式	对新媒体行业的影响
用户多元结构	不同年龄、性别、地域、职业、教育程度	需求差异化，要求精细化的用户画像和个性化内容推荐
文化变迁与全球化	文化元素和价值观的交融	引领审美趋势和价值观，要求跨文化交流和价值观引导能力
中国特色文化	悠久历史、丰富的民族元素	提供创作灵感和内容资源，打造具有中国特色的新媒体产品
文化自信与审美提升	社会经济快速发展、国际地位提升	提高内容质量和审美标准，创作具有国际影响力的内容
教育与学科发展	教育水平提高、学科门类丰富	为新媒体提供高素质人才和多元化知识背景，增强自身竞争力

思维扩展

在全球化和文化自信的背景下，新媒体如何平衡本土文化特色与国际审美趋势？

（四）技术环境

技术环境作为新媒体行业的基石与引擎，其持续的创新与发展为新媒体带来了前所未有的机遇，同时也带来了一定的挑战。技术环境对新媒体行业的影响见表 3-11。

表 3-11　技术环境对新媒体行业的影响

技术领域	关键技术/发展	具体影响
互联网与移动通信	5G 网络逐步普及	高速、低延迟的传输，改善了视频流和实时互动的体验；促进了新媒体内容以高清形式流畅传输，提升了用户满意度；为新媒体应用（如直播、在线教育）提供新的商业模式和机会
互联网与移动通信	移动互联网全面覆盖	确保了新媒体内容的随时随地访问，增强了用户黏性；推动了移动优先战略在新媒体行业中的实施；促进了基于位置的服务（LBS）和本地化内容的发展
数字化与多媒体	高清视频技术的普及	提升了新媒体内容的视觉质量和观感；促进了视频内容的创作和消费，例如短视频、网络电影等；推动了视频广告在新媒体营销中的应用和增长
数字化与多媒体	VR/AR 技术的应用	提供了沉浸式的新媒体体验，例如虚拟现实新闻、教育等；开拓了新媒体内容的新形式和新领域；增强了用户与新媒体内容的互动和参与感
大数据与AI 技术	大数据分析和挖掘	可深入了解用户行为、偏好和需求，为用户个性化推荐提供了基础；优化了新媒体内容的定位和推广策略；提高了新媒体平台的用户留存率和活跃度
大数据与AI 技术	AI 算法和模型的发展	实现了自动化内容推荐、智能客服等智能化服务；提升了新媒体平台的运营效率和用户体验；为新媒体行业带来了新的商业模式和服务创新

思维扩展

在大数据与 AI 技术在新媒体行业的应用中,存在着哪些潜在的伦理和隐私问题?

二、新媒体行业的框架

新媒体行业的框架主要由五大主体构成,分别是新媒体创作者、新媒体平台、新媒体受众、广告商家、政府,如图 3-1 所示。

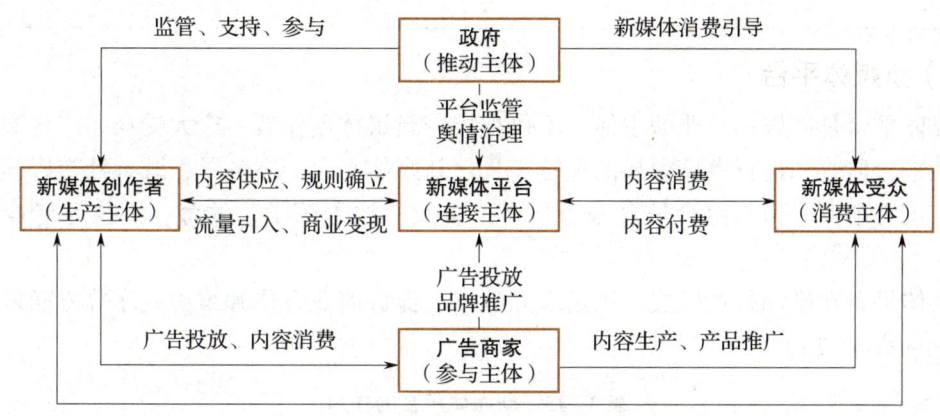

图 3-1　新媒体行业的框架

(一)新媒体受众

新媒体受众是指那些通过新媒体平台接收、消费信息,并积极参与互动和传播的广大用户群体。作为新媒体行业的消费主体,他们的需求和偏好直接驱动新媒体内容的创作和分发,同时,他们通过订阅服务、购买产品、观看广告等方式为新媒体行业提供经济支持,成为新媒体商业模式持续运作的基石。

新媒体受众的需求层次丰富且多样,见表 3-12。

表 3-12　新媒体受众的需求

需求层次	描述	示例
基础信息需求	受众渴望获取与日常生活息息相关的信息,作为决策基础	新闻动态、天气预报、交通状况、健康知识等
安全与健康保障	受众对信息安全、个人隐私保护和内容真实性的要求提高	网络安全措施、隐私设置、真实内容标识等
社交与互动渴望	新媒体平台为受众提供与他人交流思想、分享经验和建立社交网络的桥梁	社区讨论、个人见解分享、线上活动等
尊重与自我认同	受众期望在新媒体空间中获得他人的认可和尊重,实现自我价值肯定	发表观点、分享经验、个人形象塑造等
自我实现与创新追求	部分受众将新媒体平台视为展示才华、实现创新梦想的舞台	原创内容创作、创新项目参与、个人潜能挑战等

新媒体受众的需求受到个人背景、社会环境、心理特征和行为习惯等多重因素的影响，并随着时代发展和技术进步而不断演变。因此，新媒体行业需要持续洞察受众需求的变化趋势，提供更具针对性和个性化的内容和服务，以满足受众不断升级的信息需求和心理期望。

> **思维扩展**
>
> 新媒体受众的需求层次如何随着技术进步和社会变化而演变？新媒体平台应如何适应这些变化？

（二）新媒体平台

新媒体平台是新媒体行业的主体，不仅连接着新媒体创作者、广大受众和广告商，还是政府实施平台监管和进行舆情引导的关键工具。新媒体平台形态各异，既有社交媒体、短视频平台，也有电商平台、综合信息服务平台，以及专注于医学、教育、科技等专业领域的平台。

新媒体平台在推动行业发展、满足多元需求、促进商业合作和维护秩序等方面发挥了关键作用，见表3-13。

表3-13　新媒体平台的作用

关键作用	具体描述	示例
赋能创作者	提供展示才华和实现价值的舞台；提供多样化变现途径	创作者发布原创内容并积累粉丝，实现经济收益和持续发展
满足受众多元需求	汇聚各个领域和层次的内容资源；提供便捷的信息获取渠道	受众在平台上找到所需内容；满足多方面的需求
促进商业合作与创新	受众定位和数据分析实现精准营销；推动商业模式创新，创造商业机会	广告商家在平台上进行品牌推广；收集数据、调整策略和跨界合作
维护行业秩序与发展	制定、执行严格的规则和政策；确保内容真实、合法和健康；合作打击网络谣言、虚假广告等违法行为	平台进行内容审核和打击虚假信息；与政府、行业协会等合作维护清朗网络空间

> **思维扩展**
>
> 新媒体平台如何平衡创作者自由创作与内容监管，以确保平台内容质量和合规性？

（三）新媒体创作者

作为新媒体行业的生产主体，新媒体创作者以独特的创意、深刻的见解和精湛的制作技能，为这个行业注入了源源不断的活力，在内容创新、受众互动、流量吸引以及品牌推广等方面都发挥着关键作用，见表3-14。

表 3-14 新媒体创作者的作用

关键作用	描述
内容创新与生产	新媒体创作者通过多媒体手段创作丰富、有创意的内容,填补信息空白,为受众提供多元化选择和高质量阅读体验
受众互动与连接	创作者新媒体重视与受众的互动,通过社交功能与受众建立紧密联系,捕捉受众需求和反馈,提升内容质量和受众体验
流量吸引与商业转化	优秀创作者凭借高质量内容和独特风格吸引粉丝,形成流量效应,带来商业转化机会如广告合作、内容付费等
品牌推广与影响力构建	新媒体创作者通过定制化内容和精准受众定位,传递品牌理念,提升品牌知名度和美誉度,构建情感连接和信任基础

思维扩展

新媒体创作者如何利用流量吸引和商业转化实现创作生涯可持续性?

(四)广告商家

广告商家是新媒体行业的参与主体,扮演着多重角色,包括经济支柱、品牌推广者、策略伙伴、内容创作者和市场洞察者。他们的积极参与和贡献是推动新媒体行业商业化、市场化和整体繁荣的关键因素。通过与新媒体平台和创作者的紧密合作,广告商家能够有效地传递品牌信息,提升品牌形象,并实现商业成功,广告商家担任的角色见表 3-15。

表 3-15 广告商家的角色

角色	描述
经济支柱与品牌推广	广告商家为新媒体平台提供稳定收入来源,通过广告活动有效传递品牌信息,提升品牌知名度、市场影响力和销售业绩
策略伙伴与内容共创	与新媒体平台和创作者合作,探索创新广告策略,精准定位受众,共同塑造和强化品牌形象,实现商业利益最大化
内容创作者	广告商家创作与品牌理念、产品特性相关的内容,吸引受众注意并激发互动,加深品牌认知,提供愉悦体验和有价值信息
市场洞察者	密切关注新媒体平台内容,获取市场动态、受众偏好和行业趋势信息,为精确营销策略和广告效果优化提供依据

思维扩展

在与新媒体平台和新媒体创作者的合作中,广告商家如何确保广告内容的创意与品牌理念的一致性?

(五)政府

政府是新媒体行业的推动主体,占据举足轻重的地位,既是行业规则的制定者与维护者,也是行业发展的推动者与参与者,在促进新媒体行业健康发展、维护网络空间秩序方面发挥着不可替代的作用见表3-16。

表3-16 政府的作用

角色/作用	描述
法规制定与监管者	政府制定全面的法律法规,确立行为准则和运营标准,保护用户权益,遏制虚假信息,打击网络违法行为。同时,设立监管机构进行持续监督,确保法规执行和市场秩序
政策支持者	政府提供财政补贴、税收优惠、项目扶持等政策支持,鼓励新媒体行业创新、优秀内容创作和技术研发
人才培养者	政府重视新媒体人才的培养和引进,通过专业培训、交流平台等方式提升从业者专业水平和综合素质
政务互动与传播者	政府运用政务新媒体平台加强与公众互动,发布政策信息,回应社会关切问题,提高政府工作透明度和公信力
网络舆情引导与治理者	政府采取措施加强网络舆情监测和分析,引导公众理性表达,营造健康和谐的网络舆论环境,并严厉打击网络违法行为

思维扩展

政府如何通过法规制定、政策支持和网络舆情引导来促进新媒体行业的健康发展?

扩展阅读

中国短视频产业链状况

短视频行业的产业链参与主体主要包括上游内容生产方、中游内容分发方和下游用户终端。内容生产方主要分为PGC(专业生产内容)、PUGC(专业用户生产内容)和UGC(用户生产内容)三大类;内容分发方包括短视频平台、新闻平台、社交平台、传统视频平台等。此外,产业链参与主体还包括基础支持方(如技术服务提供商、数据监测商等)、广告商家和监管部门等,如图3-2所示。

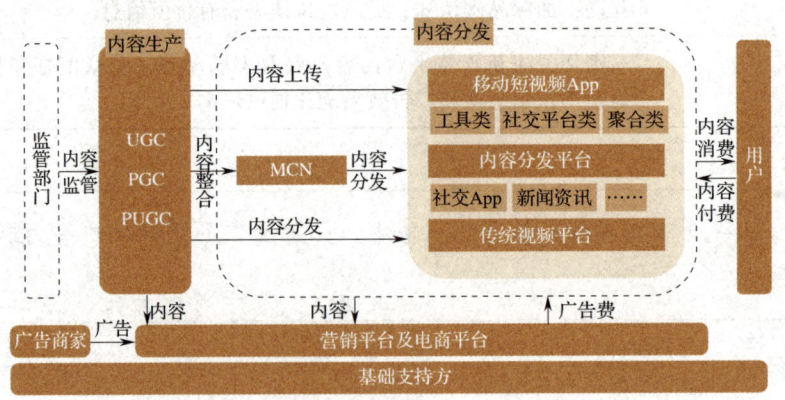

图3-2 短视频产业链

目前短视频内容分发平台参与者众多，移动短视频 App 有抖音、快手、腾讯微视频、梨视频等；内容分发平台主要有社交类应用如微信、QQ、新浪微博，新闻信息类平台如今日头条、网易、腾讯新闻等；传统视频平台也涵盖短视频内容分发，例如爱奇艺、腾讯视频等。

一、行业政策背景：监管加强

由于短视频准入门槛低，自我审查机制少，因此在行业快速发展的背景下，大量低俗内容、虚假内容泛滥，内容抄袭等问题逐渐暴露。为此，我国已经加紧对短视频行业进行监管。

2017 年 7 月，国家公共信息网络安全监察规定，短视频禁止出现纹身、色情、低俗、暴力、约架等不良行为。2019 年 1 月，中国网络视听节目服务协会发布《网络短视频平台管理规范》和《网络短视频内容审核标准细则》，针对短视频平台出现的问题进行了全面规范。2020 年 7 月，国家网信办开展为期 2 个月的"清朗"行动，开展未成年人暑期网络环境专项整治，严厉打击直播、短视频网站平台存在的涉未成年人有害信息。2021 年，国家更是对平台在内容、使用时长以及消费等方面对青少年用户做出具体限制。例如每天使用手机时间不得超过 40 分钟，每天晚间到第二天早上的时段内禁止使用某些软件，以及无法开启或观看直播，不能打赏、充值、提现等。

二、上游内容生产方：三大类内容生产者（PGC、PUGC 和 UGC）

1）PGC 为专业机构，相较于其他两类生产方，生产成本、专业度和技术要求均较高。PGC 具有强媒体属性特点，制作短视频时长在 2~5 分钟，一般通过海量优质内容吸引用户的关注和互动，这类机构活跃在西瓜视频、梨视频、好看视频等短视频平台。

2）PUGC 指的是拥有一定粉丝基础或拥有某一领域专业知识的 KOL，这类内容生产方的视频生产成本较低，主要依赖流量盈利，兼具社交属性和媒体属性。一般这类内容生产方制作视频时长在 1 分钟左右，主要以故事情节作为视频的亮点。快手、抖音、抖音火山版等多为这类人群的首选短视频制作平台。

3）UGC 为非专业的普通用户，该类内容生产方视频生产成本低、制作简单，因此也基本没有门槛，具有强社交属性特点。UGC 制作主要以表达个性自我为主，一般制作时长在 15 秒以下，代表性平台有抖音、快手和美拍等。

三、下游泛内容平台及用户：MCN 加速发展，泛内容平台众多，用户趋于稳定

MCN 在我国是一种新兴商业体，是拥有内容制作能力、红人孵化能力、流量获取和变现能力的组织。能够将 PGC 内容联合起来，在资本的有力支持下，保障内容的持续输出，从而最终实现商业的稳定变现。2015 年，我国 MCN 机构数量仅为 160 家；2018 年，我国 MCN 机构的数量超过 5000 家，约是 2017 年数量的三倍；2020 年 MCN 机构数量超过 28000 家，短时间内 MCN 机构数量快速发展。

我国已经形成了各种类型的泛内容平台，包括社交平台、新闻平台、电商平台、传统视频平台、直播平台等。社交平台有微博、微信等；代表性新闻平台有今日头条、网易、腾讯新闻等；电商平台有淘宝、京东等。

据 CNNIC（中国互联网络中心）数据显示，近年来，我国短视频用户规模快速增长，2016 年为 1.9 亿人截至 2020 年底，我国短视频用户规模已经达到 8.73 亿人。2020 年第一季度因为疫情"宅家"更是使得短视频用户规模强势增长，短视频平台使用率也由 2016 年的 26% 增长至 2021 年 6 月的 87.8%，用户规模趋于相对稳定。与此同时，用户使用短视频的时长也在不断增加。从人均单日使用时长来看，中国短视频人均单日使用时长持续增长，据中国网络视听节目服务协会数据显示，截至 2021 年 3 月中国短视频人均单日使用时长大于 125 分钟，较 2020 年 12 月底增加了 5 分钟，短视频用户黏性持续提升。

资料来源：前瞻产业研究院《预见2022：2022 年中国短视频行业全景图谱》（前瞻网，前瞻产业研究院，2021 年 10 月 12 日）相关资料整理。

第三节 新媒体行业的调查

一、新媒体行业调查概述

（一）新媒体行业调查的作用

新媒体行业调查是对新媒体生态的深入、全面探究，它涵盖了行业的整体背景、发展趋势，以及市场的各种细微变化。通过这样的调查，新媒体运营者可以清晰地描绘出新媒体行业的全貌，精准把握市场脉搏，敏锐洞察行业变迁。

在调查过程中，新媒体运营者能够深入了解目标受众群体的需求和喜好，从而摆脱盲目投放内容的困境，实现营销策略的精准定制。同时，他们还能够深入挖掘并分析竞争对手的优劣势，从对方的成功经验中汲取智慧，从失败案例中汲取教训，避免自身重蹈覆辙。

更为重要的是，新媒体行业调查能够帮助新媒体运营者敏锐地发现市场中的新机遇，并迅速做出反应。在这个日新月异的时代，市场机遇稍纵即逝，只有那些能够及时捕捉并快速响应的运营者，才能在激烈的市场竞争中立于不败之地。

因此，对于新媒体运营者而言，新媒体行业调查不仅是制定策略、做出决策的重要依据，更是他们稳健前行、不断成长的坚实基石。通过行业调查，新媒体运营者可以更加明智地规划自身发展路径，更加自信地迎接市场的各种挑战。

（二）新媒体行业调查的流程

新媒体行业调查的流程包括七个关键步骤，包括调查目标确定、调查问题设计、调查方法选择、抽样方法选择、数据收集与分析、报告撰写与呈现及持续跟踪与检验，以健康类新媒体账号"××健康"为例，其新媒体行业调查流程见表 3–17。

表 3-17 新媒体行业调查的流程

步骤	描述	示例
调查目标确定	设定具体、可测量、可达成、相关性强、有时限的 SMART 目标，确保与业务需求和战略规划相契合	调查目标：通过调查了解用户对健康饮食内容的偏好，提高 20% 用户参与度
调查问题设计	设计问题以探索行业现状、用户需求，并得出有助于决策的具体结论	设计问卷，询问用户对健康饮食内容的偏好、阅读习惯、互动偏好，以及对现有内容的满意度
调查方法选择	根据调查目标选择适合的调查方法，如在线调查、访谈、观察或数据分析	使用在线问卷调查。结合用户行为数据分析，通过社交媒体平台分发问卷，同时分析用户在平台上的互动数据
抽样方法选择	选择合适的抽样方法，确保样本的代表性和多样性	从过去一个月内互动最多的用户中随机抽取 1000 名，确保样本能够反映活跃用户的意见
数据收集与分析	使用合适的工具收集数据，并进行清洗、整理和分析，以提取有价值的洞察	收集问卷回复，利用新榜分析用户阅读和分享健康饮食内容的行为，找出参与度高的内容特点
报告撰写与呈现	撰写结构清晰、逻辑性强的报告，确保客观公正，并使用表格和图形来增强报告的可读性	制作包含表格和图形的报告，展示用户偏好和行为分析结果，提出增加互动性健康饮食挑战活动的建议
持续跟踪与检验	设定跟踪周期，监测用户行为，收集反馈，并根据数据及时调整策略	实施健康饮食挑战后，每月跟踪用户参与度，根据用户反馈调整活动内容和形式，确保策略有效性

二、新媒体行业调查的方法

（一）新媒体行业调查的定性方法

在新媒体领域，定性方法对于揭示复杂现象和问题至关重要。它让新媒体运营者深入理解受众的思想、情感和行为，洞察市场趋势，分析竞争态势，并优化产品体验。

定性方法广泛应用于受众需求分析，帮助新媒体运营者掌握用户偏好，指导产品开发；在市场趋势预测上，捕捉细微变化，调整战略；在竞争分析中，揭示对手策略，辅助制定竞争对策；在用户体验测试中，通过直接交流和观察，发现并改进产品不足；在内部管理上，了解员工态度，促进企业文化建设。简而言之，定性方法为新媒体运营提供了全面而深入的洞察。

新媒体行业调查常用的定性方法包括以下几种。

1. 观察法

观察法作为新媒体行业调查中的一种重要方法，通过系统观察新媒体现象、用户行为和态度来收集和分析数据。其实施步骤严谨而细致，旨在确保数据的准确性和可靠性。

首先，明确观察目标，调查者需要明确自己想要了解的新媒体现象或用户行为，以便制订有针对性的观察计划。其次，制订详细的观察计划，观察计划应包括观察的时间、地点、方式以及需要记录的数据等信息。再次，进行实地观察，调查者需要置身于新媒体环境中，例如社交媒体平台，实时观察和记录用户的行为和言论。在这一过程中，调查者需要保持客观中立的态度，避免主观臆断和偏见影响数据的准确性。最后，数据整理和分析，调查者需要对收集到的数据进行分类、整理和分析，以便发现其中的规律和趋势。

观察法可以根据实施方式的不同进一步细分为多种类型，见表3-18。

表 3-18 观察法的类型

类型	描述	示例
直接观察法	在自然状态下，直接记录用户的行为和反应，以获取第一手数据。操作步骤包括选择观察地点、确定观察时间、记录用户行为、保持观察者的隐蔽性和客观性	在"××健康"社交媒体平台上，直接记录用户对健康饮食文章的点赞、评论和分享行为
间接观察法	通过分析用户在新媒体平台上留下的间接痕迹（如日志、发布内容等）来收集数据。操作步骤包括确定数据源、收集数据、分析用户行为模式、确保数据的合法性和隐私保护	分析"××健康"用户在社交媒体上分享的健康饮食照片和状态更新，间接了解他们的兴趣和偏好
实验观察法	在控制条件下观察用户对特定刺激（如新功能、内容等）的反应。操作步骤包括设计实验、实施实验、记录用户反馈、分析数据、评估实验效果	在"××健康"账号上推出新的健康饮食计划功能，观察并记录用户使用该功能的频率和反馈
长期观察法	对用户行为进行持续、系统的观察，以识别长期趋势和模式。操作步骤包括制定长期观察计划、定期收集数据、使用统计方法分析趋势、调整观察策略以适应变化	长期跟踪"××健康"用户在账号上的行为模式，如内容偏好、互动频率，以预测健康饮食的趋势
隐蔽观察法	在用户不知情的情况下进行观察，以收集更自然的行为数据。操作注意事项包括获得观察权限、确保隐蔽性、记录用户行为、遵守伦理和法律要求	以普通成员身份加入"××健康"的社交媒体群组，隐蔽地观察用户在自然状态下的交流和互动，确保不干预讨论的自然流程

思维扩展

举例说明，在新媒体环境中，如何运用观察法研究用户对某一热门话题的反应和互动模式。

2. 深度访谈法

深度访谈法作为一种定性研究方法，强调与新媒体用户进行自由、深入的对话。在这一过程中，经验丰富的调查员扮演着关键角色，他们不仅引导彼此的对话，还负责捕捉和解读受访者的微妙反应和深层含义。具体做法见表3-19。

表 3-19　深度访谈法的实施

类型	描述	示例
准备阶段	确定访谈目的、设计访谈提纲，选择受访者，预约访谈，准备录音设备等访谈工具	"××健康"设计访谈大纲，旨在了解用户对健康饮食内容的偏好。选择对健康饮食感兴趣的用户作为访谈对象，并预约访谈时间，准备录音设备
访谈过程	建立信任关系，使用开放式问题引导对话，注意记录回答和非言语信息，适时追问	"××健康"与用户进行一对一访谈，探讨他们对健康饮食内容的真实看法和感受，记录他们的反馈和反应
数据整理	转录访谈录音，对内容进行编码和分类，提取关键信息和主题，分析模式和趋势	"××健康"将用户的访谈录音转录成文字，对用户健康饮食内容的偏好进行编码和分类，提取用户对内容质量、实用性和互动性的看法
分析与报告	对比分析受访者回答，识别共性与差异，提炼结论和洞察，编写报告，提出改进建议	"××健康"根据用户的访谈分析，撰写报告，总结用户对健康饮食内容的需求，提出增加互动性内容和个性化健康建议的改进措施

思维扩展

深度访谈法要求调查员与用户进行深入对话。假设你是一名新媒体运营者，想要了解用户对某个新推出功能的看法。请设计一份访谈提纲，包括你想要探讨的关键问题和可能的追问点。

3. 焦点小组访谈法

焦点小组访谈法是一种集体讨论和互动的研究方法，旨在深入探索新媒体用户的观点、态度和需求。通过精心组织和引导，该方法能够汇聚来自不同年龄、性别、职业以及收入层次的多方声音，为新媒体行业提供全面的用户洞察。假设"××健康"账号开展了一次焦点小组访谈，其具体实施见表 3-20。

表 3-20　焦点小组访谈法的实施

类型	描述	示例
准备阶段	设计讨论指南，确保问题全面且具有针对性；准备访谈材料	"××健康"账号设计讨论指南，探讨用户获取健康信息的习惯和对新媒体内容的期望
招募受访者	确定招募标准；发布招募广告；筛选具有多样性和代表性的受访者	"××健康"账号通过对健康论坛、社交媒体和社区中心招募潜在用户
访谈过程	引导讨论，确保每位受访者参与；记录发言和反应	"××健康"账号引导讨论内容的实用性和可信度，记录用户反馈
数据整理	整理讨论记录；提取关键信息和用户趋势	"××健康"账号整理讨论内容，提取用户对健康内容的偏好和不满意的方面
分析与报告	分析讨论结果，提炼关键观点；提出改进建议；编写报告	"××健康"账号根据讨论结果，提出增加互动问答环节和个性化健康提示的建议

思维扩展

假设一个新媒体账号利用焦点小组访谈来测试不同广告创意的结果,请设计一个焦点小组访谈的流程,包括招募受访者的标准、讨论指南的制定以及如何引导讨论以获取有价值的用户反馈。

4. 用户日志法

用户日志法是一种独特而有效的研究方法,它通过引导用户以日记的形式详细记录自己在新媒体平台上的活动、体验及感受,从而为调查员提供真实、详尽的数据来源,以深入揭示用户的实际需求和行为模式。具体做法见表3-21。

表3-21 用户日志法的记录内容

记录内容	描述	操作示例
用户基本信息	收集用户的基本信息,例如姓名、性别、年龄、职业、地理位置等,为用户画像和市场细分提供基础	用户关注"××健康"账号时,填写包含健康目标和兴趣点的简短问卷
使用行为细节	记录用户在新媒体平台上的具体行为,包括使用时间、频率、互动等	用户在"××健康"账号上记录自己的饮食、运动和睡眠情况,以及阅读和分享的内容
反馈与评价	用户对新媒体平台的直接感受和评价,包括正面和负面反馈	用户在尝试"××健康"账号推荐的健身计划后,分享体验和对计划效果的评价
问题与困难	用户在使用过程中遇到的问题,以及解决问题的尝试	用户在尝试使用"××健康"账号推荐的食谱时遇到食材难以获取的问题,记录并反馈给账号运营者

5. 专家访谈法

专家访谈法,作为定性研究的重要分支,专注于从行业内资深专家或意见领袖处获取深刻见解和前瞻预测。该方法通过精心组织对话揭示新媒体行业的深层动态、用户需求的微妙变化以及未来趋势的潜在迹象。具体步骤见表3-22。

表3-22 专家访谈法的步骤

类型	描述	示例
访谈筹备	明确研究目的和关键议题,设计中立、开放的访谈问题	为"××健康"设计访谈提纲,探讨健康信息传播的最佳实践和挑战
访谈过程	展现专业素养,尊重专家,倾听并记录专家的详细回答	在访谈中,与健康领域的专家深入讨论健康内容的创新和用户互动策略
数据分析	对专家观点进行分类、归纳和综合分析	整理专家访谈记录,提炼健康传播的核心观点和策略建议
结果应用	将访谈结果应用于新媒体行业的战略决策	根据专家访谈分析,制订内容创新和技术升级的行动计划

思维扩展

假设你正在研究新媒体在教育领域的应用,会如何选择合适的专家完成访谈?你希望从他们那里得到哪些信息?

(二)新媒体行业调查的定量方法

新媒体行业的定量研究方法运用数学和统计原理,系统地收集和分析数据,揭示行业规律和趋势。与定性研究不同,定量方法强调样本的广泛性和代表性,通过随机抽样确保结果的普适性。调查员应明确指标定义,量化处理数据,以精确分析揭示行业的数量关系和变化规律,为决策提供支持。

定量方法具有严谨性和可复制性,体现在明确的假设建立和数据收集上。通过统计分析验证假设,确保结论的科学性。这种方法广泛应用于市场规模估算、用户行为分析和竞争格局评估,为新媒体行业提供客观的量化数据。结合定性方法,定量方法可以帮助新媒体运营者全面理解行业现象和趋势。常用的定量方法包括以下几种。

1. 问卷调查法

问卷调查法是一种基于数据收集与分析的调研方法,其核心在于精心设计的问卷。这份问卷作为研究的主要工具,包含了一系列旨在探索新媒体受众对产品或服务看法与反馈的问题。具体见表3-23。

表3-23 问卷调查法的要素

要素	描述	示例
目的	1. 明确研究目标:确定调查旨在解决的问题或目标; 2. 确保相关性:研究目的与账号内容和受众需求紧密相关	"××健康"账号旨在了解受众对健康内容的满意度和改进建议,以提升内容质量和用户参与度
设计	1. 设计问卷:设计针对性问题,全面覆盖目标受众需求; 2. 避免专业术语和引导性问题:确保问题清晰、简洁、易于理解; 3. 确保匿名性和隐私性:设计问卷时应考虑用户隐私	"××健康"账号设计问卷,包括对健康饮食、运动建议、心理健康内容的兴趣和满意度问题,避免使用医学术语,确保用户信息安全
分发渠道	1. 选择线上渠道:社交媒体、电子邮件、在线问卷平台; 2. 选择线下渠道:纸质问卷、街头访问; 3. 确保样本多样性和代表性:选择与受众习惯相符的渠道	"××健康"账号通过微博、微信公众号和电子邮件列表分发问卷,同时在健康主题线下活动中使用纸质问卷

(续)

要素	描述	示例
数据处理	1. 数据清洗：在分析前进行数据清洗，剔除无效或异常数据； 2. 数据分析：运用描述性统计、因素分析、回归分析等方法； 3. 确保数据的准确性和完整性：分析过程中注意数据质量	"××健康"账号使用描述性统计总结受众反馈；用因素分析识别满意度关键因素，并进行回归分析以预测内容改进对用户参与度的影响
结果应用	1. 分析结果：根据数据分析结果制定改进措施； 2. 结合业务目标：确保改进措施与实际业务目标一致； 3. 确保可执行性：改进措施具体可行	"××健康"账号根据问卷结果调整内容策略，如增加受众感兴趣的健康话题优化文章布局、增加互动环节，以提高用户满意度和参与度

2. 实验研究法

实验研究法是一种科学的研究方法，它通过精心设计的实验环境来操控和改变某些特定因素，同时观察和测量实验对象在不同条件下的反应。这种方法旨在明确变量之间的关系，建立可靠的因果关系，并揭示所研究现象的本质规律和内在机制。具体见表 3-24。

表 3-24　实验研究法的要素

类型	描述	示例
研究目的	明确变量之间的关系，并建立因果关系，揭示现象的本质规律	"××健康"旨在明确短视频与图文内容对用户参与度的影响，以优化内容策略
实验设计	设计实验环境，操控特定因素，观察实验对象的反应	"××健康"设计实验，实验组模拟用户观看短视频内容，对照组模拟用户阅读相同主题的图文内容
参与者选择	从用户群体中随机选择一定数量的参与者	"××健康"从订阅者中随机选择 100 名用户参与实验，确保两组各 50 人
实验操作	实施实验，记录实验对象在不同条件下的行为	"××健康"在一周内，让实验组用户观看一系列健康饮食短视频，对照组阅读相关文章
数据收集	系统地搜集实验过程中产生的数据	"××健康"收集两组用户在观看内容后的点赞、评论、分享和观看时长数据
数据分析	运用统计方法处理数据，分析变量间的关系	"××健康"使用 t 检验分析两组用户参与度的差异，确定哪种内容格式更受欢迎
结果应用	将实验结论应用于实际问题解决和决策制定中	根据实验结果，如果短视频内容的用户参与度显著更高，"××健康"将加大短视频内容的制作和推广

3. 内容分析法

内容分析法是一种研究技术，用于系统地分析文字、图片、视频或其他形式的内容，以提取有意义信息。在新媒体运营中，内容分析法可以帮助运营者理解受众的反应、偏好和趋势。具体见表3-25。

表 3-25　内容分析法的步骤

类型	描述	示例
确定研究目标	明确内容分析的目的和研究问题	"××健康"旨在评估其健康饮食计划在健身爱好者中的市场接受度
定义内容范围	确定将被分析的内容类型和来源	"××健康"分析来自微信公众号文章、微博话题、抖音视频和小红书笔记的用户评论
样本选择	根据研究目标选择代表性的内容样本	"××健康"从每个平台随机选择100条用户评论，确保样本多样性
设计编码方案	创建一个分类系统来编码内容中的元素	"××健康"设计编码方案，确保方案中含有正面反馈、负面反馈、中性反馈和建议
训练编码人员	如果有多个分析人员，确保成员对编码方案有一致的理解	"××健康"培训分析团队，确保成员对编码规则的一致理解
进行编码	将内容中的元素按照编码方案进行分类	"××健康"分析用户评论，分别标记为正面、负面或中性反馈
量化分析	对编码后的数据进行统计分析	"××健康"计算每种反馈类型的频率，识别最常见的评论主题
定性分析	对内容进行深入分析，以理解其含义和背景	"××健康"深入分析评论中的主题，如"便捷性"和"营养价值"
结果解释	解释分析结果，与研究目标相联系	"××健康"确定用户对健康饮食计划的整体看法，识别满意度高低的具体方面
报告撰写	撰写分析报告，包括方法、结果和建议	"××健康"准备报告，总结用户反馈，提出产品改进建议

（三）新媒体行业调查的大数据调查法

大数据调查法作为一种前沿的数据分析技术，在新媒体行业中正逐渐展现出其独特的优势。这种方法利用大数据技术的强大数据处理能力，能够迅速收集、整合并分析海量的数据。与传统调查方法相比，大数据调查法不仅拥有更大的数据规模和更丰富的数据来源，而且在数据处理速度和获取准确性方面也有着显著的提升。该方法能够为新媒体行业提供更全面、更深入的数据，揭示出隐藏在数据背后的规律和趋势。

传统调查方法往往局限于抽样调查，即通过对总体中的一部分样本进行调查和分析来推断整体情况。然而，这种方法往往忽略了总体中其他可能的重要因素，导致分析结果出现偏差。相比之下，大数据调查法采用了全样本调查的方式，能够捕捉到那些被传统方法所忽略的、超出经验判断范围的细微信息点，从而提供更为准确和全面的分析结果。其步骤见表3-26。

表3-26 大数据调查法的步骤

类型	描述	示例
确定研究目标	明确大数据调查法在新媒体运营中应用的目的和研究问题	"××健康"旨在评估用户对其健康饮食和运动建议内容的参与度和满意度
定义内容范围	确定将被分析的内容类型和来源	"××健康"决定分析来自其微信公众号、微博、抖音视频和用户论坛的互动数据
样本选择	根据研究目标选择代表性的内容样本	"××健康"从每个平台随机选择100条用户评论和反馈，确保样本覆盖不同的内容主题和用户群体
数据采集	使用大数据技术收集新媒体内容，确保数据的全面性和代表性	"××健康"利用数据采集工具从上述平台抓取用户互动数据，包括点赞数、评论数、分享数和观看时长
数据分析	运用统计方法和数据挖掘技术处理数据，分析变量间的关系	"××健康"使用情感分析工具识别用户对健康建议的情感倾向，并用聚类分析方法来发现用户行为模式
结果应用	根据分析结果制定或调整新媒体运营策略	"××健康"基于用户反馈优化内容发布时间，增加用户最感兴趣的健康主题，并在用户活跃时段推送相关内容，以提高用户参与度和满意度

思维扩展

考虑到新媒体行业的快速发展，你认为未来新媒体行业调查可能会面临哪些新的挑战？同时，可能会出现哪些新的调查工具或方法？

扩展阅读

2023年短视频用户调查报告

中国广视索福瑞媒介研究（CSM）对短视频行业的发展趋势进行了深入研究，并在2023年9月至10月期间开展了第六次年度短视频用户调查。本次调查广泛覆盖了用户的观看行为、内容偏好、平台使用评价、短视频电商和内容付费等方面，旨在通过实证数据洞察媒体生态的演变和行业的未来趋势。

1. 用户增长趋势放缓，时间分配更高效

2023年，随着疫情防控进入新阶段，经济逐步恢复，人们的线下活动和社交行为逐渐增多，短视频用户的增长速度相应放缓。调查显示，通过客户端、网站、小程序、电视等渠道看过短视频的10岁及以上短视频用户规模保持上涨，但用户规模增速进一步放缓，从

2022年的6.4%降至2023年的2.4%。尽管如此，短视频依然在各个年龄段中保持了广泛的吸引力，尤其是30岁至49岁的用户群体，他们构成了短视频用户的核心力量。

用户对时间的管理意识增强，更倾向于在碎片化时间内寻求高质量和有价值的内容。日均观看时长有所减少，2023年用户观看短视频的日均时长为85分钟，较2022年下降了10分钟。用户对短视频的社交活跃度和使用黏性仍然保持在较高水平，但与2022年相比，社交更活跃、使用黏性增强的用户占比均在36%左右，较2022年下降了超过10个百分点。

2. 内容创作趋势

用户在自制和发布短视频方面的积极性有所下降，但生活记录和风景分享类内容的创作却呈现出上升趋势。在周末或有大量空闲时间的情况下，短视频仍然是许多用户的首选娱乐方式，但其作为唯一娱乐形式的比例有所下降，据统计，有35.9%的网民选择观看短视频作为"唯一娱乐形式"，较2022年下降了6.7个百分点。

3. 消费预期和内容偏好

用户对短视频的消费预期保持乐观，预计在未来一年内会增加观看时长和针对内容的花费。在内容偏好方面，"有用"的内容已经超过了"解压"类内容，成为用户观看短视频的主要原因。用户越来越看重短视频的实用价值，如获取新闻、增长见识和学习实用技能。调查显示，超过80%的用户通过观看短视频获取实用信息及技能，超过50%的用户以释放压力为目的。

4. 内容评价和平台满意度

用户对短视频内容的整体评价持续提升，特别是在内容丰富性、更新速度和对重大及热点事件的覆盖方面。传统文化、旅游和读书类短视频在用户中具有较高的转化潜力，能够有效地促进相关领域的消费。调查显示，用户对"最经常使用"平台的整体满意度为4.18分，与2022年基本持平。

5. 平台使用和电商发展

用户流量正逐渐向内容质量高的平台集中，如抖音、快手和微信视频号等。这些平台的用户使用时长和频率在存量竞争中显示出强劲的增长势头。同时，短视频平台的本地生活服务业务也得到了用户的积极响应，成为提升用户活跃度和黏性的重要途径。调查显示，78.7%的短视频用户刷过同城专区，34.8%的短视频用户在同城专区购买过商品/服务。

6. 电商和内容付费

短视频电商在2023年保持了良性增长，用户的消费行为更加理性和务实。在内容付费方面，用户趋向于为具有知识性和实用性的短视频内容付费，显示出对高质量内容的认可和支持。调查显示，63.5%的短视频用户有过内容付费行为，较2022年下降了3.5个百分点。

本次调查结果揭示了短视频用户在内容消费、创作和电商购物方面的行为趋势，以及他们对平台服务和内容质量的期望。随着行业的发展，短视频平台需要不断创新和优化，以满足用户对高质量内容和服务的需求。

资料来源：根据中国广视索福瑞媒介研究《2023短视频用户调查》（流媒体网，2023年12月）相关资料整理。

第四节 新媒体用户消费行为分析

一、新媒体用户的消费行为理论模型

在分析新媒体用户的消费行为时，以下理论模型具有一定的参考价值。

（一）AIDMA 模型

AIDMA 模型，起源于 19 世纪末美国广告学家 E.S. 刘易斯的理论，为人们提供了一个清晰的框架，用以理解消费者从接触广告到最终购买的完整决策路径。尽管该模型最初是为传统媒体和 Web1.0 时代设计的，其核心思想在当今的新媒体环境中仍然具有不可忽视的价值。

在新媒体背景下，AIDMA 模型呈现出更加动态和互动的特点。在新媒体行业中的应用见表 3-27。

表 3-27 AIDMA 模型在新媒体行业中的应用

阶段	描述	示例
Attention（注意）	捕捉用户稀缺的注意力	"××健康"账号利用热门话题或趋势制作内容，如挑战活动、话题标签等，以吸引用户注意
Interest（兴趣）	提供产品信息，激发用户兴趣	"××健康"账号发布产品介绍视频，展示用户评价和反馈，以增加用户对产品的兴趣
Desire（欲望）	进一步激发用户的购买欲望	"××健康"账号通过限时折扣、限时抢购活动，或者提供独家内容预览来吸引用户
Memory（记忆）	在跨平台、碎片化的新媒体环境中给用户留下深刻记忆	"××健康"账号创造独特品牌标识，例如特定的颜色、图案或口号，并在各平台保持一致，以增强用户对品牌的记忆
Action（行动）	用户决定是否进行购买；品牌提供便捷购买渠道和完善售后服务	"××健康"账号在社交媒体平台上设置直接购买链接，提供清晰的购买指南，以促进用户购买行为

（二）AISAS 模型

在 Web2.0 时代，随着搜索和分享功能的普及，用户的消费行为发生了显著变化，由传统的被动接受转变为主动搜索与分享。针对这一变化，2005 年日本电通集团提出了 AISAS 模型，这一模型是在传统的 AIDMA 模型的基础上，新增了"Search（搜索）"和"Share（分享）"两个阶段，凸显了现代互联网中搜索和分享对用户决策的重要性。

AISAS 模型在新媒体环境中的应用，AISAS 模型在新媒体行业中的应用见表 3-28。

表 3-28 AISAS 模型在新媒体行业中的应用

步骤	描述	示例
Attention（注意）	通过发布引人入胜的内容和使用引人注目的视觉元素来吸引目标受众的注意力	"××健康"发布最新研究进展、健康小贴士和健康生活方式的文章，配以高质量的图片和视频
Interest（兴趣）	通过提供深度的内容和互动机会来增强用户的兴趣和参与度	"××健康"发布健康领域的专家访谈、健康饮食指南、运动健身教程等内容，并邀请用户参与在线问答和讨论
Search（搜索）	通过优化内容的搜索引擎排名和提供便捷的搜索工具，使用户能够轻松找到相关信息	"××健康"在网站和社交媒体上使用SEO策略，确保"××健康"的内容在搜索结果中排名靠前，并提供站内搜索功能
Action（行动）	通过提供直接的购买链接和参与方式，鼓励用户采取行动，如购买产品或参与活动	"××健康"在网站和社交媒体上发布健康产品的销售信息，提供一键购买按钮，并组织线上健康挑战活动
Share（分享）	通过鼓励用户分享他们的体验和感受，以及提供互动机会，来增加品牌的社交影响力	"××健康"鼓励用户在社交媒体上分享他们的健康改善故事，并使用话题标签，同时对用户的分享进行回应和互动

（三）SICAS 模型

SICAS 模型由中国互联网数据中心（DCCI）在 2011 年创新性提出，深刻反映了新媒体时代用户消费行为的变革。在传统线性消费模式逐渐式微的背景下，新媒体用户的消费路径变得更加复杂、多元和双向，体验分享正成为消费决策流程中的核心环节。SICAS 模型强调实时感知、多点触达、双向对话和深度连接，为品牌提供了全新的用户行为洞察框架。

SICAS 模型在新媒体行业中的应用，见表 3-29。

表 3-29 SICAS 模型在新媒体行业中的应用

步骤	描述	示例
Sense（感知）	用户通过新媒体平台感知品牌或产品的信息	"××健康"分享最新研究进展、健康小贴士和健康生活方式的文章，利用推荐算法和话题标签让用户感知信息
Interest & Interactive（兴趣与互动）	用户对品牌或产品产生兴趣并进行互动	用户对"××健康"的文章点赞、评论、转发，"××健康"积极回应用户互动
Connect & Communication（连接与沟通）	用户与品牌建立更紧密的连接和沟通	"××健康"创建粉丝群，进行私信沟通，解答用户的健康疑问
Action & Conversion（行动与转化）	用户基于信任采取行动，如购买产品或参加活动	"××健康"提供产品推荐，组织线下健康讲座和活动，并邀请用户参加
Share & Dissemination（分享与传播）	用户分享体验，帮助品牌传播影响力	用户分享自己的健康改善故事，@××健康表示感谢

（四）SIPS 模型

SIPS 模型由日本广告公司电通株式会社在 2011 年提出，为互联网时代下的消费者行为分析提供了一个有力的框架。这一模型通过四个步骤——Sympathize（共鸣）、Identify（认同）、Participate（参与）和 Share（共享）——精准地描述了消费者如何与品牌和产品建立联系，并最终形成购买决策和口碑传播。

SIPS 模型在新媒体行业中的应用见表 3-30。

表 3-30　SIPS 模型在新媒体行业中的应用

步骤	描述	示例
Sympathize（共鸣）	找到与消费者需求和兴趣的契合点	"××健康"发布健康理念、健康生活方式指南等内容，确保内容与目标消费者的兴趣和需求相匹配
Identify（认同）	增强消费者对产品的认同感	"××健康"邀请健康领域的 KOL 和专家试用健康产品并分享体验，展示正面评价
Participate（参与）	加深消费者与品牌的联系	"××健康"发起线上"健康挑战"活动，鼓励消费者分享健康生活方式的照片和故事
Share（共享）	鼓励消费者进行口碑传播	"××健康"设置"健康改善故事"分享区域，展示真实评价，并提供分享激励

（五）ISMAS 模型

在移动互联网时代，用户的行为和消费决策过程发生了显著变化。为了更好地适应这一变化并制定有效的营销策略，北京大学刘德寰教授于 2011 年提出了 ISMAS 模型。该模型以用户为中心，通过兴趣激发、搜索优化、口碑管理、行动促成和分享扩大五个环节，为新媒体账号提供了全面的营销和用户增长策略参考。

ISMAS 模型在新媒体行业中的应用见表 3-31。

表 3-31　ISMAS 模型在新媒体行业中的应用

步骤	描述	示例
Interest（兴趣）	发布高质量内容，吸引对内容感兴趣的用户	"××健康"发布健康饮食指南、运动健身教程等内容，确保内容具有吸引力和价值，与用户兴趣共鸣
Search（搜索）	优化搜索引擎，提高用户找到感兴趣内容的便利性	"××健康"设置健康主题标签和分类，优化关键词搜索，提高搜索结果的相关性和准确性，提升用户满意度
Mouth（口碑）	鼓励用户留下积极评价，并及时回应反馈和建议	"××健康"提供优质服务，积极互动，管理用户评价，建立良好的用户关系，提升"××健康"品牌形象和信任度
Action（行动）	为用户提供便捷的购买方式和完善的售后服务，以推动用户购买行动	"××健康"与健康产品供应商合作提供一站式购买服务，设立客服团队，确保购买流程简单，并提供优质的客户服务
Share（分享）	鼓励用户分享体验和感受，扩大品牌影响力	"××健康"提供分享激励，例如健康产品优惠券或小礼品，跟踪分享效果，鼓励用户的正面分享行为

二、新媒体用户的消费决策过程

新媒体用户的消费决策过程是一个复杂而动态的心理流程，它涉及用户在消费过程中的多个环节，包括消费意愿的形成、消费决策的制定以及对消费成果的评价。这一过程可以被划分为五个关键阶段：新媒体消费需求确认、新媒体消费信息搜索、新媒体消费选项评估、新媒体消费行为决策以及新媒体消费后行为。这五个阶段并不是严格按顺序进行的。新媒体用户在消费过程中可能会在不同的阶段之间进行反复的权衡和决策，如图 3-3 所示。

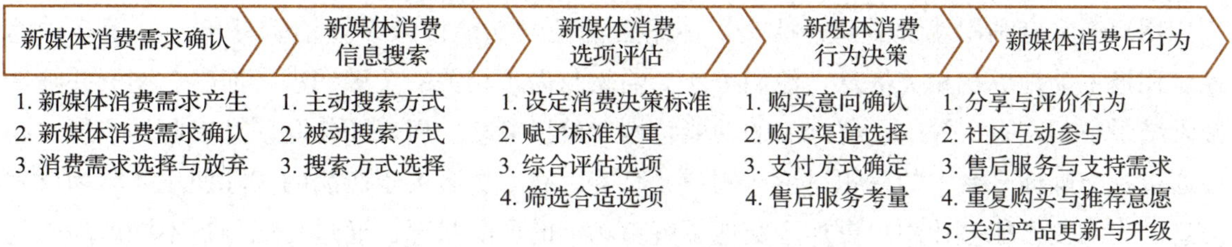

新媒体消费需求确认	新媒体消费信息搜索	新媒体消费选项评估	新媒体消费行为决策	新媒体消费后行为
1. 新媒体消费需求产生 2. 新媒体消费需求确认 3. 消费需求选择与放弃	1. 主动搜索方式 2. 被动搜索方式 3. 搜索方式选择	1. 设定消费决策标准 2. 赋予标准权重 3. 综合评估选项 4. 筛选合适选项	1. 购买意向确认 2. 购买渠道选择 3. 支付方式确定 4. 售后服务考量	1. 分享与评价行为 2. 社区互动参与 3. 售后服务与支持需求 4. 重复购买与推荐意愿 5. 关注产品更新与升级

图 3-3 新媒体用户的消费决策过程

（一）新媒体消费需求确认

新媒体消费需求确认是新媒体用户在心理层面经历的一个关键过程，它标志着用户对于某一类别的新媒体产品或服务产生了明确的消费意向或渴望。

1. 新媒体消费需求产生

在新媒体时代，用户的消费需求常常源于他们对当前生活状态的不满或对未来理想状态的渴望。这种不满或期望在用户心中形成了一种"缺口"或"差距感"。以"××健康"账号为例，用户可能意识到自己在健康饮食或运动习惯上的不足时，就会产生改善健康状况的需求。这种需求驱使他们在新媒体平台上搜索健康饮食指南、运动健身教程等相关内容，以期通过这些资源来填补他们的"健康缺口"，实现更好的自我健康管理。

2. 新媒体消费需求确认

用户在确认需求时，会寻找那些能够精准满足他们的新媒体产品。例如，如果用户发现"××健康"账号上的某款健康课程不仅能够解决他们的健康问题，还具备易于理解、实用高效等特点，他们的消费欲望就会被激发。这可能会促使他们采取进一步的行动，如将课程加入购物车或立即购买。

3. 消费需求的选择与放弃

在评估解决方案时，用户可能会发现某些选项并不能完全满足他们的需求或达到他们的期望。在这种情况下，他们可能会决定放弃这些不满足需求的产品，继续寻找更符合自己需求的解决方案。这种放弃行为并不是需求的消失，而是用户在需求确认过程中表现出的审慎和理性，他们不愿意盲目做出不符合自己期望的选择。例如，某用户希望提升睡眠质量，他对"××健康"账号上提供的睡前放松瑜伽课程感兴趣。然而，在深思熟虑后，用户意识到自己的时间安排紧凑，家中也没有足够的空间来坚持练习瑜伽，因此他决定放弃这个方案，转而寻找其他更可行的改善睡眠的方法。

（二）新媒体消费信息搜索

新媒体消费信息搜索是指用户在明确了自己的消费需求后，通过各种渠道和方式寻找与需求相关的新媒体产品或服务信息的过程。这一过程对于用户的消费决策至关重要，因为它能够帮助用户了解市场上的产品种类、价格、质量、口碑等关键信息，从而为用户做出明智的消费决策提供支持。

1. 主动搜索方式

用户通常会利用搜索引擎、社交媒体平台的搜索功能以及专业消费评价网站等多种途径，积极主动地寻找相关信息。他们可能会输入与需求相关的关键词进行搜索，浏览并筛选搜索结果中的网页，深入了解产品的功能特性、价格策略、用户评价等信息。此外，用户还会通过社交媒体平台上的话题讨论、用户分享等，获取更多关于产品的实际使用体验和口碑信息。主动搜索能够让用户更加全面地了解市场上的产品状况，通过对比分析不同产品的优缺点，做出更加明智的消费决策。

2. 被动搜索方式

用户主要通过接收到的信息推送、广告展示以及他人的口碑推荐等方式，被动地获取产品信息。例如，在使用新媒体平台时，用户可能会收到平台根据其兴趣和浏览历史推送的相关产品广告或推荐信息。此外，从朋友、家人或同事等社交圈中听到的关于某些产品的推荐或评价，也会对用户产生一定的影响，激发其对产品的兴趣并进一步了解。被动搜索能够帮助用户节省时间和精力，快速获取到与自己需求相关的信息，提高消费决策的效率和便捷性。

3. 搜索方式选择

用户通常会根据自己的实际需求和偏好来灵活选择搜索方式。例如，对价格敏感的用户，他们可能会更倾向于通过主动搜索来比较不同产品的价格；对于时间紧迫的用户来说，他们可能会更倾向于通过被动搜索来快速获取产品信息并做出决策。

（三）新媒体消费选项评估

新媒体消费选项评估是用户在信息搜索之后，对收集到的各种新媒体产品或服务选项进行全面、系统和深入的分析与比较的过程。这一过程旨在帮助用户筛选出最符合自身需求和偏好的消费选项，为最终的消费决策提供有力支持。具体步骤如下。

1. 设定消费决策标准

用户在评估新媒体产品时，会根据自己的需求设定一系列决策标准。这些标准可能包括产品或服务的品质、价格、功能、品牌声誉以及其他用户评价等。以"××健康"为例，用户在选择健康课程时，可能会关注课程内容的科学性、教练的专业度、课程的互动性、更新频率以及其他用户的评价。

2. 赋予标准权重

为了更精确地评估，用户会根据每个标准的相对重要性来赋予权重。这样，在比较不同选项时，用户可以更准确地识别每个选项的优缺点，以及它们与个人需求的匹配程度。例如，如果用户认为课程内容的科学性和教练的专业度最为重要，那么这两个标准会被赋予更高的权重。

3. 综合评估选项

用户会根据设定的标准和权重，对每个新媒体消费选项进行全面的分析和比较。这个过程的目的是筛选出最符合个人需求和偏好的选项。用户在评估时，会考虑自己的学习习惯、时间安排、预算等因素，以及通过新媒体平台获取的其他用户的评价和反馈。例如，用户可能会根据自己的时间安排来评估"××健康"课程的时间灵活性，或者根据自己的预算来评估课程的价格合理性。同时，用户也会参考其他用户的评价和经验分享，以获得更全面的产品体验信息。

4. 筛选合适选项

经过一系列综合评估之后，用户会筛选出若干个最符合自身需求和偏好的消费选项，为进入下一阶段的消费决策做好准备。

（四）新媒体消费行为决策

新媒体消费行为决策是用户在消费过程中的重要环节，它涉及多个方面的综合考量，旨在确保用户能够做出明智、满意的消费选择。以下是该决策过程的几个关键方面。

1. 购买意向确认

用户在购买新媒体产品或服务前，首先会确认自己的购买意向。这一决策受到用户自身需求、经济预算以及产品或服务性价比等多种因素的影响。用户会综合考虑这些因素，判断是否有必要购买该产品或服务。

2. 购买渠道选择

在确定购买意向后，用户需要选择购买渠道。不同的新媒体平台或渠道可能提供不同的产品版本、价格策略、促销活动以及服务质量。用户会根据自己的购买经验和需求，对各渠道进行比较分析，选择最符合自身利益的购买途径。

3. 支付方式确定

新媒体消费中，支付方式多样且灵活。用户可以根据自己的支付习惯和安全性要求，选择适合的支付方式。常见的支付方式包括现金支付、电子钱包支付等。用户在选择支付方式时，会考虑其便捷性、安全性和可靠性等因素。

4. 售后服务考量

售后服务是新媒体消费体验的重要组成部分。用户在做出购买决策时，通常会关注产品是否提供完善的售后服务。对于"××健康"账号而言，这包括课程回放、学习资料下载、社区互动支持、问题解答服务以及退款政策等。用户会综合考虑这些因素，确保自己在使用产品过程中能够获得及时、有效的支持和保障。

（五）新媒体消费后行为

新媒体消费后行为是指用户在使用或体验了新媒体产品或服务后所采取的一系列行动，

这些行为对于用户、其他消费者以及产品提供者都具有重要意义。以下是新媒体消费后行为可能包含的几个方面。

1. 分享与评价行为

用户在消费后往往会在社交媒体、消费评价网站等平台分享自己的使用体验，包括对产品或服务的满意度、功能评价、性价比分析以及使用中的问题解决等。这不仅为其他潜在消费者提供了参考，同时也对产品或服务提供者起到了反馈和监督作用。

2. 社区互动参与

对于许多新媒体产品或服务而言，社区或论坛是用户交流、分享和互助的重要平台。用户在消费后可能会积极参与社区互动，分享使用心得、技巧和问题解决方法，与其他用户建立联系并共同探讨产品的潜在用途和改进空间。

3. 售后服务与支持需求

若在使用过程中遇到任何问题或困难，用户会寻求售后服务或技术支持。这可能涉及查询常见问题解答、联系客服人员、提交技术支持请求等。及时有效的售后服务对于解决用户问题、提升用户满意度和忠诚度至关重要。

4. 重复购买与推荐意愿

满意的消费体验往往促使用户产生重复购买行为，并成为品牌的忠实用户。此外，用户还可能向他人推荐该产品或服务，从而帮助品牌扩大市场份额和影响力。这种口碑传播对于新媒体产品或服务的市场推广尤为重要。

5. 关注产品更新与升级

对于需要持续更新和优化的新媒体产品或服务，用户会关注其最新的更新和升级情况。这有助于用户及时获取新功能、修复已知问题并提升使用体验。同时，对产品更新的关注也反映了用户对品牌的持续关注和支持，为品牌的长远发展提供了动力。

本章小结

本章对新媒体行业的内涵、特征，以及新媒体用户的特征与他们在行业中的作用进行了系统介绍。接着深入剖析了新媒体行业的环境，详细阐述了行业结构中的政府、新媒体平台运营者、新媒体创作者、广泛的受众群体以及广告商家等各个关键角色所扮演的不同功能和相互之间的关系。此外，本章还概述了新媒体行业调查的流程，包括调查目的确定、调查方法选择和数据收集及分析等。最后，本章对新媒体消费行为的相关理论模型和消费决策过程进行了梳理和总结。通过本章的学习，读者能够更全面地了解新媒体行业的全貌和发展动态，为自身的职业发展和行业研究奠定坚实的基础。

核心概念

1. 新媒体行业（New Media Industry）

2. 新媒体用户（New Media Users）
3. 新媒体环境（New Media Environment）
4. 新媒体受众（New Media Audience）
5. 新媒体行业调查（New Media Industry Survey）
6. 新媒体行业需求（New media industry demand）
7. AIDMA 模型（AIDMA Model）
8. AISAS 模型（AISAS Model）
9. SICAS 模型（SICAS Model）
10. SIPS 模型（SIPS Model）
11. ISMAS 模型（ISMAS Model）

思考题

1. 新媒体行业的内涵和特征是什么？
2. 新媒体用户和新媒体受众的区别是什么？
3. 新媒体行业的各个主体发挥了什么作用？
4. 新媒体行业调查有哪些定性方法？
5. 新媒体行业调查有哪些定量方法？
6. 新媒体用户的消费决策过程是怎样的？

测试题

实训指南

一、实训目的

1. 深入理解新媒体行业的内涵和特征。
2. 掌握新媒体用户的特征及其在行业中的作用。
3. 清晰了解新媒体行业的生态环境，包括各关键角色的功能和相互关系。
4. 熟悉新媒体行业调查的基本流程和方法。
5. 理解新媒体消费行为的相关理论模型和消费决策过程。

二、实训内容与步骤

表 3-32　实训内容与步骤

实训内容	任务	步骤
新媒体行业概览	搜集资料，整理新媒体行业的发展历程、现状和未来趋势	1. 搜集新媒体行业资料； 2. 分析核心竞争力与传统媒体的区别； 3. 探讨新媒体的优势
新媒体用户研究	构建新媒体平台的用户画像并分析用户行为特点	1. 选择新媒体平台； 2. 收集用户数据（年龄、性别等）； 3. 分析用户行为和消费习惯
新媒体行业生态环境分析	分析新媒体事件中的角色互动和影响	1. 挑选新媒体事件或案例； 2. 分析政府监管、平台运营等角色； 3. 讨论各角色如何推动行业发展
新媒体行业调查实践	设计并实施新媒体行业调查问卷，比如用户对直播平台的满意度调查等	1. 设计调查问卷； 2. 明确调查目的和目标受众； 3. 实施调查并收集数据； 4. 进行统计分析； 5. 撰写行业报告
新媒体消费行为与决策分析	分析新媒体产品或服务的消费者购买决策过程	1. 选择新媒体产品或服务； 2. 分析消费者购买决策； 3. 讨论产品满足需求的方式； 4. 分析市场竞争策略

三、实训成果

完成实训后，读者应能够提交以下成果。
1. 一份关于新媒体行业的概览报告，包括发展历程、现状、趋势和核心竞争力分析。
2. 一份新媒体平台的用户画像和行为分析报告。
3. 一份新媒体事件或案例的生态环境分析报告。
4. 一份针对新媒体行业的调查问卷和简短的行业报告。
5. 一份新媒体产品或服务的消费行为与决策分析报告。

综合案例

樊登读书视频生态解读

一、高速增长背后的逻辑

樊登读书，作为一家用户破 2000 万、营收破 10 亿、估值超 50 亿的公司，其视频体系已突破千万粉丝，单条视频最高曝光达 2.4 亿，净增粉近 90 万。在如此惊人的增长背后，隐藏着怎样的决策逻辑和成功经验呢？

（一）重视视频平台的价值

短视频已成为樊登读书品牌传播的重要渠道。据统计，樊登读书在抖音上的矩阵号累计拥有超过6000万粉丝，这一数字远超过许多大流量明星。短视频的直观性、碎片化和高传播性使得樊登读书的内容能够迅速触达广大用户，进而吸引新用户的关注并留住老用户。以某条关于职场原则的短视频为例，该视频在抖音上获得了超过500万的点赞量和100万的分享数，大量用户在评论区表达了对内容的认可和喜爱。

同时，直播形式在樊登读书的视频生态中也发挥着重要作用。通过直播，樊登读书能够与用户进行实时互动，解答用户疑问，展示更多书籍内容和阅读场景。在某次关于育儿主题的直播中，樊登邀请了知名育儿专家进行讲解，并在直播中回答用户提问。该直播吸引了超过100万用户观看，并成功转化了大量新用户购买相关书籍和课程。

（二）注重内容设置

樊登读书的视频内容紧密围绕其核心用户群体——30~40岁的城市职业人群，尤其是女性用户。这一群体在追求生活品质提升的同时，也面临着职场竞争、家庭责任和内心成长的多重挑战。因此，樊登读书的视频内容有针对性地提供了职场、家庭和心灵三大板块的知识和信息。

以职场板块为例，樊登读书分享了众多关于职场原则、个人成长理念等实用知识。其中一条关于"如何提升职场沟通能力"的视频在发布后迅速走红，获得了超过800万的播放量和200万的点赞数。大量用户表示通过观看该视频，他们学到了有效的沟通技巧和方法，对职场发展有了更清晰的认识。

家庭板块则聚焦于育儿和家庭关系等刚需内容。针对很多妈妈在科学育儿方面的经验不足，樊登读书通过邀请专家和老师进行讲解，提供有效的解决方法和建议。一条关于"如何培养孩子阅读习惯"的视频在发布后受到了广泛关注，许多妈妈表示通过观看该视频，她们获得了实用的育儿经验和方法。

（三）视频运营经验

樊登读书始终坚持内容为王的原则。在书籍推荐和解读方面，他们深知内容的质量是吸引和留住用户的关键。因此，他们采用自下而上的模式，让优质内容自然发酵。以某本热门书籍的解读视频为例，该视频在发布后凭借深入浅出的解读和独特的观点迅速走红网络，引发了用户的广泛讨论和分享。这也证明了优质内容在吸引用户方面的巨大潜力。

樊登读书在平台运营上注重因地制宜。他们清楚地认识到不同平台有着不同的运营逻辑和用户群体。以抖音和视频号为例，抖音强调强内容和算法的结合，而视频号则更注重社交属性。因此，在抖音上，樊登读书注重打造有趣、有料的短视频内容以吸引用户关注；在视频号上，更注重与用户的互动和社交分享，以提升内容的传播效果。这种对平台差异的敏锐洞察和灵活应对策略使得樊登读书能够在各个平台上都取得出色的表现。

二、内容生态的多样性决定用户留存

（一）持续激发用户兴趣与新鲜感

樊登读书深知，内容生态的多样性对于用户留存至关重要。在社群运营中，樊登读书不仅提供优质的视频内容和微信公众号文章，还鼓励用户交流读书心得，打造了一个内容丰富的读书圈子。这种互动与参与感让用户更加投入，增强了他们对品牌的忠诚度。为了保持用户的新鲜感，樊登读书不断试错并优化内容方向，确保与用户需求紧密契合。

（二）平台选择策略

在选择运营平台时，樊登读书充分考虑各平台特性。抖音算法精准、公域流量庞大，适合快速吸引目标用户；快手注重个人品牌和内容个性化，适合塑造鲜明品牌形象；视频号依托微信生态，便于打造闭环系统，实现流量高效转化。根据资源情况，樊登读书建议先从抖音开始，逐步同步至其他平台，随着资源增加，再进行精细化独立运营。

（三）视频变现之道

视频号虽然商业化较慢，但其用户价值高，具有巨大商业潜力。樊登读书采用"1+1+n"的运营逻辑，在微信生态内形成闭环，充分利用微信公众号、社群、微信朋友圈等触点，实现有效转化。这不仅是通过短视频获取流量进行直播带货的简单模式，而且是利用各个触点，运用组合拳策略，持续激发用户购买欲望。

（四）短视频运营师的核心特质

优秀的短视频运营师是樊登读书成功的关键因素之一。他们具备宏观的内容视角和敏锐的市场洞察力，能够捕捉到用户真正感兴趣的内容并进行深入挖掘。例如某位短视频运营师在观察到用户对于心理学类书籍的浓厚兴趣后，迅速策划了一期关于"心理学与生活"的视频内容。该内容结合生活中的实际案例，深入浅出地讲解了心理学的原理和应用，受到了用户的热烈欢迎和广泛好评。

三、视频号去中心化的运营模式

（一）视频号优势助力樊登读书成长

视频号凭借微信生态的庞大用户群和高度黏性，成为企业流量的重要来源。樊登读书在视频号上的内容常获得数十万观看量，点赞分享持续走高，这得益于视频号独特的流量机制及樊登读书对用户需求的精准把握。通过视频号，樊登读书成功扩大了品牌影响力，实现了私域流量的积累。

（二）直播为樊登读书带来新机遇

视频号直播为企业和个人创作者带来新机会。樊登读书通过直播与用户实时互动，分享读书心得，深受用户喜爱。然而，如何在众多直播中吸引用户关注和保证用户留存是樊登读书面临的挑战。为此，樊登读书注重直播内容的策划和创新，同时加强团队培训和管理，提升服务质量。

（三）流量扶持与樊登读书的自强之路

流量扶持对视频号创作者而言是重要的起步助力，但长远发展终究依赖自身实力。樊登读书在初期获得流量扶持后，更注重内容质量、互动性和用户黏性的提升，形成了独特的运营模式和高效方法。这些努力为他们在视频号上的亮眼成绩和未来发展奠定了坚实基础。在视频号去中心化的运营模式下，樊登读书等企业和个人创作者有望通过自身优势在市场中脱颖而出，实现长远发展。

资料来源：根据专访《单月 GMV 破千万，5800 万用户，樊登读书视频生态解读》("视灯指数"头条号，2022 年 8 月 11 日）资料整理。

案例思考
1. 樊登读书为什么要建立以视频为核心的阅读新生态体系？
2. 樊登读书的视频生态体系有哪些利益相关者？各自起到了什么作用？
3. 知识付费用户的消费决策过程包括哪些环节？

第四章 新媒体职业的洞察

本章导语

洞察新媒体职业全貌,明确新媒体职业发展路径,打造新媒体个人品牌。

引例

中国传媒人才能力需求状况

随着科技的飞速发展和传媒行业的不断变革,人才已经成为决定传媒企业生死存亡的关键因素。然而,当前我国新闻传播行业虽然人才众多,但真正符合传媒岗位需求的人才却相对稀缺。

一、现状分析

2018年,全国有681所高校开设了1244个新闻传播本科专业点,在校本科生约23万人,在校教师约7000人。虽然新闻传播专业的毕业生众多,但是寻找和选拔优秀媒体行业人才在用人方眼中仍是一大难题。

据统计,互联网新媒体已成为传媒人才需求的第一梯队,其中新媒体和互联网词频分列第一位、第二位,这一现象归因于传统媒体与新媒体向互联网逻辑的大汇流。除了原生互联网企业,转型中的传统媒体和传播行业的人才增量几乎全部向新媒体岗位急速倾斜,人才需求岗位也几乎全部新媒体化。

此外,广告行业也表现出对媒体子行业的高度渗透。电影、电视、出版、杂志、报纸、广播等媒介位于用人需求第二梯队。然而,随着移动互联网的发展和传统媒体市场体量的不断缩小,这些传统岗位的人才需求正在快速下降。

二、地域分布

传媒人才需求主要集中在一线城市,例如北京、上海、广州和深圳等。据统计,中国互联网100强中超过80%的互联网企业在北京设立总部或分部。北京因其政治、经济、科技、教育、文化等资源的集聚效应,成为传媒人才需求的重镇。东部城市的媒体行业发展成熟度明显高于西部城市,薪资吸引力也相对较高。这表明,媒体的发展水平和用人需求与地区经济、政治和文化水平呈正相关。

三、岗位能力需求

目前,传媒人才岗位需求主要集中在策划、编辑、编导等传统媒体岗位。然而,随着融合媒体时代的到来,全媒体人才备受青睐。这类人才除了需具备整合传播策划能力,熟练掌握传统新闻采写编评等基本能力外，还需具备图片、视频编辑处理能力和编程、运营能力。例如，工程师和编程人才在媒体中越来越受到重视。

此外，传媒用人单位普遍重视从业者的能力与经验。专业要求注重人才的实践能力，例如解决问题、沟通合作和表达表现等能力。同时，责任、专业、熟悉、独立和功底等关键词在职业素养中排名靠前，表明传媒用人单位对从业者的专业精神与负责态度非常重视。靠谱和敬业也被视为从事传媒工作的前提条件。团队合作对于媒体项目的成功至关重要，"一个人走得快，一群人走得远"，这句话很好地诠释了团队合作的重要性。

四、职业态度需求

在职业态度方面，用人单位普遍重视从业者对工作的态度以及工作的主动性。例如，热爱、积极、主动、热情和喜欢等关键词在用人单位的招聘需求中排名靠前。这表明，对于传媒人才来说，对行业的热爱和兴趣是他们能否在这个行业中取得成功的关键因素之一。

综上所述，当前我国传媒人才需求呈现出以下特点和发展趋势：一是互联网新媒体成为人才需求的第一梯队；二是传媒人才需求主要集中在一线城市；三是全媒体人才备受青睐；四是能力与经验成为人才选拔的重要标准；五是职业态度成为用人单位关注的焦点。因此，为了满足传媒行业的快速发展和对优秀人才的需求，需要进一步优化人才培养模式和教育体系，加强产学研合作和实践教学，培养出更多具备创新能力和跨界整合能力的全媒体人才。同时，传媒从业者也应不断提升自身的能力和素质，积极拥抱新技术和新趋势，以适应行业的快速发展和变化。

资料来源：根据刘蒙之、刘战伟《中国传媒人才能力需求报告2018》（腾讯新闻，2018年2月7日）相关内容整理改编。

> **预热思考题：**
> 1. 互联网新媒体的发展为传媒人才提供了哪些工作岗位？
> 2. 新媒体岗位人才需要具备哪些素质和能力？
> 3. 面对新媒体行业的快速发展，传媒人才应如何制定个人发展策略？

// 知识结构 //

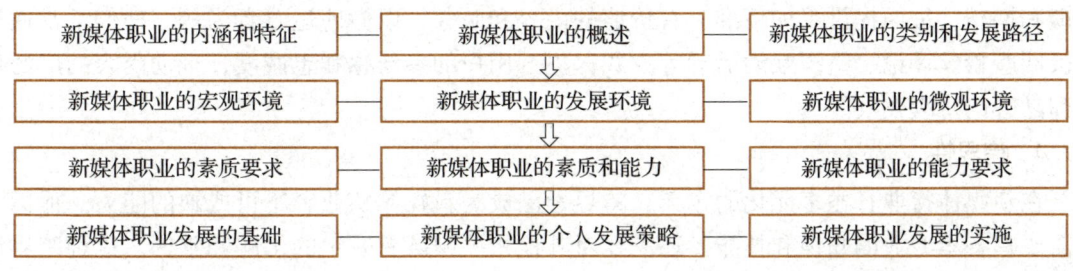

第一节 新媒体职业的概述

一、新媒体职业的内涵和特征

（一）新媒体职业的内涵

新媒体职业是指在新媒体领域内，从事内容创作、平台运营、技术维护、数据分析和营销推广等工作的一系列专业角色。新媒体职业的从业者通过他们的专业技能和创新思维，不仅加速了信息的流通和品牌的建立，还促进了社会的互动和科技的进步。

新媒体职业与新媒体行业的发展紧密相连。随着新媒体行业的不断扩张和深化转型，新媒体从业者面临着前所未有的职业发展机遇。行业的繁荣不仅创造了大量的职位需求，为从业者提供了实现自我价值的广阔舞台；而且行业的快速变革也要求从业者必须保持敏锐的洞察力、持续的学习能力和创新精神，以适应不断变化的市场需求和技术环境。

（二）新媒体职业的特征

1. 创新性

在新媒体行业，创新是核心竞争力。从业者需在技术、内容、营销、商业模式及互动形式上持续探索，打破传统，引领潮流。创新性体现在对新技术、新工具的敏锐应用，以及对用户需求、市场趋势的精准把握。如，抖音上的视频博主以独特创意和内容吸引粉丝，在竞争中脱颖而出，为用户带来新体验，为行业发展注入活力。

2. 技术性

随着数字与互联网技术的不断进步，新媒体行业对从业者技术的要求日益增高。为满足用户多样化需求、应对数据决策及实现跨平台传播，从业者需具备扎实的数字技术和互联网应用能力，包括熟练运用新媒体平台、数据分析和网络安全保障等。例如，新媒体运营者需通过精准数据分析优化内容推荐，同时确保用户数据安全。

3. 互动性

互动性是新媒体职业的核心特征之一。在新媒体时代，用户的角色已经从单纯的信息接收者转变为内容创作和传播的积极参与者。因此，对于新媒体从业者而言，与用户建立紧密、积极的互动关系至关重要。通过有效的沟通和交流，从业者能够深入了解用户的需求、反馈和期望，进而提供更加精准、有价值的内容和服务。以微博运营者为例，他们常常通过积极回应粉丝评论、组织互动活动等方式，提升用户的参与感和忠诚度，推动内容的广泛传播和品牌的持续发展。

4. 跨界性

在新媒体行业日益多元化的今天，跨界性已成为新媒体从业者不可或缺的能力。他们不仅需要具备本专业的知识和技能，还需要对其他相关领域有一定的了解和掌握。这种跨界性不仅要求从业者具备跨学科的知识结构，更要求他们拥有跨界的思维方式和工作方法。以新媒体营销人员为例,优秀的从业者不仅要精通市场营销理论,还需对新闻传播学、数据分析技术、社交媒体运营策略等领域有深入了解。只有这样,他们才能更好地整合多方资源,创新营销策略,实现品牌的有效传播和精准触达目标用户的目的。

二、新媒体职业的类别和发展路径

(一)新媒体职业类别

随着新媒体行业的蓬勃发展,新媒体职业的细分领域越来越多,新的职业类别也不断涌现。表4-1列出了一些常见的新媒体职业类别。

表4-1 新媒体职业类别

职业类别	描述	主要职责	所需能力
新媒体运营	负责新媒体账号的日常管理和推广,提升用户参与度和品牌影响力	内容策划发布;活动策划执行;用户互动管理;数据分析优化	策略规划和市场洞察;数据分析和媒介选择;沟通协调和团队合作
新媒体编辑	负责新媒体内容的策划、创作和编辑,确保内容的质量和吸引力	内容创意和文案撰写;编辑、校对和发布内容;跟踪热点和行业动态;管理内容发布日程	创意思维和文字功底;内容把控和编辑能力;热点敏感度和行业知识
新媒体营销	通过新媒体渠道实施营销策略,促进品牌曝光和用户转化	制订和执行营销计划;管理社交媒体账号;分析市场和用户数据;优化营销效果	市场分析和用户洞察;创新思维和社交媒体运营;数据分析和报告撰写
新媒体记者	进行新闻采访、撰写报道,并通过新媒体平台发布和传播	新闻采集和采访;撰写和编辑新闻稿件;管理社交媒体账号;跟踪新闻热点和趋势	新闻采编和写作能力;沟通采访和故事叙述;媒体法律和伦理知识
新媒体策划	负责新媒体项目的策划和创意,制定有效的推广策略	市场调研和分析;创意内容和活动策划;制订推广计划和预算;监控活动效果和调整策略	创新思维和策划能力;市场趋势和用户行为分析;项目管理和执行能力
新媒体设计	负责新媒体平台的视觉设计,提升用户体验和品牌形象	设计新媒体平台界面;创作视觉内容和图标;优化用户界面和交互;维护视觉风格一致性	设计软件和工具运用;创意思维和审美能力;用户体验和交互设计
新媒体技术	开发和维护新媒体技术平台,确保技术实现和性能优化	技术开发和平台建设;系统维护和故障排查;技术研究和创新应用;技术支持和团队协作	编程语言和开发框架;系统架构和数据库管理;技术研究和问题解决
新媒体数据分析师	分析新媒体平台数据,提供洞察和建议,支持决策制定	收集和处理数据;分析用户行为和市场趋势;构建数据模型和算法;提供数据报告和业务建议	数据分析和统计学知识;机器学习和数据挖掘技能;数据可视化和报告撰写

（二）新媒体职业的发展路径

新媒体职业的发展路径对于新媒体个人职业发展和新媒体行业发展都具有重要意义。通过探索新媒体职业的发展路径，能够深入了解新媒体行业的前景和未来趋势，同时明确行业对人才的需求和要求。这将有助于个人确定自己的职业目标和发展方向，从而为个人的职业规划和发展提供有效的指导。

新媒体职业的发展路径可以归纳为以下几点。

1. 纵向发展路径

在新媒体行业中，随着从业者经验和能力的不断积累，他们有机会从初级职位逐步晋升到更高级别的职位。这种纵向的职业发展路径不仅体现了个人在新媒体领域的成长，也反映了行业对个人专业能力和管理水平不断提出的要求。表4-2列出了新媒体职业的纵向发展路径及其各阶段的角色描述。

表4-2 新媒体职业纵向发展路径及各阶段角色

职位名称	职责描述	关键能力	薪酬水平
运营助理	辅助完成新媒体运营日常工作，例如资料整理、用户调研、活动支持、基础数据分析等	基础认知、执行力、学习能力	3000~6000元/月
运营专员	独立承担新媒体运营中的各项工作，例如内容策划与编辑、用户运营、活动运营或产品运营等。可能细分为抖音运营专员、小红书运营专员等	专业技能、运营经验、平台特定知识	6000~12000元/月
运营主管	带领和指导运营专员执行新媒体运营策略，关注行业动态和市场变化，调整运营策略。涉及初步团队管理	团队管理、领导能力、沟通能力、策略调整能力	10000~20000元/月
运营经理	制定和执行新媒体平台的整体运营策略，对运营结果负责。侧重战略规划和团队管理，将公司业务目标与新媒体运营策略结合起来	战略规划、团队管理、专业知识、运营经验、战略眼光	15000~30000元/月
新媒体总监	制定和执行公司的新媒体运营战略，监督管理整个运营团队。具备全局思维和战略管理能力，领导力和人际交往能力突出	全局思维、战略管理能力、领导力、人际交往能力、决策能力	30000元/月以上，含奖金股票期权等

注：薪酬水平会因地区、公司规模、行业状况和个人能力等因素而有所不同。

2. 横向发展路径

在新媒体行业中，横向发展路径为从业者提供了在专业领域内拓展和深化自己能力的机会。这种发展不仅有助于个人技能的多元化，还能增加职业适应性和市场竞争力。表4-3列出了新媒体职业横向发展的几个主要方向。

表4-3 新媒体职业横向发展路径

方向	描述	职业横向发展策略
跨平台运营	针对公众号、抖音、小红书等不同平台，企业可能会设有不同的新媒体运营岗位。从业者可掌握在多个新媒体平台上进行有效运营的能力，实现各平台间的协同效应	持续学习新平台特点，了解运营规则和用户行为；通过实践提升跨平台运营技能；利用数据分析工具监控各平台表现，优化内容策略；建立跨平台内容同步和互动机制，提升用户参与度
多元化技能发展	学习和掌握新媒体行业中的广泛技能，例如内容创作、用户运营、数据分析等	参加专业培训，提升核心技能；参与多项目实践，拓宽技能应用范围；主动学习新技术和工具，如SEO、SEM、社交媒体广告等；通过案例研究和同行交流，提高工作效率和质量
横向职业拓展	通过岗位轮换或在公司内部、行业内的横向流动，进入新工作领域。比如从一个新媒体运营转型为产品经理或营销经理	建立跨部门合作关系，了解不同岗位的需求和挑战；寻求内部转岗机会，积累多元化工作经验；拓宽职业视野和经验，提升跨领域解决问题的能力；参与行业会议和研讨会，建立专业人脉网络

3. 专业发展路径

在新媒体行业中，专业发展路径为从业者提供了深化特定领域知识和技能的机会。这种路径强调在健康、金融、教育、体育等某个特定领域内建立深厚的专业基础，成为该领域的专家或权威。例如，某个新媒体运营者计划成为健康领域的专家，为此，他需要学习医学基础知识、公共卫生政策、健康心理学和行为学等相关内容，以建立坚实的专业基础。同时，通过撰写健康类文章、开发在线健康课程、策划健康主题活动等实践项目，不断提升自己的专业技能和实践经验。

无论选择哪个领域，新媒体从业者都需要保持对市场和用户的持续关注，了解行业动态和用户需求的变化。通过参加行业会议、与同行交流、关注行业信息等方式，不断拓展自己的视野和知识面。同时，积极寻找实践机会，将所学知识应用于实际工作中，以提升自己的实践能力和解决问题的能力。

在专业发展过程中，新媒体从业者还需要注重个人品牌的打造和人际关系的建立。通过展示自己的专业成果、分享行业见解、参与公开演讲等方式，提升自己在行业内的知名度和影响力。同时，与同行、用户、合作伙伴等建立良好的人际关系，为自己的职业发展创造更多的机会和可能性。

4. 自主创业路径

对于许多有抱负和实力的新媒体从业者来说，自主创业不仅是一个职业发展的选择，更是实现个人价值和梦想的重要途径。当新媒体从业者积累了足够的经验、资金和资源后，他们可以考虑开设自己的新媒体公司或工作室。这样的创业实体可以为品牌、企业或个人提供一系列专业的新媒体服务。创业路径见表4-4。

表4-4 新媒体自主创业路径

创业路径	服务内容	所需能力
社交媒体代运营	社交媒体策略制定；内容发布；用户互动；数据分析	社交媒体运营经验和策略制定能力；数据分析技能；用户服务与沟通技巧
内容创作与营销	内容策划；创作；推广	内容创作和营销策略能力；多渠道内容推广技能；行业趋势洞察力
社群运营	社群建设；管理；互动	社群管理和运营能力；用户沟通与服务技巧；活动策划与执行
直播运营	直播策划；执行；推广	直播运营和推广经验；用户互动与社区管理；直播内容策划与执行能力
短视频运营	短视频内容创作；发布；推广	短视频内容创作和推广能力；创意思维与故事叙述；数据分析与用户行为理解
电商运营	电商平台店铺运营；产品推广；销售优化	电商运营和推广经验；产品推广与营销策略；销售数据分析与优化
数据分析与优化服务	用户数据挖掘；分析；营销策略优化	数据分析和优化能力；营销效果评估与报告；策略优化与建议能力
平台开发与维护服务	新媒体平台开发；维护；技术支持	技术开发和维护能力；系统维护与升级经验；技术支持与客户服务
整合营销代理服务	整合各种新媒体资源和渠道，实现更高效的营销效果	资源整合和营销代理能力；营销策略规划与执行；多渠道营销效果监控
咨询服务	市场趋势分析；竞争对手分析；营销策略制定等	专业知识和咨询经验；市场分析与研究能力；客户沟通与服务技巧

在选择创业路径时，新媒体从业者需要综合考虑个人兴趣、技能、市场需求等因素，并注重团队建设、资金管理和市场拓展等方面的工作，为创业成功打下坚实的基础。

总之，新媒体从业者的职业发展路径多种多样，关键是要保持对新媒体行业的热爱和关注，不断提升自己的技能和知识，勇于尝试新事物，并保持与新媒体行业的趋势和发展同步。

第二节 新媒体职业的发展环境

一、新媒体职业的宏观环境

新媒体职业的宏观环境是由多种因素交织而成的复杂体系。其中，政策走向、经济状况、社会动态以及技术革新等均是影响新媒体职业发展的关键要素。因此，对于新媒体从业者而言，持续关注这些宏观环境因素的变动至关重要，这有助于他们灵活调整职业规划，把握正确的个人发展方向。如图4-1所示。

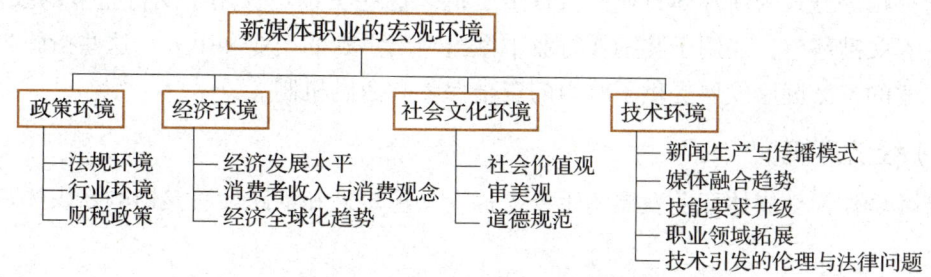

图4-1 新媒体职业的宏观环境

（一）政策环境

政策环境是塑造新媒体职业发展的重要力量。从国家到地方各级政府，通过制定和实施一系列法律法规、行业政策和财税政策，为新媒体职业提供了清晰的发展方向和坚实的保障。

1. 法规环境奠定职业基础

完善的法律法规体系不仅为新媒体职业划定了行为边界，也为其健康发展提供了有力保障。例如，近年来随着网络直播的兴起，《网络直播营销行为规范》和《网络主播行为规范》等专项法规相继出台。这些法规对直播内容、主播行为等进行了明确规定，有效规范了新媒体从业者的职业行为，大幅降低了直播违规率，提升了用户满意度。

在知识产权保护方面，随着《中华人民共和国著作权法》等法律的严格执行，新媒体内容创作者的权益得到了有力保障，使新媒体领域的知识产权侵权案件数量逐年下降，原创内容的数量和质量均得到显著提升。

2. 行业政策推动职业发展

政府在行业层面出台的一系列扶持政策，为新媒体职业的快速发展注入了强劲动力。以媒体融合发展政策为例，该政策促进了传统媒体与新媒体之间的深度融合与互动，实现了资源共享和优势互补。这不仅为新媒体从业者提供了更广阔的发展空间和职业机会，也推动了整个媒体行业的创新发展。

在创新创业支持方面，政府设立的新媒体专项资金、孵化器等措施，为新媒体行业的创新者和创业者提供了有力的支持。数据显示，近年来新媒体领域的创新创业项目数量持续增长，其中不乏一些具有市场潜力和社会价值的优质项目。这些项目的成功孵化和发展，不仅推动了新媒体行业的技术进步和商业模式创新，也为新媒体从业者提供了更多的职业选择和晋升机会。

3. 财税政策提供职业保障

政府在财税方面给予新媒体行业的优惠措施，为新媒体职业的发展提供了坚实的保障。以增值税和所得税减免政策为例，这些政策降低了新媒体企业的税负，增加了其盈利空间，有效激发了企业的创新活力和市场竞争力。同时，增值税抵扣政策的实施也为新媒体企业节省了大量税收支出，有助于企业降低运营成本、提高市场竞争力。此外，政府还通过财政拨款、奖励补贴等方式为新媒体行业提供资金支持。这些资金不仅用于支持企业的技术研发、市场推广等关键环节，还用于奖励在行业中做出突出贡献的企业和个人。这些措施的实施为新媒体职业的持续健康发展提供了有力的资金保障和激励机制。

（二）经济环境

经济环境作为新媒体职业发展的重要支撑，其稳定性和活跃性直接影响新媒体行业的繁荣程度。

1. 经济发展水平奠定行业基石

随着中国经济的持续腾飞，互联网与数字化技术得到了空前的发展。新媒体行业作为数字化浪潮中的佼佼者，受益于经济的稳健增长，获得了坚实的技术支撑和广阔的市场空间。5G、人工智能、大数据等尖端技术的不断突破与普及，为新媒体行业注入了强大的创新动力，推动了市场规模的持续扩张。

这种经济与技术的双轮驱动，为新媒体职业带来了前所未有的发展机遇。一方面，新兴职位如雨后春笋般涌现，为求职者提供了丰富的选择；另一方面，传统职位也在这场数字化变革中焕发新生，对从业者的技能和素养提出了更高的要求。这种正向的循环效应，不仅促进了新媒体职业的多样化和专业化发展，也为整个行业注入了源源不断的活力。

2. 消费者收入与消费观念塑造市场需求

随着国民收入水平的稳步提升，消费者的消费能力和消费观念发生了深刻的变化。可支配收入不断增加，使得消费者更加愿意为高质量的新媒体内容和服务买单，这无疑为新媒体市场的商业化进程提供了强劲的动力。同时，消费者的个性化和多元化需求也日益凸显，这要求新媒体从业者必须不断创新，提供更加丰富和精致的内容与服务。

这种市场需求的变化对新媒体从业者来说既是挑战也是机遇。他们需要更加敏锐地捕捉消费者的需求变化，更加精准地定位目标受众，更加高效地生产和传播内容。同时，也为他们提供了更多展示自己才华和创造力的舞台，以及实现个人价值和职业发展的机会。

3. 经济全球化趋势拓展国际视野

在全球化的大背景下，中国新媒体行业正逐渐从国内舞台走向国际舞台。国际贸易的繁荣和"一带一路"倡议的深入实施为中国新媒体行业打开了通往世界的大门，带来了前所未有的国际化发展机遇。这意味着新媒体从业者不仅需要具备扎实的专业技能和丰富的行业经验，还需要具备更强的跨文化交流能力和国际视野。

通过与国际同行的交流与合作，中国新媒体从业者可以借鉴和学习国际先进的理念和技术，提升自身的创新能力和竞争力。同时，也可以将中国的声音和文化通过新媒体这一渠道传播到世界各地，增强中国的国际影响力和文化软实力。这对于新媒体从业者来说无疑是一个提升自我、实现梦想的绝佳机会。

（三）社会文化环境

社会文化环境作为新媒体职业发展的精神土壤，孕育并塑造着新媒体的内容和形式。

1. 社会价值观塑造内容导向

在社会主义核心价值观的引领下，我国社会崇尚和谐、公正、诚信、友善等理念。这些理念为新媒体从业者提供了明确的价值指引，鼓励他们创作出既顺应时代潮流又贴近人民生活的优质内容。新媒体平台成为传播社会正能量、弘扬中华优秀传统文化的有力阵地，新媒体从业者通过创新的内容和形式，不断增强民族文化的传播力和影响力，满足人民群众日益增长的精神文化需求。

2. 审美观影响创作风格

随着时代的进步和文化的交流融合，我国受众的审美观日益多元化。然而，传统文化和艺术元素在新媒体内容中仍占据重要地位。中国画、书法、剪纸等传统艺术为新媒体创作提供了丰富的视觉元素和灵感来源，使新媒体内容更具文化底蕴和艺术魅力。新媒体从业者需要深入挖掘和提炼传统文化中的精华，将其与现代审美理念相结合，创作出既具有时代特色又富有民族韵味的优秀作品，满足受众多样化的审美需求。

3. 道德规范约束职业行为

在新媒体行业，道德规范对从业者的职业行为起着重要的约束作用。从业者必须严格遵守国家法律法规和新闻职业道德准则，确保信息的真实性、公正性和客观性，维护新媒体的公信力和权威性。在知识产权保护方面，新媒体从业者应尊重原创精神，坚决抵制抄袭和剽窃行为，营造良好的创作氛围。同时，新媒体从业者还应积极履行社会责任，传播正能量，引导社会舆论健康发展，为构建和谐社会贡献力量。

（四）技术环境

技术环境作为新媒体职业发展的核心驱动力，其快速变革为新媒体行业带来了前所未有的机遇和挑战。

1. 新闻生产与传播模式的重塑

随着5G、人工智能等尖端技术的广泛应用，新闻的生产与传播模式正在经历一场深刻的革命。新媒体从业者必须迅速适应并掌握这些先进技术，例如高清视频制作、实时直播技术、智能推荐算法等，以满足受众对高质量、即时性内容的需求。同时，社交媒体平台的崛起也为新闻传播提供了更加便捷、高效的渠道。新媒体从业者需要灵活运用各种社交媒体工具，实现新闻的快速传播和与受众的实时互动。

2. 媒体融合的必然趋势

在云计算、大数据等技术的有力支持下，媒体融合已成为新媒体行业发展的必然趋势。新媒体从业者需要具备跨平台、跨终端的工作能力，能够熟练运用各种新媒体工具进行内容的创作、编辑和传播。此外，数据分析技能也变得越来越重要，通过对海量数据的挖掘和分析，新媒体从业者可以更准确地了解受众需求，优化内容策略，提升传播效果。

3. 技能要求的不断升级

随着新媒体行业的蓬勃发展，对新媒体从业者的技能要求也水涨船高。除了基本的数字媒体技术外，新媒体从业者还需要具备创新思维、市场洞察力、用户研究等综合能力。例如，他们需要运用设计思维来优化用户体验，提升产品的吸引力和竞争力；利用市场分析工具来把握行业动态和趋势，为决策提供有力支持；通过用户研究来深入了解受众的需求和偏好，为内容创作提供灵感和方向。

4. 职业领域的多元化拓展

新技术的不断涌现为新媒体行业开拓了更多新兴职业领域。新媒体从业者可以从事的职业领域日益丰富多样，例如社交媒体运营、内容创作、数据分析、用户体验设计等。这些新兴领域为新媒体从业者提供了更广阔的发展空间和职业晋升机会，也促进了新媒体行业的多元化和繁荣发展。

5. 技术引发的伦理与法律问题

随着技术的不断进步和应用范围的扩大，新媒体行业面临的伦理和法律问题也日益凸显。例如，人工智能和大数据技术的应用引发了关于个人隐私保护、信息安全等方面的担忧和争议。新媒体从业者需要严格遵守相关法律法规和伦理规范，确保个人信息的安全和对隐私的保护。同时，新媒体从业者还需要关注技术发展的前沿动态和法律法规的变化趋势，及时了解和应对可能出现的新的伦理和法律挑战。通过加强行业自律和监管力度，共同推动新媒体行业健康、有序发展。

二、新媒体职业的微观环境

新媒体职业的发展置身于一个复杂且动态的微观环境之中，这一环境主要由新媒体用户、新媒体组织、同业竞争者、新媒体服务机构、社会公众等多方面因素构成。它们之间的相互作用与影响，共同塑造了新媒体职业的微观环境，见表4-5。

表4-5 新媒体职业的微观环境

类别	角色和作用
新媒体用户	信息接收者和内容消费者，影响内容创作和传播
新媒体组织	行业主体和职业承载者，提供发展平台
同业竞争者	竞争与合作关系，影响职业发展
新媒体服务机构	提供专业服务和支持，促进行业发展
社会公众	需求、监督、认可和参与塑造行业格局

（一）新媒体用户

新媒体用户作为信息接收者和内容消费者，在新媒体职业发展中扮演着至关重要的角色。他们的需求、偏好、行为模式不仅直接影响新媒体内容的创作和传播，还在很大程度上塑造了新媒体职业的工作内容和创新方向，见表4-6。

表 4-6　新媒体用户对新媒体职业的影响

影响	内容
塑造与引导职业需求	新媒体用户的多元化和个性化需求是推动职业发展的核心动力。随着用户对高质量、多样化内容的需求增长，新媒体从业者需不断学习新技能，适应市场变化
促进职业创新与优化	用户的积极参与和反馈是职业创新的动力源泉。社交互动提供的反馈激发创新灵感，扩大内容影响力。分析用户行为数据，优化内容策略，提升用户体验
拓展职业领域与机会	用户群体的扩大和细分化带来职业领域的拓展。垂直领域新媒体的涌现提供就业机会，跨界内容兴起要求从业者拓宽知识视野和技能范围
提升职业素养与标准	高素质和专业化的用户需求，提升职业素养要求。新媒体从业者需具备专业知识、市场洞察、沟通能力和创新思维。注重内容原创性、专业性和深度，打造高品质内容产品，赢得用户信任

（二）新媒体组织

新媒体组织作为新媒体行业的主体和新媒体职业的主要承载者，对新媒体职业的发展起到了决定性的作用。它们不仅为从业者提供了丰富的就业机会和优厚的薪资福利，更重要的是，它们为新媒体从业者构建了一个充满机遇和挑战的发展平台，见表 4-7。

表 4-7　新媒体组织对新媒体职业的影响

影响	内容
就业机会的创造与多元化	新媒体行业的快速发展催生了众多新媒体组织，为新媒体从业者提供了丰富的就业机会。这些机会覆盖内容创作、平台运营、用户分析、产品设计等多个领域，为新媒体从业者提供了广泛的职业选择
薪资福利的保障与激励	新媒体组织提供有竞争力的薪资和福利待遇，确保新媒体从业者的基本生活需求，并支持其持续学习与创新。此外，通过奖金、股权等激励机制，鼓励员工创造更大价值
培训与发展的重视与投入	新媒体组织重视员工培训和发展，通过内部培训机构或合作项目，提供专业技能培训和职业发展指导。这有助于新媒体从业者提升专业素养和综合能力，为职业发展打下坚实基础
职业晋升机制的完善与公平	新媒体组织通常设有明确且公平的晋升机制，根据员工表现、贡献和创新能力进行评估。这种机制激发了新媒体从业者的工作积极性和创新精神，为他们的职业发展提供了清晰的路径和广阔的空间

（三）同业竞争者

新媒体行业中的同业竞争者，对新媒体职业发展的影响深远且多面，既带来了挑战，也催生了新的机遇。

1. 同业竞争带来的挑战

同业竞争者间的白热化争夺，给新媒体从业者带来了巨大的市场压力。为了在众多的新媒体平台中脱颖而出，吸引并留住用户的目光，新媒体从业者需要具备敏锐的市场洞察力和创新能力，能够快速响应市场的变化，持续优化和改进自身的工作。此外，随着新媒体行业的蓬勃发展，人才市场的竞争也日益激烈。新媒体从业者必须不断提升自己的综合素质和专业技能，以保持自身竞争力。

2. 同业竞争催生的机遇

同业竞争在为新媒体职业带来挑战的同时，也为其带来了新的发展机遇。首先，竞争的环境推动新媒体从业者不断提升自己的专业素养和技能水平。这不仅有助于他们在竞争中脱颖而出，更有助于提升整个新媒体行业的专业水平和服务质量。其次，同业竞争者之间的合作和联盟，也为新媒体职业发展开辟了新的道路。通过共享资源、技术和经验，不同的新媒体企事业单位可以携手开发新产品和服务，实现互利共赢。这种合作模式不仅有助于推动整个行业的进步和创新，也为新媒体从业者提供了更广阔的发展空间和机会。

（四）新媒体服务机构

新媒体服务机构通过各自的专业服务和功能互补，共同构建了一个完整的新媒体职业发展支持体系。在这个体系中，新媒体从业者可以获得全方位的帮助和支持，不断提升自己的专业素养和竞争力，从而实现个人和行业的共同发展，见表4-8。

表4-8 新媒体服务机构

服务机构类型	主要功能与特点	对新媒体职业发展的贡献
职业中介与培训机构	提供职业信息匹配、推荐服务和专业技能培训	为新媒体从业者搭建职业发展跳板，提升职业竞争力
人力资源服务机构	提供全方位人力资源解决方案，包括招聘、培训、绩效管理、薪酬福利等	为新媒体组织构建专业、规范工作环境，确保高效稳定运营
行业协会与商会	代表行业集体声音，维护会员权益，制定和执行行业标准，促进行业内交流与合作	助力新媒体从业者了解行业动态，提升专业素养，拓展商业合作和市场机会
咨询公司	凭借深厚的行业经验和专业知识，为新媒体组织提供战略规划和营销计划等高端咨询服务	引领行业趋势，帮助新媒体组织在市场竞争中脱颖而出
社交媒体平台	为新媒体从业者提供展示才华和作品的机会，同时通过数据分析和用户反馈机制优化内容策略	为新媒体从业者提供展示和交流的平台，促进内容创新和运营效果提升

（五）社会公众

社会公众对于新媒体职业的影响是多方面且深远的，他们的需求、监督、认可和参与，共同塑造了新媒体行业的格局和未来走向，推动着新媒体职业朝着更加专业、创新和有社会责任感的方向发展。其影响见表4-9。

表 4-9　社会公众对新媒体职业的影响

影响方面	具体内容
市场需求塑造	公众需求和偏好引导新媒体内容创作和分发。数字化技术的发展催生了对个性化、互动性强的新媒体内容需求的增长,为新媒体行业带来了新的市场潜力和商业机遇。新媒体行业的创新不仅限于广告和内容创作,还包括平台建设、用户互动等,这也形成了多元化的业务生态
行业监督强化	信息传播的即时性增强了公众监督的作用。公众可以通过评论、分享、举报等互动方式对新媒体内容进行实时反馈,对不实信息和低质量内容进行批评和监督。新媒体从业者必须遵守更高的职业道德标准,确保信息的真实性、准确性和公正性
职业认同提升	公众的认可和赞赏成为新媒体职业满足感和成就感的重要来源。积极的公众反馈激励新媒体从业者追求卓越,以更加专业和创新的态度投入工作中,从而推动整个行业的持续进步和发展
数据驱动策略	公众在社交媒体上的活跃为新媒体行业提供了丰富的数据资源。通过对公众行为数据的分析,新媒体从业者可以更好地理解公众的兴趣点和消费习惯,从而制定更加精准的内容策略和传播方案。数据驱动的决策提高了内容的吸引力和传播效率,加强了行业与公众之间的联系

第三节　新媒体职业的素质和能力

一、新媒体职业的素质要求

(一)新媒体职业素质的内涵

新媒体职业素质是指在新媒体行业中,新媒体从业者所应具备的一系列综合性特质,包括职业道德、行业知识、个人品质以及价值观念等。这些素质共同构成了新媒体从业者在新媒体环境中专业行为的基础,对于其个人发展和行业形象具有至关重要的影响。

职业道德是新媒体职业素质的核心。新媒体从业者应坚守诚信原则,避免传播虚假信息,维护信息的真实性和公信力。同时,应尊重他人的知识产权和隐私权,不侵犯他人的合法权益。

行业知识是新媒体职业素质的重要组成部分。新媒体从业者需要具备扎实的新媒体理论基础,了解各种新媒体平台的特点和运营规律。此外,他们还应关注行业动态,及时跟踪新技术、新应用的发展趋势,以便在快速变化的新媒体环境中保持竞争力。

个人品质也是新媒体职业素质的重要体现。新媒体从业者需要具备敬业精神,对工作认真负责,追求卓越的品质和效果。同时,他们还应具备团队协作精神,善于与他人沟通协作,共同完成任务。

价值观念是新媒体职业素质的内在要求。新媒体从业者应树立正确的价值观念,传播积极向上的信息和内容，引导社会舆论健康发展。同时，他们还应关注社会责任，积极履行媒体从业者的社会义务，为社会的和谐稳定做出贡献。

（二）新媒体从业者必备的职业素质

在新媒体时代，新媒体从业者要想立足行业并取得成功，必须具备一系列具体而明确的职业素质。这些素质是应对行业挑战和实现个人职业发展的关键要素，见表4-10。

表4-10　新媒体从业者的职业素质

职业素质	描述	提升策略
学习意识	持续关注行业动态和最新技术趋势，有自主学习和参加培训活动的意愿和能力	定期参加培训、研讨会，阅读行业相关书籍和文章
专业素养	掌握传播学、市场营销、数据分析等核心知识，能运用专业知识解决实际问题，并遵循行业标准和道德规范	深化专业知识学习，参与行业交流，确保工作质量
创新思维	挑战传统观念，具备跨界和多角度思考能力，能提出新颖的观点和解决方案	参与创新项目，鼓励团队内的创意碰撞，勇于尝试新方法
协作精神	具备良好的沟通能力和团队协作能力，能与团队成员有效合作，共同完成任务	积极参与团队讨论和决策，寻求合作机会，促进团队协作
责任心	对工作成果负责，勇于承担责任，注重细节和质量标准，及时解决问题	确保工作高质量完成，及时反馈和解决问题，不推诿责任

（三）新媒体职业素质的特点

新媒体职业素质，作为新媒体从业者在专业领域内的核心要求，具有一系列鲜明且独特的特点。这些特点不仅展现了新媒体行业的特性，也反映了新媒体从业者成功应对行业挑战所必备的综合能力。详见表4-11。

表4-11　新媒体职业素质的特点

特点	描述
多才多艺	新媒体从业者需具备跨领域的技能，包括内容创作（写作、编辑、视觉设计）、技术应用（编程、搜索引擎优化）、市场营销（广告策略、品牌建设）和数据分析（用户行为分析、效果评估）。新媒体从业者应熟悉不同媒体平台的运作方式，并掌握有效信息传播的策略
持续学习	面对新媒体行业的快速变化，新媒体从业者必须不断更新自己的专业知识和技能。这包括紧跟社交媒体趋势、掌握最新技术（如人工智能、虚拟现实）以及适应用户偏好的演变。定期参加培训和研讨会，主动学习新工具和平台的相关知识，是维持职业竞争力的关键
适应性强	新媒体从业者应具备快速学习新知识和适应新环境的能力，这涉及技术技能、工作方法和团队合作模式。他们还应具备批判性思维，以提出解决复杂问题的创新方案。此外，强大的沟通能力和领导力对于个人成长至关重要

(续)

特点	描述
个性化发展	新媒体从业者应认识到个人的独特优势，并根据兴趣和市场需求选择专业领域，如视频制作、社交媒体策略或数据分析。应不断探索和尝试个性化职业发展，以找到最适合自己的专业路径
专业基础	新媒体职业素质是成功的基石，包括专业技能、职业道德、责任感和对卓越的承诺。新媒体从业者应定期自我反思和评估，寻求反馈，并根据行业标准和个人目标调整自己的实践

二、新媒体职业的能力要求

（一）新媒体职业能力的定义和特点

新媒体职业能力是指在新媒体环境下，新媒体从业者所必须具备的专业技能、知识和经验，以及高效完成特定任务的能力。这些能力共同构成了新媒体从业者能够胜任工作的基础，并展现出鲜明特点，见表4-12。

表4-12 新媒体职业能力的特点

特点	描述	示例
专业性	新媒体职业能力与特定工作任务或行业领域的要求高度相关	内容创作者需要掌握高级写作和编辑技巧，以制作引人入胜的新媒体内容
量化性	新媒体职业能力可以通过明确的标准或指标进行客观衡量和评估	通过内容的观看次数、用户互动率、转化率等关键绩效指标（KPI）来评估内容创作者的表现
发展性	新媒体职业能力可以通过持续学习和实践得到培养和提升	通过参加工作坊、在线课程、行业会议和实际操作项目来不断提高专业技能
适应性	新媒体行业多变，从业者需能够快速掌握新工具、技术，适应新平台	掌握最新的内容管理系统（CMS）、社交媒体平台操作和分析工具，以保持竞争力
多样性	新媒体行业广泛，不同领域或职位需要不同的能力组合	内容创作者需要强大的写作和编辑技能，而社交媒体经理则需要具备优秀的沟通和数据分析技能
创新性	在新媒体领域，创新能力是推动个人和行业发展的关键	利用最新的技术趋势，如增强现实（AR）和虚拟现实（VR），创造新颖的内容形式
协作性	新媒体项目通常需要跨职能团队合作，良好的团队合作能力至关重要	在跨部门项目中与设计师、开发者和营销人员协作，共同打造成功的新媒体活动

（二）新媒体职业能力的类型

组织机构在招聘网站上发布的新媒体运营职位招聘信息，反映了他们对新媒体从业者的能力要求。虽然每个组织机构对新媒体运营岗位的岗位职责和任职要求的描述有所不同，但通过分析和提炼,可以总结出以下能力需求关键词。表4-13列出了某组织机构招聘信息中的能力需求关键词。

表4-13 某组织机构招聘信息中的能力需求关键词

序号	招聘信息	能力需求关键词
1	负责公司小红书、抖音、微信公众号等新媒体平台的搭建、内容建设及运营工作	平台运营能力
2	关注网络热点,结合公司产品,对新媒体内容及运营方式进行实时更新和调整,策划与提供优质传播内容;进行图文素材收集整理、内容策划、文案撰写、宣传、增加阅读量等工作;能独立完成视频的素材采集,如后期视频剪辑、特效、调色及音频、图像、文字等	内容创作能力
3	结合各阶段营销推广计划需求,能独立策划撰写各类策划文案;通过有吸引力的内容和创新的活动,提高品牌知名度,并促进用户对品牌的忠诚度和认可度。与内部团队(如市场营销、产品开发和客户支持)密切合作,确保推广活动的一致性和有效性	活动运营能力
4	负责账号后台的消息管理和回复,与用户互动,回答问题、解决问题,并及时回应用户反馈,提高用户参与度和用户满意度。监测和分析社交媒体数据,了解用户行为和趋势,提供数据驱动的决策,提高账号的粉丝增长和引流转化	用户运营能力
5	熟悉社交媒体分析工具,能够分析和解读数据,提供有效的推广、优化建议	数据分析能力

1. 平台运营能力

平台运营能力涵盖了新媒体平台搭建、内容建设以及持续的运营工作,见表4-14。

表4-14 新媒体平台运营能力

能力要素	描述
账号搭建与管理	新媒体运营者需要在各大平台(如小红书、抖音、微信公众号)搭建账号,包括界面设计、功能设置、用户体验优化等,确保账号的稳定性和易用性,吸引并留住用户
内容创作与传播	新媒体运营者可根据平台特性和用户需求,创作高质量内容,并通过线上活动、话题讨论等方式提高用户互动和内容传播效果,增强影响力
品牌推广与曝光	新媒体运营者需与平台合作方建立良好关系,争取资源支持和推广机会,提升品牌形象和知名度,推动品牌发展
用户关系维护	新媒体运营者可利用数据分析工具跟踪用户行为,为用户提供优质服务体验,增强用户忠诚度和黏性

2. 内容创作能力

内容创作能力在新媒体职业中占据着核心地位,是连接产品与用户的桥梁,对于打造品牌形象、提高用户参与度和互动性至关重要,见表4-15。

表 4-15　新媒体内容创作能力

能力要素	描述
选题策划能力	新媒体运营者需具备出色的选题策划能力，紧跟时事热点和社会趋势，迅速捕捉与产品或服务相关的热点话题，策划有吸引力的内容主题
文案创意与写作	新媒体运营者需具备优秀的文案功底，通过精准、生动的文字传递产品或服务价值，运用写作技巧和表达方式创作感染力强、有说服力的文案
多媒体元素整合	新媒体运营者应掌握视频创作、图像处理等技能，整合视觉和音频元素，以丰富的形式呈现内容，提升用户的阅读和观看体验
社交媒体平台内容创作	新媒体运营者应深入了解不同社交媒体平台特性和用户习惯，创作符合平台调性的内容，获取用户反馈，优化内容创作策略

3. 活动运营能力

活动运营能力是品牌知名度提升、用户参与度增强以及实现用户转化的关键，见表 4-16。

表 4-16　新媒体活动运营能力

能力要素	描述
策划与文案撰写	新媒体运营者需独立策划活动方案，撰写详尽的策划文案，明确活动目标、主题、形式、时间线及预期效果，为活动执行提供指导
品牌知名度与忠诚度提升	新媒体运营者可通过有吸引力和创新性的活动增强品牌曝光度和影响力，运用新媒体渠道推广，提升品牌认知度和用户好感度，增强用户忠诚度
跨部门合作与一致性	新媒体运营者应与市场营销、产品开发、客户支持等部门紧密合作，确保活动与品牌形象和市场策略一致，根据效果调整活动策略
数据分析与活动优化	新媒体运营者需关注活动数据，包括用户参与度、互动情况、转化率等，使用数据分析工具进行挖掘和分析，评估活动效果，优化未来活动策略

4. 用户运营能力

用户运营能力是决定新媒体平台能否有效吸引、留住用户，并深度挖掘用户价值的核心要素，见表 4-17。

表 4-17　新媒体用户运营能力

能力要素	描述
消息管理与互动	新媒体运营者应定期检查和更新后台消息，确保所有用户的咨询和反馈得到及时回复；使用自动化工具管理常见问题，提高回复效率；维护社区讨论热度，鼓励用户间的积极互动，营造良好的社区氛围
用户行为分析	新媒体运营者应利用社交媒体分析工具跟踪用户参与度、点击率和转化路径；定期生成用户行为报告，识别用户偏好和潜在需求；根据分析结果调整内容策略，提高用户参与度和满意度

(续)

能力要素	描述
用户活动策划	新媒体运营者应设计与品牌定位相符的用户参与活动,例如在线竞赛、互动问答、直播等;通过活动收集用户反馈,增强用户对品牌的认同感;运用 A/B 测试等方法优化活动方案,确保活动效果最大化
反馈跟进与处理	新媒体运营者应建立用户反馈收集机制,例如在线调查、用户访谈等;对用户反馈进行分类和优先级排序,确保关键问题得到快速响应;定期回顾和总结反馈处理结果,持续改进产品和服务

5. 数据分析能力

数据分析能力是基于数据制定策略、优化运营效果的核心能力,见表 4-18。

表 4-18 新媒体数据分析能力

能力要素	描述
数据收集与处理	新媒体运营者应掌握多种数据收集方法和技术,确保获取全面、准确、及时的数据;进行数据清洗、整理和归纳,提高数据质量
数据分析与解读	新媒体运营者应运用统计学、心理学、市场营销等知识进行深入的数据挖掘和分析;发现用户行为模式、偏好趋势,解读数据信息,提供运营策略见解
数据可视化	新媒体运营者应掌握数据可视化技巧,通过图表、图像等形式直观展现数据分析结果;提升报告的吸引力和说服力,为决策提供数据支持
数据驱动决策	新媒体运营者应利用数据分析结果指导内容创作、活动策划、用户运营等策略制定;优化内容选题、发布时间、互动方式,评估活动效果,实现资源优化配置

第四节 新媒体职业的个人发展策略

在新媒体这个日新月异的行业中,个人发展策略对于职业成功至关重要。面对技术的快速进步和市场的不断变化,新媒体从业者必须具备清晰的职业规划和持续的学习能力,以保持自己的竞争力。本节旨在探讨新媒体从业者如何通过自我认知和职业定位来确立个人发展的基础,并通过长期规划和目标设定来引导自己的职业道路。同时,个人品牌建设、网络拓展以及适应性和创新能力的培养,是实现个人职业目标和长期成功的关键。新媒体从业者的个人发展策略见图 4-2。

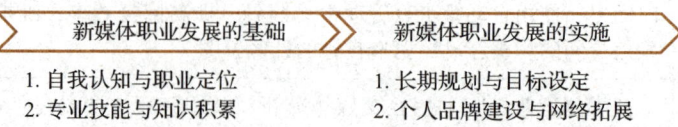

图 4-2 新媒体从业者的个人发展策略

一、新媒体职业发展的基础

(一) 自我认知与职业定位

自我认知与职业定位是个人发展的起点,新媒体从业者需要通过自我分析,识别自己的兴趣、优势和潜力,以便在新媒体领域中找到合适的定位。这一过程涉及对个人价值观、技能和职业兴趣的深入理解。

1. 个人定位的确定

个人定位有助于明确职业发展的方向,使新媒体从业者能够集中精力和资源在最有可能成功的领域,选择与自己兴趣和价值观相匹配的工作,根据新媒体行业的需求和个人职业愿景制订具体的新媒体职业发展计划。其步骤见表4-19。

表4-19 个人定位确定的步骤

步骤	实施	示例
自我探索	列出感兴趣的新媒体领域;反思个人价值观;设想理想的职业生活	新媒体从业者小李通过自我反思,发现自己对时尚和设计领域充满热情,并且享受创作视觉内容的过程,她希望在新媒体领域发挥创意,影响时尚潮流
行业需求分析	阅读行业报告;关注新媒体专业领域的新闻动态;参与行业论坛和网络研讨会	小李通过分析市场趋势,注意到可持续时尚内容在新媒体平台上受到关注,她决定将这一领域作为自己的职业定位
技能与能力评估	自我评估新媒体相关技能;获取同行和导师的反馈;参加提升技能的培训课程	小李评估了自己的新媒体职业能力,并识别出自己需要提升的是数据分析技能。她报名参加了相关的在线课程,以增强自己的数据分析能力
职业目标设定	确定短期和长期职业目标;制订实现这些目标的具体行动计划;定期评估和调整目标	短期目标:在未来六个月内提升自己的数据分析技能;长期目标:成为可持续时尚领域的新媒体关键意见领袖,并开设自己的小红书账号

2. 识别个人优势和兴趣

新媒体从业者需要清晰地了解自己的优势和兴趣,同时识别出自己需要成长和提升的领域,为职业发展制订更加有针对性的计划。其步骤见表4-20。

表4-20 新媒体从业者识别个人优势和兴趣的步骤

步骤	实施	示例
优势分析	进行自我评估,收集同事和导师的反馈,明确新媒体领域的强项和特长	小李在内容编辑工作中表现出色,尤其擅长撰写吸引人的标题和优化文章结构。她通过同事和导师的反馈,确认了自己在内容创作方面的优势

(续)

步骤	实施	示例
兴趣探索	参与新媒体项目和活动，发掘内容制作、用户沟通等不同方面的兴趣	小李在参与时尚与生活方式新媒体项目时，发现自己对追踪时尚趋势和撰写相关文章有浓厚的兴趣，这进一步激发了她在时尚内容创作上的热情
成长识别	通过自我反思和职业发展课程的学习，识别需要提升的技能或知识领域	小李在项目中意识到自己在SEO优化和社交媒体广告投放方面的能力有待提高，这对她的内容推广效果产生了影响。为了提升这些技能，她报名参加了相关的在线课程

（二）专业技能与知识积累

新媒体行业是一个快速发展和不断变化的领域，专业技能与知识的积累能够帮助新媒体从业者跟上行业发展的步伐，理解最新的趋势和技术，提高自己的职业竞争力和市场价值，更好地应对新媒体职业中的问题和挑战，实现个人职业目标。

1. 掌握基本技能

基本技能的掌握是新媒体职业成功的基石。新媒体从业者需要具备一系列核心技能，包括内容创作、社交媒体运营、数据分析、多媒体制作等。其方法见表4–21。

表4–21 新媒体从业者掌握基本技能的方法

方法	实施	示例
技能识别与需求分析	确定新媒体行业中所需的核心技能，进行自我技能评估，找出与行业标准的差距	小李通过分析新媒体行业报告和职位描述，列出了内容创作、社交媒体运营等关键技能，并对照自己的能力进行了评估
学习资源的搜集与选择	搜集相关学习资源，例如在线课程、专业书籍，并选择适合自己学习风格和需求的资源	小李选择了几门新媒体营销在线课程，并购买了关于社交媒体策略的专业书籍，计划在接下来的几个月内完成学习
系统学习与实践应用	系统学习新媒体相关知识，并将所学知识应用于实际工作中，例如尝试撰写文章或管理社交媒体账号	小李在学习了内容创作课程后，开始为公司的小红书账号撰写文章，并尝试使用新学的技巧优化文章结构和标题
反馈获取与技能调整	向同事和导师寻求反馈，根据反馈调整学习内容和实践策略	在发布了几篇文章后，小李从读者和编辑那里得到了反馈，她据此调整了自己的写作风格和内容策略
持续跟进与技能提升	持续关注新媒体行业的最新动态，参加进阶培训或研讨会，不断提升专业技能	小李定期参加行业研讨会，并关注了行业内的意见领袖和专业账号，保持对行业动态的了解，并计划报名参加数据分析的进阶课程

2. 持续学习

新媒体行业更新迭代速度快，新媒体从业者必须保持持续学习的态度，不断提升自己的知识储备量和技能。持续学习方式见表4–22。

表 4-22 新媒体从业者的持续学习方式

方式	实施	示例
行业动态跟踪	定期参加行业研讨会、网络课程和工作坊，保持对新媒体行业最新动态的了解	小李每月参加至少一次与新媒体相关的线上研讨会，每季度参加一次线下工作坊，以获取行业最新信息
知识更新	通过阅读行业报告和专业书籍，获取最新的行业知识和技术进展	小李订阅了几份重要的行业报告，每周至少阅读一本与新媒体相关的专业书籍或电子书
实践项目参与	积极参与实践项目，通过实际操作提升技能，例如管理社交媒体账号或参与账号内容创作	小李主动承担公司小红书账号的管理工作，并参与了一个品牌合作的内容创作项目，以实践所学
技能应用与优化	将所学知识应用于实际工作中，并根据反馈不断调整和优化策略	在管理小红书账号的过程中，小李根据用户反馈和数据分析结果，调整发布时间和内容策略，提高了用户互动率
创新思维培养	通过持续学习和实践，激发创新思维，推动个人职业发展	小李在学习了关于短视频营销的课程后，提出了一个创新的短视频内容系列方案，并成功实施，为公司带来了新的流量

二、新媒体职业发展的实施

（一）长期规划与目标设定

长期规划帮助新媒体从业者明确自己的职业发展方向和最终目标，为日常工作和生活提供指导和动力。设定清晰的短期和长期目标有助于更有效地管理时间，优先处理对职业发展最为关键的任务。

1. 制定长期职业目标和短期行动计划

制定长期职业目标和短期行动计划是新媒体从业者职业成功的重要策略，它不仅有助于实现职业愿景，还能够在日常工作中保持动力和效率。其步骤见表 4-23。

表 4-23 新媒体从业者制定长期职业目标和短期行动计划的步骤

步骤	描述	示例
明确职业愿景	确定希望达到的职业地位和成就，以及具备的技能	小李希望成为可持续时尚领域的新媒体营销专家
长期职业目标设定	基于职业愿景，设定长期职业目标	小李设定长期目标：在十年内创立自己的新媒体公司
短期行动计划	将长期目标分解为具体、可衡量的短期任务	1. 完成新媒体营销在线课程； 2. 在新媒体公司工作，积累经验； 3. 开始运营个人品牌； 4. 学习基础商业和财务知识

(续)

步骤	描述	示例
时间框架设定	为短期任务设定明确的时间框架	比如,小李给自己的数据分析课程设定了每周学习计划,计划在年底前完成营销项目的参与
进度跟踪与评估	定期跟踪进度、评估成效,并根据需要调整计划	小李每月回顾自己的学习进度和项目参与情况,根据反馈调整学习策略和工作计划

2. 调整职业路径

随着行业趋势的变化和个人兴趣的发展,职业路径可能需要相应的调整,以确保新媒体从业者的技能和知识持续更新,能够满足市场需求,发现新兴职业机会,并实现持续的职业成长。其步骤见表4-24。

表4-24 新媒体从业者调整职业路径的步骤

步骤	实施	示例
行业动态评估	定期关注新媒体行业的新兴技术、市场需求变化和品牌竞争格局,参加行业会议和研讨会,加入专业社群进行交流	小李订阅了几个行业相关的新闻简报,每月参加至少一次行业会议,并加入了本地的新媒体专业人士社群
个人兴趣审视	反思和评估个人兴趣点和关注点,探索它们如何与当前职业路径相结合,或是否需要探索新的职业方向	发现自己对短视频有浓厚兴趣后,小李开始在周末参加短视频工作坊,并考虑如何将这一技能融入她的新媒体工作中
职业路径调整	根据行业趋势和个人兴趣,调整职业目标和行动计划,确保新的路径与个人长期目标和价值观保持一致	了解到AI视频制作的兴起,小李决定报名参加AI视频制作课程,并调整她的职业规划,以便在未来能够专注于AI视频内容创作
灵活性和开放性	保持对新机遇的开放态度,勇于尝试新的领域或角色,以获得新的工作经验和技能	小李在公司内部申请了一个短视频项目的负责人职位,虽然这是一个新领域,但她愿意接受挑战,以提升自己的技能
一致性确认	与职业顾问或导师讨论职业规划,确保新的职业路径与个人的长期目标和价值观相符	小李与她的职业导师讨论了她的职业发展计划,确认了转向短视频内容创作的决定与她的长期职业愿景相符

(二)个人品牌建设与网络拓展

个人品牌建设和网络拓展对于新媒体从业者来说是实现职业成功、建立行业影响力和把握职业发展机会的关键策略。

1. 建立和维护个人品牌

建立个人品牌不仅能够提升新媒体从业者在行业内的知名度,还能够增强其自身的职业影响力。通过精心策划的内容创作、积极的社交互动以及反馈调整,新媒体从业者可以逐步建立起一个专业且引人入胜的个人品牌。其步骤见表4-25。

表 4-25 新媒体从业者建立个人品牌的步骤

步骤	实施	示例
确定品牌定位	明确个人品牌的核心价值主张、专业技能和目标受众群体，确保个人品牌与个人职业目标和兴趣相匹配	小李通过自我分析，确定将自己定位为专注于社交媒体策略和用户增长的新媒体营销专家，主要面向中小企业和初创企业
建立专业形象	在社交媒体和专业平台上传专业头像，并创建个人简介和作品集，确保个人形象与品牌定位一致	小李在小红书和知乎等平台上上传了专业的个人资料，并突出了她的营销专长和成功案例，同时创建了一个在线作品集展示她的营销项目
内容创作与分享	制订内容创作计划，定期发布与个人品牌相关的原创文章、视频等，分享专业见解和行业动态	小李制定了每月的内容日历，每周发布一篇关于社交媒体趋势的分析文章，并分享她的最新营销策略视频教程
个人成就展示	收集和展示个人荣誉、获奖经历、客户评价和推荐信，以增强个人品牌的可信度	小李在小红书上添加了她获得的营销奖项和客户的评价，以及她在前公司获得的表彰
反馈与调整	通过社交媒体监控工具跟踪个人品牌的在线表现，收集受众反馈，并根据反馈进行策略调整	小李使用小红书平台的数据分析工具监控她的文章表现，并根据读者的反馈调整内容主题和发布时间

2. 拓展和维护专业网络

通过建立广泛的专业网络，新媒体从业者可以接触到更多的资源、信息和合作机会，从而在项目合作、职业发展和知识共享方面取得更大的成功。其步骤见表 4-26。

表 4-26 新媒体从业者专业网络拓展的步骤

步骤	实施	示例
参加行业活动	定期参加新媒体相关的研讨会、工作坊、会议和社交活动	小李报名参加了新媒体营销的年度会议，并积极参与讨论和交流环节
加入专业社群	加入与新媒体相关的专业社群和论坛，例如微信群、QQ 群、专业论坛等	小李加入了几个新媒体营销的专业微信群，并在专业论坛上积极发帖和回复
利用社交媒体	在微博、知乎等社交媒体平台上关注行业领袖和同行，参与话题讨论	小李在小红书上关注了多位新媒体营销专家，并定期参与话题讨论
主动建立联系	通过脉脉、赤兔、智联招聘、领英等职业社交平台主动联系行业内的专家和同行	小李通过赤兔等国内职业社交平台，主动向行业内的专家发送私信，寻求建议和交流
提供价值分享	在专业网络中分享有价值的内容，例如行业见解、经验分享、资源推荐等	小李定期在社群和论坛中分享她的营销案例分析和最新行业报告
维护网络关系	定期与网络中的联系人保持沟通，提供帮助和支持，维护良好的关系	小李每个月都会与她专业网络中的关键联系人进行至少一次的互动，例如分享文章、提供反馈等

（三）适应性与创新能力培养

新媒体从业者需要培养适应性与创新能力，因为这些能力是应对行业快速变化和激烈竞争的关键。

1. 培养适应性

适应性是新媒体从业者必须具备的关键能力，这不仅意味着他们能够迅速掌握新技术和工具，更重要的是能够在不断演变的市场趋势中找到自己的立足点。培养适应性的方法见表4-27。

表4-27 新媒体从业者培养适应性的方法

方法	实施	示例
持续学习	定期参加在线课程、研讨会和工作坊，以更新知识和技能	小李每月至少参加一次与新媒体相关的在线研讨会，并通过在线课程学习新的社交媒体工具
关注行业动态	订阅行业新闻、报告和新媒体账号，了解最新的趋势和变化	小李订阅了多个新媒体行业的小红书账号和新闻简报，每天有专门时间阅读行业新闻
实践新技术	尝试使用新出现的社交媒体平台和工具，以熟悉其功能和优势	小李在抖音等新兴社交媒体平台上创建账户，实践内容创作和用户互动
参与行业交流	加入专业社群和论坛，与其他新媒体从业者交流经验和见解	小李加入了本地的新媒体专业人士微信群，并积极参与讨论和分享
反馈循环	主动寻求同事和用户的反馈，以调整和优化工作流程	小李定期向团队和读者征求反馈，根据反馈调整内容策略和发布时间
灵活适应	面对变化时保持开放态度，愿意调整计划和策略	当市场趋势发生变化时，小李能够迅速调整内容方向和营销策略

2. 培养创新能力

在竞争激烈的新媒体领域，创新思维能够帮助新媒体从业者脱颖而出，提出独特的内容创意和营销策略。培养创新能力的方法见表4-28。

表4-28 新媒体从业者培养创新能力的方法

方法	实施	示例
增强观察力	深入观察用户行为和市场趋势，寻找创新的机会点	小李定期分析用户数据和社交媒体动态，发现用户对互动性强的内容更感兴趣
多元化思维	接触不同领域的知识和文化，拓宽思维视野	小李参加跨行业的研讨会和活动，与不同背景的人交流，激发新的创意
鼓励尝试	不断尝试新的内容形式和营销手段，即使面临失败的风险	小李在自己的公众号上实验了一系列新的互动形式，例如直播、问答等
学习借鉴	研究行业内的成功案例和创新实践，吸收经验	小李分析了行业内知名账号的运营策略，学习他们的创新方法，并尝试将其应用到自己的工作中

(续)

方法	实施	示例
创意工作坊	参与或组织创意工作坊，通过团队协作产生新的方案	小李与同事一起举办了"创意头脑风暴"会议，共同讨论新的社交媒体活动方案
定期反思	定期回顾自己的工作，思考如何改进和创新	小李每季度对自己的内容策略进行回顾，评估哪些创新尝试有效，哪些需要改进

本章小结

本章对新媒体职业进行了全面深入的探讨，从概述、发展环境、素质和能力以及个人发展策略四个方面展开论述。

首先，新媒体职业的概述，详细阐述了新媒体职业的内涵、特征以及职业类别，同时探讨了新媒体从业者的发展路径，让读者对新媒体职业有一个整体且清晰的认识。

其次，介绍了新媒体职业的发展环境，从宏观环境和微观环境两个层面深入分析了影响新媒体职业发展的各种因素，帮助读者更好地理解新媒体职业的发展现状和未来趋势。

再次，聚焦新媒体职业的素质和能力，详细列举了新媒体从业者需要具备的各项素质和能力，例如创新思维、技术能力、沟通能力等。这些素质和能力是新媒体从业者胜任工作岗位和实现职业发展的关键要素。

最后，探讨了新媒体职业的个人发展策略，包括自我认知与职业定位、专业技能与知识积累、长期规划与目标设定、个人品牌建设与网络拓展，以及适应性与创新能力的培养。通过具体的案例和步骤，为新媒体从业者提供了实现个人职业目标和长期成功的实用建议。

通过本章的学习，读者可以对新媒体职业有一个全面而清晰的认识，为未来的职业发展做好准备。

核心概念

1. 新媒体职业（New Media Profession）
2. 新媒体运营（New Media Operations）
3. 新媒体编辑（New Media Editor）
4. 新媒体营销（New Media Marketing）
5. 新媒体记者（New Media Reporter）
6. 新媒体策划（New Media Planning）
7. 新媒体设计（New Media Design）
8. 新媒体技术（New Media Technology）
9. 新媒体数据分析师（New Media Data Analyst）
10. 新媒体运营助理（New Media Operations Assistant）
11. 新媒体运营专员（New Media Operations Specialist）

12. 新媒体运营主管（New Media Operations Supervisor）
13. 新媒体运营经理（New Media Operations Manager）
14. 新媒体运营总监（New Media Operations Director）
15. 新媒体职业素质（New Media Professional Quality）
16. 新媒体职业能力（New Media Professional Ability）
17. 新媒体职业人才（New Media Professionals）

思考题

1. 简述新媒体职业的内涵以及特点。
2. 介绍新媒体职业的常见类别。
3. 试述新媒体职业的发展路径。
4. 试述影响新媒体职业发展的宏观和微观环境因素。
5. 试述新媒体职业需要具备的素质和能力。
6. 试述新媒体职业人才的培养和激励措施。

测试题

实训指南

一、实训目的

1. 帮助学生全面了解新媒体职业的特点和发展环境。
2. 帮助学生了解新媒体职业需要具备的素质和能力。
3. 帮助学生了解新媒体职业人才的培养和激励措施。

二、实训内容与步骤

表 4-29　实训内容与步骤

实训内容	任务	步骤
新媒体职业认知	收集并整理与新媒体职业相关的资料	利用图书馆、互联网搜集信息；对收集到的信息进行分类整理，形成一份完整的新媒体职业概述报告；小组内分享并讨论各自对新媒体职业的认知和理解

(续)

实训内容	任务	步骤
新媒体职业发展环境分析	分析新媒体职业的发展环境	查阅相关研究报告或文章，了解新媒体行业的宏观发展趋势和政策环境；通过案例分析，探究微观层面（如企业、个人等）如何在新媒体环境下谋求发展；小组讨论并绘制一幅新媒体职业发展环境分析图
新媒体职业素质与能力培养	评估并提出个人素质和能力提升计划	对照本章第三节内容，进行自我评估，找出自己的优势和不足；制订个人素质和能力提升计划，明确提升目标和具体行动措施；小组内分享个人提升计划，组员间可互相提供反馈意见和建议
新媒体职业的个人发展策略	探索新媒体职业的个人发展策略	搜集并整理关于新媒体职业的个人发展策略相关资料；制订一份新媒体从业者的个人发展计划

三、实训成果

1. 提交一份完整的新媒体职业概述报告。
2. 提交一幅新媒体职业发展环境分析图。
3. 提交个人素质和能力提升计划。
4. 提交一篇关于新媒体职业个人发展策略的探究报告。

2023 年喜马拉雅的中文播客

一、用户篇：2.2 亿听众的背后

2023 年，中文播客听众数超过 2.2 亿，这一数字的背后是播客独特的魅力和价值。播客以其慢节奏、情感陪伴和高获得感吸引了大量一二线城市青年。这些听众中大部分具有高学历、高收入等特征，他们收听播客的目的多种多样：打破信息差、冲破情绪困境、化解职场危机，或是单纯地扩展认知、提升自我。

此外，播客也满足了不同年龄层听众的兴趣爱好：60 后听众偏爱健康养生，70 后听众关注投资理财，80 后听众喜欢商业科技，90 后听众追求娱乐故事，而 00 后听众则热衷于悬疑故事。这种差异化的收听需求在喜马拉雅的播客内容中得到了充分体现。

二、创作者篇：24 万档播客的新机遇

随着播客的流行，越来越多来自不同领域和行业的创作者加入了播客创作队伍。2023 年，喜马拉雅平台具备商业价值的播客节目超过 24 万档，新增播客占比 20.36%。在这些创作者中，不乏从视频端转战音频端的知名 UP 主，他们敏锐地察觉到播客将成为内容制作领域的新风口。

喜马拉雅的播客内容呈现出独特的中短时长趋势，符合当下用户的收听习惯。这种趋势为创作者提供了更多表达自我、分享故事的机会，同时也为品牌方提供了与消费者建立深度连接的新渠道。

三、商业篇：播客的商业价值与前景

播客因其独特的属性，既能够进行短期带货"种草"，也能助力品牌心智的长期建设"种树"。这种既能快速引流又能深度影响用户心智的营销能力，使得播客在商业化道路上具有巨大潜力。

2023 年，各大品牌纷纷布局播客领域，将其视为打造品牌形象的重要方式。耐克、特斯拉等知名品牌均在喜马拉雅建立了自己的品牌播客，通过与用户分享故事、传递品牌理念等方式，深化品牌影响力。

此外，随着播客影响力的扩展，其内容的商业化价值也日益凸显。越来越多的播客创作者在喜马拉雅平台的支持下，实现了内容的变现。而品牌方也看到了播客在内容营销上的巨大潜力，纷纷加大投放力度。

四、平台篇：喜马拉雅引领播客走向大众

作为中文播客的头部平台，喜马拉雅在 2023 年通过一系列政策和活动推动播客生态的繁荣发展。从创作者大会到各种扶持计划、行业活动，喜马拉雅为播客创作者提供了全方位的支持。

同时，喜马拉雅还通过科技力量赋能播客创作，其自研的 ASR 自动语音识别技术可将音频转为文字，极大提升了播客的剪辑效率；"找搭子"功能为播客创作者提供了便捷的串台、邀约嘉宾的方式；版权保护计划为播客创作生态的良性发展提供了有力保障。

此外，喜马拉雅与 Apple 播客开展合作，成为 Apple 播客在中国大陆唯一认证的播客托管平台，为中文播客的发展提供了更加广阔的空间。

资料来源：根据喜马拉雅《2023 喜马拉雅中文播客生态报告》（喜马拉雅，2024 年 1 月 5 日）相关内容整理。

案例思考

1. 喜马拉雅的政策和技术支持为播客创作者的职业发展提供了哪些具体帮助？
2. 在技术不断发展的背景下，中文播客需要提升哪些能力和素养，才能吸引和维持大量听众？
3. 在新媒体播客领域，个人品牌建设对于播客职业发展有哪些关键作用？播客创作者应采取哪些策略来构建和发展其个人品牌？

第三篇
新媒体价值创造

第五章 新媒体整体规划策略

本章导语

优化新媒体账号定位，丰富新媒体账号内容，完善新媒体账号功能。

引例

政务新媒体"国资小新"

"国资小新"，作为国务院国有资产监督管理委员会（以下简称国资委）新闻中心的代表新媒体账号，自2012年6月在新浪微博开启其数字旅程以来，已稳步扩展至微信、今日头条、人民号、抖音、快手、微视等近20个主流新媒体平台，累积粉丝数量超过千万，形成了一个强大的国资央企新媒体矩阵。这些平台间相互连接、协同发声，不仅与受众保持紧密的互动交流，更提供了全方位、贴心的服务，共同构建了国资系统的新媒体生态圈。

一、以用户为中心的服务理念

在政务新媒体领域，"国资小新"名称的选取背后，蕴含着对人格化传播和接地气理念的深思熟虑。不仅明确了国资的品牌属性，更传递了清新、创新的价值观，同时给人以温和、亲近、开放的感觉，成功拉近了与公众的距离。

"国资小新"的运营理念始终围绕着用户需求和粉丝服务。将服务触角延伸至各个平台。人在哪里，宣传思想工作的重点就在哪里；用户需要什么，就要提供什么。注重聚焦用户、满足刚需，提供本地化、垂直化、定制化、差异化的服务，让任何一个群体都能在不同平台上找到所需的内容。

面对众多特性各异的新媒体平台，"国资小新"采取了一系列精细化运营策略。首先，通过细分受众、有的放矢，为不同粉丝群体提供精准服务；其次，统筹兼顾、综合运营，确保内容各有偏重、服务各有特色。无论是微博的"新闻发布厅"和"会客厅"，还是微信的"服务大厅"和"办事大厅"，抑或是新闻客户端的"移动门户"和"快餐厅"，以及短视频平台的"形象展厅"和"聚会大厅"，"国资小新"都能因平台而异，提供符合用户需求的内容和服务。

值得一提的是，"国资小新"团队并由非传统意义上的固定人员构成，它采取众筹众包众创的方式，吸引央企小伙伴、新闻媒体、专家学者、政务新媒体同行甚至粉丝共同参与内容制作和服务提供。这种开放、协作的团队模式，使得"国资小新"能够汇聚更广泛的智慧和力量，为用户提供更加优质的服务。

二、以政务服务满足公众需求

"国资小新"坚守以用户为中心的理念,将自身定位为公众利益的代言人、国企的网上发言人、微公益的发起人和朋友圈的知心人。这一"四位一体"的定位,确保了"国资小新"能够从多个维度出发,全方位地满足公众的需求和期待。

为了将定位落到实处,"国资小新"进行了组织转型、文化重塑和流程再造,从单纯的信息发布者向内容分发者、价值创造者、问题预防者和关系管理者转变。这一转变使得"国资小新"能够更加深入地了解用户需求,提供更加精准、有价值的服务。

在关系链的重构方面,"国资小新"着力成为一个被各相关方需要的第一平台。通过重新发现各方核心诉求,让自己回归关系链核心,从而最大限度地分享社交红利。同时,"国资小新"还重构了服务链和传播链,成为新的服务中心和信息中心,为用户提供更加高效、便捷的服务。

除了创新定位和重构关系链外,"国资小新"还注重优化运作模式和转变文风。通过开发新媒体统一管理平台,运用账号品牌化、组织虚拟化、服务智能化、运营一体化、平台矩阵化、传播分众化、内容故事化、场景视频化、粉丝社群化九大"招数"等方式,实现了平台从单打独斗向融合发展的转型。同时,采用"网言网语"进行互动沟通,创造了具有代入感的"小新体"网络文体,增强了与受众的互动和信任。

在内容方面,"国资小新"注重提供有价值的第一手信息,切实回应社会关切的问题。通过做好政策解读、数据披露等工作,让严肃的内容更加具有传播力,让正面宣传真正做到入耳、入脑、入心。例如"国资小新"策划的《央企新媒体小编群聊记录"泄露"》,把中央企业学习贯彻党的十九大精神的举措和成就以"微信群聊"的方式展现出来,充满幽默感、生活感,引发了网友的共鸣,全网传播量达到千万量级。

三、新媒体硬实力、软实力与巧实力的完美融合

(1)硬实力是基础 无论是技术层面的借势"蹭热点",还是业务层面的主动造势"搞事情","国资小新"都展现出了过硬的专业素养和执行力。例如,借助电影《流浪地球》的热播,与刘慈欣在微博上进行的良性互动,巧妙地将国企改革成效、国企效率等议题植入其中,实现了"借嘴发声"的传播效果。这种对热点的敏锐捕捉和精准利用,正是硬实力的体现。

(2)软实力是灵魂 在"国资小新"的策划中,可以看到其对公众情感的深刻洞察和精准把握。从公众心理出发设置议题,抓住公众深层次的情感诉求,引发共情共鸣,这是新媒体传播的关键所在。例如,通过大数据分析发现网民对央企和中国制造关系的关心,进而发起了#我为中国制造代言#等线上互动活动,成功引发了网民的积极参与和主流媒体的广泛关注。这种对公众情感的精准把握和有效引导,正是软实力的体现。

(3)巧实力是策略 在战略和策略层面,"国资小新"同样展现出了高超的智慧和技巧。占据舆论、理论和道德三大制高点,在策划活动中始终能够占据主动、引领舆论。

四、构建内外联动的国资新媒体生态

"国资小新"牵头集结了众多央企集团和二级央企的新媒体账号,形成了规模可观的国

资新媒体矩阵。这种矩阵化运营的方式，不仅提升了国企新媒体账号的影响范围和运营水平，还通过内部新闻资源的整合，协同生产出更优质的内容和产品。

为了实现矩阵化运营的目标，"国资小新"采取了多种措施。首先，内组矩阵，建立联动服务机制，通过聚合类服务矩阵和联动发声平台，实现在重要时间节点、重大议题上的内容联动和服务联动；其次，外拓关系，建立广泛统一战线，与政府部门、新闻媒体、专家学者等各方紧密团结，持续互动，共同为国企发声；最后，对标管理，建立新媒体指数体系，从受众接受度、活跃度、权威性、共鸣、责任等五个维度出发，建构矩阵对标模型，定期发布中国企业500强新媒体指数、中央企业微信指数榜等，激励和引导国企新媒体账号发展。

除了线上联动互动之外，"国资小新"还注重线下资源的整合和对接。通过组织网络访谈、网络采访、微沙龙等活动，进行资源对接、观点对谈、发展对标，进一步加强了国企新媒体账号之间的联系和合作。

五、政务新媒体的角色与全媒体传播的必要性

在数字化时代，政务新媒体如"国资小新"等已经成为政府与公众沟通的重要桥梁。然而，政务新媒体并不等同于传统的媒体或自媒体。政务新媒体的核心职能在于权威发布、内容整合和舆论引领，它们在整个传播链条中扮演着信源和信道的角色。尽管政务新媒体具有直面受众的优势，但并不意味着可以完全替代传统媒体的作用。

政务新媒体与传统媒体在职能上存在明显的差异。政务新媒体注重权威发布和推动问题解决，而传统媒体则更加注重深入报道、评论以及发现问题。这种差异使得两者在传播过程中形成了互补的关系。同时，政务新媒体也不等同于自媒体，政务新媒体在传播过程中必须坚守立场和导向，确保信息的准确性和权威性；自媒体往往更关注流量和利益，容易忽略传播的底线和红线。

为了壮大主流舆论场，政务新媒体需要积极向全媒体整合分众传播转型。全媒体传播不仅能够增加有效信息供给，还能主动设置议题、引导舆论。政务新媒体应与主流媒体紧密合作，共同引领自媒体，带动广大网民参与，形成全方位的传播格局。

在去中心化的移动互联网时代，政府和媒体都需要重新定位自己在传播链中的位置。政府机构应努力成为受众面向的第一入口和关键节点，在线上形成完整的服务、响应、反馈机制。而媒体则需要发挥自己的资源优势和专业优势，找准自己在传播链中的独特位置，为政府和公众提供无法替代的服务。

资料来源：根据访谈《政务新媒体须走好走实网上群众路线》（人民网－新闻战线，2019年11月26日）相关内容整理改编。

预热思考题：

1. "国资小新"如何建立起独特的政务新媒体品牌形象？
2. "国资小新"如何确保内容的多样化和权威性？
3. "国资小新"在账号的功能设定上可以采取哪些措施来提升用户体验？

知识结构

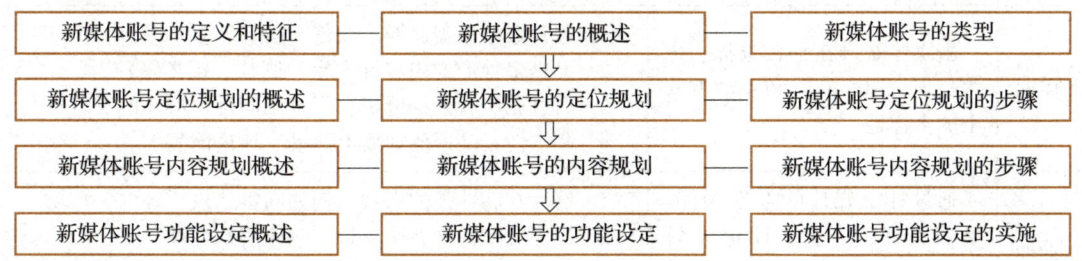

第一节 新媒体账号的概述

一、新媒体账号的定义和特征

（一）新媒体账号的定义

新媒体账号是组织机构或个人为在新媒体环境中实现信息传播、互动沟通、品牌建设、市场营销及数据分析等多重目标，在各类新媒体平台上注册并运营的专属账户。这些账号构成了新媒体时代价值创造和影响力扩展的关键节点。

组织机构在新媒体平台上开设的官方账号，例如微信公众号、微博企业号等，不仅是组织机构信息发布和服务提供的渠道，更是与公众建立情感链接、塑造品牌形象的重要阵地。这些账号的运营往往需要专业团队的支持，以确保内容的专业性、时效性和互动性。

个人在新媒体平台上开设的账号，例如微信个人号、微博个人号等，体现了个性化和自由度的特点。它们是个人表达自我、分享生活、建立社交网络的重要工具，也是个人品牌建设和影响力传播的有效途径。

为了最大化地覆盖目标受众并提升品牌影响力，新媒体账号通常会采取跨平台运营的策略，构建一个多维度、全覆盖的新媒体矩阵。这个矩阵不仅包括自有 App、官方网站等自有媒体平台，还包括微信、微博、抖音等主流社交媒体平台。通过这种方式，新媒体账号可以实现品牌信息的多渠道传播和受众的广泛覆盖。

同时，在同一新媒体平台内，新媒体账号也会通过注册多个账户或运营不同类型的账户来实现多 IP 的垂直纵深运营。例如，在微信平台上，一个组织机构可能会同时运营订阅号、服务号、企业微信、小程序等多个账户，以提供不同类型的内容和服务，满足用户的多元化需求，从而深化用户互动和提升用户黏性。这种策略有助于提升新媒体账号的综合运营效果和商业价值。

（二）新媒体账号的特征

新媒体账号的特征体现在其多样性、互动性、创新性、数据化和个性化五个方面，见表 5-1。

表 5-1 新媒体账号的特征

特征	描述	示例
多样性	新媒体账号在平台选择、内容呈现、用户群体和互动方式上的多样性	1. 运营账号覆盖微博、微信、抖音等多个平台 2. 提供多种形式内容（文字、图片、视频等） 3. 通过调研和数据分析，了解不同用户群体的需求 4. 多样性互动，例如线上活动、评论回复
互动性	通过社交媒体的互动功能，例如关注、点赞、评论和转发，以及私信、群聊等，增强用户参与度	1. 设计互动性强的内容，例如问答、投票等 2. 提供实时在线客服支持，响应用户咨询 3. 鼓励用户生成内容（UGC） 4. 定期举办线上活动，如直播互动、话题讨论
创新性	内容、形式、策略和营销的持续创新，以满足用户变化的需求	1. 定期更新内容主题，保持内容的新鲜感和吸引力 2. 尝试新的表现形式，例如短视频、直播等 3. 利用数据分析工具分析用户行为，优化内容策略 4. 与关键意见领袖（KOL）合作，开展创新的营销活动
数据化	利用数据分析优化运营策略，深入洞察用户需求与偏好	1. 建立用户画像，进行精准内容推送 2. 分析用户互动数据，优化内容发布时间和频率 3. 跟踪竞品动态，调整运营策略以保持竞争力 4. 利用预测分析工具，预测市场趋势，提前布局
个性化	提供量身定制的内容、服务和风格特色，满足用户的差异化需求	1. 根据用户兴趣和行为数据，推送个性化内容 2. 设计个性化的用户界面，提升用户体验 3. 提供个性化的产品推荐和定制优惠活动 4. 提供个性化的互动体验，例如定制化话题标签

刻意练习

描述一个你熟悉的新媒体账号，并分析其多样性、互动性、创新性、数据化和个性化的特征。

二、新媒体账号的类型

新媒体账号的分类方式多种多样，可以根据不同的维度和标准进行分类。

（一）运营主体分类

根据账号的运营主体，可以将新媒体账号分为个人新媒体账号、企业新媒体账号和政务新媒体账号。

1. 个人新媒体账号

个人新媒体账号通常由个人或团队运营，以个人品牌和观点为主，在运营上更加灵活，可以更快地响应和适应市场需求，同时也可以随时调整运营策略。通常具有社交性，账号运营者可以通过关注、点赞、评论等方式与其他用户进行互动和交流。缺点是个人新媒体账号运营能力和资源有限，可能无法像企业账号一样进行大规模的宣传和推广。

2. 企业新媒体账号

企业新媒体账号由企业或机构运营，具有官方性质，可以代表企业或机构的形象和立场。为了满足用户需求以及企业经营需求，它们通常提供专业的内容和服务，包括在线商城、客户服务等。与个人新媒体账号相比，企业新媒体账号具有更大的运营团队和资源支持，可以进行大规模的宣传和推广。

3. 政务新媒体账号

政务新媒体账号由政府机构或官方媒体运营，旨在传达政府的声音和立场。发布的信息具有高度的权威性和公信力，以帮助公众更好地了解政策、交通等信息，满足他们的实际需求。同时，政务新媒体账号还具有宣传作用，展示政府的政策和成就，提升公众对政府的认知和信任。

（二）功能和定位分类

根据账号的功能和定位，可以将新媒体账号分为内容型、服务型和社交型。

1. 内容型账号

内容型账号通过持续提供专业、独特且有价值的内容，旨在提升用户黏性和转化率。美食博主账号、时尚博主账号、旅行达人账号和音乐博主账号均属于此类。

2. 服务型账号

服务型账号利用互联网的便利性、高效性和个性化特点，提供用户需要的服务或功能，以提升用户黏性和转化率。它们通常由企业或机构运营，主要提供专业或实用的服务，例如银行服务号、快递服务号、移动通信服务号、社保公共服务号等。

3. 社交型账号

社交型账号在社交平台和论坛上开展运营，致力于促进用户之间的社交互动和建立社交关系。包括交友互动账号、旅游社群账号、线上社区账号、网红个人账号等。

（三）领域分类

根据账号所涉及的行业或专业领域进行分类，新媒体账号可细分为很多领域，常见领域包括新闻、财经、科技、体育、娱乐、教育、健康等，见表5-2。

表5-2 新媒体账号的领域

领域	描述	主要内容
新闻类账号	利用新媒体平台进行新闻采集、报道和评论的账号，追求时效性和准确性	实时新闻报道；深度调查报道；专栏评论；专题报道
财经类账号	提供金融市场动态、经济政策分析和个人理财建议的账号，注重专业性和权威性	股市分析；财经政策解读；投资策略；企业财报分析；理财知识
科技类账号	专注于科技行业动态、最新产品评测和技术发展的账号，强调创新性和前瞻性	科技行业新闻；新品发布报道；产品深度评测；技术趋势分析；创新科技应用案例
体育类账号	报道体育赛事、提供运动员信息和体育数据分析的账号，追求激情和专业性	赛事实时报道；运动员专访；体育数据分析；赛事前瞻与预测；体育历史回顾

(续)

领域	描述	主要内容
娱乐类账号	涵盖娱乐圈动态、明星新闻和娱乐活动信息的账号,强调娱乐性和互动性	明星最新动态;影视剧评论;音乐和演出信息;娱乐节目追踪;粉丝互动活动
教育类账号	提供教育资源、教学方法和学习技巧的账号,旨在促进学习和教育交流	学科知识讲解;教学经验分享;学习资料提供;教育政策解读;在线教育工具推荐
健康类账号	专注于健康信息传播、医疗知识普及和健康生活方式倡导的账号,强调科学性和实用性	健康信息发布;医疗知识普及;健康生活方式指导;疾病预防与健康管理;营养与饮食建议

(四)内容形式分类

根据账号发布的内容形式,可以将新媒体账号分为图文型、音频型、视频型等账号。

1. 图文型账号

图文型账号是指在微信公众号、知乎、简书、今日头条等各种新媒体平台上以文字和图片为主要创作内容的账号。图文型账号运营者需要具备良好的文字表达能力和创作能力,通过发布原创文章、评论、小说等文字作品来吸引用户。其特点是内容丰富、形式多样,可以根据不同的主题和受众群体进行差异化的创作。

2. 音频型账号

音频型账号是指在喜马拉雅、荔枝 FM、网易云音乐等各种新媒体平台上以音频为主要创作内容的账号。音频型账号运营者需要具备良好的声音表现力和音频制作能力,通过发布音频作品来吸引听众。其特点是方便快捷、易于制作,可以通过音频来传达情感、知识和观点。

3. 视频型账号

视频型账号是指在抖音、快手、B 站等各种新媒体平台上以视频为主要创作内容的账号。视频型账号运营者需要具备良好的视频制作能力和创意,通过发布原创视频作品来吸引观众。特点是直观生动、表现力强,可以通过视频来传达视觉、听觉和情感等多方面的信息。

第二节 新媒体账号的定位规划

一、新媒体账号定位规划的概述

(一)新媒体账号定位规划的定义

新媒体账号的定位规划要求根据目标受众的独特需求,为账号塑造一个鲜明且具辨识度的形象,从而在受众心中占据一席之地,持续吸引其注意力并保持用户黏性。

在新媒体领域,账号内容的多样性为其带来了无限的创意空间,但同时也带来了定位上的挑战。若缺乏明确定位，新媒体账号可能会陷入一系列困境，例如，内容过于泛泛而谈，导致受众群体难以界定，进而使得广告商和合作伙伴难以看到账号明确的商业价值；品牌形象变得模糊，无法在受众心中留下深刻烙印；资源在不同主题和领域间分散，造成人力、物力和时间的浪费；因缺乏核心特色和竞争优势，在激烈的市场竞争中难以立足。

因此，对于新媒体账号而言，做好定位规划显得尤为重要。通过聚焦某一细分领域或核心主题，账号能够更精准地触达目标受众，塑造深入人心的品牌形象，进而实现商业价值的最大化。同时，明确的定位也有助于账号运营者在内容创作上保持连贯性和深度，形成独特的竞争优势，从而在众多新媒体账号中脱颖而出。

（二）新媒体账号定位规划的内容

在新媒体时代，一个明确、独特的定位对于账号的成功至关重要。以下是对新媒体账号定位规划内容的优化完善，包括自我分析、核心价值、内容形式、身份设定和个性塑造五个方面。以某新媒体账号"健康生活"为例，该账号的核心宗旨是提升公众的健康意识，推广科学的健康知识，以及倡导积极的生活方式。它专注于提供营养饮食、运动健身、心理健康、疾病预防等方面的内容。其定位规划见表5-3。

表5-3　新媒体账号定位规划

规划内容	描述	示例
自我分析	深入了解自己的兴趣、专长、经验及独特视角，确定在内容创作上的优势领域和持续提供高质量内容的主题	新媒体运营者对健康生活方式有浓厚兴趣，具备营养学和健身方面的专业知识，热衷于分享健康生活的点滴
核心价值	明确账号能为受众带来的具体价值或益处，例如知识普及、技能提升、娱乐消遣或情感共鸣等	账号为用户提供实用的健康知识、健身指导、营养食谱等，帮助他们建立健康的生活习惯，提升生活质量
内容形式	根据内容特点、受众偏好和平台特性选择适合的内容展示方式，例如图文、视频、音频、直播互动等	账号采用图文结合的方式发布健康知识和营养食谱，配以短视频展示健身动作和健康生活小贴士，增加互动性和用户参与度
身份设定	为账号设定鲜明、易于识别的身份，有助于建立品牌认知度和提升受众黏性	账号设定为"健康生活导师"角色，以专业、亲切的形象为用户提供健康生活的指导和建议
个性塑造	通过独特的语言风格、创意内容策划或情感表达打造账号的个性魅力，以在内容同质化环境中脱颖而出	账号以轻松幽默的语言风格与用户互动，分享健康生活的小故事和感悟，结合时事热点和节日节点策划创意内容

思维扩展

如果你要创建一个新媒体账号，会选择哪个领域？请描述定位规划，包括自我分析、核心价值、内容形式、身份设定、个性塑造等。

二、新媒体账号定位规划的步骤

新媒体账号定位规划包括以下三大步骤，见表5-4。

表5-4 新媒体账号定位规划的步骤

步骤	描述	示例
细分内容领域	对内容领域进行细致划分，寻找与账号特色和优势相契合的发展方向	"健康生活"将账号细分为营养饮食、健身锻炼、心理健康等子领域，进一步细分为健康食谱、营养素解析、压力管理等
选择内容领域	综合考虑用户规模、需求强度、竞争程度和自身兴趣及能力	选择"营养饮食"作为内容领域，因其用户规模大、需求稳定，且新媒体运营者具备相关专业知识
进行市场定位	塑造鲜明且独特的形象，通过USP定位、对立型定位、升维型定位等方式吸引目标用户	USP定位："科学饮食，健康相伴，健康生活，您的营养专家！" 对立型定位："不是所有的饮食建议都经过了科学验证，健康生活只为您提供经过验证的营养真相。" 升维型定位："探索营养新境界，尽在健康生活。"

（一）细分内容领域

新媒体账号规划之初，首要任务是对广泛的内容领域进行细致入微的划分，以探寻最契合自身特色和优势的发展领域。这些领域覆盖新闻、财经动态、科技创新、体育赛事、娱乐八卦、教育培训等多个方面。而在每个领域之下，又蕴藏着更为具体和专业的子领域。

以"健康生活"为例，这个领域可以细化为营养饮食、健身锻炼、心理健康、睡眠质量、疾病管理等与具体健康相关的子领域。进一步地，营养饮食领域又可以延伸出健康食谱分享、营养素解析、食物与疾病关系等更为精细化的内容方向。而在心理健康方面，账号可以提供压力管理、情绪调节、心理咨询等主题的内容，帮助受众提升心理健康水平。通过这样层层递进的细分，新媒体账号"健康生活"能够更准确地捕捉到目标受众的具体健康需求，进而为他们量身打造更具吸引力和实用度的内容。

此外，在细分内容领域的过程中，新媒体账号还需要密切关注市场动态和用户需求的变化。随着时代的进步和社会的发展，人们的兴趣爱好和消费习惯也在不断演变。因此，新媒体账号运营者需要保持敏锐的洞察力，及时调整和优化自己的内容定位，以确保始终与受众的需求保持同步。

（二）选择内容领域

当新媒体账号面临多个可选的内容领域或主题时，为了选择最适合的领域，需要综合考虑以下四项标准。

1. 用户规模

具有较大用户规模或增长潜力的领域，能够为新媒体账号的快速发展和影响力扩大提供坚实基础。例如，"营养饮食"这一领域面向的是广泛的、关注营养饮食的群体，其潜在用户基数庞大。相比之下，"疾病管理"则针对的是特定疾病患者或家属，用户规模可能相对较小。因此，在选择内容领域时，应充分考虑目标用户群体的规模和增长趋势，以确保账号具有足够的发展潜力。

2. 需求强度

需求强度大的领域往往能带来更高的用户黏性和参与度，以及更强的付费意愿。以"营养饮食"和"疾病管理"为例，尽管"营养饮食"的用户群体广泛，但用户对相关新闻的需求可能较为分散和短暂，导致账号在吸引用户黏性和提高用户参与度方面面临挑战。而"疾病管理"的用户对专业知识和技能有着更强烈的需求，因此更愿意投入时间和精力进行学习和实践。因此，"疾病管理"尽管用户规模相对较小，但由于其针对性强、需求强度大的特点，其潜在价值可能并不逊色于"营养饮食"。

3. 竞争程度

选择竞争相对较小或具有差异化竞争优势的领域，有助于新媒体账号在市场中快速脱颖而出。例如，在"营养饮食"领域，由于竞争者众多且内容供给饱和，吸引用户关注的难度较大。而在"疾病管理"领域，尽管也存在竞争，但相对较小的竞争环境使得账号更容易获得用户的关注和留存。因此，在选择内容领域时，应充分考虑竞争对手的数量、实力以及市场饱和度等因素，以确保账号能够在激烈的市场竞争中脱颖而出。

4. 兴趣及能力

新媒体账号在选择内容领域时还需结合自身的兴趣、优势、专业技能和知识。只有对某个领域真正感兴趣并具备相应能力的账号，才能持续产出高质量的内容，吸引并留住用户。例如，对心理健康感兴趣且具备心理咨询背景的新媒体运营者可以选择专注于"心理健康"领域，为广大网民提供专业的心理健康知识和情感支持。这种基于兴趣和能力的选择不仅能充分发挥新媒体运营者的优势，还能满足用户对有价值内容的需求，从而实现新媒体账号的长期稳定发展。

（三）进行市场定位

新媒体账号在确定内容领域后，必须进行精确的市场定位，在目标用户心中塑造一个鲜明且独特的形象，从而有效吸引并持续留住目标受众。市场定位主要包括以下两个关键步骤。

1. 独特的销售主张（USP）定位

独特的销售主张（Unique Selling Proposition，USP）定位要求新媒体账号明确提出一个独特且具有吸引力的价值主张。这个价值主张不仅要凸显账号的独特性，而且要向目标用户承诺提供具有显著差异化的独特价值。重要的是，这一价值主张应该是竞争对手难以模仿或提供的独特卖点，同时这些卖点，必须能够引起目标用户的兴趣，并赢得他们的信任和支持。

USP定位常用于场景型口号，即在某种场景下，应该选择这个新媒体账号。例如，"健康生活"账号专注于"营养饮食"这个领域，其USP定位基于提供经过科学研究验证的营养信息这一核心优势，那么它的USP可以是"科学验证的营养信息"，强调内容是经过严格审查并有科学支持的。围绕这一USP，账号的所有内容和活动都应该致力于提供最新、最准确的营养科学信息，其场景化口号是"科学饮食，健康相伴，健康生活账号，您的营养专家！"。

2. 对立型定位

对立型定位是一种强竞争性导向，是与行业最大、知名度最高的竞争者有显著差异化的定位，强调"人无我有，人有我强"。适合市场已经相对饱和，后期进入的品牌。这样的定位通常会使用一些对比性的词汇，如"更""比""增强""不是……而是"等，一破一立，体现对比优势。

例如，"健康生活"账号可以采用对立型定位，强调其提供的营养信息是基于科学研究和权威数据的，与其他饮食建议形成对比，其对立型定位的口号可以设计为："不是所有的饮食建议都经过了科学验证，健康生活账号只为您提供经过验证的营养真相。"这样的口号不仅传达了账号的核心价值，还能够吸引那些追求科学、严谨健康信息的受众。

3. 升维型定位

升维型定位鼓励新媒体账号超越传统竞争框架，通过引领市场趋势和开拓新的消费需求来建立独特的市场地位。这种策略特别适用于那些寻求突破常规、追求创新和领导地位的新媒体账号。

如果"健康生活"账号采用升维型定位，意味着它不仅仅提供常规的饮食建议，而是将自己塑造为营养科学领域的权威和创新者。升维型定位为"营养科学的前沿探索者"，提供最新的营养研究和健康饮食趋势。这时账号的口号可以是"探索营养新境界，尽在健康生活账号"，不仅传达了账号作为营养科学领域领导者的形象，还能够激发受众的好奇心和探索欲。

综上所述，通过精准的市场定位，包括USP定位、对立型定位和升维型定位，新媒体账号可以在竞争激烈的市场中脱颖而出，成功吸引并持续留住目标用户。

> **思维扩展**
>
> 分析一个成功的新媒体账号案例，探讨其定位策略如何帮助它在市场中脱颖而出。

第三节 新媒体账号的内容规划

一、新媒体账号内容规划概述

（一）内容规划的定义

新媒体账号的内容规划是指为确保所发布的内容有序、连贯且高度符合用户需求，而制定的一套系统性、前瞻性的策略与计划。它涉及对目标用户的深入洞察、内容主题的明确设定、发布频率与时机的精准把控，以及内容质量与呈现方式的持续优化。

在新媒体时代，内容作为新媒体账号的核心竞争力，其质量与价值直接决定了账号的吸引力与影响力。然而，许多新媒体运营者在账号内容创作上往往陷入盲目与混乱，缺乏清晰的方向与策略，导致内容零散、无序，难以形成持续的用户吸引与品牌积累。

因此，内容规划显得尤为重要。它不仅是新媒体账号运营的基础，更是确保账号长期稳健发展的关键。通过科学的内容规划，新媒体账号能够明确自身定位，形成独特的内容风格，从而在激烈的市场竞争中脱颖而出，持续吸引并留住目标用户。同时，优质、有价值的内容还能有效提升账号的品牌形象与信誉，为账号的商业化变现与持续发展奠定坚实基础。

（二）内容规划的要点

新媒体账号内容规划的要点见表5–5。

表5–5 新媒体账号内容规划要点

规划要点	描述	示例
内容定位	根据目标用户需求确定内容类型和主题，保持垂直性和专业性	"健康生活"账号内容主题：营养饮食、运动健身、心理健康、生活方式等，专注于提供健康生活方面的专业知识和实用建议
内容产量与质量	平衡内容数量和质量，持续稳定地输出有价值、有深度、有创新性的内容	"健康生活"账号每周发布3~5篇高质量的文章或视频，涵盖健康生活的各个方面，确保内容的准确性和实用性
内容稳定性	保持发布内容的持续性和连贯性，固定推送节奏，保持一致的风格和调性	"健康生活"账号每日或每周固定时间发布内容，保持稳定的更新频率，形成用户的阅读习惯。同时，确保内容风格的一致性和专业性
内容调性	塑造与目标用户和定位相符的独特气质和风格	"健康生活"账号采用亲切、专业的语言风格，结合生动的生活示例和案例分析，为用户提供健康生活指导
内容形式	选择适合的内容呈现方式，例如文字、图片、音频、视频等	"健康生活"账号结合文章、图文、短视频等多种形式，展示健康生活的各个方面。例如，制作运动教程视频、分享健康食谱图文等
内容推广	制定全面的推广策略，提升内容的传播效果	"健康生活"账号在社交媒体平台上积极分享内容，与健康生活相关的社群或关键意见领袖进行合作推广。同时，优化搜索引擎排名，提高内容的曝光率和点击率

二、新媒体账号内容规划的步骤

新媒体账号内容规划包括用户需求分析、内容结构规划、内容来源规划等步骤。

（一）用户需求分析

1.用户需求分析的意义

在信息爆炸的时代背景下，用户面临的主要挑战已不再是信息的匮乏，而是如何从浩如烟海的信息中高效筛选出真正有价值的内容。用户之所以愿意投入时间浏览甚至主动分享某个新媒体账号的内容，其根本原因在于这些内容精准触达了他们的核心需求，并为他们带来了实实在在的价值。因此，深入进行用户需求分析，明确"我们的内容能为目标用户提供何种价值，解决他们哪些问题"，成为新媒体账号运营中不可或缺的一环。只有深刻理解并满足目标用户的需求，新媒体账号的内容才能在激烈的市场竞争中脱颖而出，赢得用户的青睐。

用户需求的产生，归根结底是源于用户在特定情境下需要完成某些任务或解决某些问题。这些任务或问题可能涉及功能、社会及情感等多个层面。功能需求通常较为明确，关注产品或服务的实用性和效率；社会需求则反映了用户希望通过产品或服务来塑造或展示自己的社会形象；情感需求则更为隐性和个性化，涉及用户的情感寄托、内心追求等深层次需求。因此，新媒体账号在内容规划时，应全方位考虑用户的多元需求，确保内容既实用又富有情感共鸣。

以新媒体账号"健康生活"为例，用户的功能需求可能包括获取健康饮食、运动健身等实用信息；社会需求可能表现为通过分享健康生活方式来展示自己的生活态度和品质追求；情感需求可能涉及寻求健康生活的心灵慰藉、情感共鸣等。为了满足这些多元化需求，新媒体账号可以提供诸如健康知识科普、健康生活案例分享、健康生活心得交流等丰富多样的内容，打造一个全方位满足用户健康生活需求的互动平台。

2. 用户需求分析的方法

了解用户需求是新媒体账号运营的核心任务之一。为了更准确地把握用户需求，以下三种方法值得借鉴。

1）建立深度用户关系。新媒体账号应将用户视为有血有肉的个体，而非抽象的群体。通过积极与用户互动，回应他们的问题和需求，与用户建立起深厚的信任和情感联系。这种深度用户关系不仅有助于更全面地了解用户的喜好、需求和痛点，还能为账号内容创作提供宝贵的灵感。此外，新媒体运营者可定期组织线下活动或社群聚会，与用户面对面交流，也是深化了解的有效途径。

2）关注并研究特殊用户群体。特殊用户往往对新媒体账号的内容有着强烈的反应，无论是喜爱还是厌恶。他们的行为和态度背后往往隐藏着深层次的需求和动机。通过深入观察和研究这些特殊用户，新媒体运营者可以发现一般用户难以察觉的需求点，从而有针对性地优化账号内容和服务。例如，"健康生活"账号针对全素食用户的痛点，提供更加精准和专业的服务，包括全素食营养指导、分享全素食食谱、开展全素食挑战、举办线上全素食研讨会等，不仅满足了全素食用户的核心需求，还成功吸引了大量素食爱好者的关注，建立了忠实的用户群体。

3）充分利用用户反馈和数据。用户的评论、留言和点赞等行为都是对内容的直接反馈。新媒体账号应定期整理和分析这些反馈，了解用户对内容的满意度、兴趣点和改进意见。同时，结合浏览量、转发量等数据，可以更全面地评估内容的受欢迎程度。这些数据不仅有助于发现用户的显性需求，还能揭示他们的隐性需求和潜在兴趣点。根据这些反馈和数据，新媒体运营者可以及时调整新媒体账号的内容策略，更好地满足用户需求。

(二)内容结构规划

针对目标用户的需求,新媒体账号需要进行内容结构的规划。

1. 确定内容定位

新媒体账号在确立自身市场定位时,必须提出一个清晰且独特的 USP,并划定内容的明确边界。这意味着要明确哪些内容与账号定位相契合,可以纳入创作范畴,而哪些内容与定位不符,应当避免涉足。

例如,新媒体"健康生活"账号,其核心内容应围绕健康食谱、营养知识、食材选择等,而不应被其他如时尚、娱乐等热点话题所干扰。尽管这些热点可能在短期内带来巨大的流量和关注度,但长期来看,它们与新媒体账号的专业定位相去甚远,不仅会分散用户的注意力,还可能损害新媒体账号在目标用户群体中的专业形象和信任度。

2. 设置内容栏目

为满足用户对于信息获取的便捷性和针对性需求,新媒体账号应设置合理的内容栏目和分类。这些内容栏目和分类应基于目标用户的兴趣点、需求场景以及账号的整体定位来设计。例如,新媒体"健康生活"账号设置了"健康食谱""健身教程""心理健康小贴士""健康生活方式分享"等栏目,方便用户根据自己的需求和兴趣浏览相关内容。

3. 确定内容产量

内容产量,即内容的发布频率和数量,是新媒体账号运营中的重要考量。新媒体账号应根据团队规模、资源投入以及内容制作周期等因素来制订合理的产量计划。重要的是要确保内容质量与产量之间达到平衡,避免因为追求产量而忽视质量。对于高质量、有深度的内容,新媒体账号可以适当降低产量,以确保每篇内容都能为用户带来价值。例如,新媒体账号"健康生活"每周发布 3~5 篇高质量的文章或视频,确保内容准确、实用,并为用户提供有价值的健康生活建议。

4. 塑造内容调性

新媒体账号的内容调性是其品牌形象的重要组成部分。账号应通过保持专业水准、统一风格以及创新多样化的内容形式来塑造独特且吸引人的调性。例如,新媒体账号"健康生活"采用亲切、专业的语言风格,结合生动的案例和实用的建议,为用户提供贴心、可信的健康生活指导。同时,注重内容的视觉呈现,例如使用清晰美观的图片、视频等提升用户阅读体验。

(三)内容来源规划

新媒体账号的内容来源规划,就是根据新媒体账号的内容定位和人员配置,对内容来源进行策略性规划和配比。常见的内容来源规划包括多种形式,见表5-6。

表5-6 新媒体账号内容来源规划

来源形式	描述	新媒体账号"健康生活"示例
OGC	由专业团队创作的高质量、原创性内容,原创性高,与账号定位紧密契合,但对团队创作能力要求高,投入成本较大	专业编辑团队撰写的关于健康饮食的系列文章,如《健康饮食指南》

(续)

来源形式	描述	新媒体账号"健康生活"示例
PGC	邀请行业专家或机构贡献的权威、专业内容，可提升新媒体账号公信力，需要建立与专家的合作关系，确保内容供应	营养学专家定期为新媒体账号撰写的专栏文章，如《营养师推荐：每周健康食谱》
UGC	用户参与、互动产生的内容，例如话题讨论、用户投稿等，可增加用户参与度，丰富内容多样性，但需要有效激励和管理用户参与	用户发起的健康生活挑战活动及相关投稿，如《我是如何通过跑步战胜抑郁的》
转载	从其他媒体或平台精选并转载的优质内容，需注明出处，可快速获取优质内容，节省创作时间，但需要确保转载内容的版权和与新媒体账号的相关性	转载自知名健康博主的热门文章，并注明出处，如《健康生活的秘诀》
重发	整合并重新发布以往的优质内容，提升内容价值，可延长优质内容生命周期，提醒用户本新媒体账号价值，但需要合理安排重发时机和内容更新	更新并重新发布往期的季节性健身指南

通过合理规划，可以确保账号每周发布的内容能够满足用户需求，并且与账号定位相符合。例如，一周内发布 3 篇原创文章、1 篇专访、1 篇约稿、1 篇 UGC（用户生成内容）以及 1 篇转载内容。通过这样的规划，可以更好地安排每周的工作计划，确保内容的质量和数量。

> **思维扩展**
>
> 设计一个内容日历，为一个特定的新媒体账号规划一周的内容发布计划。

第四节　新媒体账号的功能设定

一、新媒体账号功能设定概述

（一）功能设定的定义

新媒体账号的功能设定，涵盖了名称、自我介绍、菜单栏设计、自动回复机制等多个方面。这些精心设计的功能共同构成了用户与新媒体账号互动的基石，对于提升用户体验、增强新媒体账号的易用性以及促进用户与账号间的交互性和互动性起着至关重要的作用。

首先，从用户体验的角度来看，功能设定能够直接影响用户对新媒体账号的第一印象和使用感受。一个清晰明了的自我介绍，能够让用户迅速了解该新媒体账号的定位和服务内容；合理设计的菜单栏，则能引导用户更高效获取所需信息，减少无效浏览和操作，从而提升用户的满意度和忠诚度。

其次，在增强新媒体账号易用性方面，功能设定同样发挥着不可或缺的作用。通过优化菜单布局、设置便捷的自动回复等功能，可以显著降低新媒体账号的使用难度，即使是新媒体初学者也能轻松上手。这种无障碍的使用体验，无疑将吸引更多用户选择并长期关注该账号。

最后，功能设定还是提升用户与新媒体账号间交互性和互动性的关键所在。自动回复、留言板等互动功能的设计，不仅能够及时回应用户的问题和需求，还能激发用户的参与热情，促进新媒体账号与用户之间形成更加紧密的联系。这种良性的互动关系，将有助于新媒体账号在激烈的市场竞争中脱颖而出，实现持续稳健的发展。

（二）新媒体账号功能设定的要素

新媒体账号功能设定的要素主要包括名称、自我介绍、菜单栏和自动回复四个要素。这些要素在新媒体账号的运营中起到关键作用，具体见表5-7。

表5-7 新媒体账号功能设定的要素

要素	描述	具体作用	示例
名称	能体现新媒体账号核心定位与特色的名称，易于记忆与传播	筛选目标用户、提升品牌识别度、降低推广成本	"健康生活"传达了新媒体账号的主题——关注健康生活方式。"健康"和"生活"这两个词都是日常生活中常用的，易于记忆和传播
自我介绍	简明扼要地介绍新媒体账号背景、目的、定位及独特价值	建立信任、明确新媒体账号定位、吸引关注、传递价值观	"欢迎关注'健康生活'，我们致力于为您提供最新的健康信息、实用的饮食与运动建议，助您享受健康、快乐生活！"
菜单栏	设计清晰、直观的导航菜单，提供便捷的内容与服务访问	提升用户体验、提高内容访问效率、增加用户留存	包含"健康信息""饮食指南""运动教程""联系我们"等菜单项，方便用户快速找到所需内容
自动回复	设定针对常见问题的智能回复，提供即时、有效的用户支持	提升用户满意度、减轻客服压力、提高服务效率	"感谢关注'健康饮食小助手'！如需获取更多健康食谱或饮食建议，请回复'食谱'或'建议'。如有其他疑问，请随时联系我们。"

二、新媒体账号功能设定的实施

（一）新媒体账号命名

给新媒体账号命名并非一件简单的事情，它不仅仅是个人喜好的体现，更是对目标用户深入理解和精准定位的结果。一个恰当的新媒体账号名称，能够帮助该账号在众多信息中脱颖而出，迅速吸引用户的注意力，为该账号的成功运营打下坚实基础。

1. 命名流程

（1）收集命名创意　为新媒体账号找到一个与内容定位相符且吸引人的名字，是运营成功的第一步。新媒体运营者可以从多个角度出发，收集并筛选合适的命名创意。以健康生活类新媒体账号的命名为例，其命名创意收集方法见表 5-8。

表 5-8 新媒体账号的命名创意方法

方法	说明	示例
团队头脑风暴	组织团队成员共同讨论并提出命名建议	健康生活领域的新媒体账号命名创意："活力源泉""绿色生活家""健康每一天"等
竞品分析	研究同类新媒体账号的命名策略，汲取灵感并寻求创新点	健康类新媒体账号成功案例："健康小贴士""养生之道"等，可融入相似元素或风格
用户参与	邀请目标用户提交命名建议，并设置奖励机制激励参与	用户提出的命名创意："身心绿洲"，符合健康生活主题且具有生态感
词汇联想与组合	从核心词汇出发，联想并组合相关联的词汇形成新的命名创意	从"健康生活"联想到"自然""平衡""幸福"，组合成"自然平衡居""幸福健康阁"等
目标用户调研	通过问卷调查、在线访谈等方式了解用户对名称的偏好和需求，利用大数据工具分析搜索习惯和热门关键词	发现用户对"健康饮食""减压放松"感兴趣，考虑融入名称，例如"饮食健康家""放松达人"

（2）筛选创意　对于新媒体账号来说，一个好的名称是其品牌形象和定位的关键。在筛选多个命名创意时，可以采用三大标准：用户标准、发展标准和价值标准。下面以健康生活领域的新媒体账号名称"身心绿洲"为例，来说明这三大标准在实际筛选中的应用，见表 5-9。

表 5-9 新媒体命名创意的筛选标准

标准	说明	示例
用户标准	名称应迅速吸引目标用户注意，并易于记忆	名称"身心绿洲"简洁明了，传达了健康生活的核心理念，符合用户搜索习惯，便于口碑传播
发展标准	名称应与新媒体账号定位契合，为长期发展提供支持，预留拓展空间	"身心绿洲"与账号定位高度契合，可围绕"健康生活"主题延伸多元化内容，例如饮食建议、运动指导、心理健康等
价值标准	名称应具有商业价值，独特且容易让人联想，易于注册商标	"身心绿洲"具有独特性，易联想至健康生活的自然和平衡，具有市场吸引力。需进行商标和域名查询以确保合法性，为商业变现提供法律保障

（3）名称测试和修正　正式确定新媒体账号名称之前，新媒体运营者需要进行名称测试和修正，以确保其符合用户需求、品牌定位，并具备吸引力、可识别性。表 5-10 以账号"身心绿洲"名称为例进行说明。

表 5-10 新媒体账号名称测试和修正

步骤	说明	示例
确定测试对象及方法	根据账号定位和目标用户群体选择合适的测试对象，采用线上投票、调查问卷、面对面访谈等方式收集用户反馈	选择对健康生活感兴趣的用户群体进行测试，通过社交媒体平台投票、线上问卷和小组讨论收集反馈
收集用户反馈	收集用户对初步名称的喜好程度、相关度评价、记忆难易度等方面的反馈	大部分用户持正面评价，认为名称富有诗意，易于记忆和识别；部分用户建议加入"自然""平衡"等元素
数据分析与调整	整理和分析用户反馈数据，识别主要观点和存在的问题，制定修正方案	分析结果显示名称整体受欢迎，但为提升吸引力和辨识度，考虑加入特色元素
实施修正	根据分析结果对名称进行修正，可包括添加、删除或替换关键词等方式	修正名称示例："自然身心绿洲"或"平衡生活绿洲"，以强调自然和平衡的元素
再次测试	对修正后的名称再次进行测试，以验证修正效果，确保符合用户需求和品牌定位	对"自然身心绿洲"或"平衡生活绿洲"再次进行测试，收集用户反馈并进行分析
迭代优化	根据再次测试的结果进行必要的调整和优化，直至找到最合适的名称为止	根据用户反馈和数据分析结果，不断迭代优化名称，直至满足用户需求和品牌定位

2. 名称类型

新媒体账号名字包括人物导向型、组织导向型、行动导向型、事物导向型。

（1）人物导向型　人物导向型账号名称以鲜明的人物形象为核心，通过个性化的表达、职业身份的展示、行业地位的彰显、关键意见领袖的塑造、群体共鸣的引发以及地域特色的呈现等多种方式，吸引和锁定目标用户群体，见表 5-11。

表 5-11 人物导向型账号名称

类型	描述	示例
个人风格型	展现个人独特风格和气质，个性化表达，易于识别和记忆	古典气质美女、我行我素、潮流先锋、文艺小清新
特定职位型	突出特定职业身份或角色，直接反映新媒体账号主体的专业领域或职业定位	美食博主、健身教练、时尚买手、旅行顾问
行业人物型	以行业为背景，塑造行业内的典型人物，提升新媒体账号影响力和认知度	科技大佬、房产大亨、金融才子、教育名家
关键意见领袖型	强调新媒体账号主体在某个领域的专家地位或关键意见领袖身份，提升关注度和影响力	育儿专家、刘哥说车、健康导师、美妆教主
群体昵称型	采用概括性、生活化的群体昵称，锁定目标用户群体，增强归属感和互动意愿	90后辣妈、佛系少年、程序猿联盟、海归一族
地域特色型	结合地域特色吸引目标用户，突出特定地域的文化、美食或人文风情等元素	川味美食家、东北大妞、京城潮人、湖南辣妹子

（2）组织导向型　组织导向型账号名称主要侧重于突出特定的组织或团队，通过激发用户的归属感和认同感来建立品牌忠诚度，见表 5-12。

表 5-12　组织导向型账号名称

类型	描述	示例
组织社群型	通过社群概念聚集和连接用户，采用"派、会、社、圈、盟"等词语传达社群特征和氛围	设计派、跑步俱乐部、美食社、创业圈、旅游盟
品牌公司型	以知名品牌或公司为核心，借助其市场影响力和用户基础吸引目标用户，通常直接包含品牌或公司名称	华为粉丝俱乐部、小米之家、宝洁生活家、腾讯课堂

（3）行动导向型　行动导向型账号名称通过倡导特定行动或营造亲切交流氛围的方式，激发用户的积极性和参与度。在选择这类名称时，需要确保名称简洁明了、易于记忆和传播，同时与账号的主题和目标保持高度一致，见表 5-13。

表 5-13　行动导向型账号名称

类型	描述	示例
日常交际型	运用日常生活中的语言，营造亲切交流氛围，易于记忆和传播	你说得都对、你说了涮、我想静静、没想稻
呼吁行动型	直接呼吁用户采取与新媒体账号主题或目标相关的行动，激发用户积极性和参与度	马上出发、坚持跑步、一起读书、开始健身

（4）事物导向型　事物导向型账号名称侧重于强调某种具体事物，以引起用户注意和兴趣，见表 5-14。

表 5-14　事物导向型账号名称

类型	描述	示例
美好生活型	描绘美好生活的各个方面，激发用户对美好生活的向往和追求	慢生活、品质家居、美食美刻、旅行心情
集合清单型	便于用户快速找到所需信息，以某种事物的集合或清单为特点	电影清单、旅行攻略大全、育儿宝典、健康养生秘籍
品类昵称型	运用动物、水果等亲切易记的昵称来代表某一品类，增加用户兴趣和记忆点	荔枝 FM、西瓜新媒体账号助手、菠萝智库、大象会计
行业观察型	专注于某一行业或领域的观察与分析，为用户提供专业的信息和见解	科技前沿观察、金融市场动态、教育热点透视、医疗改革观察

总结来说，新媒体账号起名有 4 种导向和 14 种类型，见表 5-15。

表 5-15　新媒体账号的名称类型

起名导向	名称类型
人物导向型	个人风格型、特定职位型、行业人物型、关键意见领袖型、群体昵称型、地域特色型
组织导向型	组织社群型、品牌公司型
行动导向型	日常交际型、呼吁行动型
事物导向型	美好生活型、集合清单型、品类昵称型、行业观察型

（二）设计自我介绍

新媒体账号名称可以有效吸引用户的关注，但当用户首次接触新媒体账号时，他们通常需要对该账号有一些基本的了解。由于新媒体账号名称通常不超过 10 个字，所能传达的信息非常有限，因此新媒体账号还需要有一段自我介绍来弥补信息不足的问题，让所有阅读过该账号自我介绍的用户都能记住并关注这个新媒体账号。新媒体账号自我介绍必须写得足够出色，不仅要展示新媒体账号最具吸引力的卖点，还要保持简洁、易于理解，避免冗长。因为如果放一大段文字，用户可能没有耐心看完。对于较长的文本，最好是分句分段，以便用户轻松阅读和理解。

下面以新媒体账号"健康生活"的自我介绍为例进行说明。

健康生活：引领您走向更健康、更快乐的生活方式。我们专注于分享营养饮食、有效锻炼、心理健康和优质睡眠的实用知识。在这里，您将找到提升生活质量的科学指南和每日小贴士。

这段自我介绍包含了以下几个关键要素。

1）品牌定位：明确"健康生活"作为专注于全面健康生活方式的新媒体账号，致力于为用户提供科学、实用的健康信息和建议。

2）价值描述：通过"引领您走向更健康、更快乐的生活方式"这句话，传达了新媒体账号的价值在于帮助用户实现更优质的生活状态，提升整体幸福感。

3）功能或业务描述：具体说明了新媒体账号提供的服务，包括营养饮食指导、有效锻炼方法、心理健康建议以及优质睡眠技巧，让用户对新媒体账号内容有一个清晰的预期。

4）吸引用户：结尾的"在这里，您将找到提升生活质量的科学指南和每日小贴士"旨在激发用户对健康生活的兴趣，鼓励他们关注并参与互动。

"健康生活"这样的自我介绍既简洁明了，又能够准确传达账号的核心价值和功能特点，有助于吸引目标用户的关注并提高新媒体账号的知名度。同时，这段自我介绍也符合用户阅读习惯，易于理解和记忆。

除了常规的新媒体账号自我介绍写法，还有一些新媒体账号的自我介绍只用一句话就能抓住用户的注意力，言简意赅地表达了新媒体账号的价值观念和功能特点。例如，"知乎日报"这个新媒体账号，它的自我介绍就是"汇聚知识，分享见解"，这句话简洁明了地表达了"知乎日报"的核心价值就是提供知识分享的平台，让用户能够在这里获取和分享见解。"网易云音乐"的自我介绍则是"发现更多好音乐"，这句话突出了"网易云音乐"的核心价值就是为用户提供海量的音乐资源，让用户能够在这里发现更多自己喜欢的歌曲。

（三）设计菜单栏

菜单栏是新媒体账号的入口。菜单栏设计需要从用户的角度出发，以提供清晰、简洁、易用的体验为目标。一般包括以下步骤。

1. 了解目标用户需求

了解目标用户需求对于新媒体账号菜单栏的设计至关重要。为了提供更加精准和个性化的服务，新媒体账号需要深入了解目标用户的需求和行为习惯，包括他们使用新媒体账号的目的、兴趣爱好、阅读习惯等。

例如，"健康生活"新媒体账号的目标用户可能是追求健康饮食、渴望提高生活质量的人群。他们可能寻求营养食谱、健身指导、减压方法和睡眠改善技巧。因此，菜单栏的设计应满足这些需求，提供直观、便捷的导航体验。

2. 确定新媒体账号内容类型

新媒体账号的内容类型和数量是确定菜单栏的重要因素。不同类型的内容需要不同的菜单栏来展示。菜单栏的常见分类见表5-16。

表5-16 新媒体账号的菜单栏分类

菜单栏分类	描述与常见内容	示例
文章/视频栏	汇集文章、视频等多媒体内容，例如往期佳作、精选必读等	"健康生活"账号在首页设置一个"健康快讯"板块，每日更新健康领域的最新动态和实用建议
活动栏	展示线下和线上活动，例如培训班、招聘会、考察交流等	在"健康生活"账号的活动栏中发布一个"周末户外徒步"活动，提供活动详情和报名方式，鼓励用户参与
电商栏	提供商品展示、购买链接，可包括促销活动等	在"健康生活"账号的商城栏中设置一个"健康优选"板块，推荐高品质的健康产品，并提供购买链接和优惠信息
广告栏	展示各类广告，例如书籍推广、作品展示、账号推荐等	在"健康生活"账号的广告栏中发布一篇关于健康生活书籍的广告，包括书籍封面、简介和购买链接，吸引用户点击购买
社群栏	提供互动社区、论坛等社交平台，增强用户黏性	在"健康生活"账号的社区栏中创建一个"健康饮食交流"话题，鼓励用户分享自己的健康食谱和饮食心得，提高社区活跃度
合作栏	提供投稿渠道、联系方式等合作信息	在"健康生活"账号的合作栏中发布一则"诚邀健康生活领域专家撰写专栏文章"的消息，提供投稿邮箱和稿费标准，吸引专业人士参与合作
自我介绍栏	展示账号背景、团队信息、特点等	在"健康生活"账号的自我介绍栏中发布一篇关于团队成立背景、成员介绍和账号定位的文章，让用户更好地了解账号背后的故事和团队实力

3. 菜单栏的优化

新媒体账号可以对现有菜单栏进行优化，以提升用户体验、提高用户转化率并增强新媒体账号操作效率，更好地满足用户需求并实现商业目标。具体优化措施见表5-17。

表5-17 新媒体账号的菜单栏优化措施

优化措施	具体内容	示例
精简并整合菜单项	合并重复或相似选项，删除冗余、不常用功能，简化用户操作路径	"健康生活"账号将"营养食谱"与"健身计划"合并为"健康饮食与锻炼"
突出显示核心业务	将主打业务或特色功能置于菜单栏显眼位置，吸引用户注意力，提升关注度和点击率	"健康生活"账号将"健康快讯"置于菜单栏顶部，方便用户快速访问
提供个性化内容推荐	利用用户数据和行为分析，为每个用户提供定制化的内容推荐	"健康生活"账号在用户访问时显示"根据您的兴趣推荐的健康信息"
优化菜单排序和布局	调整菜单栏各项内容的顺序和布局，将常用功能置于顶部或易于访问的位置，保持整洁和有序	"健康生活"账号将"健康商城"和"健康社区"放在菜单栏的显眼位置
提升移动端用户体验	针对移动设备进行优化，确保菜单栏在各类屏幕尺寸上都能良好显示和操作，采用响应式布局和触摸友好设计元素	"健康生活"账号的菜单栏在手机端采用下拉式或滑动式设计，方便用户单手操作
更新视觉元素和设计风格	根据品牌调性和用户偏好，更新菜单栏的颜色、字体和图标设计，提升视觉效果和整体美感	"健康生活"账号采用绿色调，象征健康和活力，图标设计简洁直观
功能迭代与升级	定期评估新媒体账号菜单栏现有功能的使用情况和用户反馈，对不常用或不符合品牌定位的功能进行迭代或升级，及时引入新的功能和元素保持先进性和竞争力	"健康生活"账号根据用户需求新增"健康挑战"功能，鼓励用户养成健康习惯

> **思维扩展**
>
> 设计一个新媒体账号菜单栏，考虑如何通过菜单栏设计提高用户互动和内容访问效率。

（四）设计自动回复

当用户关注、留言或发送消息给新媒体账号时，系统可根据预设的规则自动发送回复消息，包括文字、图片、链接、语音或视频等多种形式。自动回复主要有三种形式：关键词回复、预设回复、智能推荐回复。

1. 设计关键词回复

设计关键词回复是一种高效且用户友好的自动回复方法，它能够根据用户输入的特定关键词，迅速提供相关联的预设回应。

（1）确定核心关键词　需要精心挑选与新媒体账号主题紧密相关的关键词，这些关键词可能包括品牌专有名词、产品名称、行业内通用的术语或当前热门讨论的话题等。选择关键词时，应充分考虑账号的定位以及目标用户的兴趣和需求，确保所选关键词能够准确反映账号内容并吸引潜在用户。

例如，新媒体账号"健康生活"选择的关键词涵盖了多个方面，以确保能够满足用户在健康领域的不同需求和查询。

1）品牌词：如"健康生活""健康每一天"等，这些关键词直接与该账号的品牌和核心理念相关联，帮助用户快速识别并找到该账号。

2）健康主题：如"营养饮食""心理健康""运动健身"等，这些关键词覆盖了用户可能感兴趣的健康生活方式的各个方面，便于用户根据兴趣点获取相关信息。

3）特定健康建议：如"减压技巧""睡眠质量""疾病预防"等，这些关键词针对用户可能面临的具体健康问题，提供专业的建议和解决方案。

4）服务与支持：如"健康咨询""专家问答""健康计划"等，这些关键词旨在为用户提供进一步帮助和服务，包括获取专业健康建议、解答健康相关问题或制订个性化的健康计划。

通过这些精心挑选的关键词，新媒体账号"健康生活"能够有效地响应用户的查询，提供有针对性的内容，并增强用户的互动体验。

（2）设置关键词匹配规则　要为系统设定关键词的匹配机制，包括精确匹配或者模糊匹配，关键词匹配规则见表 5-18。

表 5-18　设置关键词匹配规则

类型	定义	特点
精确匹配	用户输入内容必须与预设关键词完全一致。准确性高，可减少误匹配，但灵活性差，且对输入要求高	适用于技术支持账号和法律咨询平台，适合使用专业术语的用户，可能导致系统响应时间较长
模糊匹配	用户输入可以是预设关键词的部分或近似。适应自然语言，容许错误，但可能导致出现不相关的结果，需复杂算法	适用于娱乐内容账号和通用信息平台，适合使用非专业术语的用户，系统可能需要更多计算资源

例如，"健康生活"新媒体账号对于品牌词采用精确匹配以确保用户意图的准确性。对于健康主题和健康建议，以及服务与支持类关键词，均采用模糊匹配以捕捉类似或相关的查询，灵活地响应用户需求。

（3）构思并编写回复内容　针对每个选定的关键词，新媒体运营者需要构思并编写相应的回复内容。这些内容可以是文字、图像、音频或视频等多种形式，具体取决于新媒体账号的传播特点和用户的接收偏好。在编写回复时，新媒体运营者应确保内容简洁明了、信息准确且对用户有价值，力求在满足用户需求的同时提供额外的有用信息。

例如，新媒体账号"健康生活"针对不同类别的关键词，会提供相应的定制化回复内容。

1）品牌词：对于与"健康生活"品牌相关的关键词，例如"健康生活简介"，该账号会回复介绍"健康生活"的使命、愿景以及它如何帮助人们实现更健康的生活方式，同时分享最新的健康信息和活动动态。

2）健康主题类别：对于涉及特定健康主题的关键词，例如"营养饮食"，该账号会提供相关健康主题的精选文章列表、专家建议和实用的健康小贴士，以及相关健康食品的购买链接和推荐使用场景。

3）热门健康建议：当用户询问特定的健康建议或技巧时，例如"减压方法"，该账号会回复具体的减压技巧、活动建议、用户分享的真实案例评价，以及相关的心理健康资源和购买信息。

4）服务与支持：对于寻求健康咨询服务的关键词，例如"健康咨询"，该账号会提供专业的健康咨询服务联系方式、健康生活指南和常见健康问题的解答，以便用户能够获得及时和专业的帮助。

（4）引入用户交互与反馈环节　虽然关键词回复能够自动化地处理大量常规问题，但对于某些复杂或特殊的问题，系统可能无法提供完全满意的答案。因此，在设计关键词回复时，还应考虑引入用户交互和反馈机制。例如，当"健康生活"的系统无法准确匹配用户输入的关键词时，可以提示用户重新输入或提供更具体的信息。对于复杂问题或需要个性化建议的情况，系统应提供转接人工客服的选项。

（5）持续优化与维护　关键词回复系统需要定期进行优化和维护以保持其高效运行。这包括定期检查并更新过时的回复内容、调整不准确的匹配规则以及添加新的关键词和回复以应对不断变化的用户需求和问题。通过持续优化和维护，可以确保关键词回复系统始终能够为用户提供准确、及时且有价值的信息。

"健康生活"新媒体运营团队定期检查回复内容的准确性和时效性，特别是关于健康生活建议的内容，确保回复内容始终基于最新的科学证据。并且，根据用户反馈和新的健康生活趋势，不断更新关键词列表和相应的回复内容。同时，团队监控关键词回复系统的性能，调整匹配规则以提高回复响应的准确性和速度。

2. 设计预设回复

设计预设回复是一种针对常见问题或用户反馈的自动回复策略。与关键词回复不同，它主要基于对用户需求的预测，而非特定的关键词输入。其设计步骤见表 5-19。

表 5-19　设计预设回复

步骤	实施策略	示例
明确回复范围与问题类型	1. 分析用户常见问题，例如产品功能、购买咨询、使用疑难、售后服务等 2. 根据问题类型，设计针对性的预设回复	"健康生活"账号为用户关于健康饮食、有效锻炼、压力管理和睡眠质量等方面的问题设计预设回复
精心编写回复内容	1. 对于产品功能咨询，提供详细的功能介绍和使用场景 2. 对于购买咨询，提供购买链接、价格信息和促销活动详情 3. 对于使用问题，提供使用指南和故障排除方法 4. 对于售后服务，明确说明服务政策、退换货流程和联系方式	当用户询问如何改善睡眠质量时，可以回复："改善睡眠质量可以尝试以下方法：保持规律的作息时间、避免睡前使用电子设备、创造一个安静舒适的睡眠环境。"

(续)

步骤	实施策略	示例
增强用户交互性	1. 在回复中加入多媒体元素，例如图片、视频或音频 2. 设置快捷回复选项，方便用户快速获取信息 3. 鼓励用户参与互动活动，例如产品体验分享和使用心得征集	在回复中加入健康饮食的视频教程，设置"获取更多健康建议"按钮，以及举办"健康生活挑战"活动
持续优化与反馈收集	1. 定期更新回复内容，保持信息的准确性和时效性 2. 利用数据分析工具监控回复的使用情况和用户满意度 3. 通过调查问卷和用户评价收集反馈，不断改进回复设计	定期收集用户对预设回复的满意度调查，根据反馈调整回复内容和交互方式

3. 设计智能推荐回复

智能推荐回复作为提升新媒体账号互动性和用户体验的关键环节，能够基于用户行为和反馈智能地推送相关内容。其设计步骤见表5-20。

表5-20 设计智能化推荐回复

步骤	实施	示例
明确推荐目标与策略	确定核心目标和策略，例如个性化推荐、热门内容推荐、相关推荐	"健康生活"账号推荐系统旨在提高用户对健康生活方式的认识。设定推荐算法以优先推送与健康饮食、运动和心理健康相关的内容。根据用户的历史互动数据，识别用户的兴趣点，并据此调整推荐内容
数据收集与分析	收集用户行为、偏好、反馈数据以确保推荐准确性	"健康生活"追踪用户的浏览和搜索历史，了解他们对特定健康话题的兴趣。利用问卷调查来收集用户的个人偏好，例如饮食限制、运动频率等。分析用户对推荐内容的点赞、评论和分享行为，以及对推荐内容的直接反馈
设计推荐流程与触发点	设计推荐流程和触发时机，例如新用户引导、实时推荐、定期推送	"健康生活"账号为新用户提供一系列热门健康主题的入门内容，帮助他们快速了解平台。根据用户实时行为（如阅读时长、页面停留时间）来推送相关内容。通过电子邮件或应用内通知，定期向用户推送精选的健康内容和提醒
增强用户交互与反馈机制	提高推荐准确性，设置交互按钮，重视负面反馈，主动收集意见	"健康生活"账号在每篇文章或内容旁边设置"喜欢"和"不喜欢"按钮，实现用户快速反馈。对于用户标记为"不感兴趣"的内容，系统将减少类似内容的推送。定期通过在线调查或用户访谈，收集用户对推荐系统的意见和建议
测试、评估与优化	进行A/B测试、用户满意度调查、数据监控以优化系统	"健康生活"账号设计A/B测试来比较不同推荐算法的效果，例如改变推荐内容的排序或展示方式。通过在线调查或应用内问卷来评估用户满意度，并收集用户对推荐系统的直接反馈。利用数据分析工具监控推荐系统的性能指标，例如点击率、用户留存率和参与度

本章小结

本章分为四个小节，第一节是新媒体账号的概述，讲述了新媒体账号的定义和特征，以及新媒体账号的类型；第二节介绍了新媒体账号的定位规划，探讨了新媒体账号定位规划的定义和内容，并探讨了新媒体账号定位规划的步骤，即细分内容领域、选择内容领域、进行市场定位；第三节介绍了新媒体账号的内容规划，分析了新媒体账号内容规划的定义和要点，指出内容规划的步骤包括用户需求分析、内容结构规划和内容来源规划等，第四节阐述了新媒体账号的功能设定，一方面介绍了新媒体账号功能设定的定义和要素，另一方面则探讨了新媒体账号功能设定中的账号命名、自我介绍、菜单栏、自动回复等各要素的设计。

核心概念

1. 新媒体账号（New Media Account）
2. 新媒体矩阵（New Media Matrix）
3. 政务新媒体（New Media of Government affairs）
4. 定位规划（Positioning Planning）
5. 内容规划（Content Planning）
6. 职业生产内容（Occupationally Generated Content，OGC）
7. 专业生产内容（Professional Generated Content，PGC）
8. 用户生成内容（User Generated Content，UGC）
9. 功能设定（Function Setting）
10. 菜单栏（Menu Bar）
11. 自动回复（Automatic Reply）

思考题

1. 新媒体账号如何进行分类？
2. 举例说明新媒体账号应如何进行定位规划。
3. 以某个体育类报纸为例，试述该体育类报纸的新媒体账号如何进行内容规划。
4. 举例分析新媒体账号名称的重要性及命名的流程。
5. 举例说明新媒体账号应如何设计菜单栏。

测试题

实训指南

一、实训目的

1. 帮助学生全面了解新媒体账号的特点和类别。
2. 帮助学生了解新媒体账号的定位规划及其步骤。
3. 帮助学生了解新媒体账号的内容规划及其步骤。
4. 帮助学生了解新媒体账号的功能设定及实施方式。

二、实训内容与步骤

表 5-21 实训内容与步骤

实训内容	任务	步骤
新媒体账号概述实训	创建新媒体账号分类清单	1. 回顾新媒体账号的定义和特征 2. 调研市面上流行的新媒体平台，例如微博、微信公众号、抖音、B站等 3. 根据新媒体平台特性和用户群体，对新媒体账号进行分类，并列出至少五类新媒体账号的主要特征
新媒体账号定位规划实训	进行新媒体账号的定位规划	1. 确定目标受众群体 2. 细分内容领域，选择一个作为新媒体账号定位 3. 分析竞争对手，找出差异点和创新点 4. 制定市场定位策略 5. 撰写一份定位规划报告
新媒体账号内容规划实训	针对选择的内容领域进行内容规划	1. 做用户需求分析，了解目标受众的需求和偏好 2. 设计内容结构，例如主题分类、内容形式和发布频率等 3. 规划内容来源，确定原创内容和转载内容的比例和获取渠道 4. 制订内容更新计划，保持内容的时效性和新鲜度 5. 编写一份内容规划方案，包括内容结构图和内容更新时间表
新媒体账号功能设定实训	设定新媒体账号的各项功能	1. 确定账号命名策略 2. 编写自我介绍文案，突出账号的特色和价值 3. 设计菜单栏结构，提供便捷的用户导航体验 4. 设置自动回复规则 5. 制定用户互动策略，提升用户黏性和活跃度 6. 完成功能设定方案，包括新媒体账号命名、自我介绍、菜单栏设计图、自动回复规则和用户互动策略说明

三、实训成果

1. 新媒体账号分类清单
2. 定位规划报告
3. 内容规划方案
4. 功能设定方案

喜茶如何布局私域?

喜茶的顾客约有81.7%在22~40岁之间，且女性居多，占比约为63.1%，主要分布在新一线和一、二线城市。

一、流量渠道拆解

喜茶通过精心设计的流量渠道策略，成功地将顾客从多个触点引入其品牌生态中。

在线下门店，喜茶通过二维码立牌、点单程序码和订单小票上的私域流量触点，鼓励顾客扫码加入线上社群，从而将实体流量转化为数字资产。

在私域平台，喜茶通过公众号菜单栏的「阿喜社群」和小程序"喜茶GO"的会员中心，引导顾客扫码添加客服企业微信，进而邀请他们进入品牌社群。

在公域平台，喜茶也非常活跃。在微信视频号上，喜茶在视频号首页设置了企微触点，添加后可直接入群，其视频内容涵盖品牌宣传、活动推广、产品介绍和故事分享。在抖音上，喜茶的账号拥有超过170万粉丝，视频内容以种草主流饮品为主，主页还对线下门店进行了引流设置。在微博上，喜茶与123万粉丝保持互动，每天都会发布1~2条内容，内容多数是有奖互动、节日热点、话题互动、产品活动等，并且会以"文字+海报"的形式引导用户进入小程序。在小红书上，喜茶已拥有超过42万的笔记、39.5万粉丝，内容以有奖互动、话题互动、联名活动、产品种草为主。

二、IP形象拆解

喜茶通过其企业微信（企微）账号"阿喜"的人设定位为"福利官"，其昵称和头像均与喜茶的品牌LOGO紧密相关。在阿喜的企微名片中，用户可以轻松找到绑定的微信视频号、小程序以及社群入群链接，合理地利用了资源，多维度进行引流。

为了进一步提升用户体验，喜茶设置了自动欢迎语，当新用户添加阿喜为联系人时，会自动收到一条包含社群价值介绍、服务指引和入群链接的消息。用户点击链接后，系统会自动识别用户附近的门店，并生成相应的门店群，用户只需长按识别即可直接加入。

朋友圈内容，喜茶的发布频率较低，发布时间也不固定，内容主要以新品介绍和品牌宣传为主。

三、社群运营拆解

喜茶通过其全国近千家门店建立了以门店为基础的社群网络，利用18元新人入群礼吸引顾客加入，并引导他们通过小程序领取优惠券，进而促进消费。

以喜茶杭州大悦城店4群为例，群昵称是"喜茶 杭州大悦城店4群"，便于用户识别；群定位专注于"新品活动"和"会员活动"，为群成员提供专属的福利和信息；有入群欢迎语，会实时更新新品活动，引导用户了解会员权益、咨询服务以及领取入群礼；有群公告，主要介绍群价值和群规；社群内容主要以产品种草、活动为主，发送的内容都有固定的安排，每周一至周六都会设置不同的福利活动。例如，周一和周二进行产品种草，介绍新品或特色饮品；周三是积分秒杀日，提供限时优惠；周四推出充值活动，鼓励用户预存金额；周五则有社群幸运大转盘，奖品包括满减券、外卖券和赠饮券；到了周六，会结合节日热点进行产品推广。这样的内容安排不仅保持了社群的活跃度,也增加了用户的参与感和期待感。

四、会员体系拆解

喜茶在小程序和电商平台上均为顾客提供了会员入口。

在小程序上,喜茶设立了成长型会员体系,分为五个等级:见习贵宾(免费注册)、进阶贵宾(1+成长值)、高阶贵宾(200+成长值)、资深贵宾(700+成长值)、黑卡贵宾(2200+成长值),每个等级都通过积累成长值来升级,消费1元即可获得1成长值。会员可以享受到包括生日五折、免配送费、随机赠免、专享折扣、积分秒杀、免费加料等多种权益。同时,喜茶设置了权益提醒服务,每天设置不同优惠,并提醒用户使用,培养用户的消费习惯。此外,喜茶还推出了主题多样的储值卡,面额从30元到888元不等,既可以自用也可以作为礼物送给朋友;实体卡则只有100元一种面额。在积分体系方面,顾客消费2元即可获得1积分,积分可以用来兑换折扣券、外卖券、抵扣券、满减券、兑换券、赠饮券等产品。

在电商平台上,以淘宝为例,喜茶的淘宝店铺粉丝已过百万,会员等级分为5级:分为新晋萌茶(0元入会)、专家茶茶(消费满1元)、资深茶茶(消费满300元)、宝藏茶茶(消费满1000元)、茶茶品鉴官(消费满2500元)。会员权益丰富,包括入会有礼、专享有礼、购物积分、积分享兑、专属客服、直升铁粉、15天无理由退货、优先退款等权益。顾客可以通过消费、签到、关注、生日登记、邀请入会、玩游戏赚积分、积分抽奖等方式来获得积分。积分可用于抵扣现金支付,为顾客提供优惠。

资料来源:根据晏涛《6300万会员,茶饮第一品牌是如何布局私域的?》("晏涛三寿"头条号,2023年2月6日)整理。

案例思考

1. 喜茶如何根据其目标用户群体(新一线和一、二线城市的22~40岁女性为主)进行新媒体账号的定位规划?

2. 喜茶应如何进行新媒体账号内容规划以促进私域流量转化和用户忠诚度提升?

3. 喜茶在新媒体账号功能设定中,在账号命名、自我介绍、菜单栏和自动回复等要素可以采取哪些优化措施,以帮助喜茶在私域流量中提升用户体验和促进用户转化?

第六章
新媒体内容运营策略

本章导语

策划要精准，内容创作要生动，内容维护要周到。

引例

人民日报短视频的抖音内容运营

人民日报作为我国的权威大报、新闻媒体的领军者和媒体融合的先锋，以"参与、沟通、记录时代"的传播理念入驻抖音平台，并在抖音平台上有着极为出色的表现。

一、视频独家、内容权威

人民日报在国内外拥有广泛的新闻采集网络，包括各省市区的分社以及驻外记者，在重大新闻事件的报道中能够迅速获取第一手视频资料，为观众提供独家、深入的报道。例如，"中国官兵为赴俄参赛队包饺子""八一阅兵盛况"等视频内容，不仅展示了国家力量和民族自豪感，也树立了中国的国际形象，彰显了大国风采。

同时，人民日报坚持与传统党报相同的尺度和标准，严格恪守真实性原则，确保新闻内容的及时性、真实性和权威性，在受众心中建立了强大的公信力，尤其在应对舆论危机和谣言方面发挥了重要作用。

二、叙事通俗、语言精练

人民日报抖音账号在新兴传播阵地上成功实现了严肃与活泼、权威与亲民之间的平衡。例如，在展示全国抗击疫情表彰大会的盛况时，使用了《看到张定宇步履蹒跚，这一刻，泪目！致敬，人民英雄！》等标题，不仅易于理解，而且能够迅速抓住受众的注意力，引发情感共鸣，进而促进新闻的二次传播。

在内容制作上，人民日报抖音账号善于萃取关键视频片段进行组合加工，浓缩视频精华，制作出受众关注、反映舆论热点、能引发社会反响的视频作品。例如，《我叫钟南山，是胸肺科呼吸科的医生》这一短视频，通过22秒的时长展示出一个居功不傲、敬业不服老的英雄形象，收获了数千万点赞和数十万评论及转发。

三、覆盖面广、紧跟潮流

人民日报抖音账号的视频内容极为丰富多样，从微小的生活瞬间如"狗妈妈跳入洪水救小狗"，到宏大的国家事件如"军事演习"和"卫星发射"，无所不包。其涉及领域广泛，包括国家政务、社会热点、英雄人物、救灾救援等多个层面，展现了其全面而深入的报道能力。

在紧跟短视频发展潮流方面，人民日报抖音账号也做得非常出色。例如充分认识到背景音乐在短视频中的重要性，巧妙地将音乐与视频内容融为一体，为观众带来视听一体化的全新体验。

四、加强与粉丝互动，塑造主流媒体新形象

互动不仅是社交媒体平台的生命力所在，更是主流媒体在新媒体环境下塑造亲民、敬民、接地气形象的重要途径。通过积极回应网友评论、解答疑惑、感谢反馈，人民日报抖音账号可以进一步拉近与受众的距离，增强了用户黏性，同时也有助于收集社情民意，为新闻报道提供更为丰富的素材和视角。

资料来源：根据张子威《人民日报短视频，何以能够"抖"起来》（人民日报中央厨房－煮酒话媒工作室，2020年11月11日）改编整理。

> **预热思考题：**
> 1. 人民日报短视频如何策划选题，以确保内容既符合其品牌形象，又能吸引抖音用户的注意力？
> 2. 人民日报短视频采用哪些音频创作策略来提升用户的体验和内容的传播？
> 3. 人民日报在抖音平台上可以采取哪些知识产权保护措施，以确保其内容的合法使用并维护自身的版权利益？

知识结构

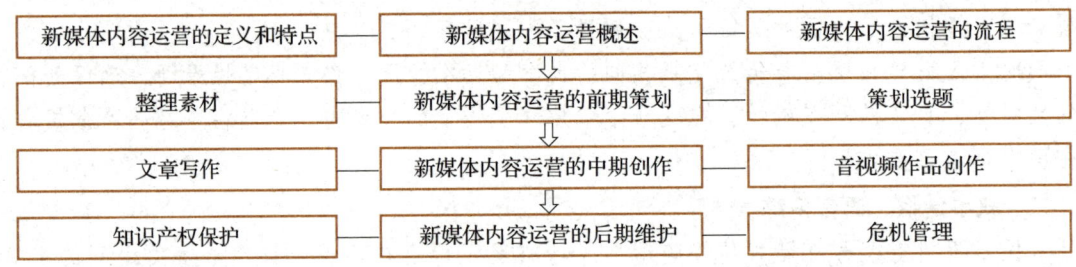

第一节　新媒体内容运营概述

一、新媒体内容运营的定义和特点

（一）新媒体内容运营的定义和作用

1. 新媒体内容运营的定义

新媒体内容运营指的是新媒体账号进行内容的创造、编辑、发布、优化和管理，以提高品牌知名度、吸引目标受众、促进用户参与，并推动实现商业目标的一系列活动。在新媒体运营中，内容运营具有不可或缺的重要地位。

2. 新媒体内容运营的作用

（1）吸引与留存用户　依靠高质量内容在新媒体环境中抓住用户注意力，增加用户停留时间，提高用户黏性和活跃度。这要求内容运营者深入了解目标受众，确保内容精准触达用户。

（2）塑造品牌形象　通过持续输出专业、高质量内容，强化品牌形象，传递品牌核心理念和价值观，增强用户对品牌的认知和认同。这需要新媒体内容运营者具备品牌理解和市场洞察能力。

（3）促进业务转化　通过合理的内容策略引导用户消费行为，实现商业目标，例如提升销量、增加会员数量等。新媒体内容运营者可以通过发布优惠信息、用户案例等激发用户购买欲望，通过搭建用户社区等方式提升用户忠诚度和复购率。

（二）新媒体内容运营的特点

新媒体内容运营的特点包括多样性、实时性、互动性、数据驱动和跨平台运营，见表6-1。

表6-1　新媒体内容运营的特点

特点	描述	实施策略
多样性	新媒体内容运营采用图片、视频、音频等多种形式来呈现信息，以满足不同用户群体的个性化需求	提供深度报道和长篇文章；发布短视频和直播内容
实时性	追求实时性和时效性，迅速响应热点事件和突发新闻，提供最新的解读和分析	快速发布相关内容；对新闻进行持续报道和更新
互动性	注重与用户的互动，通过评论、分享、点赞等功能鼓励用户参与内容的创建和传播	引导用户参与话题讨论和投票活动；主动发起互动以增加用户黏性
数据驱动	依赖数据分析评估内容效果，根据数据结果优化内容策略，提高内容的针对性和精准度	实时监测阅读量、点赞数、转发数、评论数；个性化推荐用户感兴趣的内容
跨平台运营	在多个平台上进行内容运营，根据不同平台特点和用户群体制定有针对性的内容策略	针对不同平台发布不同风格的内容；调整内容策略以适应各平台用户需求

二、新媒体内容运营的流程

新媒体内容运营包括前期策划、中期创作和后期维护三个阶段的工作，相互关联、循环递进，构成了一个完整的新媒体内容运营流程。如图6-1所示。

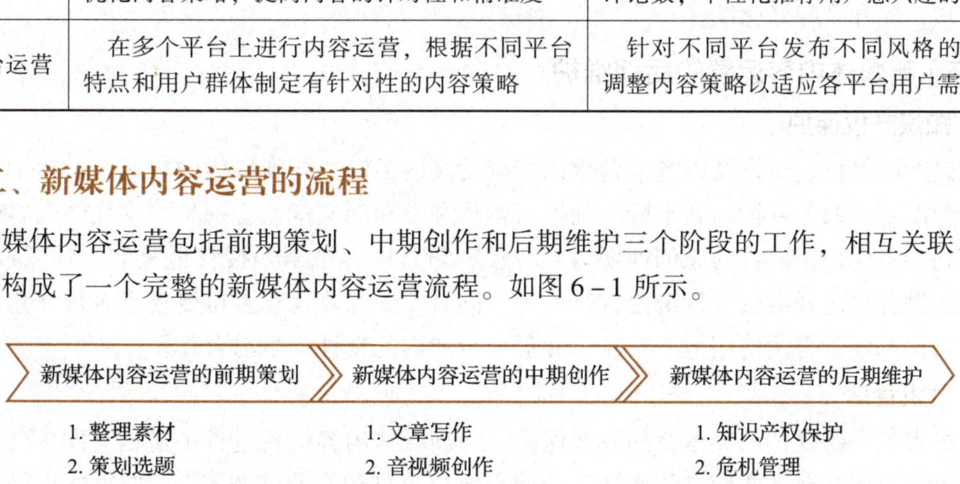

新媒体内容运营的前期策划	新媒体内容运营的中期创作	新媒体内容运营的后期维护
1. 整理素材 2. 策划选题	1. 文章写作 2. 音视频创作	1. 知识产权保护 2. 危机管理

图6-1　新媒体内容运营

(一)新媒体内容运营的前期策划

1. 整理素材

素材,指的是新媒体内容创作者从现实生活中收集到的、未经整理加工的、相对分散的原始材料。整理素材是指对收集到的各种信息、数据和资料进行分类、筛选、加工和组织,以便于后续的使用和查找。

整理素材的过程实际上是一个知识积累和管理的过程。通过将收集到的素材进行整理和分类,可以建立一个丰富的知识库,为后续的内容创作和推广提供宝贵的资源和参考。

2. 策划选题

策划选题是新媒体内容创作的起点。一个好的选题能够满足用户的内容需求,引起用户的强烈兴趣,带动内容的传播和分享,进而提升品牌影响力和用户黏性。

策划选题需要深入了解目标用户的兴趣、需求和行为特点,并且时刻保持对行业动态、社会热点、流行文化的敏锐观察。同时还要从品牌的核心价值观、产品特点、企业文化等方面出发,挖掘独特的选题角度。

(二)新媒体内容运营的中期创作

1. 文章写作

文章是新媒体内容运营中最直接、最有效的信息传递方式。通过文章,新媒体运营者可以详细地介绍产品、服务,或者阐述企业的观点、价值观等。好的文章能够打动人心,使用户产生强烈的共鸣,在用户心中树立起专业、可信赖的品牌形象。同时,文章通过植入营销信息、推广活动等方式,直接或者间接地促进用户的购买决策,从而实现用户转化。

2. 音视频创作

音视频创作是提升新媒体内容运营效果的重要手段。在新媒体时代,纯文字的内容对用户的吸引力在降低。音视频创作通过音频和视频的多媒体形式,能够更为生动形象地传递信息,提供更具互动性和沉浸感的内容体验,有效满足用户的多样化需求,并在用户心中深化品牌认知,提升品牌好感度。

(三)新媒体内容运营的后期维护

1. 知识产权保护

知识产权保护是新媒体内容运营得以持续发展的关键。在新媒体内容运营过程中,新媒体运营者需要采取各种措施和手段,确保所创作和发布的文章、音视频等多媒体内容的知识产权得到妥善保护,内容的原创性要得到尊重,防止内容被未经授权地复制、传播或使用,并需要通过合法途径维权,打击侵权行为等。同时,新媒体运营者也要建立合规文化,尊重他人的知识产权,合法使用他人作品,并倡导行业内的良性竞争与合作。

2. 危机管理

危机管理是新媒体内容运营的有效保障。当新媒体内容运营过程中遭遇突发事件或危机时,由于新媒体平台上的信息传播迅速,使得危机事件很容易"发酵"。如果危机得不到快速响应和及时解决,将导致品牌形象受损,进而影响到公众信任。因而,面对危机时,新媒体运营者必须要做到快速响应,保持信息透明公开,同时积极寻找解决方案,以保护品牌声誉和维系公众信任。

第二节　新媒体内容运营的前期策划

新媒体内容运营的第一阶段是前期策划,为内容运营确定方向,做好准备。前期策划的工作包括整理素材、策划选题等。具体如图6-2所示。

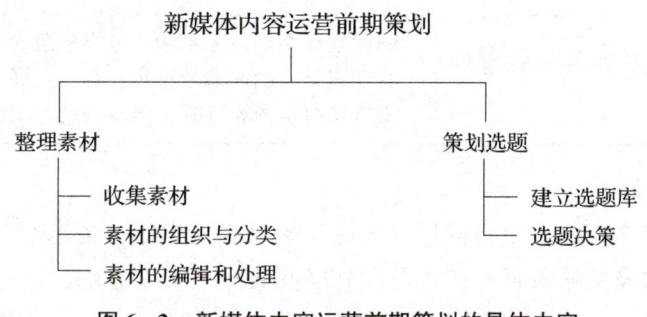

图6-2　新媒体内容运营前期策划的具体内容

一、整理素材

俗话说"巧妇难为无米之炊",素材就是新媒体创作者手中的"米",只有在创作之前积累大量的素材,才能够做到厚积薄发,胸有成竹。整理素材包括三个步骤,即收集素材、素材组织与分类、素材的编辑和处理。

(一)收集素材

收集素材是指在新媒体内容运营过程中,通过各种途径和手段,获取与主题相关的信息、数据和资料的过程。这些素材可以包括文字、图片、视频、音频等多种形式,用于支持和补充内容创作的观点和论述。

收集素材可以为内容创作提供丰富的资源和基础,使内容更加生动、有趣且具备深度。同时,通过引用权威的数据和资料,可以提高内容的可信度和说服力。此外,收集素材可以帮助新媒体运营者及时获取最新的信息,适应不断变化的环境。其步骤如下。

1.明确收集目标

在新媒体内容运营中,明确收集目标是至关重要的第一步。它要求新媒体运营者在动手收集素材前,对所需素材有清晰、具体的规划。以新媒体账号"××旅游"为例,该账号旨在为广大旅游爱好者提供全面、实用的旅游信息和建议。其素材收集步骤见表6-2。

表 6-2　明确收集目标的步骤

步骤	主要内容	示例
素材类型	根据内容主题和受众喜好，确定所需素材类型	文字素材：夏季旅行攻略、景点介绍、用户游记等 图片素材：夏季风景照、旅行人物照、产品实物图 视频素材：旅行 Vlog、景点宣传片、用户故事等
来源选择	考虑素材的权威性和贴近性，选择合适的来源	官方来源：旅游局官网、景区官网、航空公司官网 专业数据库和机构：研究机构、图书馆、档案馆 用户生成内容：旅行社区、用户分享
数量评估	根据发布频率和内容规划，评估所需素材数量	计划每周发布 3 篇内容，每篇需配 3~5 张图片和 1 个视频，共需 9~15 张图片和 3 个视频素材
质量标准	设定各类素材的质量要求	图片素材需高清无水印，分辨率至少为 1080p 视频素材需画面清晰稳定，音质良好无杂音 文字素材需内容准确、语言流畅、无错别字

2. 制订收集计划

制订收集计划是在明确收集目标后，为确保素材收集工作有条不紊、高效进行而制定的详细行动方案。它涉及策略选择、资源分配和时间管理等多个方面，旨在指导团队如何有效地获取所需素材，以支持内容运营的顺利进行。以新媒体账号"××旅游"制订一周内的春季赏花旅行素材收集计划为例，步骤见表 6-3。

表 6-3　制订收集计划的步骤

步骤	主要内容	示例
确定收集策略	根据需求和目标，选择适合的素材收集策略	采用主题式收集策略，围绕"春季赏花旅行"主题进行深度挖掘；结合多渠道获取策略，从微博、小红书、专业摄影网站等获取素材；鼓励用户生成内容，使用话题标签进行分享
分配资源	合理分配人力、物力和财力资源以支持素材收集工作	分配 2 名编辑负责文章收集与整理，1 名设计师负责图片筛选与处理，1 名摄像师负责视频拍摄与剪辑；购买专业摄影网站的高清图片库使用权；为素材收集预留一定预算
设定时间表	制定详细的时间表以确保按时完成素材收集工作	整体收集周期为一周；第一阶段（1 天）确定收集策略和分配资源；第二阶段（3 天）进行广泛的素材收集；第三阶段（2 天）整理、筛选和优化素材；预留 1 天作为缓冲时间
制订详细行动计划	在明确策略、资源和时间表后，制订具体的行动计划	每天指定不同的收集任务和目标，例如，第一天重点收集微博上的用户分享，第二天关注小红书旅游达人的攻略等；为每个任务设定优先级和截止时间；确保团队成员清楚各自的职责和任务
监控与调整	密切关注进度并及时调整计划以适应变化	每天检查收集进度并与团队成员沟通；发现某个渠道的素材质量不佳时，及时调整收集策略或增加其他渠道；遇到问题时及时提供支持和帮助，确保计划顺利进行

3. 使用辅助工具

收集素材过程中，可使用软件、应用或在线平台等辅助工具，以提高搜索效率、及时整理素材、优化工作流程。常用的辅助工具见表6-4。

表6-4 常用的辅助工具

辅助工具	主要功能	常用工具	示例
社交媒体监测	监测社交媒体上的话题、关键词动态，及时获取相关内容	新浪舆情通、知微事见、清博大数据	"××旅游"账号使用新浪舆情通监测微博上关于"夏日海岛游"的话题热度和讨论趋势，发现用户分享的优质内容和旅行攻略
内容聚合平台	将多个来源的内容聚合到一个平台，方便统一管理和浏览	RSS订阅器、咪咕文化、Feedly、Inoreader	"××旅游"账号通过RSS订阅器聚合多个旅游信息网站和博客的更新，包括携程、去哪儿、马蜂窝等，确保每日获取最新的旅游动态和目的地推荐
笔记和剪藏工具	保存、整理网页上的重要信息和灵感，支持多平台同步和标签分类	印象笔记、有道云笔记、锤子便签	"××旅游"账号使用印象笔记保存和整理在浏览过程中发现的有趣景点、特色美食、用户游记等
文件管理工具	归类、存储、分享素材文件，提供安全的协作功能	百度网盘、腾讯微云、坚果云	"××旅游"账号利用百度网盘建立共享文件夹，存储团队收集的景点图片、视频、旅游攻略等文件，方便随时访问和团队协作
数据分析工具	分析和挖掘素材数据，了解受众偏好和内容效果	神策数据、腾讯分析	"××旅游"账号通过腾讯分析工具分析账号发布内容的用户互动数据，了解哪些内容类型、主题或呈现方式更受用户欢迎，以便优化后续的内容策划和发布策略

4. 初步筛选

初步筛选是指在收集到大量素材后，通过一定的标准和方法，对这些素材进行初步的过滤和挑选，以剔除不相关、低质量或不符合要求的素材，从而缩小后续处理和分析的范围。见表6-5。

表6-5 初步筛选步骤

步骤	主要内容	示例
制定筛选标准	基于运营目标和要求，明确筛选标准，例如主题相关性、来源可信度、内容质量和时效性	"××旅游"账号制定筛选标准，包括与旅游主题紧密相关、来源可靠、内容质量高、近期发布等
浏览和预览	快速浏览和预览收集到的素材，了解其主要内容和特点，进行初步的分类和判断	"××旅游"账号预览收集到的素材，将文章、图片、视频等分类存放，并初步判断其是否符合筛选标准

(续)

步骤	主要内容	示例
关键词过滤	利用关键词过滤功能或手动搜索关键词,剔除与主题不相关的素材	"××旅游"账号设置关键词如"旅游攻略""旅行故事""美景欣赏"等,通过软件工具或手动方式过滤与关键词不相关的素材
评估质量	对筛选后素材进行质量评估,包括内容的准确性、完整性、可信度等方面	"××旅游"账号根据筛选后素材的质量,进行评分或打标签,例如高质量、中等质量、低质量等,优先保留高质量素材
排序和挑选	根据筛选标准和质量评估结果,对素材进行排序和挑选,优先选择有价值的素材进行后续处理和分析	"××旅游"账号将筛选后的素材按照主题、质量等标准进行排序,例如按照旅游攻略、美景欣赏等分类排序,并挑选出最有价值的素材进行后续处理和分析

(二)素材的组织与分类

素材的组织与分类是指对所收集到的各类素材,依据一定的逻辑和方法进行有序的分类、整理和组织,进而形成一个清晰、易于检索和应用的素材体系。其步骤如下。

1. 确定分类标准

分类标准是指用于将素材进行归类和划分的依据或准则。确定分类标准时,可以考虑以下几个方面。

(1) 素材属性

1) 对于图片素材,可以根据图片的主题、颜色、风格等属性进行分类。
2) 对于文本素材,可以根据内容主题、来源、作者等属性进行分类。
3) 按构成要素分类,可以把素材分为文本(字词、短语、句子)、音视频、图片等。
4) 按文章结构分类,可以把素材分为标题类、导语类、框架类、结尾类等。
5) 按内容分类,可以把素材分为知识类、技能方法类、故事案例类、痛点问题类等。

(2) 业务需求

1) 结合业务需求和目标来确定分类标准。例如账号"××旅游"可以按业务需求分类。
2) 根据旅游目的地进行素材分类,例如国内游、出境游、周边游等。
3) 按照旅游类型进行划分,例如自然风光、城市游玩、文化旅游、探险体验等。
4) 根据旅游季节、节假日等时效性因素进行分类,例如夏季旅游、春节团圆游、中秋旅游等。
5) 根据旅游预算分类,例如经济型旅游、中档旅游、高端豪华旅游等。
6) 根据旅游服务分类,例如导游服务、旅游保险、租车服务等。

2. 为分类打上标签

分类标签是用于标识和描述素材类别或属性的关键词或短语。通过给素材打上分类标签,可以快速、准确地识别和归类素材,提高工作效率和管理效果。分类标签通常具有简洁明了、代表性强、易于理解的特点。

首先，选择合适的标签数量。为了避免给素材打上过多的标签，导致分类混乱，通常每个素材有 2~5 个标签较为合适。

其次，使用统一的命名规范。采用统一的命名规范来创建和管理标签，以便其他人能够快速理解和使用。例如旅游类账号"××旅游"可以采用"地名+旅游类型"的组合方式，例如"桂林自然风光""东北城市游"等，以便其他人能够快速理解和使用。

最后，注意标签的可读性和可搜索性。确保标签具有可读性和可搜索性，以便快速查找和识别相关素材，避免使用过于专业或晦涩的标签。

3. 建立目录结构

根据分类和标签，建立目录结构，将不同类别的素材放在不同的文件夹或标签下。这个过程需要注意目录结构的清晰性和逻辑性，避免出现混乱或重复的情况。例如，账号"××旅游"确定了"旅游目的地""旅游类型"和"旅游季节"等主要分类，在"旅游目的地"文件夹下，可以创建"国内旅游""法国巴黎""东南亚海岛"等子文件夹；在"旅游类型"文件夹下，可以创建"自然风光""城市游""文化旅游"等子文件夹。

4. 定期更新和维护

定期对素材进行分类和标签的更新和维护，以适应新的内容需求和变化。这个过程需要注意内容更新的及时性和准确性，避免出现遗漏或错误的情况。

（三）素材的编辑和处理

素材的编辑和处理是指对收集到的文字、图片、音频、视频等原始素材进行整理、优化和加工的过程，旨在提高素材质量和适用性，使其更好地服务于内容创作和传播。其步骤如下。

1. 文字素材编辑

文字素材编辑包括校对与修正、内容提炼与重构、格式化与排版，具体见表 6-6。

表 6-6 文字素材编辑

步骤	说明	示例
校对与修正	核查并纠正错别字、语法错误、标点符号等问题；确保文本准确无误	"××旅游"在相关介绍文章中，修正"风景如话"为"风景如画"，调整了不符合语法的句式结构
内容提炼与重构	剔除冗余信息，突出核心内容；重新组织段落和句子结构，使文字简洁流畅	"××旅游"对宣传文案进行精简，去除了过多的形容词，突出了旅游目的地的三大核心卖点：自然风光、文化体验和美食享受
格式化与排版	根据平台要求和内容类型，设置恰当的标题、副标题、段落格式；调整字体大小、颜色等，提升文本的视觉效果	"××旅游"为微信公众号文章设计了清晰的排版，使用了引人注目的标题和副标题，配合合理的段落划分，以及舒适的字体和颜色搭配，以提高阅读体验

2. 图片素材处理

图片素材处理包括裁剪和尺寸调整、色彩和光影优化、添加注释和标注，具体见表 6-7。

表6-7 图片素材处理

步骤	详细说明	示例
裁剪与尺寸调整	根据需求裁剪图片，去除多余部分，调整尺寸以突出主体	"××旅游"账号将一张包含多个景点的全景图片裁剪为只展示某个热门景点的特写图片
色彩与光影优化	调整图片的亮度、对比度、饱和度等参数以改善整体效果	"××旅游"账号对一张色调偏暗的自然风光图片进行亮度提升和色彩增强处理
添加注释与标注	在图片上添加必要的注释、标签或标注，以辅助说明或引导关注	"××旅游"账号在景点特写图上添加标注，标明景点名称和关键信息，例如"××瀑布：高度达100米，壮观无比"

3. 音频和视频素材编辑

音频和视频素材编辑包括剪裁和拼接、音效与背景音乐添加、字幕与标题制作，具体见表6-8。

表6-8 音频和视频素材编辑

步骤	详细说明	示例
剪裁与拼接	去除不需要的部分，保留精彩片段，并根据需要进行拼接	"××旅游"账号从一段旅游账号的宣传视频中剪裁出最吸引人的景点画面和游客评价片段进行拼接
音效与背景音乐添加	为音频和视频添加合适的音效和背景音乐，以增强感染力	"××旅游"账号在拼接后的宣传视频中添加背景音乐和自然环境音效，例如鸟鸣声、流水声等
字幕与标题制作	为视频添加字幕和标题以确保用户准确理解内容并提升用户观看体验	"××旅游"账号在宣传视频的开始部分添加标题"××旅游，探索无限美景"，并在关键片段下方添加字幕说明或翻译

> **思维扩展**
>
> 如果你要为一个特定品牌或主题策划新媒体内容，你会如何收集和整理素材？

二、策划选题

做出一篇新媒体内容，选题是重中之重。没有好的选题，内容就很难吸引用户关注。策划选题的步骤包括建立选题库、选题决策。

（一）建立选题库

为了保证内容每天都能稳定输出，新媒体内容创作者需要建立选题库，一旦发现好的选题，就可以存放在选题库里，然后定期做分类整理。内容创作时，可以在选题库中对多个选题进行比较，从而挑选出最合适的选题。其步骤如下。

1. 确定选题库的结构

确定选题库的主要模块，通常包括常规选题、热点选题和系列专题。常规选题就是反映用户日常生活动态和基础信息的选题；热点选题紧跟社会潮流和热点事件；系列专题围绕某一核心主题展开,通过连续性的内容更新。每个模块,可以进一步细化子分类,以便于后续的内容归类和检索。以新媒体账号"××旅游"为例,其选题库结构见表6-9。

表6-9 选题库结构

主模块	子分类	描述	示例
常规选题	旅游目的地导览	涵盖景点特色、历史文化、风土人情	"巴厘岛:天堂之岛的浪漫之旅"
	实用旅游攻略	行程规划、住宿餐饮、交通指南	"三天两夜:玩转东京的完全攻略"
	旅游行业动态与分析	旅游业趋势、政策解读、市场分析	"2023年旅游业展望:复苏与挑战并存"
热点选题	时令节庆活动	节日庆典、民俗活动、特色手工艺品等	"春节出游:体验中国各地的年味活动"
	热门旅游现象	网红景点、旅游热点事件、潮流玩法	"探秘网红打卡地:重庆洪崖洞的魅力"
	旅游与可持续发展	生态旅游、绿色出行、保护自然环境	"绿色旅行清单:如何实现环保与旅游双赢"
系列专题	环球旅行探秘	世界各地的旅行故事、文化碰撞	"环球旅行日志:小明的欧洲之旅见闻"
	深度游系列	某一目的地或主题的深入游玩指南	"深度游四川:不止于熊猫的奇妙之旅"
	历史文化之旅	历史遗迹、文化传承、考古探秘	"走进敦煌:探寻千年壁画的神秘故事"

2. 收集常规选题

对于新媒体账号来说,常规选题的收集是至关重要的,它确保了内容持续、稳定输出,并满足了用户的日常需求。常规选题的收集主要有三个来源:日常积累、创意发散和积极借鉴。以"××旅游"账号为例,见表6-10。

表6-10 常规选题的收集方法

收集方法	描述	示例
日常积累	在日常工作、生活、旅行等过程中发现并记录有价值、有创意的观点、句子或心得体会	发现观点:"城市中的小角落也隐藏着大故事。" 心得体会:"在公交车上偶遇一位老者,他分享的旅行故事让我重新认识了这座城市。"
创意发散	使用发散思维工具(如九宫格)从一个中心主题出发,联想多个相关子主题	中心主题:"北京旅游" 子主题:北京的历史文化、现代建筑、特色美食、旅行攻略、当地人的生活方式、旅行故事等
积极借鉴	借鉴新媒体平台上的高质量内容,进行有针对性的二次创新	借鉴选题:"欧洲旅行必做的10件事" 创新选题:"中国古镇旅行必体验的10种文化"或"东北冰雪旅行必玩的10个项目"

3. 追踪热点选题

为了迅速捕捉热点，内容创作者需要密切关注各大社交媒体和新闻平台的热门话题榜单。这些榜单汇集了用户关注度高、讨论热烈的话题，是寻找选题灵感的宝贵资源。例如，新浪微博的微博热搜，知乎的热榜推荐，抖音、快手等视频类平台的推荐热点，以及今日头条、网易等新闻平台的热点新闻，都是内容创作者需要重点关注的内容采集区域。这些平台通过算法和人工编辑的方式，将最热门、最具讨论价值的话题呈现在榜单上，为内容创作者提供了便捷的热点选题参考。

热点选题类型包括时间热点、事件热点、情绪热点和突发热点。

1）时间热点是指与特定的时间相关联的热点。例如元旦、情人节、妇女节、清明节、劳动节、端午节、儿童节、七夕节、中秋节、重阳节、教师节、国庆节、圣诞节、除夕、春节等，均属于节假日热点。以新媒体账号"××旅游"为例，在这些节假日前后，可以围绕节日特色、旅游推荐、行程攻略等创作相关内容，例如"春节自驾游攻略""五一假期十大热门旅游目的地"等，以此吸引用户的关注和讨论。

2）事件热点是指全社会范围内或行业范围内发生的一些重大事件。例如，当某个大型国际会议或体育赛事在某个城市举办时，如冬奥会、亚运会等，这些事件都会带动相关城市的旅游热度。此时，新媒体账号可以围绕这些事件创作相关内容，例如"冬奥会期间的北京旅游指南""亚运会期间如何玩转杭州"等。同时，对于行业内的一些重要会议、政策变动等，也可以从专业的角度进行解读和评论，展现账号的专业性和权威性。

3）情绪热点是指整个社会情绪比较聚焦的点。例如，当某个旅游目的地因为某部电影或电视剧的热播而成为网红打卡地时，如武侠电影《卧虎藏龙》的取景地安徽宏村、家庭剧《都挺好》的拍摄地苏州同里古镇等，这些景点都会引发人们的旅游兴趣和情感共鸣。新媒体账号可以围绕这些情绪热点创作相关内容，例如"跟着电影去旅行：探访卧虎藏龙的真实世界""《都挺好》拍摄地旅游攻略"等，以此激发用户的旅游欲望和情感共鸣。

4）突发热点虽然难以预测，但一旦爆发，其影响力和受关注度都是巨大的。例如，某个旅游目的地突然因为某个事件或人物而成为热搜焦点，例如丁真带火的四川理塘、因为"不倒翁小姐姐"爆红的西安大唐不夜城，或者是善待"南方小土豆"游客而名声大噪的哈尔滨等。在这些突发热点出现时，各类新媒体账号需要迅速反应，及时创作相关内容并进行传播，以抓住用户的关注度。

对于常见的热点事件，新媒体运营者可以进行热点日历规划。以一个季度或半年为单位，提前规划出这段时间内可能出现的时间热点、事件热点和情绪热点，并制订相应的内容创作和传播计划。例如，在规划五一假期的热点时，新媒体运营者可以提前准备好相关的旅游推荐、行程攻略等内容，并在假期前后在相关账号中进行集中发布和推广。这样不仅可以提高内容的时效性和针对性，还可以确保账号在热点期间保持较高的活跃度和影响力。

4. 策划系列专题

策划系列专题，包括确定核心主题、进行内容规划以及加强专业性和深度三个方面。

首先，确定核心主题。在策划系列专题时，首先要明确一个具有吸引力、深度和广度的核心主题。一个好的主题应涵盖不同的子话题，能够引发目标受众的兴趣，并为目标受众提供多层次、多角度的探讨空间。例如，对于旅游类账号"××旅游"，可以选择"探索未知目的地"作为核心主题，这一主题既具有吸引力，又能够提供丰富的素材和灵感。

其次，进行内容规划。根据核心主题，列出系列专题中将要探讨的所有子话题。这些子话题之间应既有联系又各有侧重，共同构成一个有机的内容体系。例如，"探索未知目的地"主题下可以包括"世界上最神秘的十个旅行地""那些鲜为人知的旅行故事"等子话题，并且进一步明确每篇文章的具体主题和切入角度。此外，可以通过内部链接、推荐阅读等方式，将系列专题中的不同文章连接起来。

最后，加强专业性和深度。专业性和深度是提升系列专题品质的关键。在撰写每篇文章之前，新媒体运营者应对相关话题进行深入研究，确保内容的准确性和权威性；在文章中引用权威的数据、研究报告或专家观点，增加内容的可信度；并结合自己的经验和见解，为读者提供独特、深入的分析和解读。

5. 归类和整理

将收集到的选题按照常规选题、热点选题和系列专题进行分类。在每个分类下，进一步按照子分类进行整理和标签化，以便后续的检索和使用。可以按照话题的相似性、目标受众的特征、内容的形式等进行细分和归类。同时，需要为每个选题添加相应的标签，包括话题标签、受众标签、形式标签等，用于描述选题的关键特征。

例如，新媒体账号"××旅游"为每个选题添加多重标签，以便更加灵活地管理和检索。话题标签包括#欧洲旅行#、#自然风光#、#美食之旅#等；受众标签包括#家庭游推荐#、#背包客攻略#等；形式标签包括#图文攻略#、#旅行视频#、#直播回放#等。

6. 定期更新和维护

定期更新和维护选题库，是保障内容源源不断吸引用户的重要环节。新媒体运营者应紧跟社会热点和行业趋势，不断添加新的选题到库中；并时刻关注选题的实际表现，通过用户互动数据来衡量哪些选题受到欢迎，哪些选题可能需要调整策略。对于那些已经过时或不再适用的选题，应果断地进行删除或修改，确保选题库始终保持高效、精炼，为用户提供最有价值的内容。

（二）选题决策

新媒体账号每次要更新内容，都会面临选题决策的问题。选题决策包括建立选题标准、进行评分选择、找准主题及切入点、进行素材搭配四个步骤。

1. 建立选题标准

从选题库的大量选题中挑选出合适的选题，新媒体运营者需要建立一套选题标准，从三个角度中的八个指标去衡量选题。具体如图6-3所示。

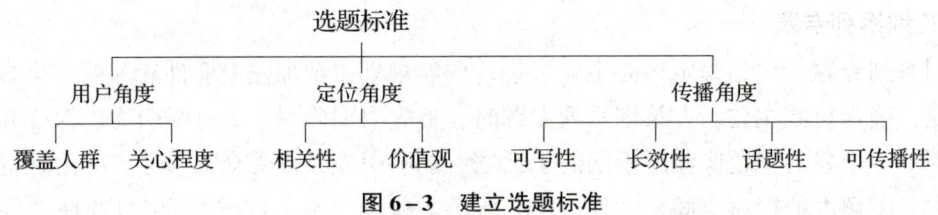

图 6-3　建立选题标准

（1）用户角度　用户角度是考察这个选题是否满足用户的需要，可以用两个指标衡量，即选题的覆盖人群和关心程度。

1）覆盖人群是指关注这个选题的受众群体。假设有两个选题，一个是关于"北京胡同游"的攻略，另一个是关于"中国古镇游"的推荐。前者可能主要吸引对北京文化感兴趣的游客，覆盖人群相对有限；后者能够覆盖到喜欢古镇文化的、更广泛的游客群体，因此具有更大的潜在受众。

2）同样是针对喜欢旅游的用户，一个选题是介绍某个旅游目的地的美食和景点，另一个选题则是关于该旅游目的地的安全问题和旅游陷阱。显然，对于即将前往该目的地的游客来说，他们会更加关心旅游安全问题，因此后者在关心程度上会更高。

（2）定位角度　定位角度是考察这个选题是否符合新媒体账号的定位。可以用两个指标衡量，即选题的相关性和价值观。

1）相关性是指选题和新媒体账号定位的相关程度。假设新媒体账号"××旅游"的定位是专注于提供高端奢华旅行体验，那么选题如"五星级酒店住宿体验"或"私人定制旅行攻略"就与账号定位高度相关。相反，如果这个账号发布了一篇关于背包客如何在青旅节省开支的文章，虽然内容可能会吸引一部分受众，但与账号的高端奢华定位不符，相关性就较低。

2）价值观是指选题要符合新媒体账号一向以来的价值观。如果新媒体账号"××旅游"一直以来的文章都是鼓励读者通过旅行去深入了解不同文化、保护自然环境，那么选题如"如何成为一名负责任的旅行者"或"旅行中的环保小贴士"就符合账号的价值观。相反，如果账号发布了一篇鼓励游客在旅行中过度消费、破坏环境的文章，就与账号的价值观相悖。

（3）传播角度　传播角度是考察这个选题是否适合传播。可以用四个指标衡量，即选题的可写性、长效性、话题性、可传播性。例如，新媒体账号"××旅游"有一个选题是"为什么越来越多的人选择独自旅行？"，衡量一下这个选题是否适合于传播。

1）可写性是指这个选题是否有足够的素材和案例可写，如果这个选题过于生僻，平时基本上没有用户讨论，也没有实际的案例来支撑，就没有办法撰写或拍摄，也很难获得用户的共鸣。但实际情况是，独自旅游这个选题有大量的实际案例和统计数据作为支撑，而且相关话题讨论热度很高。

2）长效性是指这个选题的价值大小对于时间的依赖程度。选题最好是长效的，即使内容已经发布很长时间，依然能够吸引用户点击，长期来看就能够带来更多的搜索流量。与某些短暂流行的网络热词不同，独自旅行作为一个社会现象，具有较为持久的关注度。

3）话题性是指这个选题是否包含着讨论空间，是否能让用户找到参与的角度。如果选题讲的是一个无可挑剔、全社会已经达成共识的主题，那么用户找不到可以参与讨论和表达观点的空间，点赞表示认可该观点之后，就会被其他推送内容吸引。独自旅游选题涉及人们对于独自旅行的不同看法，例如安全性、孤独感、自由度等，这些方面都存在讨论空间。

4）可传播性是指这个选题是否让用户乐于分享和传播。可传播性强的选题具有三个特点：简单、有趣、有社交力。首先，选题要贴近生活、不复杂，让人一目了然，简单的选题容易引起用户的传播。其次，选题要有趣，具有趣味性的选题可以让用户乐此不疲地传播。最后，选题要具有社交力，用户可以借由这个选题开展社交互动。

因此，从传播角度来看，"为什么越来越多的人选择独自旅行？"这一选题具有较高的可写性、长效性、话题性和可传播性，适合新媒体传播。

2. 进行评分选择

用选题标准的八个指标去挑选最理想的选题，需要新媒体运营者通过评分的形式对选题进行比较，最后确定合适的选题。

首先，指标赋权。八个指标的重要性程度是不一样的，给指标赋予不同的权重，权重之和为1。指标越重要，其权重越大。

其次，选题赋值。每个选题在每个指标上得分范围是 1~5 分，分数是按对新媒体内容的有利程度来评的，对新媒体内容越有利，评分越高。评分时应根据选题在各项指标上的实际表现进行客观、公正的评判。

再次，计算加权总分。每个选题的加权总分等于每个指标的权重乘以得分。加权总分越高，则说明选题越有优势。

最后，讨论决策。有了量化数据之后，新媒体运营者可以召开一个 15 分钟左右的选题会再听取一下综合意见，最后以投票的方式确定当日的选题。

例如，新媒体账号"××旅游"对选题1和选题2进行比较，根据评分比较表进行选择，具体见表 6-11。

表 6-11　选题的评分比较表

三个角度	用户角度		定位角度		传播角度			
八个指标	覆盖人群	关心程度	相关性	价值观	可写性	长效性	话题性	可传播性
权重	0.1	0.2	0.1	0.1	0.1	0.1	0.2	0.1
选题1	3	5	2	5	4	2	5	3
选题2	4	2	3	5	3	4	2	4
选题1总分	$3\times0.1+5\times0.2+2\times0.1+5\times0.1+4\times0.1+2\times0.1+5\times0.2+3\times0.1=3.9$							
选题2总分	$4\times0.1+2\times0.2+3\times0.1+5\times0.1+3\times0.1+4\times0.1+2\times0.2+4\times0.1=3.1$							
结论	由于选题1总分3.9高于选题2总分3.1，故倾向于选题1							

3. 找准主题及切入点

在确定选题之后，明确新媒体内容的主题是至关重要的一步。主题是新媒体内容希望传达的核心思想，展现对特定事物的观点和立场。

以"生态旅游"这一选题为例，新媒体运营者需要思考如何将其与自身的价值观相结合，并符合社会主流价值观。可能的主题包括"生态旅游：走向自然，回归心灵的旅行方式""生态旅游：保护自然，实现可持续旅游发展的关键""生态旅游应注重当地文化保护，促进社区参与"等。

确定主题之外，还要找准切入点。例如，生态旅游是一个内涵丰富的选题，要找准这个选题的切入点，可以从以下几方面入手。

（1）化大为小　选题过于宽泛往往难以聚焦用户兴趣，因此需要将宏大的主题精细化，缩小到一个具体而有价值的小范围内进行探讨。以选题"生态旅游"为例，可以通过表6-12的策略实现选题的精细化。

表6-12　化大为小的策略

策略	描述	示例
细化地域	选择具体的地理位置作为研究范围	中国西南地区：生态旅游发展的现状与挑战
限定时间	专注于生态旅游在特定时期的发展趋势	节假日：生态旅游市场的繁荣与问题
目标人群	针对特定群体的生态旅游需求进行分析	家庭：亲子共游的自然教育
案例研究	通过具体案例深入探讨生态旅游的实践	国家公园：生态旅游管理模式分析
问题导向	集中讨论生态旅游中的特定问题	游客行为：规范与引导策略
创新探索	探索生态旅游的新趋势、技术或模式	科技应用：VR/AR在生态旅游中的应用

（2）确定内容类型　不同的内容类型，有着不同的切入点和呈现方式，也对应着不同的受众需求。在选取内容类型时，需要考虑清楚选题的性质和目的，选择最适合的内容类型进行呈现。

常见的七种内容类型，可称之为"内容类型七巧板"。以"××旅游"为例，见表6-13。

表6-13　内容类型七巧板

内容类型	描述	示例
信息型	提供详尽的背景信息和数据信息，逻辑清晰	生态旅游的起源与全球发展趋势
访谈型	通过与专家或相关人物的深入交流，展现选题的多面性	与生态旅游导游对话：行业内的挑战与机遇
分析型	专家解读，深入分析选题的前因后果	生态旅游如何促进环境保护与可持续发展
对策型	提供针对选题问题的解决方案和建议	提升生态旅游体验质量的五大策略
评论型	明确观点，用素材和案例支持，引导用户思考	生态旅游不应只是拍照打卡
体验型	以用户视角，分享亲身体验和感受	我在雨林的生态旅游体验：与自然的亲密接触
盘点型	全面梳理和收录相关信息，便于系统化学习	全球十大生态旅游必去之地

4. 进行素材搭配

确定选题、主题和切入点之后，需要进行素材搭配来组合内容。新媒体内容创作是否生动有趣，是否能够吸引用户，除了作者的文笔外，还取决于内容所使用的素材数量和质量，包括文字、图片、视频、音频、互动等相关素材。合理选择使用相匹配的素材，可以让新媒体内容锦上添花。以"××旅游"为例，具体见表6-14。

表6-14 素材搭配的策略

要素	描述	示例
素材多样性	结合文字、图片、视频等不同媒介，满足不同用户的偏好，增加内容吸引力	发布关于"××旅游"的攻略文章，穿插高清风景图片和旅游视频链接，提供多样化的视觉体验
素材质量	确保素材清晰、相关度高且高质量，提升内容专业度和用户信任感	使用专业摄影师拍摄的高分辨率旅游地图片和制作精良的旅游纪录片片段
内容相关性	素材与主题紧密相关，增强信息传达效果，确保用户获得有价值的内容	选择与"××旅游"主题直接相关的案例研究，如当地文化活动的照片或视频
视觉平衡	设计布局时注意元素分布，创造美观易读的界面，提升用户体验	在"××旅游"文章中，合理布局图文，使用合适的字体和颜色方案，确保视觉舒适度
互动性	加入互动元素，提高用户参与度和内容分享性，增强用户黏性	在"××旅游"文章末尾添加互动问答环节，鼓励用户分享旅行经验和故事
版权合规	遵守版权规定，避免侵权问题，确保内容合法性	使用版权免费的图片或购买素材版权，确保所有使用的素材都符合版权法规
叙事连贯性	素材支持叙事流程，讲述连贯的故事，提高内容的吸引力和传播力	通过时间线的方式组织"××旅游"的历史和发展素材，让用户更容易理解和记忆
目标受众	考虑受众特点，选择能引起共鸣的素材，提高内容的吸引力和传播力	针对年轻受众，使用他们在流行文化中熟悉的旅游目的地图片或视频
更新及时性	使用最新素材，保持内容的时效性，提高内容的吸引力和竞争力	引用最新的旅游趋势报告或最近的旅游新闻事件来更新"××旅游"的内容
测试反馈	发布前测试素材搭配，根据反馈调整，优化内容质量和用户体验	在社交媒体上发布"××旅游"内容草稿，收集并分析用户反馈，根据反馈调整内容

思维扩展

描述一个成功的新媒体选题策划案例，并分析其成功的原因。

第三节 新媒体内容运营的中期创作

新媒体内容运营的第二阶段是中期创作。新媒体账号通过持续产出高质量的文章和视频内容，有效吸引用户关注，进一步塑造品牌形象，并最终实现转化目标。中期创作包括文章写作、音视频作品创作。具体如图6-4所示。

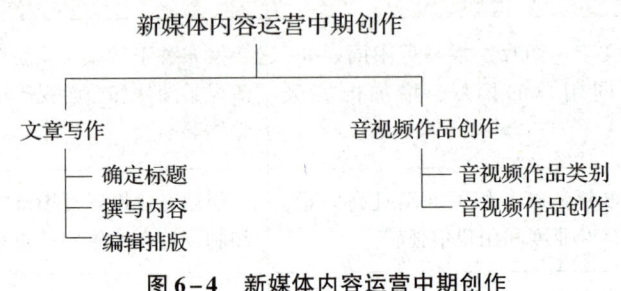

图6-4 新媒体内容运营中期创作

一、文章写作

文章写作在新媒体内容运营中有着举足轻重的作用。新媒体从业者应该注重文章质量，持续产出有价值的文章内容。文章写作主要包括确定标题、撰写内容和编辑排版。

（一）确定标题

标题是新媒体文章的"门面"，极大地影响文章的打开率。在新媒体环境下，标题的重要性远超过传统媒体，因为用户主要通过标题判断内容是否值得阅读。一个好的标题能吸引用户注意力，提高文章点击率，进而提升文章阅读量和转发量。

1. 撰写标题的原则

撰写标题有四项原则，即真实原则、通俗原则、代入原则、立场原则，以"××旅游"为例，见表6-15。

表6-15 撰写标题的原则

原则	描述	示例
真实原则	不使用可能引起误解的词汇，确保标题准确反映内容，不夸大事实，不误导读者	"古城探秘：历史与传说的交汇"
通俗原则	使用易于理解的语言，避免使用行业术语或复杂的表达，使标题对广大读者友好	"选择旅游目的地的小技巧：发现那些隐藏的美景"
代入原则	创造与读者的直接联系，让标题触动读者的个人情感或需求，提高阅读兴趣	"你的完美假期：这5个海滩让你梦想成真"
立场原则	保持中立和客观，避免使用极端或绝对化的词汇，尊重社会主流价值观	"探索更多：除了知名景点，这些旅行地同样值得一游"

2. 标题的类型

一个好的标题,可以触发用户的四种典型心理反应,即好奇感、激动感、担心感、困惑感,使用户对信息内容产生较大的兴趣。因此,可以根据用户心理反应把有效标题归纳为四类:好奇式标题、激动式标题、担心式标题、困惑式标题。

(1) 好奇式标题 好奇是人的天性。用户对某个信息的需求程度很高但满足程度很低,那么就容易对这个信息产生好奇心。好奇式标题包括9种基本类型。以"××旅游"为例,见表6-16。

表6-16 好奇式标题的类型

类型	描述	示例
比较式	对比不同事物,形成反差,引起好奇心	"去过10个国家 VS 只去过1个国家:旅行者的眼界差异"
悬疑式	标题呈现半截,留下想象空间,激发用户想要了解完整的故事	"被遗忘的古城:一个未解之谜正等待着……"
反常式	违反常理,颠覆用户预期,吸引注意	"冷门胜地的秘密:为何它比热门景点更受欢迎?"
标签式	使用特定人群标签,吸引目标读者	"旅行达人秘籍:10个只有内行人知道的技巧"
经验式	分享个人经验,吸引对特定经历感兴趣的用户	"从背包客到旅行博主:我的成长之路"
名人式	利用名人效应吸引关注	"追随徐霞客的脚步:探索中国的经典旅行路线"
总结式	提供知识要点,帮助用户快速了解主题	"旅行摄影速成:5个技巧让你的照片脱颖而出"
敏感式	使用"敏感"词汇,迅速吸引用户注意力	"警告:这个热门旅行地隐藏着未知风险……"
隐喻式	利用隐喻增加趣味性,引发深思	"旅行与人生:每一步都是新篇章"

(2) 激动式标题 激动式标题能够触发用户的情绪反应,使他们感到兴奋、震撼或迫切想要了解更多,包括表6-17列出的4种基本类型。

表6-17 激动式标题的类型

类型	描述	示例
批评式	直接批评或揭露问题,引起用户的阅读兴趣	"揭露真相:这些旅游陷阱让人愤怒,别再上当了!"
夸张式	使用极端或绝对化的表述,打破常规,引发强烈情绪反应	"全球瞩目!这个中国小镇的日出,美到让人永生难忘!"
赞美式	用赞美的语气描述,让用户感到愉悦,增加阅读兴趣	"绝美夜景:这座古城的夜晚,美得令人陶醉!"
震惊式	使用感叹词和警示词,制造紧迫感,吸引用户关注	"揭秘!这个古村落隐藏的秘密,让人震惊不已!"

（3）担心式标题　人类天生就对于周围环境中的危险信号有着非常敏锐的观察力和反应力。如果标题透露出让人担心的危险信号，无疑就能快速抓住用户的注意力。担心式标题包括表6-18列出的3种基本类型。

表6-18　担心式标题的类型

类型	描述	示例
危害式	指出可能危害用户个人利益的风险因素，激发用户的警觉性	"警惕！这些热门旅游地潜藏的安全风险，你了解吗？"
损失式	强调因决策失误可能导致的损失，提高用户的预防心理	"别让这些旅游陷阱毁了你的假期！提前了解，避免后悔"
挫折式	提供解决用户可能遇到的挫折或困难的方法，给予实用建议	"旅行意外怎么办？掌握这些应急技巧，轻松应对"

（4）困惑式标题　如果标题讲的是熟悉环境中的陌生事物，或者是将熟悉的事物放到一个陌生的环境中，又或者是熟悉的事物以不可预期的形式出现在熟悉的环境中，导致了信息矛盾和冲突，就会让用户产生困惑，从而产生强烈的关注度。困惑式标题包括表6-19列出的4种基本类型。

表6-19　困惑式标题的类型

类型	描述	示例
向往式	描述用户对理想生活的向往，激发他们的好奇心和追求	"梦想成真：体验那些令人向往的奢华旅行，你也可以！"
挑战式	通过提问或反问将问题给到用户，激发他们的勇气和探索欲	"极限挑战：你准备好迎接这些刺激的旅行冒险了吗？"
对比式	提出两个相互冲突的选择，让用户在对比中做出判断	"背包客的自由 VS 豪华游的舒适：你更倾向于哪种旅行方式？"
混搭式	将看似不相关的元素组合在一起，创造新奇和混搭	"摇滚与古镇的碰撞：一场穿越时空的音乐探险"

总结一下，标题类型见表6-20。

表6-20　标题基本类型

四类心理反应	20种标题基本类型
好奇式标题	比较式、悬疑式、反常式、标签式、经验式、名人式、总结式、敏感式、隐喻式
激动式标题	批评式、夸张式、赞美式、震惊式
担心式标题	危害式、损失式、挫折式
困惑式标题	向往式、挑战式、对比式、混搭式

思维扩展

1. 在撰写标题时，根据新媒体内容与用户的心理反应，你最常使用哪种类型的标题？

2. 请举出一个不够理想的标题，并说明这个标题存在什么问题？应该如何修改？

3. 撰写标题的流程

为了确保每个标题都能有效吸引目标受众，新媒体运营团队应遵循以下优化后的标题撰写流程。

（1）组建标题库　建立一个集中的标题库，用于收集和存储各种有吸引力的标题。团队成员在浏览其他新媒体账号时，遇到好的标题应及时分享到团队群或指定平台。指定一名团队成员负责管理和更新标题库，定期分析库内标题的特点和趋势，以确保标题库的时效性和有效性。

（2）撰写大量标题　组织团队成员进行头脑风暴，每人在规定时间内（如15～20分钟）提出至少5个标题建议，这样可以快速生成大量标题选项，为后续的筛选提供更多可能性。初步筛选时，可以根据标题的创意、相关性和吸引力等因素，挑选出最有潜力的几个标题。

（3）顾问团投票和反馈　将初步筛选出的标题提交给顾问团进行投票和反馈。顾问团由行业内的专业人士、忠实用户或其他有影响力的人士组成。通过他们在不同社交媒体平台上的投票和反馈，可以了解哪些标题在不同受众群体中更具吸引力。同时，顾问团的反馈还可以为标题的进一步优化提供宝贵建议。

（4）综合分析和最终选择　结合顾问团的投票结果和反馈意见，团队成员进行综合分析，讨论每个标题的优缺点、潜在风险及优化方向。最终，根据讨论结果选择最适合的标题。在选择过程中要充分考虑目标受众的喜好和平台特点，确保标题既能吸引用户点击，又能准确传达文章内容的核心信息。

（5）标题长度优化与预览测试　在确定最终标题后，还需要根据目标发布平台的要求进行长度优化。不同平台对标题长度的限制可能有所不同，因此要确保标题在各大平台上都能完整显示。此外，建议在实际推送前使用手机等移动设备进行预览测试，确保标题在移动端显示效果良好且无格式问题。通过预览测试可以及时发现并调整标题中存在的问题，提高用户阅读体验。

（二）撰写内容

新媒体文章的价值和吸引力主要来源于其内容的质量和独特性。内容的质量决定了文章的二次传播率。

1. 内容标准

新媒体优质内容通常具备三个标准：实用性、趣味性、有效性，见表6-21。

表 6-21　内容标准

内容标准	描述	具体表现
实用性	提供有价值的信息、知识或解决方案，解决用户问题	提供具体的操作指南或步骤；回答用户常见疑问；提供行业分析或数据支持
趣味性	内容吸引人，打破单调性，增加记忆点	使用幽默、诙谐语言风格；插入有趣的插图、图片或视频；讲述精彩故事或案例
有效性	触动用户情感，引发共鸣，促使用户产生预期反应	描述能够引起共鸣的情境或经历；使用情感化的语言和叙述；创造正面或启发性的结尾，鼓励用户行动

2. 内容结构

在新媒体写作中，每一篇文章都如同一串珍珠，每个知识点就像一颗颗珍珠。优秀的文章并非简单堆砌知识点，而是巧妙地将它们串联起来，形成一个稳固而吸引人的架构。

文章内容的组织同样需要这种巧妙的架构，它包括时间维度和空间维度。时间维度是以时间为纽带，从时间分配角度来贯穿，时间可以顺序推演，也可以倒序追溯，还可以是因果分析等；空间维度是以事物之间的共同特征为纽带的，有某种共同特征的可以分为一类。把时间和空间两个维度交织起来考虑，可以总结出五种内容组织方式。以"××旅游"为例，见表 6-22。

表 6-22　内容结构

内容结构	说明	示例
顺序逻辑	按照时间先后顺序或步骤顺序组织内容	写一篇关于"徒步登长城"的文章，按照准备阶段、出发阶段、徒步过程、结束阶段的顺序来描述
分类逻辑	将事物按照某种共同特征或属性进行归类组织	写一篇桂林旅游攻略，按照旅游主题分类，例如文化之旅、自然风光之旅、美食之旅等，并在每个主题下进一步细分具体活动
关系逻辑	按照知识点之间的内在关系组织和布局文章内容	《双城记：上海的繁华与苏州的静谧》，通过竞合关系和对立统一关系将上海和苏州这两座城市联系在一起描述
线索逻辑	运用线索贯穿全文，使文章结构清晰、易于理解	《一座城的历史记忆：老照片的背后故事》，以老照片为线索，通过解读照片中的内容来叙述城市的历史变迁
结构逻辑	类似于拼图游戏，每个知识点或信息片段在文章整体框架中找到自己的位置并相互连接	介绍旅游新产品的文章采用"why/what/how"结构或"SCQA"结构来组织内容，确保读者能够清晰地了解产品的背景、功能和使用方法

3. 内容表达

写文章时，要让用户愿意去读，这就要求文章不仅要有干货，还得要有趣。所谓"有趣"，就是内容表达方式生动有趣，让用户有轻松快乐的阅读体验。以"××旅游"为例，内容表达方式见表 6-23。

表 6-23　内容表达方式

内容表达	说明	示例
场景化	将产品或服务融入具体场景，让读者产生共鸣	"站在山巅，云雾缭绕，仿佛触手可及，每一次呼吸都能感受到自然的清新与宁静。"
口语化	使用直白、贴近日常的语言与读者交流	"这地方太美了，拍照根本不用滤镜，每一张都能直接当壁纸。"
素材化	利用视觉、听觉等素材增强表达效果	"听，那是瀑布的声音，像在听一首大自然的交响乐，让人心旷神怡。"
故事化	通过故事讲述，增强情感共鸣	"相传这座古桥见证了无数恋人的相遇与别离，每一步都踏着历史的痕迹。"
数字化	使用具体数据支撑观点	"每年有超过 200 种候鸟在此湿地保护区内迁徙停留，其中包括 7 种全球濒危物种。"
比喻化	通过比喻，让复杂概念变得简单易懂	"这个景点就像一本活的历史书，每一页都记载着不同朝代的故事。"
金句化	使用精炼有力的语言，让读者留下深刻印象	"在这里，每一步都是穿越时空的旅行。"
情绪化	激发读者的情感，增强文章感染力	"当夕阳的余晖洒在古老的城墙上，那份历史的厚重感让人肃然起敬。"
冲突化	构建对比或矛盾，吸引读者注意	"在这座现代与传统交融的城市中，古老的庙宇旁边是摩天大楼，时空仿佛在这里交错。"
升华化	提升话题的价值层次，赋予内容更深远的意义	"这不仅仅是一次旅行，这是一次心灵的洗礼，是对生命多样性的深刻领悟。"

4. 内容创作与设计常用工具

（1）创客贴（chuangkit.com）　提供在线图形设计服务，包括海报、宣传单、PPT 等设计模板，支持拖拽式编辑。

（2）稿定设计（gaoding.com）　专为电商运营者、新媒体运营者提供的在线智能化平面设计工具，提供丰富的模板和素材。

（3）易企秀（eqxiu.com）　提供 H5 页面、海报、长图、表单、视频、互动游戏等模板制作，支持快速创建和分享。

（4）Fotor 懒设计（fotor.com.cn）　提供在线图片编辑和设计功能，包括照片效果、拼图、设计模板等，适合快速制作图片内容和社交媒体图像。

（5）凡科快图（fanke.com）　提供在线图片编辑、海报设计、PPT 制作等功能，适合快速生成营销图片和文档。

（6）字语智能（getgetai.com）　提供 AI 加速写作，精准文章素材、10W+文章模板、智能取标题、一键智能优化等功能。

（7）阿里妈妈 AI 智能文案（chuangyi.taobao.com）　基于商品智能生成文案。

（三）编辑排版

编辑排版在新媒体文章写作中具有重要的地位，它直接影响用户第一眼看到文章时的直观感受。

1. 编辑排版的作用

编辑排版在新媒体内容中起着至关重要的作用。首先，它能够显著提升用户的阅读体验，通过优化字体、颜色、图片等视觉元素，使内容更加清晰、易读且吸引人；其次，编辑排版能够增强文章的专业性和可信度，通过整洁、规范的布局和有条理的信息展示，赢得用户的信任和认可；最后，一致的排版风格还有助于塑造和巩固品牌形象，增强品牌的辨识度和用户的忠诚度。

2. 编辑排版的要素

编辑排版有 8 个要素，以"××旅游"为例，见表 6-24。

表 6-24 编辑排版的要素

要素	建议	示例
标题	内容简洁明了，字数不超过 64 个，控制在 1~2 行内。使用阿拉伯数字，标点不超过两种	"旅行心愿清单：10 个令人心驰神往的绝美之地"
头图	与主题紧密，传达核心信息，风格统一。适应不同平台尺寸要求，确保图片清晰。单图文时特别注意中心区域设计	可用一张迷人的海滩日落图片，与文章主题"全球最美日落观赏地"相呼应
导语	简洁有力，迅速传达核心，激发阅读兴趣。例如使用新奇表述、提问等方式与用户互动	"你是否厌倦了人满为患的旅游热点？探索这些未知的宝藏地，开启你的独特之旅！"
正文	内容连贯、聚焦。注意字体、字号、配色、行距等排版细节。图片清晰标注，引用需明确出处。可添加互动元素	描述每个宝藏地的特色、历史背景、旅行建议等，并配以精美图片。鼓励读者在评论区分享自己的旅行经历
音频/视频	与主题紧密关联，生动形象。视频长度≤5 分钟，音频≤10 分钟。避免自动播放，使用合法素材	嵌入一段关于某个宝藏地的短视频，展示其独特风光和旅行体验
引导关注	位于结尾，诱导用户关注账号。例如通过文字描述或设计元素吸引用户点击关注	"想要发现更多不为人知的旅行秘境？关注我们，每周为您带来精选旅行目的地和独家攻略！点击下方关注，开启您的探险之旅！"
版权声明与转载信息	显著位置展示，与正文区分。明确原创性、作者、发布日期及转载授权和出处。遵守法律法规，尊重知识产权	"本文为原创内容，未经授权禁止转载。作者：[账号名]，发布日期：[具体日期]。如需转载，请联系我们获取授权。"
阅读原文	提供查看原始来源或完整内容的链接/按钮。显眼位置，标注清晰，注明打开方式	"想要了解更多关于这些宝藏地的详细信息？点击下方'阅读原文'，查看完整攻略和精彩图片！"

3. 编辑排版的原则

新媒体文章的排版设计应遵循简洁明了、对比突出、统一性和适应性四大原则，以确保内容的有效传达和用户的阅读体验，见表6-25。

表6-25 编辑排版的原则

排版原则	方法	目的
简洁明了	减少装饰，合理分段，使用小标题，选择易读字体，调整字号和行间距	高效传递信息，优化可读性
对比突出	利用不同字体、颜色或背景区分标题和正文，突出关键数据和引用	吸引用户注意，优化阅读体验
统一性	保持字体、对齐方式、图片风格和大小一致，使用协调的颜色配色	营造和谐阅读体验，确保文章整体美观有序
适应性	采用响应式设计，调整内容布局，优化字间距和行间距，压缩图片	应对多样阅读环境，提供一致的优质阅读体验

4. 编辑排版常用工具

（1）135编辑器（135editor.com） 可提供丰富的样式库、支持秒刷、收藏样式和颜色、图片素材编辑、图片水印、一键排版等功能。

（2）i排版（ipaiban.com） 界面简洁，支持全文编辑、实时预览、一键样式、原创样式设计、一键添加签名。

（3）新榜编辑器（edit.newrank.cn） 提供丰富的样式和模板、海量的在线图片搜索，内容一键同步多平台，还有大量爆款文案供参考。

二、音视频作品创作

音视频作品创作是新媒体内容运营的重要环节，能够满足用户多样化的需求，增强内容的吸引力，提高传播效果，适应移动设备趋势，并增强品牌形象。

（一）音视频作品类别

1. 音频作品分类

音频作品主要是指以声音为主要表现形式，通过新媒体平台进行传播的作品。根据不同的特点和用途，可以划分为多种类型。常见类别见表6-26。

表6-26 音频作品的类别

类别	描述	示例
音乐作品	包括歌曲和器乐曲，涵盖古典、民族、流行等多种风格	《命运交响曲》《青花瓷》
有声读物	文字作品的音频表现形式，通常由朗读者朗读，包括小说、教科书、杂志文章、儿童故事书等	《凯叔西游记》：根据中国古典名著《西游记》改编的儿童版有声读物
播客	通过互联网发布的，可以订阅和下载的音频节目，通常围绕特定主题或兴趣，包括新闻、访谈、故事讲述、喜剧、音乐等	《行走天下》：每期邀请旅行者分享独特旅程，例如徒步穿越喜马拉雅山脉、自驾环游欧洲等

(续)

类别	描述	示例
音频直播	实时音频传播,具有较强互动性,包括音乐节目、新闻报道、访谈、讲座、活动直播等	荔枝FM的"体育赛事直播":在体育赛事期间提供实时解说和评论
音频课程	教育性音频内容,提供专业知识、技能培训或学术讲座,如语言学习、专业课程等	《旅行英语速成》:帮助即将出国旅行的用户快速掌握基本的旅行英语表达
电台节目	通过无线电波或互联网流媒体传输的音频内容,包括音乐、新闻、谈话、体育、娱乐、教育等类型	中央广播电视总台(CCTV)的《新闻和报纸摘要》:每天早晨播出,提供国内外重要新闻
配音作品	通过后期制作,为视频、动画、广告、纪录片、有声书、电子游戏等媒介中的人物或角色添加声音的过程所形成的成品,包括对话、旁白、音效等	历史小说《明朝那些事儿》的有声书配音
访谈和口述历史	通过口头交流的方式获取第一手资料,通常用于学术研究、历史记录、新闻报道等领域	《鲁豫有约》:电视访谈节目,主持人陈鲁豫与各界名人进行深入对话
相声和喜剧	以幽默、讽刺为主要表现形式的音频作品	相声《报菜名》:传统的相声贯口,由马三立表演,快速报出一长串菜名,展示口才和记忆力
品牌宣传音频	品牌为推广产品或服务而制作的音频作品,例如广告歌曲、品牌口号、产品介绍等	国家电网公司司歌《光明之路》:描绘电网穿梭于祖国山河,展现公司员工的精神风貌

2. 视频作品分类

视频作品主要包括表6-27列出的五种类别。

表6-27 视频作品的类别

类别	描述	示例
短视频	15~60秒的精炼视频内容,适合使用移动设备观看,充分利用碎片化时间	抖音、快手等平台上的各种创意、搞笑、生活分享等短视频
长视频	时长超过3分钟,可能达到几十分钟的视频作品,涵盖纪录片、专题片、微电影、综艺节目等	中国石化长视频节目《为美好生活加油》,通过讲述故事展现品牌形象
直播	实时互动的视频形式,通过社交媒体、直播平台等传播,可用于产品推广、品牌宣传、在线教育、娱乐等	网红直播带货、新闻直播报道、在线教育直播课程等
动画视频	采用动画技术制作的视频,可创造出生动、活泼、富有想象力的画面和角色,用于广告宣传、教育培训、娱乐等	广告中的动画形象代言、儿童教育动画视频等
Vlog	视频博客,以第一人称视角记录与分享生活,为观众带来身临其境的观看体验	新华社Vlog作品"一个开始于战火硝烟中的记者故事",记录战地记者的真实经历

（二）音视频作品创作

1. 音频作品的创作

（1）确定创作目标　在创作新媒体音频作品前，应首要确定创作目标，包括明确意图和预期效果，确保内容的准确性和针对性。例如，新媒体账号"××旅游"在创作一段关于"北京胡同文化"的音频作品时，其创作目标可以确定为：通过讲述北京胡同的历史沿革、建筑风格、居民生活等方面的内容，向目标用户传递胡同文化的独特魅力和价值，激发他们对北京深度游的兴趣和参与度，进而提升账号的品牌形象和文化旅游产品的销量。

（2）确定创作主题　新媒体音频创作主题应紧扣创作目标和内容定位，展现品牌或产品魅力，激发用户兴趣。选择主题时，需考虑内容深度和广度，确保素材丰富、观点鲜明。同时，追求独特性和差异化，使作品在海量信息中脱颖而出。例如，新媒体账号"××旅游"把"北京胡同文化"音频作品的创作主题确定为"探寻北京胡同：历史的回声与现代的融合"。

（3）制定结构　音频作品的结构指的是对音频内容的整体组织和布局，它影响作品的逻辑流程和呈现方式。一个完整的音频作品结构通常包含开场介绍、主题介绍、内容展开、总结与呼吁行动等部分。例如，新媒体账号"××旅游"的"北京胡同文化"音频作品包括以下部分。

首先，开场介绍部分引出作品的标题"探寻北京胡同：历史的回声与现代的融合"，简要介绍新媒体账号"××旅游"及其专注于提供深度文化旅游体验的特点。概述本次音频的主题和目的：带领听众深入了解北京胡同文化的魅力和价值。

其次，主题介绍部分要对"北京胡同文化"进行简要定义和背景介绍，包括其历史沿革、地理位置和重要性；阐述胡同在北京历史文化中的地位和意义，以及与现代社会的联系。

再次，内容展开部分包括四个方面，一是历史沿革，讲述北京胡同的形成和发展过程，包括各个历史时期的变迁和重要事件；二是建筑风格，介绍胡同中典型的建筑风格和特点，例如四合院、门楼、砖雕等，并解释其背后的文化内涵；三是居民生活，通过访谈或故事的形式，展现胡同居民的生活方式、传统习俗和社区文化；四是现代融合，探讨胡同在现代社会中的转型和发展，包括商业化、文化保护和旅游开发等方面。

最后，总结与呼吁行动，对本次音频的内容进行简要总结，强调胡同文化的独特魅力和价值。呼吁听众参与保护和传承胡同文化的活动，提出具体的行动建议，例如参观胡同、了解当地居民生活、支持文化保护项目等。鼓励听众分享自己的胡同文化体验，与更多人共同感受这份历史与现代的融合。

（4）选择讲述方式　音频创作的讲述方式是指在音频作品中用于传递信息、表达观点和讲述故事的方式和方法。不同的讲述方式可以产生不同的效果和听众体验，见表6-28。

表6-28　讲述方式的类别

讲述方式	描述	示例
叙述式	通过生动的叙述和描绘，将听众带入特定的场景或情节中	在旅行音频中，叙述式可用于细致地描述目的地的自然风光、建筑特色以及当地的文化活动，为听众创造出身临其境的感觉

(续)

讲述方式	描述	示例
对话式	通过角色间的对话和交流，展现情节发展和信息传递	访谈类音频节目常采用对话式，主持人与嘉宾之间轻松自然地对话，分享旅行趣闻、美食体验等，增加互动性和真实感
体验式	侧重个人经历和感官体验，与听众分享独特的情感与感悟	在音频日志或旅行Vlog中，体验式讲述方式可用于分享旅行者的内心感受、对目的地的独特见解以及与当地人的真实互动经历
解说式	提供详细的知识解释、概念阐述和背景介绍	旅游导览音频常采用解说式，为听众提供关于景点历史、文化背景、名胜古迹的详细解说，帮助听众全面了解旅游目的地的丰富内涵

（5）准备脚本　音频作品的脚本是音频创作的蓝图，它为创作者提供了明确的指导，确保内容有组织、有条理地展现给听众。脚本按照结构编写每个部分的详细内容。

创作者要注重对脚本的审查和修改，包括审查脚本是否连贯、有逻辑。确保每个部分都与主题相关，并考虑听众的兴趣和需求，根据听众需要进行修改。

（6）考虑时长　音频时长对听众体验和信息传达至关重要，过短可能内容不完整，过长则可能使听众失去兴趣。创作者应通过试听和听众反馈评估时长合理性，并遵守新媒体平台的时长规定。例如，新媒体账号"××旅游"的"北京胡同文化"音频的时长应根据内容深度和目标来设定，简洁介绍可控制在10~15分钟，深入探讨则可延长至30~45分钟。

（7）录制与发布　音频录制是将声音捕获并转换为数字格式的过程，它为听众提供了可以随时随地收听的内容。以"××旅游"为例，其步骤见表6-29。

表6-29　音频录制的步骤

步骤	描述	示例
准备录音设备	选择适合的录音设备，例如专业麦克风、音频接口、录音软件等。备选方案包括手机或计算机的内置麦克风	为"××旅游"播客选择一个具有良好音质的外部麦克风，并确保它与录音软件兼容
选择录音环境	寻找一个安静、无回声的录音空间，避免有嘈杂背景音或明显混响的环境	预订一个隔音的录音棚来录制"××旅游"的音频内容，以确保最佳音质
配置录音参数	根据录音设备和预期音质，设置适当的采样率、位深度等录音参数	为"××旅游"的录音设置24位采样率和48kHz采样频率，以获得高质量的音频输出
开始录音	打开录音软件或应用，按照界面提示进行操作。稳定放置录音设备，避免设备移动产生的噪声	录制"××旅游"音频时，确保麦克风位置固定，周围环境安静，避免不必要的噪声干扰
保存并预览音频	完成录音后保存音频文件，并进行预览检查。确保内容完整，音质清晰，无明显的噪声或失真	录制结束后，仔细检查"××旅游"的音频文件，确保没有遗漏关键信息且音质达标

(续)

步骤	描述	示例
确定发布策略	确定目标受众和发布平台。设计吸引人的封面和标题，以提升点击率和收听率	为"××旅游"播客选择合适的音乐和旅行相关的封面图，以及一个吸引人的标题，如"探索未知：××旅游指南"
推广音频内容	利用社交媒体、电子邮件等渠道分享音频链接。与听众互动，回应反馈和评论	在"××旅游"的官方社交媒体账号上发布播客链接，并鼓励听众分享和发表他们的评论

2. 视频作品的创作

视频作品的创作主要包括五个步骤，以新媒体账号"××旅游"为例，具体步骤见表6-30。

表6-30 视频创作的步骤

步骤	核心内容	示例
视频作品策划	深入理解目标用户，明确定位、内容及形式，制定推广策略	"××旅游"针对喜欢海岛度假的年轻人群，策划展示海岛风光的视频，制订在自有平台发布、合作推广等策略
视频脚本与故事板	将创意文字化、视觉化，确保制作流程顺畅	"××旅游"的视频脚本描述海岛风光、游客活动等场景，故事板展示拍摄角度、运动轨迹等
拍摄准备	全面筹备物品、设备、场地和人员	"××旅游"团队准备摄影器材，选择美景场地，邀请模特和专家参与拍摄
视频拍摄	使用专业设备将创意转化为动态视觉画面，注意音频录制	"××旅游"团队在海岛上拍摄沙滩、海水等场景，录制配乐和自然音效
剪辑和后期制作	将拍摄素材转化为视频作品，提升叙事性和视听体验	"××旅游"团队剪辑精彩镜头，添加视觉特效、调整色彩、处理音频，导出适合不同平台的格式

3. 直播的创作

直播的创作过程包括6个环节，如图6-5所示。

图6-5 直播的创作过程

（1）确定主题和目标　直播的成功离不开明确的主题和目标，它们确保了内容聚焦、满足观众需求，并为主播提供行动指南。选择主题时，需深入了解观众兴趣，评估自身资源与能力，使内容既吸引观众又发挥主播优势。

例如，新媒体账号"××旅游"确定一期直播的主题为"探秘神秘的自然风光与人文历史——深度游桂林景区"，其目标为吸引至少1万名新观众关注账号，直播期间观众的互动次数达到××次,每位观众的观看时长达到××分钟以上。

(2) 策划直播形式 在策划直播形式时,新媒体运营者首先要考虑的是直播内容的属性。例如,"××旅游"首先明确了直播内容的属性:这是一次集自然风光、人文历史、当地特色于一体的深度游直播。因此,他们决定采用"实地探访+讲解+互动"的直播形式。

其次,深入了解目标受众的喜好和观看习惯。例如,"××旅游"知道,对于年轻观众群体来说,更具活力和创新性的直播形式更受欢迎,因此,在直播中融入了热门音乐和潮流元素,打造了年轻化的直播风格。而对于专业受众或对桂林有深度了解需求的观众,他们则注重内容的深度和专业性,采用了更为严谨的直播态度和语言表达。

最后,新媒体运营者还需要充分考虑自身所拥有的资源和能力。"××旅游"拥有专业的摄影团队和先进的设备,能够支持多机位切换、高清画质等较为高级的直播形式;同时,他们还邀请了经验丰富的旅游达人作为嘉宾主持,增加了直播的互动性和吸引力。

在策划过程中,可能需要进行多次的测试和调整,以确保最终选择的直播形式能够完美地契合新媒体运营者的目标和受众需求。

(3) 布置直播环境和设备 直播环境的选择和布置对于营造氛围、吸引观众至关重要。新媒体运营者需根据直播内容和目标精心规划环境,例如选择具有代表性的场地,清理杂物并确保背景整洁。同时,准备与直播内容相关的道具和布景,以展示直播间独特魅力。

在设备方面,高清防抖摄像机、广角和长焦镜头、航拍无人机等都是关键,以捕捉精彩瞬间和震撼风光。音频采集需选用高品质无线麦克风,搭配防风罩和降噪设备,确保声音清晰。适宜的照明设备如LED补光灯和反光板,能提升主播和场景的视觉效果。

为确保直播流畅,还需准备稳定的有线网络连接、高效路由器、备用电源和网络设备等。通过精心布置和设备配置,可呈现专业且具观赏性的直播盛宴,吸引观众关注并提升互动参与度。

(4) 直播前的宣传推广 直播前的宣传推广对提升观看人数、增强品牌曝光和认知度至关重要。新媒体运营者应通过多元化策略,如在各大社交媒体平台发布预告、与知名人士合作、利用平台内广告位等方式进行广泛宣传。同时,结合线下推广活动,如扫码、发传单等,吸引更多潜在用户关注并参与直播。全方位的宣传推广是确保直播成功的关键一环。

(5) 直播执行 直播活动正式开始后,按照预先策划的方案和流程,通过直播平台进行内容呈现、与观众实时互动等一系列的操作和活动。

以"××旅游"的直播为例,执行过程安排紧密,每个步骤都需精准到位。具体如下:首先,开场介绍,主播活力开场,介绍直播主题、目的和概要内容,分享个人旅行经历,引发观众兴趣。其次,内容呈现,主播按规划路线展示所在地的自然风光、人文历史遗址和当地美食,注重专业知识与趣味性结合。第三,实时互动,鼓励观众留言提问,即时回答,设立互动环节如猜谜语、小游戏等,增加参与度和账号曝光。第四,氛围营造,选择符合目的地风格的音乐,轻松幽默解说,分享旅途趣事,提升观看体验。第五,互动高潮,设立"你问我答"和"观众分享"环节,深化互动,满足好奇心,激发旅行兴趣。最后,总结与预告,回顾直播亮点、观众反馈,表达感谢,预告下次直播时间和主题,做好铺垫准备。

(6) 回顾改进 直播后的回顾与改进对提升直播质量至关重要。团队需细致分析直播内容、互动和技术表现，同时收集观众反馈。通过数据分析揭示观看规律与趋势，为改进提供方向。针对问题制定优化方案，例如调整解说方式、增加互动环节等，以提升观众体验。持续改进可提升直播品质和观众满意度。

第四节　新媒体内容运营的后期维护

新媒体内容运营的后期维护工作主要包括知识产权保护和危机管理。具体如图6-6所示。

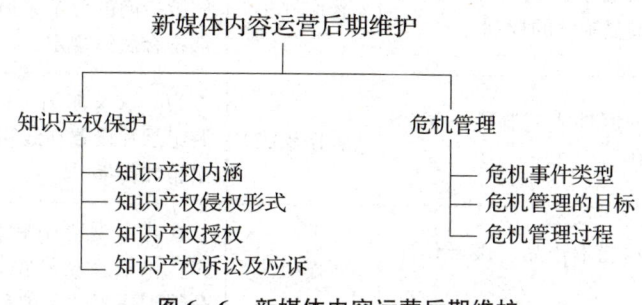

图6-6　新媒体内容运营后期维护

一、知识产权保护

（一）知识产权内涵

新媒体作品的知识产权具体表现为对原创作品的一系列专有权利，其法律基础源自《中华人民共和国著作权法》（简称《著作权法》）、《中华人民共和国反不正当竞争法》简称（《反不正当竞争法》）、《中华人民共和国民法典》（简称《民法典》）、《中华人民共和国网络安全法》（简称《网络安全法》），以及《信息网络传播权保护条例》等相关法律法规的规定和保障。新媒体作品的知识产权主要包括表6-31所列权利。

表6-31　新媒体作品的知识产权

知识产权	具体内容	法律依据	示例
发表权	决定作品是否、何时、何地、以何种方式公之于众的权利。一旦行使，不可重复	《著作权法》	"××旅游"微信公众号上首次公开发布的旅游攻略，确保了作者对作品公开的控制权
署名权	在作品上表明作者身份，署名的权利。即使作品转让，作者仍保留署名权	《著作权法》	在"××旅游"微信公众号的每篇游记和每张图片上明确标注作者名字，保障作者名誉和声誉
修改权	对作品进行修改的权利，以及授权他人修改的权利	《著作权法》	对"××旅游"微信公众号上的用户评论进行审核，确保不包含对文章内容的未经授权修改

(续)

知识产权	具体内容	法律依据	示例
保护作品完整权	防止作品被歪曲、篡改，保护作品的原始性和完整性	《著作权法》	监控网络上对"××旅游"微信公众号发布的视频内容的转载，防止内容被剪辑或篡改
复制权	制作作品副本的权利，包括印刷、录音、录像等多种形式	《著作权法》	控制"××旅游"微信公众号文章的转载，确保所有复制行为都获得授权并支付报酬
发行权	以出售或赠予方式向公众提供作品原件或复制件的权利	《著作权法》	管理"××旅游"微信公众号出版的旅游指南的分销渠道，确保所有销售活动都符合法律规定
出租权	将作品的原件或复制件出租给公众的权利	《著作权法》	为"××旅游"微信公众号制作的旅游纪录片设置在线租赁服务，控制作品的出租和传播
展览权	公开展示艺术作品、摄影作品等的权利	《著作权法》	在艺术展览中展示摄影师为"××旅游"微信公众号拍摄的作品，并确保作品得到适当的保护和署名
信息网络传播权	通过信息网络向公众传播作品的权利	《信息网络传播权保护条例》	在"××旅游"微信公众号的官方网站和社交媒体上发布旅游内容，同时采取技术措施防止未经授权的下载和分享
改编权	改编作品，创作衍生作品的权利	《著作权法》	授权电影制作公司将"××旅游"微信公众号的热门游记改编成电影剧本，同时确保原作者的权益得到保护

（二）知识产权侵权形式

常见的侵权行为见表6-32。

表6-32 知识产权侵权行为

侵权行为	具体描述	示例
非法转载	未经授权转载他人作品，不注明来源和作者	未经许可转载"××旅游"微信公众号的游记文章，未注明原作者和出处
盗链行为	未经授权链接他人原创内容，以提高自己内容的访问量	未经允许直接链接"××旅游"微信公众号的独家视频内容，以吸引用户访问
抄袭剽窃	直接复制他人内容，不进行任何修改	"××旅游"微信公众号的旅游攻略被竞争对手直接复制粘贴在其网站上，未做任何修改
篡改作品	故意修改原作品，扭曲其价值和意义	恶意篡改"××旅游"微信公众号发布的历史文化解说视频，曲解其内容并重新发布

(续)

侵权行为	具体描述	示例
擅自演绎创作	未经授权进行改编、翻译等演绎活动	"××旅游"微信公众号的原创旅游指南被第三方擅自翻译成其他语言并出版发行,并未获得授权
洗稿	修改原作品语言和表达,冒充原创发布	其他旅游博主对"××旅游"微信公众号的旅游日记进行轻微改写后,声称其为自己的原创作品并发布
不当使用商标或品牌名称	未经授权使用他人商标或品牌,进行自我宣传	未经"××旅游"微信公众号许可,其他旅游服务提供商在其广告中使用"××旅游"的商标和品牌名称

新媒体知识产权侵权行为不仅损害了原创作者的合法权益,也破坏了健康的网络版权环境,降低了内容的创新性和可信度。为了维护新媒体行业的可持续发展,必须加强对知识产权的保护,打击各类侵权行为,确保创作者的著作权得到充分尊重和法律保障。同时,新媒体运营者应提高版权意识,遵守相关法律法规,通过合法途径获取和使用内容,共同营造一个公平、诚信的网络环境。

(三)知识产权授权

知识产权授权是一个较广泛的概念,它涵盖了内容创作者或拥有者允许他人使用其知识产权的各种情况,包括复制、发行、展示、表演、改编、翻译等。这种授权通常涉及一系列的权限、条件和约束,以确保原创内容在被使用时能得到应有的保护和尊重。

转载授权是知识产权授权的一种具体形式,特指内容创作者或拥有者允许其他人在特定的场合(如网站、社交媒体等)转载其原创内容的行为。转载授权通常要求被授权方在转载时注明原作者姓名、作品来源等,以尊重和保护原创作品的权益。

双方达成了合作意向之后,需要签署转载授权协议。协议的内容见表6-33。

表6-33 转载授权协议

主题	内容描述	示例
授权范围	规定了被授权方使用原创内容的限制条件,例如内容部分、时间期限、地域语言等	"××旅游"公众号授权另一个微信公众号转载其关于"东南亚海岛游"的文章,限定转载期限为30天,且只允许在中国大陆地区和中文语境下转载
转载方式	被授权方获取和重新发布原创内容的具体步骤,包括获取授权、接收原文、编辑排版、标注来源和发布推广等	另一个微信公众号在获得"××旅游"授权后,通过邮件接收原文,按照"××旅游"提供的编辑指南进行排版,明确标注文章来源于"××旅游",并在自己的微信公众号上发布及通过社交媒体推广
保密和非竞争条款	要求双方对合作中的敏感信息保密,并限制被授权方在特定时间内与授权方直接竞争	"××旅游"与合作微信公众号签订合同,约定在合作期间及合作结束后6个月内,双方不得泄露合作细节,且合作微信公众号不得推出与"××旅游"有直接竞争关系的旅游产品或服务

（续）

主题	内容描述	示例
收益分配	双方合作产生的收益分配方式，例如流量收益共享、版权费用支付等	"××旅游"与微信合作公众号约定，转载文章产生的广告收益的60%归"××旅游"所有，同时合作微信公众号需支付一次性版权费用500元。额外的推广活动收益，如联合举办的线上活动，也应根据事先约定的比例进行分配
终止条款	规定了双方可以在何种情况下提前终止合作，并明确了终止合作后的处理方式	如果合作公众号未能按照约定标注文章来源或严重违反合作协议，如擅自修改文章内容，"××旅游"有权立即终止合作，并要求合作微信公众号删除所有转载内容，同时保留追究法律责任的权利

（四）知识产权诉讼及应诉

1. 知识产权诉讼

当新媒体账号发现自己的知识产权受到侵犯时，可以采取法律手段进行维权，表6-34列出了知识产权诉讼步骤。

表6-34　知识产权诉讼步骤

诉讼步骤	关键行动	示例
确认侵权行为	甄别与收集证据	"××旅游"微信公众号发现内容被非法转载后，立即进行调查，收集侵权页面的截图、URL链接、侵权时间等证据，并进行公证
寻求法律支持	咨询律师或法律团队	"××旅游"联系专业知识产权律师，讨论案件可能性，获取法律意见书和维权策略
准备起诉材料	撰写起诉状并附证据	在律师协助下，"××旅游"撰写起诉状，明确指出侵权方的侵权行为、损害赔偿要求，并附上侵权证据，准备提交法院
提起诉讼	提交起诉材料至法院	"××旅游"将起诉状和证据材料提交至有管辖权的法院，并按规定缴纳诉讼费用，法院正式立案
参与庭审	出席庭审并陈述案情	"××旅游"的代表或律师出席庭审，详细陈述侵权事实，出示证据，回答法官询问，并进行法庭辩论
等待判决	尊重法院裁决	"××旅游"耐心等待法院判决，并对判决结果表示尊重。如有异议，可在规定期限内向法院提起上诉
执行判决	履行判决义务	根据法院判决，"××旅游"执行相应义务，如要求侵权方支付赔偿金、停止侵权行为或进行公开道歉。如侵权方拒不履行，将申请法院强制执行

2. 知识产权应诉

当新媒体账号面临知识产权诉讼时，采取恰当且及时的应诉措施至关重要。知识产权应诉步骤见表6-35。

表 6-35 知识产权应诉步骤

应诉步骤	描述	示例
构建应诉团队	组建一个由内部人员和外部专家组成的多元化团队，确保团队成员具备案件所需的专业知识和经验	"×××旅游"面临一项版权侵权诉讼，迅速组建了一支由内部法务、运营团队和外部媒体法律专家组成的应诉团队
分析起诉状	对起诉状进行深入分析，理解原告的主张、提供的证据和法律依据，并评估案件的潜在风险和应对策略	"×××旅游"法律团队详细分析了原告关于版权侵权的诉求，包括他们声称的侵权内容、提供的证据和法律依据
收集与整理证据	全面搜集与案件相关的所有证据材料，包括但不限于创作过程的记录、版权登记证书、授权协议等，以证明内容的原创性或合法使用权	"×××旅游"搜集了所有与被控侵权内容相关的证据，如创作初稿、时间戳、版权登记证明、授权使用协议等
制定应诉策略	根据案件分析和证据收集的结果，与律师团队共同制定一个全面的应诉策略，可能包括反驳侵权指控、主张合理使用、提出和解或反诉等	"×××旅游"与律师团队制定了应诉策略，包括证明内容的原创性、提出合理使用辩护、准备和解方案
准备答辩材料	准备全面的答辩材料，包括撰写答辩状、整理证据清单和法律依据，确保所有材料逻辑清晰、论据充分，为庭审做好充分准备	"×××旅游"准备了答辩状，详细列出了所有证据和法律依据，包括版权登记证书、授权协议和专家证言
参与庭审过程	按时出庭，并在庭审中积极参与，有效答辩和辩论，清晰展示证据，有力陈述辩护理由，维护自身合法权益	在庭审中，"×××旅游"代表和律师展示了搜集的证据，清晰地陈述了辩护理由，并有效地反驳了原告的指控
尊重并执行判决	尊重并执行法院的最终判决，如果判决结果不利，按照判决要求履行义务，如停止侵权行为、支付赔偿等。如有异议，可依法提起上诉	如果法院判决"×××旅游"败诉，他们将遵守判决，停止使用侵权内容，并支付赔偿金。同时，他们评估了上诉的可能性

二、危机管理

危机管理指的是当新媒体账号面临突发事件、负面舆论，或可能影响其声誉和运营的危机事件时，采取的一系列应对和管理措施。其目的是通过预警、识别、应对和恢复等环节，减少危机对新媒体账号带来的负面影响，保护品牌形象和声誉，降低经济损失。

（一）危机事件类型

新媒体账号在内容运营过程中可能会遇到多种类型的危机事件。表 6-36 列出了这些常见的危机事件及应对措施。

表6-36　危机事件类型与应对措施

事件	应对措施	示例
内容争议	对涉及敏感话题的内容进行审查，必要时进行道歉或澄清	"××旅游"微信公众号因发布性别歧视内容引发抗议，随后删除内容并公开道歉
数据泄露	在发生黑客攻击或数据泄露时，及时通知用户并采取补救措施，同时加强安全防护	"××旅游"微信公众号遭遇数据泄露事件，立即通知用户并提供安全建议
虚假信息	一旦发现发布的内容存在虚假或误导性信息，应立即辟谣、更正并承担责任	"××旅游"微信公众号错误发布医疗信息，随后发布更正声明并承担相应责任
合作伙伴危机	当合作伙伴或代言人出现负面新闻时，评估风险并采取切割关系或发表声明的措施	"××旅游"微信公众号的代言人涉及违法行为，微信公众号决定解除合作关系
技术故障	面对服务器故障或服务中断等技术问题，应及时通知用户、解释原因并尽快恢复服务	"××旅游"微信公众号因服务器故障导致用户无法登录，微信公众号及时通知用户并解释原因
恶意攻击	面对网络水军、黑粉等恶意行为，应识别、删除恶意内容，并报告相关机构	"××旅游"微信公众号遭受恶意攻击和造谣诽谤，微信公众号收集证据并报告给平台和相关法律机构
广告争议	广告合作对象若存在道德或合规问题，应进行沟通、解释并考虑承担责任，必要时解除合作	"××旅游"微信公众号的广告合作对象出现道德争议，微信公众号评估风险后决定解除合作
违反法律法规	若存在侵犯权益、发布违法信息等行为，应立即停止违规行为、承担法律责任并进行整改	"××旅游"微信公众号因发布违法信息被处罚，微信公众号删除相关内容并公开道歉，同时进行整改

（二）危机管理的目标

危机管理的目标，不仅在危机事件发生时帮助新媒体账号稳住阵脚、妥善应对，还能为新媒体账号的长期稳健发展奠定坚实基础。其效益见表6-37。

表6-37　危机管理的效益

危机管理目标	实施策略	示例
保护品牌形象和声誉	建立快速响应机制，确保在危机发生时能够迅速采取行动；制定透明的沟通策略，及时准确地向公众通报情况；积极解决问题，展现品牌的责任感和诚信	"××旅游"微信公众号在面对负面报道时，立即发布官方声明，阐明事实真相，并承诺采取改进措施，有效维护了品牌形象
避免经济损失	实施风险评估，识别潜在的危机点；制定应急预案，以便在危机发生时能够迅速采取行动；通过有效的危机管理减少负面影响，挽回用户信任	"××旅游"微信公众号在预见到可能的服务中断时，提前通知用户并提供补偿方案，减少了用户流失和经济损失

(续)

危机管理目标	实施策略	示例
防范法律风险	定期进行法律培训，确保团队成员了解相关法律法规；加强内容监控，确保所有发布内容合法合规；及时处理法律纠纷，避免法律风险	"××旅游"微信公众号在发布内容前进行严格的版权审查，确保所有图片和文字均已获得授权，避免了版权纠纷
提升用户满意度和忠诚度	建立用户反馈渠道，及时收集和响应用户意见；提供个性化服务，增强用户体验；通过有效的问题解决和用户关怀，提升用户满意度	"××旅游"微信公众号设立了专门的客服团队，快速响应用户咨询和投诉，通过优质服务提升了用户忠诚度
促进组织内部改进和创新	鼓励内部创新思维，将危机管理视为改进和创新的机会；进行组织结构优化，提高危机应对能力；探索新的业务模式，将危机转化为增长点	"××旅游"微信公众号在处理一次用户投诉后，不仅解决了问题，还从中发现了服务流程的不足，进而优化了用户体验流程，提升了服务质量

（三）危机管理过程

新媒体账号的危机管理是一个系统且复杂的过程，包括五大阶段，见表6-38。

表6-38　危机管理过程

阶段	关键行动	示例
危机预警系统	1. 运用大数据和监测工具进行实时搜索和监控	"××旅游"利用专业的社交媒体监控工具，如"新浪舆情通"或"清博舆情"，跟踪"××旅游"微信公众号相关的关键词和话题，实时监测用户反馈和市场动态
	2. 建立组织内部的信息监控和危机预警系统	"××旅游"成立一个由市场、客服和公关团队组成的危机监控小组，负责全天候监测网络舆情；使用"清博舆情分析系统"等危机预警系统，来识别和评估潜在危机
	3. 分类评估信息并制定预案	"××旅游"根据不同的危机类型（如服务失误、安全事故、负面报道等），制定详细的应对策略和预案，确保在危机发生时能够迅速采取行动
危机识别流程	1. 快速确认危机存在	"××旅游"通过实时监控用户在微信公众号、微博、论坛等平台上的反馈和评论，发现并确认负面舆情的存在
	2. 判断危机性质、影响范围和潜在风险	"××旅游"对监测到的危机进行快速评估，判断其性质、可能的影响范围以及潜在的风险，以便确定响应的紧急程度和资源分配
	3. 确保内部有效沟通	"××旅游"在确认危机后，立即召开跨部门会议，确保所有相关部门（如市场、客服、公关、法务）都能够迅速响应，制订协调一致的行动计划

(续)

阶段	关键行动	示例
深入调查策略	1. 组建专业调查团队	"××旅游"组建由内部专家和外部顾问组成的调查小组，负责深入调查危机原因，收集相关证据和数据
	2. 收集证据和数据	"××旅游"利用百度统计、神策数据等数据分析工具，以及用户访谈、问卷调查等手段，收集危机相关的详细信息
	3. 分析原因、责任归属，并提出解决方案	"××旅游"基于收集到的证据和数据，分析危机的根本原因，明确责任归属，并提出切实可行的解决方案和改进措施
透明沟通策略	1. 发布详细、准确的调查报告	"××旅游"在微信公众号和其他新媒体平台上，发布详细的调查报告和处理进展，确保信息的透明度和公开性
	2. 坦诚道歉并解释原因	"××旅游"通过微信公众号发布公开信，向受影响的用户和公众致歉，并详细解释危机原因及采取的改进措施
	3. 持续更新信息和互动	"××旅游"通过微信公众号定期更新危机处理的最新进展，并通过评论区、私信等方式与用户保持互动，及时回应用户关切
改进与预防措施	1. 总结与反思危机事件	"××旅游"在危机处理结束后，组织团队进行总结会议，评估危机处理的效果，反思过程中的不足，并总结经验教训
	2. 完善内部机制和流程	"××旅游"根据危机处理的经验，修订微信公众号的内容审核标准、危机应对流程等内部制度，提高危机管理的效率和效果
	3. 以培训提升团队能力	"××旅游"定期组织危机管理培训，提高团队成员的危机意识和应对能力，确保在危机发生时能够迅速、有效地响应
	4. 持续监测与预警	"××旅游"利用"百分点舆情""清博舆情分析系统"等专业舆情监测工具，定期进行风险评估和舆情监测，及时发现并处理潜在的危机信号

思维扩展

编写一份危机管理计划，包括危机预警系统、危机识别流程、深入调查和透明沟通策略，以及改进与预防措施。

本章小结

内容运营策略在新媒体运营中起到不可或缺的重要作用，能够起到吸引和留存用户、塑造品牌形象、促进业务转化等作用。本章包括四节，第一节介绍了新媒体内容运营概述，讲述了新媒体内容运营的定义和特点,以及新媒体内容运营的流程;第二节介绍了新媒体内容运营的前期策划,讲述了如何收集整理素材及策划选题;第三节介绍了新媒体内容运营的中期创作,讲述了文章写作和音视频创作。第四节阐述了新媒体内容运营的后期维护,讲述了知识产权保护以及危机管理。通过本章的学习,读者能够全面理解并掌握新媒体内容运营的全流程策略与方法,为未来的新媒体运营实践打下坚实基础。

核心概念

1. 内容运营(Content Operation)
2. 选题策划(New Title Planning)
3. 编辑排版(Editing and Typesetting)
4. 音视频作品(Audio and Video Works)
5. 直播(Live Broadcast)
6. 视频博客(Video Blog)
7. 知识产权(Intellectual Property)
8. 危机管理(Crisis Management)

思考题

1. 请阐述新媒体内容运营的重要性。新媒体内容运营流程包括哪些工作?
2. 新媒体内容创作者如何收集并整理素材?
3. 新媒体内容创作者如何策划选题?
4. 如何撰写新媒体文章?
5. 如何创作新媒体音视频作品?
6. 如何做好新媒体作品的知识产权保护?
7. 新媒体账号如何进行危机管理?

测试题

实训指南

一、实训目的

1. 帮助学生全面了解新媒体内容运营的特点和流程。

2. 帮助学生了解新媒体内容运营的前期策划工作。
3. 帮助学生了解新媒体内容运营的中期创作工作。
4. 帮助学生了解新媒体内容运营的后期维护工作。

二、实训内容与步骤

表6-39 实训内容与步骤

实训内容	任务	步骤
新媒体内容运营整体概述	分析新媒体内容运营的定义、特点及流程	1. 研读相关案例，总结新媒体内容运营的成功要素 2. 绘制新媒体内容运营流程图，明确各环节职责和衔接
新媒体内容运营前期策划	学习如何整理内容素材及策划选题	1. 收集目标用户群体的需求和兴趣点 2. 整理行业趋势和竞品内容策略 3. 策划一系列具有吸引力和可行性的内容选题，并制订内容计划表
新媒体内容运营中期创作	掌握文章写作和音视频创作的要点	1. 根据选题进行实际写作或音视频制作 2. 学习并运用新媒体写作技巧和音视频编辑工具 3. 反复修改和优化作品，确保内容质量和传播效果
新媒体内容运营后期维护	了解知识产权保护及危机管理	1. 学习知识产权相关法律法规，确保内容原创性和合法性 2. 制定危机管理预案，包括内容侵权应对和负面舆论处理 3. 定期对已发布内容进行回顾和更新，保持内容时效性和准确性

三、实训成果

1. 完成一套完整的新媒体内容运营方案，包括前期策划、中期创作和后期维护。
2. 撰写一篇关于新媒体内容运营策略的实训报告，总结实训过程中的经验和教训。
3. 提升学生独立思考和团队协作的能力，为未来从事新媒体运营工作打下坚实基础。

综合案例

"凯叔讲故事"的内容运营

一、引言

"凯叔讲故事"是中国知名的儿童内容教育品牌，由前央视主持人王凯于2014年创立，经过多年的发展，它已经从最初的微信公众号发展成为一个多元化的儿童内容平台，涵盖了音频、图书、动画、衍生品等多个领域。其成功离不开精准的内容定位、独特的故事魅力以及数据驱动的内容优化策略。

二、内容定位与受众分析

（一）内容定位

在内容定位上，"凯叔讲故事"在内容定位上始终坚持"快乐、成长、穿越"的原则，致力于为孩子们提供有趣、有益、有温度的极致儿童内容产品。

首先，"快乐"是"凯叔讲故事"内容产品的基石。团队深知，只有让孩子们在听故事的过程中感受到快乐，才能赢得他们的信任和喜爱。因此，在内容选择上，团队注重选取那些富有童趣、情节生动、语言幽默的故事，让孩子们愉悦享受听故事的乐趣。

其次，"成长"是"凯叔讲故事"内容产品的核心目标。团队不仅关注故事的教育性，还致力于搭建让孩子们成长的阶梯。团队通过精心策划和改编，将各种有益的知识、技能和价值观融入故事中，帮助孩子们既听故事，又学到东西、获得成长。此外，团队还鼓励孩子们在听完故事后进行思考和讨论，以培养他们的批判性思维和表达能力。

最后，"穿越"是"凯叔讲故事"内容产品的独特视角。团队秉持着为孩子创造经典故事的理念，致力于打造能够跨越时空、历久弥新的故事内容。团队通过深入挖掘传统文化和现代元素的结合点，创作出既具有历史底蕴又富有现代气息的故事作品，让孩子们在享受故事的同时，也能感受到传统文化的魅力和现代社会的活力。

（二）受众分析

在受众分析方面，"凯叔讲故事"的目标用户主要是 3~12 岁的儿童及其家长。通过对用户数据的深入分析，团队发现家长们希望通过故事对孩子进行启蒙教育，而孩子们则对奇幻、有趣的故事情节充满兴趣。因此，"凯叔讲故事"在内容制作上力求平衡教育性和趣味性，满足不同年龄层次用户的需求。在内容规划上，可按功能划分，包括儿童安全教育、情商培养、语言表达、情绪管理、习惯养成、品格培养等内容；也可按类型划分，包括奇幻冒险、推理智力、幼儿启蒙、儿童文学等。

三、内容运营策略与具体事例

（一）吸引力构建

王凯以他独特的语言魅力，通过生动有趣的讲述和多变的声音技巧，将故事情节与角色形象活灵活现地展示给孩子们。以《西游记》为例，他巧妙运用不同的音调和音色来刻画各个角色，使得孩子们仿佛身临其境，感受到那个充满奇幻色彩的西游世界。同时，在内容方面剔除了原著中不适宜儿童的血腥和政治元素，为孩子们量身定制了一套纯净而又不失精彩的《西游记》故事。

（二）多元化内容形式

除了音频故事外，"凯叔讲故事"还结合图文、视频等多种形式呈现故事内容。例如，团队制作了一系列与故事相关的插画和动画视频，帮助孩子们更好地理解故事情节和角色形象。同时，团队还推出了互动游戏和线下活动，让孩子们在参与中体验故事的乐趣。

（三）数据驱动的内容优化

通过对用户完播率、点赞数、评论数等数据的收集和分析，"凯叔讲故事"发现用户对某些类型的故事表现出更高的兴趣和参与度。例如，团队发现孩子们对于动物题材的故事特别感兴趣，因此在后续的内容制作中加大了动物题材的比重，并针对不同年龄段的孩子推出了不同难度的故事内容。这一调整迅速提升了用户的完播率和参与度。

（四）高质量内容的规模化生产

"凯叔讲故事"已成功实现文化产品规模化生产，这得益于精细化的内容研发与标准化的内容生产相结合。核心内容创作机制包括系统工作流程、"品控会"和"工作室"。

"品控会"采用类似风险投资的决策方式，评委包括公司内部高管及来自编剧、音乐会导演、绘本作家、儿童文学作家、大学教授等各行各业的专家，通过多轮投票筛选和打磨内容产品。

"工作室"则负责具体项目执行。通过总结创作方法论、制定严格机制和设立评估会，团队确保每个成员按标准操作，及时发现并纠正错误，实现高质量的内容输出。

如今，"凯叔讲故事"已经实现了高度规模化的内容生产，即使凯叔本人撰写的故事在年产量中仅占2%，也依然能够保持高质量的内容输出。

四、创新与突破及具体事例

（一）故事价值观再造

在讲述传统故事时，"凯叔讲故事"注重挖掘故事背后的深层价值观，并将其与现代社会相结合进行再创造。例如，在讲述《三国演义》时，团队不仅保留了原著中的智慧、勇气和忠诚等价值观，还通过现代视角对历史人物进行解读和评价，引导孩子们正确看待历史和现实生活中的问题。

（二）跨界合作与IP打造

为了扩大品牌影响力和吸引更多用户，"凯叔讲故事"积极与其他领域进行跨界合作和IP打造。例如，团队与知名动漫IP合作推出了联名款故事产品；与教育机构合作推出了定制化的教育故事课程；与多位知名作家合作推出了独家原创故事等。这些合作不仅提升了"凯叔讲故事"的品牌认知度和用户黏性，也为其带来了更多的商业机会和收入来源。

五、成果与影响

经过多年的精心运营和创新发展，"凯叔讲故事"已经取得了显著的成果和影响：截至2022年9月，"凯叔讲故事"App的总用户超过6000万，总播放超过145亿次；用户活跃度和留存率持续保持在高位水平；品牌认知度和口碑传播效果也显著提升。同时其还获得了多项行业奖项和认可，成为儿童内容市场上的佼佼者之一，被推荐为"中国孩子的故事大全"。

资料来源：根据佚名《【凯叔讲故事】如何将内容运营做到极致，收获1400万用户！》（搜狐网，2018年7月20日）、"Echo产品论"账号《商业模式简析——"凯叔讲故事"》（"人人都是产品经理"头条号，2023年12月18日）等资料整理改编。

案例思考

1. "凯叔讲故事"在策划选题时如何确保内容既具有教育意义又能吸引儿童的兴趣？

2. "凯叔讲故事"在中期创作中是如何整合不同的多媒体元素（如音频、图文、视频、动画）来丰富故事内容和提升用户体验的？

3. 在新媒体环境下，面对可能出现的负面评论、内容争议或品牌形象危机，"凯叔讲故事"应如何制订和实施有效的危机管理计划？请分析该品牌可能采取的策略，如监测工具的使用、快速响应机制、沟通策略和恢复品牌形象的行动计划。

第四篇
新媒体价值传播

第七章 新媒体用户运营策略

本章导语

用户拉新吸引流量，用户促活提升黏性，用户留存巩固忠诚。

小红书的用户运营策略

小红书成立于 2013 年，是一个专注于年轻购物爱好者的社交电商平台。一开始小红书旨在解决海淘购物信息不对称的问题，然后以 UGC 内容社区为核心，发展成为一个全球性的购物分享平台。到 2020 年 12 月，小红书的累计下载量已超过 53 亿次，用户数突破 3 亿，其中女性用户占比高达 80%，主要为 30 岁以下的年轻人群，这些用户多集中在消费能力较强的地区。小红书用户群体多样化，包括追求潮流的学生、注重生活品质的职场人士、拥有社会影响力的网红明星，以及追求时尚的商家店铺经营者。他们的需求场景覆盖了从日常闲逛、有目的性购物到分享生活和海外购物的各个方面。

小红书的业务逻辑主要分为电商模式和社交模式两大板块。社交模式指的是核心用户（内容生产者）发布笔记，分享消费体验，普通用户则依据行为记录由系统设定的算法推荐笔记，同时可以浏览、点赞、收藏笔记，且关注后双方可以通过私信进行社交互动；电商模式指的是用户浏览笔记后对商品"种草"，通过福利社或者其他方式进行购买，使用后继续发布笔记，进行更多的"线上分享"，从而形成业务上的闭环，如图 7-1 所示。

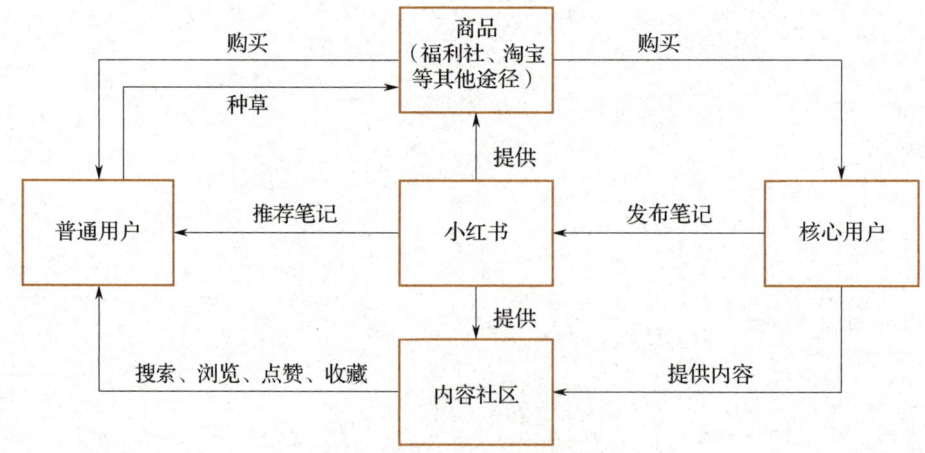

图 7-1 小红书的业务逻辑

小红书的用户运营策略经历了初创期、成长期和成熟期三个阶段：

1. 初创期的用户运营策略

在初创期（2013 年—2015 年），小红书凭借对市场趋势的敏锐洞察，迅速在跨境电商领域崭露头角。其用户运营策略如下：

1）获取用户。2013 年 10 月，小红书推出了以 PGC（Professionally Generated Content，专业生成内容）为主的购物攻略，覆盖了 8 个国家的热门旅游地，上线一个月内下载量达到 50 万次，成功吸引了首批用户。

2）激活用户。小红书从单纯的购物攻略转型为 UGC（User Generated Content，用户生成内容）社区，通过邀请达人和社群推广，鼓励用户分享购物心得，提升了平台的社交属性和用户黏性。2014 年 10 月，小红书进一步升级为"内容＋电商"模式，上线"福利社"模块，形成了从内容"种草"到商城下单的闭环。2014 年末，小红书举办了首届全球大赏活动，百万用户票选全世界的好东西。此次活动吸引了 187 万人参与投票，通过 H5 页面和用户投票，形成了多个榜单，显著提升了平台的人气和活跃度。

这些策略不仅帮助小红书在初创期积累了大量用户，而且为其后续的成长期和成熟期奠定了坚实的基础。

2. 成长期的用户运营策略

在成长期（2015 年—2017 年），小红书通过一系列创新的营销活动和产品功能更新，实现了用户增长和活跃度的提升。

1）获取与激活用户。2015 年，小红书在五座城市的 12 所高校举办"校草快递"活动，获得 5297.7 万曝光量和 4.7 万讨论量，显著提升了自己在 90 后群体中的知名度。2017 年，小红书邀请了多位明星和 KOL 入驻，利用他们的影响力和粉丝基础，增加了用户数和留存率。

2）留存用户。小红书优化了社区功能，更新了推荐算法，根据用户兴趣和画像进行个性化推荐，提高了用户的日活量和使用时间。推出了十级用户成长体系，鼓励用户发布、分享、点赞、收藏、评论相关内容，激励用户更多地使用平台。

3）转化用户。2015 年 11 月，小红书推出了"红色星期五"大促活动，涵盖多个品类，并提供低于五折的优惠，增强了用户的购买意愿。2016 年 4 月，小红书与某知名艺人合作，通过活动，在微博上创造了 700 多万阅读量，提升了用户活跃度和销售额。

通过这些策略，小红书不仅在成长期快速增长了用户基础，而且提高了用户的参与度和忠诚度，为后续的成熟期运营打下了坚实的基础。

3. 成熟期的用户运营策略

在成熟期（2017 年至今），小红书巩固了其市场地位，并通过以下策略继续增强用户运营：

1）激活与留存用户。2018 年，小红书通过赞助热门综艺节目，利用粉丝经济吸引了大量新用户，实现了用户数量的井喷式增长。综艺节目中的互动环节，如在小红书发布笔记和投票通道，显著提升了用户活跃度和留存率。

2）转化用户。小红书推出差异化电商直播，如"完美日记"新品首发直播，成功吸引用户参与并促进销售，一周内小红书粉丝增长10万人。2020年4月，直播功能全面开放，小红书宣布30亿流量扶持计划，鼓励创作者进行直播，提高用户活跃度和转化率。

3）用户传播。实施"创作者123计划"和"校园大玩家"活动，旨在提升内容创作者的质量，激励优秀创作者，并通过他们的社交影响力吸引更多用户。

通过这些策略，小红书不仅提升了用户活跃度和留存率，还增强了品牌的市场影响力，为商业变现和用户传播打下了坚实的基础。

资料来源：根据旦旦大宝贝《小红书：用户运营策略分析报告》（"人人都是产品经理"网站，2021年4月21日）相关资料改编。

> **预热思考题：**
> 1. 小红书如何吸引新用户？
> 2. 小红书如何提升用户的活跃度，增强用户黏性？
> 3. 小红书如何激励用户持续参与和贡献内容？

∥ 知识结构 ∥

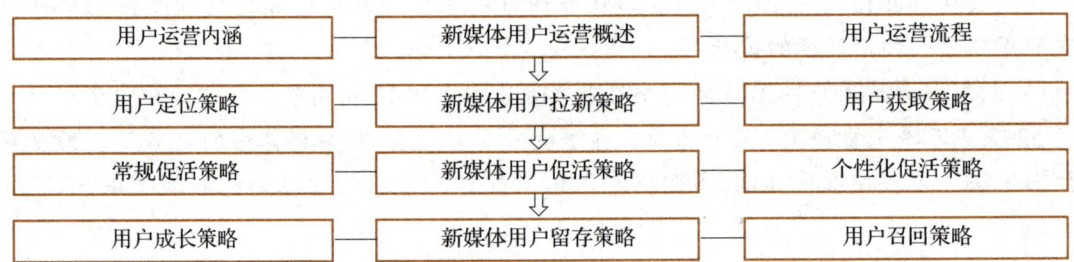

第一节　新媒体用户运营概述

一、用户运营内涵

（一）新媒体用户运营的定义

用户是新媒体账号生存和发展的基础。新媒体用户运营是指新媒体账号通过一系列的策略和措施，对用户进行有计划、有针对性的管理和运营，以实现用户拉新、促活、留存等目标。

（二）用户运营的特点

用户运营的特点包括四个方面，见表7-1。

表 7-1　用户运营的特点

特点	关键要素	具体操作步骤
双向互动	即时互动 内容共创 参与决策	在社交媒体上实时回应用户评论和问题；设立用户投稿专栏，鼓励用户分享故事；举办线上投票活动，让用户参与决策过程
需求导向	数据分析 用户调研 个性化服务	使用新榜等工具分析用户行为；通过问卷调查收集用户偏好数据；根据用户数据定制个性化邮件营销内容
用户激励	物质奖励 精神奖励 参与热情	设立积分兑换系统，用户可通过互动获得积分；为活跃用户提供专属徽章或认证；定期评选最佳贡献用户并给予奖励
社群化	社群建设 用户交流 品牌口碑	在新媒体平台上创建官方粉丝群；定期在社群中举办问答或挑战活动；鼓励用户在社群中分享使用体验和建议

思维扩展

分析新媒体与传统媒体在用户运营上存在哪些不同点。

二、用户运营流程

新媒体用户运营的流程主要包括用户拉新、用户促活、用户留存三大策略。这三大策略相互衔接，共同构成了新媒体用户运营的完整流程。如图 7-2 所示。

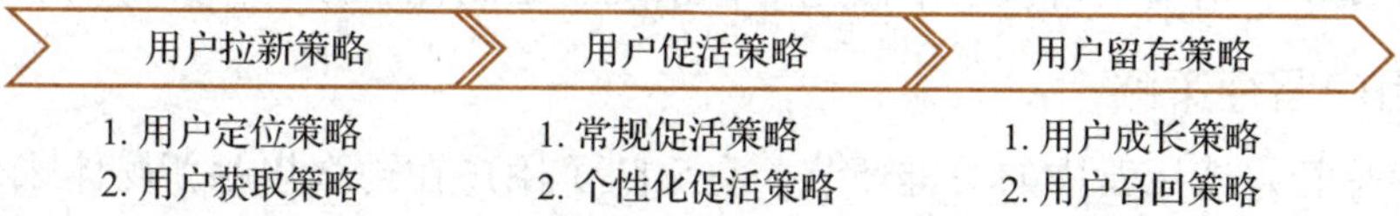

用户拉新策略　→　用户促活策略　→　用户留存策略
1. 用户定位策略　　　1. 常规促活策略　　　1. 用户成长策略
2. 用户获取策略　　　2. 个性化促活策略　　2. 用户召回策略

图 7-2　用户运营流程

（一）用户拉新策略

用户拉新策略是指通过一系列精心设计的手段和策略，主动吸引并获取新用户，旨在增加用户数量、扩大用户群体，提升新媒体账号的覆盖范围和影响力。这一过程涉及两个关键步骤：用户定位和用户获取。

1. 用户定位策略

用户定位策略是新媒体用户拉新的基石，它要求明确目标用户群体的具体特征，包括需求、兴趣、消费习惯等。通过深入的市场调研和数据分析，可以精准地描绘出目标用户的画像，从而确保运营策略与用户需求的紧密契合。

精准的用户定位不仅有助于提供更具针对性的内容和服务，还能提升用户体验和满意度，进而提升用户忠诚度和口碑传播效应。因此，在制定用户定位策略时，应充分考虑目标用户的实际需求和偏好，确保策略的有效性和可行性。

2. 用户获取策略

用户获取策略是在明确用户定位的基础上，通过一系列具体的手段和渠道来吸引和获取新用户。这一过程可以分为两个阶段：用户引入和用户发展。

1）用户引入阶段的目标是吸引种子用户，建立新媒体账号的初期用户基础。这可以通过邀请制、限量内测、社交媒体推广等方式实现。种子用户的选择应尽可能符合目标用户定位，以确保后续运营策略的顺利进行。

2）用户发展阶段的目标是通过线上和线下的多元化手段吸引更多的新用户。线上拉新可以利用社交媒体平台、搜索引擎优化（SEO）、内容营销、线上广告等方式，触达更广泛的目标用户群体。线下拉新则可以通过策划活动、参与展会、与其他品牌或机构合作等方式，增加品牌曝光度和用户接触点，从而吸引更多潜在用户的关注。

（二）用户促活策略

新媒体账号的活力与价值，很大程度上取决于用户的活跃度和参与度。仅仅吸引用户关注是远远不够的，必须通过有效的策略来持续激发用户的兴趣和参与意愿，从而实现新媒体账号的长期发展和价值提升。用户促活策略主要分为常规促活和个性化促活两大类。

1. 常规促活策略

常规促活策略是面向所有用户的基础性手段，旨在全面提高用户的活跃度。这些策略包括优化内容策略、社交互动策略、举办活动等策略。

2. 个性化促活策略

个性化促活策略是在常规策略的基础上，针对用户的个性化需求和行为特点，提供更定制化的服务和体验。这些策略包括个性化推荐系统、定制化服务、积分与激励机制等策略。

（三）用户留存策略

用户留存是新媒体运营中的关键环节，它反映了用户在初次接触新媒体账号后，是否愿意持续关注和使用此账号的意愿。留存率的高低直接影响了新媒体账号的用户基数和长期发展的潜力。为了实现用户留存，新媒体运营者需要关注两个核心策略：用户成长和用户召回。

1. 用户成长策略

用户成长策略旨在通过构建一套合理的用户成长体系，激励用户在使用新媒体账号的过程中不断获得成就感和满足感，从而增强用户对此账号的黏性和忠诚度。这一策略的实施要点包括明确成长路径、设定激励机制、提供个性化支持。

2. 用户召回策略

用户召回策略是针对已经流失或沉寂的用户，通过一系列针对性的手段重新激活他们对新媒体账号的兴趣和关注。用户召回策略的实施要点包括识别流失用户、定制召回信息、优化内容与服务、设置回归礼包等。

第二节　新媒体用户拉新策略

新媒体用户拉新策略的主要手段是用户定位策略和用户获取策略。具体如图7-3所示。

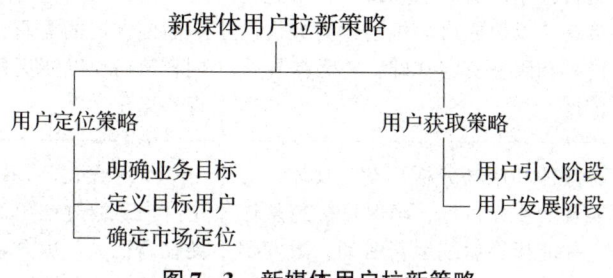

图7-3　新媒体用户拉新策略

一、用户定位策略

新媒体用户定位策略就是识别和确定目标用户群体及其需求的过程。具体做法包括三个步骤，即明确业务目标、定义目标用户、确定市场定位，具体如下。

（一）明确业务目标

确定业务目标是新媒体运营的核心任务，它为新媒体账号或平台指明了清晰的发展方向。一个有效的业务目标应当是具体、明确且可衡量的，它不仅包括数字目标，例如用户数量的增长或产品销售量的提升，还涉及提升用户活跃度、扩大品牌知名度等更为全面的目标。这些目标共同构成了新媒体账号在一定时期内希望实现的成果。

业务目标的重要性在于，它们能够引导新媒体运营团队制定出切实可行的策略和行动计划。通过设定目标，团队可以更有效地分配资源，提高工作效率，并确保所有成员的工作都朝着共同的方向努力。此外，业务目标也是衡量运营成效的关键，它们帮助团队监控进度，评估策略的有效性，并在必要时进行调整。

在设定业务目标时，新媒体运营者应遵循 SMART 原则，即目标应具体（Specific）、可衡量（Measurable）、可达成（Achievable）、相关（Relevant）且有时间限制（Time-bound）。

为了实现这些业务目标，新媒体运营团队需要制订详细的行动计划，包括内容创作、营销推广、用户互动等多方面的策略。同时，定期回顾和评估这些目标的实现情况，确保团队能够及时调整方向，以适应不断变化的市场环境和用户需求。通过这样的过程，新媒体账号能够实现更加精准和高效的运营。

以美食类新媒体账号"××美食"为例，该账号致力于探索和分享美食文化，旨在为美食爱好者提供丰富食谱、独特餐饮体验和实用烹饪技巧。其明确业务目标的步骤见表7-2。

表 7-2　明确业务目标的步骤

步骤	描述	示例
梳理核心资源	对新媒体账号的资源进行全面评估，包括内容、技术、用户和品牌资源，以识别账号优势和劣势，为业务目标设定提供基础	"××美食"评估其原创食谱内容、活跃用户社群、与知名厨师的合作关系等资源，确保业务目标与自身优势相匹配
分析市场需求和竞争态势	深入了解目标用户的需求和行为，研究竞争对手的策略，以把握市场机会，为提供用户期望的内容和服务奠定基础，并为差异化竞争提供依据	"××美食"分析用户对健康饮食和快速简便食谱的需求，同时观察竞争对手的内容策略，以便更好地满足用户需求并实现差异化
设定业务目标	根据资源评估和市场分析，设定具体、可衡量、可实现的业务目标，确保目标与整体战略一致，并能指导后续运营活动，激发团队积极性	"××美食"设定具体目标：在未来六个月内，通过推出健康饮食专题和快速简便食谱视频，提升用户互动率50%，增加15%的关注者数量，以实现业务增长

（二）定义目标用户

定义目标用户就是对新媒体账号的目标用户进行清晰、具体的描述和界定，不仅要了解目标用户的基本人口统计特征，例如年龄、性别、地域和职业等，而且更要深入了解他们的兴趣爱好、消费习惯、生活方式、心理需求、价值观念以及在线行为模式等，从而构建一个立体、多维的用户画像。其步骤见表 7-3。

表 7-3　定义目标用户的步骤

步骤	描述	实施	示例
市场细分	将市场划分为具有相似需求和特点的用户群体，为用户定位和内容策略提供基础	考虑人口统计学特征（年龄、性别等）；分析心理特征（兴趣爱好、生活方式）；观察行为特征（消费习惯、社交媒体使用）	"××美食"识别出健康饮食倡导者、快餐爱好者等细分市场
选择目标用户	根据市场细分结果，选择与账号定位和商业目标相契合的用户群体	评估用户规模和增长潜力；分析用户需求和兴趣；考虑用户活跃度和互动性；评估用户价值和商业模式；分析用户可达性和可转化性	"××美食"选择25～40岁的城市女性用户群体作为目标用户，发现她们关注健康饮食，活跃于社交媒体
建立目标用户画像	通过数据收集、分析和整理，构建立体、全面的目标用户画像	收集多渠道用户数据；进行数据分析，发现共性和特征；提炼用户标签；构建包含基础属性、偏好、行为的用户画像；验证并优化用户画像	"××美食"构建的用户画像：25～40岁的城市白领女性，对健康饮食感兴趣，乐于分享烹饪心得

思维扩展

选择一个特定的用户群体，尝试构建详细的用户画像，包括他们的需求、偏好、行为模式等，并基于此设计一套用户运营策略。

（三）确定市场定位

在新媒体时代，用户的注意力成为一种稀缺资源，众多新媒体账号在内容、形式和风格上都在展开激烈的竞争。因此，一个清晰、准确的市场定位显得尤为重要。市场定位是指新媒体账号明确自身的独特性、塑造品牌形象、实现差异化和占领用户心智资源，从而有效地吸引和留住目标用户，实现持续稳定的发展。具体方法见表7-4。

表7-4 市场定位的方法

方法	实施步骤	示例
USP定位	确定新媒体账号的独特卖点，通过内部审计识别核心能力和资源，分析用户需求，创造简洁有力的USP声明来明确传达账号的独特价值	"××美食"定位为"提供独家秘制菜谱和烹饪技巧的平台"，通过分享独家菜谱，吸引对烹饪感兴趣的用户
对立型定位	基于与竞争对手的对比，分析自身在产品、服务或用户体验上的显著优势，制定传播策略以突出对比差异，从而在市场中获得独特定位	"××美食"的定位是"不只是美味提供者，更是健康守护者"。这个定位首先承认了美味是美食的基本属性，继而强调自己不同于竞争者的健康饮食优势
使用场景定位	识别目标用户的典型使用场景，根据场景需求定制内容和服务，融入场景元素以增强用户共鸣，通过特定使用场景区分自身，满足用户在特定场景下的需求	"××美食"定位为"厨房小助手"，为家庭聚餐提供菜谱推荐和烹饪技巧，以及节日特色菜肴的制作指南，以满足家庭厨房场景的需求

二、用户获取策略

新媒体账号的用户获取可分为两个阶段，一是用户引入阶段，二是用户发展阶段。

（一）用户引入阶段

在新媒体账号的初创时期，用户引入至关重要。这不仅仅是一个增加用户数量的过程，更是为账号奠定基调、塑造品牌形象和社区文化的关键时期。然而，盲目地追求用户数量而忽视用户质量往往会导致账号进入发展的困境。盲目被拉入的用户多数可能成为沉默用户，他们很少提供反馈和建议，更重要的是，由于新媒体账号内容没有明确的痛点和目标人群定位，导致用户群体混杂，需求冲突频发，不利于账号的长期健康发展。因此，精准地引入符合账号定位的种子用户显得尤为重要。

种子用户不仅是对账号内容感兴趣、愿意积极参与互动的初期用户，更是账号文化塑造和口碑传播的关键力量。他们通常具有较高的活跃度和影响力，能够为账号带来宝贵的反馈和建议，促进账号内容的优化和完善。同时，他们的口碑传播能够吸引更多优质用户的加入，形成良性循环。种子用户引入的步骤如下。

1. 获取种子用户

新媒体账号运营者先要对用户进行画像构建，描述出用户的性别、年龄、地域、受教育程度、独特习惯、消费能力、消费频次、消费偏好等方面的用户特征，然后寻找与用户画像重叠的KOL（关键意见领袖），并进行筛选，找到那些和新媒体号有共鸣、能共情、愿共创的人，把他们的需求与新媒体账号的价值结合起来，吸引他们成为种子用户。

例如，新媒体账号"××美食"可能会聚焦追求健康饮食和创新烹饪的年轻人群。新媒体运营者发现，在各大社交平台如微博、微信公众号、美食论坛等，有许多与健康饮食和创意烹饪相关的内容。这些内容的创作者、分享者和关注者，正是"××美食"寻求的种子用户。这些人在社交平台上通常会带有"美食达人""健康生活倡导者"等标签。新媒体运营者可以通过搜索这些关键词，在社交平台上找到活跃的美食爱好者和有影响力的美食博主。新媒体运营者可以主动与他们建立联系，分享有关健康饮食和创意烹饪的内容，并进行深入的一对一交流，从而吸引他们关注并参与到"××美食"的账号运营中。通过这样的策略，新媒体运营者可以逐步积累起一批忠实的种子用户，为"××美食"的长期发展打下坚实的基础。

2. 留住种子用户

对于新媒体账号而言，成功吸引种子用户后，更为关键的是如何有效地留住他们。这要求新媒体账号运营者不仅要有策略地寻找目标用户，更要精心策划和执行一系列措施，确保这些高价值的用户能够长期参与账号活动，为账号贡献内容，并推荐账号。留住种子用户的具体措施见表7-5。

表7-5 留住种子用户的措施

措施	描述	实施
设立社群管理与专职运营	建立专门的社群，设立专职运营人员维护秩序和社区氛围	创建微信群、QQ群等，策划互动活动，定期分享内容，及时回应反馈，进行一对一交流
深度参与内容建设与传播	鼓励种子用户参与内容策划、创作和推广，设立用户投稿栏目	举办线上头脑风暴会议，合作打造专属栏目，与KOL或社群互推，举办联合活动
强化文化与情感链接	与种子用户建立文化和情感上的深厚联系，打造独特的账号文化	举办线上下聚会，庆祝重要日子，提供专属资料，设计LOGO、口号等视觉元素

（二）用户发展阶段

当新媒体账号已经初步建立用户基础后，还需要通过线上线下的多元化策略，持续吸引并转化潜在用户，为账号注入新的活力，用户发展的方式见表7-6。

表 7-6　用户发展的方式

类型	方式
线上拉新	内容拉新、朋友圈裂变拉新、互推拉新、广告拉新、系统推荐拉新、多平台相互引流、抽奖转发活动等
线下拉新	活动推广、合作推广、传统媒体广告等

1. 线上拉新

（1）内容拉新　内容拉新是指通过精心策划和创作高质量、有吸引力的内容，以引发目标用户的兴趣，激发他们的关注欲望，并促使他们主动关注和加入新媒体账号的过程。内容拉新能够持续吸引新的目标用户，促进账号的粉丝增长和用户活跃度，从而为账号的长远发展奠定坚实基础。其操作步骤见表 7-7。

表 7-7　内容拉新的步骤

步骤	描述	示例
创作优质内容	创作有价值、有趣的内容，确保差异化和创新性。引入专业创作者，采用多媒体形式，结合流行元素	"××美食"与专业厨师合作推出"周末家庭料理"系列，包含视频教程和图文食谱，结合季节性食材和节日主题
引爆热点话题	紧跟时事热点和流行趋势，快速创作相关内容，设置话题标签，参与讨论	"××美食"针对"全球美食节"推出特别报道，包括当地美食推荐和互动话题，增强用户参与度
用户体验至上	优化内容的排版、布局和呈现方式，关注内容的加载速度和交互设计	"××美食"优化移动端网站，确保快速加载和易于阅读的食谱内容，同时提供一键分享功能
实现多渠道推广	通过多渠道推广扩大内容覆盖面和影响力，与其他媒体、KOL、社群合作，利用 SEO 和社交媒体广告	"××美食"与美食博客合作，共同举办线上烹饪课程，并通过美食相关的社交媒体群组分享课程信息

（2）朋友圈裂变拉新　朋友圈裂变拉新作为一种高效、低成本且基于信任背书的用户增长方式，对于新媒体账号而言具有重要意义。其策略见表 7-8。

表 7-8　朋友圈裂变拉新策略

策略	描述	示例
设计多元化的激励分享机制	设立分享积分制度，提供实物奖品或特权服务兑换；与合作伙伴进行跨界合作，增加激励选择	"××美食"推出积分商城，用户可兑换美食教程和特色食材；与餐饮品牌合作，举办"分享赢免费餐"活动
创新朋友圈互动活动	定期策划创新性和互动性强的活动，例如话题挑战，鼓励用户分享和参与，设置活动奖励	"××美食"发起"美食晒单挑战"，用户分享美食照片参与活动，有机会获得礼品

(续)

策略	描述	示例
精准利用 KOL 效应	选择与目标用户匹配度高的 KOL 合作，建立长期合作关系，通过 KOL 的社交平台和互动形式推广	"××美食"与美食领域大 V 合作，通过直播和视频推荐特色菜品和优惠
优化工具助力与数据分析	使用裂变工具和平台进行数据追踪和分析，评估活动效果，调整优化策略	"××美食"通过数据分析，发现特定内容类型传播效果好，随后加大投入
确保活动的合规性与用户体验	遵守平台规定，避免不当手段，提供优质内容和服务，建立长期信任关系	"××美食"确保所有活动符合社交平台规定，注重用户体验，提供优质内容和服务

（3）互推拉新　互推拉新作为新媒体账号间相互合作、共同增长的有效策略，其核心在于通过双方或多方的资源互补，实现用户群体的快速拓展和品牌影响力的提升。其策略见表 7-9。

表 7-9　互推拉新策略

策略	描述	示例
精准筛选互推资源	选择与新媒体账号定位、用户群体和内容质量相匹配的合作伙伴，确保资源互补	"××美食"通过数据分析工具，筛选出用户群体与自身高度重合的美食类账号，例如"美食探店"和"家庭烹饪技巧"，进行内容互推
制定多元化互推方案	设计创新的互推内容和形式，例如视频互推、直播互动等，提升用户关注度	"××美食"与另一个新媒体账号"美食探店"合作，共同制作一系列探店视频，展示不同餐厅的特色美食，并通过直播互动让用户参与点评
优化执行与监测环节	明确互推时间、频次和方式，建立监测机制，评估互推效果	"××美食"与合作伙伴约定每月第二周进行互推，通过后台数据监测新粉丝增长和用户互动，根据效果调整互推策略
强化用户互动与留存	设计互动话题和联合活动，提供专属福利，增强用户黏性	在每次互推后，"××美食"设置"本周最佳美食推荐"互动话题，鼓励用户分享自己的美食体验，并对积极参与的用户给予小礼品奖励
建立长期合作关系	探索多元化合作模式，实现持续共赢	"××美食"与新媒体账号"家庭烹饪技巧"建立长期合作关系，共同开发线上烹饪课程，并通过分成模式实现互利共赢
遵守合规原则与道德规范	确保推荐内容真实可信，尊重用户选择权和隐私权	"××美食"在所有互推活动中，坚持不发布虚假或夸大的内容，确保所有推荐都基于真实用户体验，并且不强制用户进行任何操作

（4）广告拉新　广告拉新是指通过广告投放来吸引潜在用户关注并加入新媒体账号的方式。相较于自然增长，广告投放可以更迅速地吸引用户关注，加速用户增长过程。常见的广告拉新形式见表 7-10。

表7-10 常见广告拉新形式

广告形式	实施	示例
信息流广告	新媒体账号在新媒体平台上的信息流中投放广告，利用用户画像进行精准定向，选择多种创意形式，根据用户活跃时段和地理位置进行投放，合理分配预算	"××美食"在微博平台投放信息流广告，展示精美菜品和烹饪过程；定向推送给对美食感兴趣的用户；选择晚上6—9点的用户活跃时段进行投放
新媒体账号内广告	确保广告内容与账号主题相契合，优化广告展示方式和频次，利用用户数据分析进行精准投放，避免干扰用户阅读或观看体验	在"××美食"内推广与美食相关的产品，例如厨房用具和食材，确保广告展示位置和频次适宜，提高用户接受度
搜索引擎广告	利用长尾关键词获取更精准的流量。设置负关键词①，从而减少不相关流量，提高广告的相关性和效率。优化广告创意，包括吸引人的标题和明确的行动号召，根据用户搜索习惯和设备使用情况调整投放策略，进行数据监测与优化	"××美食"选择"家常川菜做法"等长尾关键词便于用户搜索，设置"外卖""餐厅"等负关键词，避免广告展示给那些寻找外出就餐而非自己烹饪的用户；针对晚上7—9点的搜索高峰期在移动设备上进行投入

① 指广告商特意排除的关键词，避免广告在某些特定的搜索查询下展示。

（5）系统推荐拉新 系统推荐拉新是指新媒体平台通过算法系统自动向用户推荐相关的新媒体账号，以促进用户关注和增长。由于新媒体平台上账号数量庞大，用户很难主动发现所有感兴趣的账号。通过算法推荐，可以帮助优质的新媒体账号得到更多曝光和关注，同时也让用户更方便地找到符合自己兴趣和需求的账号，还可以促进用户之间的互动和交流，增强平台的社区性和活跃度。这对于平台的长期发展和用户留存都有正面影响。

新媒体平台的推荐机制通常基于复杂的算法，这些算法会考虑多种因素来确定向用户推荐哪些账号。第一，推荐基于用户行为，系统会根据用户的历史行为、兴趣偏好进行推荐。例如，如果用户经常关注健康生活类账号，系统就会优先推荐与健康生活相关的新媒体账号。第二，推荐考虑内容质量，账号发布的内容如果经常被用户点赞、评论、分享，那么这个账号就有可能被系统推荐给更多用户。第三，账号活跃度和用户互动情况也是影响系统推荐的重要因素。为了提升被系统推荐的机会，新媒体账号的策略见表7-11。

表7-11 获得系统推荐的策略

策略	实施	示例
优化内容和定位	明确账号核心主题，创作与之相关的高质量原创内容，并定期发布以吸引目标用户	"××美食"专注于提供健康饮食相关内容，每周发布原创文章和视频，确保内容的深度和价值
利用标签和关键词	研究平台搜索规则和用户搜索习惯，为内容选择合适标签和关键词，以提高内容可见性和搜索排名	"××美食"为每篇内容精心挑选如"低脂""有机食材"等标签，确保内容能够被目标用户更容易找到

(续)

策略	实施	示例
鼓励用户互动	设定话题讨论,发起投票,举办线上活动,例如美食摄影比赛,以提升用户参与度和社区活跃度	"××美食"设置"周末家庭食谱"话题,鼓励用户分享自己烹饪成果,增加用户间互动和内容传播
跨平台推广	在多个社交媒体平台上分享内容,利用跨平台工具同步内容,以扩大账号的影响力并吸引更多潜在用户	"××美食"在抖音、微博和小红书等平台上分享其内容,同时在美食相关论坛发布帖子,吸引更广泛的受众群体

需要注意的是,每个新媒体平台的推荐算法和机制都可能有所不同。因此,新媒体账号在实施以上策略时,还应结合具体平台的规则和要求,进行针对性的优化和调整。同时,定期分析和评估推荐效果,根据数据和用户反馈进行优化改进,也是提高系统推荐拉新效果的关键步骤。

(6)多平台相互引流 多平台相互引流是新媒体账号线上拉新的重要手段。它指的是企业、品牌或内容创作者通过在一个或多个平台的内容、活动或服务中嵌入引导信息,将用户从一个平台引导到另一个平台的策略。其目的是为了实现用户资源共享、增加用户黏性,提高整体流量。例如,"××美食"通过在微信公众号、微博、抖音等多个平台上发布内容,并巧妙地引导用户关注其在其他平台的账号,成功实现了用户资源的跨平台流动。多平台相互引流策略见表 7-12。

表 7-12 多平台相互引流策略

策略	描述	示例
内容策划与平台特性匹配	根据各平台的用户特点和内容需求制定内容策略	"××美食"在微信上发布详细的家常菜教程;在微博分享即时的美食探店经历;在抖音上展示吸引人的美食短视频;在知乎发布深度的美食文化文章
设置引流链接	在账号信息中添加其他平台链接或二维码,方便用户跨平台关注	"××美食"在微信文章底部、微博主页、抖音视频描述中添加跳转链接和二维码,引导用户关注其在微博、抖音和知乎的账号
跨平台互动活动	策划互动活动,提升用户参与度和黏性	"××美食"在微博发起转发抽奖活动;在微信推出朋友圈分享优惠;在抖音举办模仿视频挑战,增加用户参与感和品牌互动
数据分析与优化	分析用户来源、行为、转化率等数据,评估引流效果并调整策略	"××美食"通过分析发现微博的用户参与度更高,于是增加微博内容的发布频率;同时,发现用户偏好短视频内容,便加大在抖音上的内容制作投入
合作推广	与其他平台的 KOL 或相关账号合作,扩大品牌曝光度	"××美食"与知名美食博主合作,共同举办线上美食制作比赛,通过双方平台的互相推广,吸引更多用户关注

（7）抽奖转发活动　抽奖转发活动，旨在通过用户的转发行为扩大内容传播范围，同时借助抽奖的吸引力提升用户参与度和品牌关注度。其策略见表7-13。

表7-13　抽奖转发活动策略

策略	实施	示例
确定奖品策略	选择与品牌相关、吸引力强的奖品，例如明星产品、限量周边、优惠券等；设定不同层次的奖品以增加用户参与度	"××美食"提供独家定制厨房用具、限量菜谱和大额优惠券作为奖品，并设置多个奖项等级
制定详细规则	明确转发要求、抽奖机制和活动期限，确保活动的公平、公正和透明	"××美食"要求用户转发活动微博并@三位好友，通过微博官方平台随机抽取获奖者
多渠道发布与推广	通过官方账号、KOL合作和广告投放多渠道发布活动信息	"××美食"在官方微博和微信公众号发布活动，邀请美食KOL转发，在抖音和微博投放广告
持续监控与实时调整	加强数据监控，关注用户反馈，及时调整活动策略	"××美食"监控转发量和评论量，根据用户反馈调整活动细节，提升用户参与度
公正开奖与高效兑奖	确保开奖过程公开透明，提供清晰兑奖流程，对未获奖用户进行后续关怀	"××美食"通过直播开奖，确保公正性；及时通知获奖用户兑奖，对未获奖用户发送优惠券

2. 线下拉新

线下拉新是指通过线下的方式和渠道，吸引并获取新用户关注和注册新媒体账号的过程。对于新媒体账号来说，线下拉新是一种重要且不可替代的用户获取手段，它可以弥补线上覆盖不足、增强品牌认知与信任、丰富用户体验、实现线上线下闭环。常用方式包括活动推广、合作推广、传统媒体广告等几种。

（1）活动推广　活动推广是新媒体账号通过精心策划的线下活动，让用户亲身体验和互动，从而有效吸引并引导潜在用户关注新媒体账号的策略。其步骤见表7-14。

表7-14　活动推广的步骤

步骤	实施	示例
明确目标用户	确定活动的目标受众，确保活动内容与用户兴趣和需求相匹配	"××美食"针对年轻家庭和美食爱好者，策划活动内容，例如家庭友好的烹饪工作坊和新食谱试吃
优化创意策划	设计具有创新性和互动性的活动，以提高用户参与度	"××美食"举办"亲子烘焙日"，邀请家长和孩子一起参与烘焙，增加亲子互动和品牌亲和力
优选场地	选择地理位置优越、人流量大的场地，确保活动的可见性和用户参与度	"××美食"选择市中心的公共广场举办户外美食节，利用节假日的高人流量吸引参与者

(续)

步骤	实施	示例
整合宣传	利用线上线下多种渠道进行活动宣传，提高活动的知名度	"××美食"在社交媒体上发布活动预告，或通过邮件列表发送邀请，同时在本地社区中心和超市张贴活动海报
现场转化	在活动现场设置互动环节，鼓励用户关注新媒体账号	"××美食"在活动现场设置互动问答环节，参与者答对问题即可获得关注账号的奖励，例如优惠券或小礼品

（2）合作推广　合作推广是指新媒体账号与其他相关品牌、机构或平台携手合作，通过联合举办活动、互换宣传资源、共享用户群体等手段，共同提升双方的曝光度、影响力和用户基础。这种策略不仅能够实现资源的高效利用，还能在降低成本的同时，增强品牌的市场认知度。合作推广策略见表 7-15。

表 7-15　合作推广策略

策略	实施	示例
目标用户群体契合	选择与己方目标用户高度重合的合作伙伴，确保合作信息有效触达	"××美食"与健康饮食品牌合作，共同推广健康食谱，吸引目标用户群体
资源互补性	寻找在不同领域具有互补资源的合作伙伴，利用双方资源形成线上线下的完整新媒体传播链	"××美食"与餐饮连锁品牌合作，利用品牌线下影响力和"××美食"的线上粉丝基础，共同举办美食节
明确合作目标	设立可量化的合作目标，例如粉丝增长数、品牌曝光量，以数据驱动策略调整	"××美食"与合作伙伴设定增加粉丝数 10% 的目标，并通过数据分析优化活动策略
联合举办活动	与合作伙伴共同策划和执行营销活动，制订合作计划、分配资源、执行计划并监控效果	"××美食"与餐饮品牌共同举办"健康美食周"，在线上线下同步推广
内容共创与互换推广	与合作伙伴共同制作内容，并在各自平台进行互换推广	"××美食"与旅游网站合作制作"美食旅行指南"节目，并在双方平台推广
用户资源共享	在保护用户隐私的前提下，共享用户数据以优化内容策略和推广方式	"××美食"与合作伙伴共享用户喜好数据，共同分析并优化推广内容

（3）传统媒体广告　传统媒体广告利用电视、广播、报纸、杂志等传统媒体渠道，通过投放广告来吸引潜在用户关注新媒体账号，它的主要优势在于其广泛的覆盖面和强大的传播力。无论是家庭主妇、上班族还是学生，几乎每个人都会在日常生活中接触到传统媒体。此外，传统媒体广告往往具有较高的权威性和公信力，这对于新媒体账号来说至关重要，因为它们需要建立用户的信任和忠诚度。其策略见表 7-16。

表7-16 传统媒体广告策略

策略	实施	示例
精准选择媒体	根据账号定位和目标用户群体,选择匹配的传统媒体渠道	"××美食"针对本地家庭和美食爱好者,选择本地高收视率电视台进行广告投放
创意内容设计	设计新颖、有趣的广告内容,明确展示关注新媒体账号的好处	"××美食"制作一系列广告,展示家庭烹饪的乐趣,并强调关注微信公众号可获得独家食谱和优惠信息
明确广告目标	设定具体的广告目标,例如用户增长和品牌知名度提升	"××美食"设定广告目标为在广告投放期间增加至少15%的关注用户,并提高品牌在目标用户中的知名度

第三节 新媒体用户促活策略

新媒体用户运营的第二个阶段是用户促活,指的是通过一系列策略和方法,激活已经注册或关注但长时间不活跃的用户,重新唤醒这些用户对新媒体账号的兴趣,提升他们的活跃度和参与度。用户促活策略可以分为常规促活策略和个性化促活策略。具体如图7-4所示。

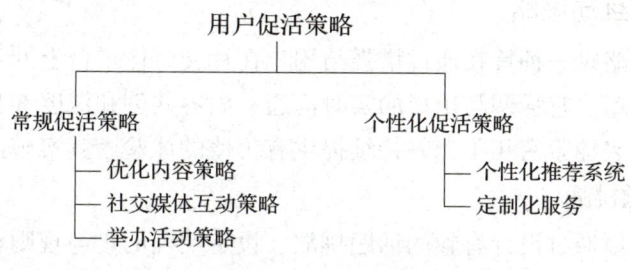

图7-4 用户促活策略

一、常规促活策略

常规促活策略是新媒体账号常用的基础方法,适用于所有用户,目的是普遍提高用户的活跃度。常规促活策略主要包括优化内容策略、社交媒体互动策略、举办活动策略等,具体如下。

(一)优化内容策略

优化内容策略是激活和保持用户活跃度的关键所在。该策略的核心是根据用户的需求和兴趣,对新媒体账号发布的内容进行持续改进和调整,以提供更加有价值、引人入胜和与时代同步的信息,从而与用户建立更为紧密的连接。其策略见表7-17。

表 7–17 优化内容策略

策略	实施	示例
深度挖掘用户需求	通过问卷调查、用户访谈和数据分析了解用户兴趣、偏好、痛点和需求；细分用户群体并构建用户画像	"××美食"通过在线问卷和社交互动收集用户对美食内容的偏好，为不同年龄段和饮食习惯的用户定制内容
提升内容质量	创作原创内容，提升专业性和权威性；优化排版、配图和字体等呈现方式	"××美食"发布由专业厨师撰写的原创食谱，确保内容的准确性和吸引力，同时优化文章布局和图片质量
创新内容形式	尝试短视频、直播等新内容形式；捕捉时事热点，提供个性化内容推荐	"××美食"推出"周末厨房"直播系列，邀请观众参与互动，同时根据用户反馈调整内容推荐
确保内容的时效性	实时更新内容，定期回顾和更新旧内容；建立内容更新机制	"××美食"每日更新食谱，确保内容的新鲜度，并定期更新旧食谱以适应季节变化
加强与粉丝的互动	建立用户反馈渠道，促进用户交流；定期举办线上互动活动	"××美食"在微信公众号上设立用户反馈栏目，并每月举办"美食摄影大赛"以提高用户参与度
数据驱动内容策略	利用数据分析工具监测用户行为；进行 A/B 测试优化内容策略	"××美食"分析用户对不同类型食谱的点击率，对受欢迎内容进行 A/B 测试，以确定内容最佳发布时间和格式

（二）社交媒体互动策略

社交媒体互动策略是一种旨在通过增强与用户在社交媒体平台上的互动，从而提高用户活跃度和参与度的策略。它强调与用户的实时沟通、内容共创和深度参与，确保新媒体账号的内容与用户需求、兴趣紧密相关，并持续提供有价值的体验。其实施措施如下。

1. 定期发起话题挑战

新媒体运营者可以通过设计有趣的话题挑战、设定明确的参与规则和奖励、利用标签提高曝光度、与关键意见领袖合作推广、积极与用户互动以及根据反馈持续优化活动，来提高用户参与度和品牌影响力。具体措施见表 7–18。

表 7–18 话题挑战的措施

措施	实施	示例
设计创意性话题	结合用户兴趣、时事、节日或品牌特色，创造有趣、吸引人的挑战主题；研究用户兴趣和热点事件；设计与品牌相关的挑战主题；创造引人入胜的话题描述	"××美食"设计"#中秋家宴大比拼#"话题，鼓励用户分享家宴制作过程
明确规则与奖励	设立清晰易懂的挑战规则和奖励机制，激发用户积极性；制定参与规则；设定奖项和奖励；公布获奖标准	"××美食"规定用户需在规定时间内使用指定标签发布内容，前 10 名获得礼品包

(续)

措施	实施	示例
利用标签聚合效应	选择代表性标签，利用社交媒体平台特性增加活动曝光度；选择与活动相关的标签；在社交媒体上推广活动；利用平台推荐算法	"××美食"使用"#中秋家宴大比拼#"标签，通过社交媒体话题页推广
合作推广	与合作伙伴、关键意见领袖等合作，扩大活动影响力；确定合作对象；邀请合作方参与挑战；共享合作内容	"××美食"邀请知名美食博主参与挑战，并在其账号分享活动
及时反馈用户	积极与用户互动，公布获奖名单，提升用户参与感；互动点赞、评论用户内容；定期公布获奖者；展示精选作品	"××美食"在活动结束后公布获奖名单，并在公众号展示优秀家宴作品
持续优化与迭代	根据用户反馈和数据分析优化活动策略，关注行业动态；收集用户反馈；分析活动数据；调整活动形式	"××美食"根据用户反馈调整挑战规则，增加互动环节，提升参与度

2. 直播互动

直播互动作为一种实时、高效的用户连接方式，对于提升品牌透明度和用户信任感至关重要。其措施见表7-19。

表7-19 直播互动的措施

措施	实施	示例
明确直播规划与主题设置	提前制定直播时间表，确保用户能提前知晓并安排时间参与；每次直播设定鲜明主题，聚焦用户兴趣点	"××美食"每周固定时间直播，主题围绕新品试吃、烹饪教学等
强化互动元素与观众参与	主播积极回应观众提问，营造亲切、即时的互动氛围；利用平台功能增加互动多样性；设计互动环节提升观众参与感	"××美食"直播中主播展示美食制作过程，积极回答观众提问，并设置互动小游戏
展示品牌幕后与独家内容	通过直播展示产品制作过程、团队风采等幕后内容，增强品牌认知；提供独家优惠、限量商品等，为观众创造独特价值感	"××美食"直播中邀请嘉宾分享幕后故事，发布新品试吃体验和限量优惠信息
保障直播技术与观看体验	选择稳定、高清的直播技术平台，确保流畅观看体验；对直播环境进行专业布置，提升视觉美感	"××美食"使用高清摄像头和专业照明，优化直播环境布置
直播后续跟进与反馈收集	直播结束后，及时发布精彩回顾，方便错过直播的用户回看；收集观众反馈，有针对性地优化后续直播内容和形式	"××美食"直播结束后发布精彩片段，根据观众反馈调整后续直播内容

3. 跨平台互动

跨平台互动旨在通过利用多种社交媒体平台或工具,实现与用户的广泛连接和内容的有效推广。其策略见表7-20。

表7-20 跨平台互动的策略

策略	实施	示例
确保内容的一致性和适应性	在所有平台上维护统一品牌形象,根据平台特性调整内容形式,例如微信公众号发布详细食谱,抖音发布短视频,小红书分享美食摄影,知乎参与话题讨论	"××美食"在各平台保持统一品牌形象,调整内容形式以适应不同平台特性
制定平台专属互动策略	设计针对各平台的互动方式,例如挑战赛、话题讨论、个性化服务等,利用平台功能提升用户体验和参与度	"××美食"在微信公众号提供个性化订餐服务,在抖音发起烹饪挑战,在小红书建立美食探店专栏,在知乎邀请知名厨师参与访谈
强化数据分析与整合	收集并分析用户数据,构建用户画像,支持精准营销策略,定期评估互动效果	"××美食"通过数据分析用户兴趣和行为模式,整合数据资源优化营销策略
与意见领袖和博主合作	识别并合作与品牌契合的关键意见领袖和博主,利用其影响力扩大品牌曝光,吸引新用户,增强用户参与度	"××美食"与美食博主合作,邀请他们体验并分享菜品,参与品牌活动,进行直播互动
持续收集反馈并优化策略	定期评估互动效果和用户满意度,根据反馈和数据分析结果,及时调整互动策略	"××美食"分析粉丝增长数、互动率、用户转化率等指标,根据用户反馈调整菜品口味或推出新菜品

(三) 举办活动策略

举办活动策略是指新媒体账号通过策划和执行特定主题的活动,吸引用户参与并与账号进行深度互动,从而提高用户活跃度和增强用户黏性的策略。其步骤如下。

1. 确定活动主题和目标

为了确保活动的有效性,新媒体运营者应精心挑选与账号定位相符合的活动主题,同时设定清晰、可量化的活动目标;在活动结束后,通过数据分析来评估活动效果,确保活动目标得以实现。其措施见表7-21。

表7-21 确定活动主题和目标

措施	实施	示例
活动主题确定	选择一个与账号风格一致且能够引起目标受众共鸣的主题。进行市场调研,了解受众的兴趣点,确保主题具有吸引力和相关性。设计主题时,考虑如何通过视觉元素和活动内容来强化品牌形象	"××美食"通过调研发现用户对传统美食有浓厚兴趣,因此确定"家乡味道"作为活动主题,通过展示传统美食的制作过程和文化背景,吸引用户参与

（续）

措施	实施	示例
活动目标设定	设定具体、可衡量的目标，确保它们与活动主题相匹配。目标应包括短期和长期效果，例如粉丝增长、用户参与度、品牌认知度提升等。为每个目标设定明确的量化指标，以便在活动结束后进行效果评估	"××美食"设定以下活动目标：短期目标是活动开始后一个月内粉丝数增加15%，活动期间用户互动率提升30%；长期目标是提升品牌在目标用户心中的专业形象，通过用户分享和口碑传播，实现品牌认知度的持续增长

2. 策划活动内容

新媒体运营者通过创新活动形式、简化参与流程、设置吸引人的奖励、增加社交互动以及提供有价值的内容，有效提升用户参与度和与品牌的互动。具体措施见表7-22。

表7-22 策划活动内容措施

措施	实施	示例
创新活动形式	尝试多样化的活动类型，确保活动内容与用户兴趣相关并提供趣味性和参与感	"××美食"举办"家乡味道"线上摄影大赛，邀请用户分享家乡特色美食的照片，通过投票选出最具代表性的作品
简化参与流程	优化活动流程，提供清晰的参与指南，降低用户参与门槛	"××美食"简化参与流程，用户通过点击活动链接、上传照片并简短填写描述即可参与"家乡味道"大赛
设置吸引人的奖励机制	根据预算和目标受众设置有吸引力的奖励，确保奖励的公平性和透明度	"××美食"为"家乡味道"大赛的冠军提供价值500元的餐厅用餐券，同时为所有参与者提供积分，可用于兑换优惠券或礼品
增加社交互动元素	在活动中加入社交互动环节，鼓励用户分享体验，扩大活动影响力	"××美食"鼓励用户在参加大赛时@好友，邀请他们为自己投票，并通过社交媒体分享活动信息，增加活动的社交互动性
注重活动内容的价值性	确保活动内容对用户有价值，提供有用的信息或技能	"××美食"在大赛活动期间提供"周末家庭烹饪"线上教程，教授用户如何制作健康美味的家常菜，提升用户的烹饪技能

3. 多渠道宣传

为了确保活动的成功，多渠道宣传是至关重要的一环。通过充分利用各种宣传渠道，新媒体运营者可以有效地扩大活动的曝光度和参与度。具体做法见表7-23。

表7-23 多渠道宣传的做法

措施	实施	示例
社交媒体平台宣传	利用自有社交媒体账号发布活动预告、倒计时、进展更新等，提高活动可见度；使用广告功能如置顶帖子、推广页面等	"××美食"在各大社交平台发布"家乡味道"摄影大赛预告，利用置顶功能吸引关注，并定期更新活动进展

(续)

措施	实施	示例
合作伙伴推广	与相关品牌、机构或团体合作，共同宣传和资源共享；共同制作宣传材料，在各自渠道推广活动	"××美食"与本地餐饮品牌合作，在门店内放置"家乡味道"大赛宣传海报，共同制作并发布推广视频
KOL合作	与活动主题相关的KOL合作，利用其影响力提升活动曝光度；设计合作内容，在KOL的平台上推广活动	"××美食"邀请美食领域KOL参与"家乡味道"大赛并分享，提高活动的信任度和口碑
线下宣传	通过线下活动和商家合作，扩大活动影响力；举办线下活动，与商家合作展示活动信息	"××美食"在商业区举办"家乡味道"摄影大赛线下推广活动，派发宣传单页和小礼品
跨平台互动宣传	利用不同平台的互联互通进行宣传，打破信息孤岛；在各平台发布活动信息，引导用户跨平台参与	"××美食"在微博上发布"家乡味道"大赛信息，并引导用户关注微信公众号参与活动；在抖音上发布相关视频，并附上小红书活动链接

二、个性化促活策略

常规促活策略是新媒体账号运营的基础，而个性化促活策略则是在常规策略的基础上，通过更深入地了解用户需求和行为，提供更定制化的服务和体验，进一步提升用户的活跃度和满意度。个性化促活策略包括个性化推荐系统、定制化服务等，具体如下。

（一）个性化推荐系统

个性化推荐系统是一种智能化的推荐机制，它运用先进的数据分析和算法技术，深入挖掘用户的个人兴趣与需求。通过精准地分析用户的历史行为、偏好以及实时兴趣等信息，推荐系统能够构建出用户独特的兴趣画像。基于这些画像，推荐系统会运用复杂的算法和模型，预测并推选出最符合用户喜好的内容、产品或服务。因此，用户不仅能够轻松获取高度相关的推荐内容，还能享受到个性化的体验，有效解决了信息过载的问题。同时，个性化推荐系统还能显著增强用户的黏性，激发他们探索更多内容的欲望。

个性化推荐系统的步骤见表7-24。

表7-24 个性化推荐系统的步骤

步骤	实施	示例
收集和分析用户数据	收集用户基本信息、在线行为数据、社交互动数据，分析用户兴趣和行为模式	"××美食"通过分析用户在网站上的搜索历史、点击率和评论，以及在社交媒体上的互动，例如点赞和分享，来理解用户对不同菜系的偏好
建立推荐算法和模型	构建推荐算法，例如协同过滤和内容推荐，确保推荐内容的相关性和吸引力	"××美食"利用用户的历史订单和评分数据，结合其他用户的相似选择，为用户推荐可能喜欢的新菜品

(续)

步骤	实施	示例
优化推荐策略	定期评估推荐效果，调整算法参数，引入用户反馈	"××美食"根据用户对推荐内容的点击率和购买转化率，调整推荐算法，以提高推荐的个性化程度
多样化和个性化的推荐	在推荐系统中加入多样性，同时保持个性化	"××美食"在推荐列表中包含不同价格区间、不同菜系的餐厅，同时根据用户的历史选择和口味偏好，个性化推荐菜品
持续迭代和更新	根据用户行为变化和新技术发展，不断更新推荐系统	"××美食"每季度根据用户行为数据更新推荐算法，并探索利用人工智能技术来提升推荐的准确性和用户体验

（二）定制化服务

定制化服务是一种高度个性化的服务策略，它要求新媒体账号深入洞察每位用户的独特特征、兴趣偏好以及具体需求，并提供量身定制的服务和内容。这种服务策略不仅提升了用户体验，还加深了用户对新媒体账号的信任感和归属感，进而促进了账号的长期稳定发展。

定制化服务的类型见表7-25。

表7-25 定制化服务的类型

类型	实施	示例
内容定制化	根据用户的兴趣、偏好和需求，推送个性化内容	"××美食"分析用户浏览历史，为经常搜索川菜的用户推送"川菜烹饪秘籍"和"成都美食探店"文章
界面定制化	允许用户根据个人喜好调整应用界面，提升用户体验	"××美食"提供个性化设置，让用户选择喜欢的颜色方案（如"清新绿"或"温馨黄"）和字体样式（如"经典宋体"或"现代黑体"）
互动体验定制化	提供个性化的互动体验，增强用户参与度	"××美食"根据用户在评论区的提问，例如"如何在家制作地道的意大利面？"，提供详细的一对一烹饪指导
服务定制化	根据用户需求提供定制化的服务	"××美食"为有特殊饮食需求的用户（如糖尿病患者）提供"低糖或0糖健康菜谱"定制服务
推送通知定制化	在合适的时间向用户推送定制化通知	"××美食"根据用户的历史阅读时间，为晚上活跃的用户推送"晚间美食推荐"，包括晚餐菜谱和夜宵选项

第四节 新媒体用户留存策略

新媒体用户留存策略是指通过一系列手段和措施，提高用户在新媒体账号上的留存率，降低用户流失率，从而增加用户的长期价值和贡献。用户留存策略可以分为用户成长策略以及用户召回策略，如图7-5所示。

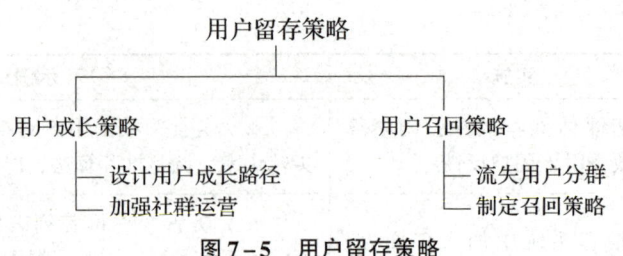

图 7-5　用户留存策略

一、用户成长策略

用户成长策略旨在促进用户在使用产品或服务过程中不断成长和提升。具体而言，它通过设计一系列的成长路径、激励机制、优质内容和服务、社交互动平台以及数据分析与优化等措施，吸引用户的参与和持续使用，提高用户的活跃度和黏性，降低用户流失率，从而实现新媒体账号的长期稳定发展。

（一）设计用户成长路径

用户成长路径是指用户在使用新媒体账号的过程中，通过完成一系列设定任务、获得相应奖励、逐步提升等级等方式，不断积累知识和提升技能，同时随着成长获得更多专属权益和社会认可的明确路径。这一路径设计旨在引导用户深度参与账号活动，增强用户与账号之间的黏性，促进用户的长期活跃和忠诚度的提升。在新媒体环境中，用户成长路径通常涵盖新手引导、等级晋升制度、积分累积体系等关键组成部分，为用户提供清晰、有吸引力的成长蓝图。

设计用户成长路径包括以下步骤。

1. 设计新手引导

对于新用户来说，新媒体账号的功能和操作可能显得相对复杂和陌生，导致他们难以迅速领略账号的价值并产生进一步探索的兴趣。因此，设计有效的新手引导至关重要。具体措施见表 7-26。

表 7-26　设计新手引导的措施

措施	实施	示例
精简引导流程	筛选核心功能，构建简洁的引导流程，确保用户快速体验主要功能	"××美食"设计四步引导流程，包括浏览热门菜谱、搜索菜品、发布美食照片和互动点赞
明确操作指导	提供清晰、具体的操作指导，使用易懂的语言和术语，设置交互提示	"××美食"为每个引导步骤设计简洁指导文案，例如"点击这里查看今日热门菜谱"
设计视觉引导元素	使用与品牌相符的颜色、图标和动画效果，提升视觉体验，确保布局清晰	"××美食"使用橙色和白色作为主色调，设计简单动画效果，例如箭头指示和按钮放大

(续)

措施	实施	示例
设定激励机制	设定积分、勋章等奖励类型，明确获得条件，实时展示奖励进度	"××美食"为完成新手引导的用户提供积分和"新手大厨"勋章，并在个人主页展示
建立反馈与支持体系	提供多种反馈渠道，建立常见问题解答库，提供实时帮助功能	"××美食"提供在线客服、邮件反馈，整理常见问题，并在关键步骤提供弹窗提示和悬浮按钮帮助

2. 建立等级体系

等级体系是新媒体账号中用于激励和区分用户的一种有效机制。通过为用户设立不同等级，并根据其活跃度、贡献度等指标进行划分，可以鼓励用户更积极地参与账号活动，增强用户黏性。其措施见表7-27。

表7-27 建立等级体系的措施

措施	描述	示例
等级数量设定	根据用户规模、活跃度和管理需求设定等级数量。建议分为初级、中级、高级三个阶段，并在每个阶段内划分具体等级	"××美食"把初级用户称为"美食新手"、中级用户称为"美食达人"、高级用户称为"美食大师"
创意命名与图标	为每个等级设计独特的名称和图标，增强用户归属感和认同感。在用户界面显眼位置展示	"美食新手"图标为一颗绿色星星 "美食达人"图标为三颗黄色星星 "美食大师"图标为一颗金色皇冠
晋升准则确立	设定用户晋升的主要依据，例如活跃度、贡献度，以及完成任务、发布内容、参与互动等。明确晋升所需成长值	初级晋升中级：累积0~500积分 中级晋升高级：累积501~2000积分 高级晋升：累积2001积分以上
权益与奖励	为不同等级用户提供差异化的权益和奖励，以激励用户晋升	高级用户可享受免费试吃新品、优先参与线下活动、专属客服 中级用户可享受积分商城兑换实物礼品或优惠券 初级用户可享受定期美食知识推送、新手指导
持续优化与更新	定期收集用户反馈，利用数据分析工具优化等级体系，保持与运营目标和用户需求的一致性	根据用户行为数据和市场趋势，调整成长值标准、权益内容和晋升任务，确保等级体系的吸引力和竞争力

3. 建立积分体系

积分是用户晋升等级的具体量化指标。新媒体账号的积分体系通过为用户在平台上的各种行为赋予一定的积分值，鼓励用户积极参与活动、完成任务和产生优质内容。积分的累积和消耗过程与用户的等级晋升紧密相关，为用户提供了一个可视化的成长进度条。其措施见表7-28。

表 7-28 建立积分体系的措施

要素	描述	示例
积分获取方式	详细列出用户可以通过哪些具体行为获得积分，并确保这些行为与平台的核心价值和目标相一致	在"××美食"平台上，用户可以通过发布原创的美食心得、分享详细的食谱教程来获得积分；此外，积极参与社区互动，例如对他人的帖子进行点赞、评论和转发，也是获取积分的有效途径
积分消耗途径	描述用户如何使用积分，包括兑换奖励、参与活动来获得积分等	"××美食"允许用户使用积分兑换会员特权，享受如优先参与线下活动、免费试吃新品等福利；用户可以用积分解锁付费内容，例如专业厨师的文章和视频教程；账号提供实物奖品兑换，例如限量版的食谱集或定制厨房用品，以增加积分对用户的吸引力
积分活动举办	通过定期的积分活动来激发用户的参与热情和社区的活跃度	"××美食"定期举办季度积分挑战赛，积分最高的用户将获得特别礼品；在节假日推出积分翻倍活动；限时分享抽奖活动，分享特定内容有机会获得额外积分或小礼品；限时兑换活动，例如"双倍积分日"
积分体系更新与优化	根据用户反馈和行为数据来调整积分体系，确保积分的长期有效性和吸引力	"××美食"通过收集用户对积分体系的直接反馈，结合用户行为分析，定期对积分获取和消耗的规则进行调整。例如，如果发现用户对某项活动的参与度不高，平台可能会增加该活动的积分奖励，或者调整兑换项目的门槛，以更好地满足用户需求并保持积分体系的活力

（二）加强社群运营

社群运营是指通过精心策划和管理在线社群，推动用户间的交流互动、内容分享与协同合作，进而深化用户对某一新媒体账号的认同感和参与热情的过程。社群运营不仅是连接用户与账号的桥梁，更是提升用户体验、打造品牌忠诚度的关键。社群运营包括如下步骤。

1. 确定社群定位

社群定位是社群运营的出发点。其步骤见表 7-29。

表 7-29 确定社群定位的步骤

步骤	描述	示例
分析目标用户	收集用户的年龄、性别、地域、职业和收入等信息，了解他们的兴趣和行为习惯	"××美食"社群主要用户群体为 25~40 岁的城市居民，对特色美食和新口味食品有浓厚兴趣，偏好社交媒体上的图片和视频分享
明确核心主题	确定社群的核心议题，使其具有吸引力和持久性	"××美食"社群确定核心议题为"全球美食探索与风味分享"，涵盖美食文化、烹饪技巧、餐厅故事和食材知识
确定社群价值	定义社群提供的价值，确保与用户需求和期望相符	"××美食"社群提供丰富的美食制作教程和食材知识；分享烹饪心得和餐厅推荐；组织食材团购和烹饪工具共享；建立情感支持的社区环境

(续)

步骤	描述	示例
设计社群形象	塑造社群的视觉和语言风格，包括头像、昵称、标语等	"××美食"社群头像为美食拼图；昵称为"××美食探秘团"；标语为"探寻舌尖上的世界，共享味蕾的盛宴"；群公告定期更新，包含美食活动和知识分享
制订内容计划	设计内容的发布频率、形式和话题，确保内容的多样性和互动性	"××美食"每天发布1~2条内容，形式包括图文教程、视频、知识卡片；话题围绕美食探索和用户分享，例如线上美食挑战赛、美食摄影评选

2. 制定社群规则

社群规则是确保社群和谐氛围、良好秩序及成员共同利益的重要基石。在制定时，需综合考虑社群宗旨、成员需求及社群发展，确保规则的合理性与可行性。其步骤见表7-30。

表7-30 制定社群规则的步骤

步骤	描述	示例
社群宗旨确立	明确社群的核心价值观和目标	"××美食"设定社群宗旨为"促进美食爱好者之间的知识共享与文化交流"，核心价值观包括"尊重、互助、创新"
需求调研	深入了解成员的期望和需求	"××美食"设计并发放问卷，包括多选题和开放式问题，收集成员对社群内容、活动、互动方式的偏好
规则制定	制定详细的行为规范和违规后果	"××美食"列出具体禁止行为（如未经允许的广告发布、人身攻击、政治敏感话题等），并为每种违规行为设定相应的处罚措施（如警告、禁言、移除等）
激励与奖惩	设计有效的激励机制和惩罚措施	"××美食"实施积分系统，对优质内容分享和积极参与者给予积分奖励，积分可兑换礼品或参与特权活动。对于违规行为，实施递增的惩罚措施，例如首次警告，两次禁言，三次移除
意见征集	鼓励成员参与规则的制定和修订	"××美食"定期举办在线讨论会，邀请成员提出规则改进建议，通过社群投票系统进行规则修订的表决
规则更新	定期审查和更新社群规则	"××美食"设立规则审查小组，每季度对现有规则进行评估，根据社群发展和成员反馈进行调整。更新后的规则通过社群公告、邮件、社交媒体等渠道广泛传播

3. 招募与管理团队成员

为确保社群的日常管理和运营顺畅进行，需组建一支专业且富有热情的团队，包括群主、管理员等关键角色。他们将共同维护社群秩序、解答用户疑问并组织各类活动。其步骤见表7-31。

表 7-31 招募与管理团队成员的步骤

步骤	描述	示例
确立团队架构	定义团队角色和职责,确保每个成员了解自己的工作范围	"××美食"社群设立群主负责整体战略和决策,管理员负责日常互动和内容审核,内容编辑负责创作食谱和美食文章
招募团队成员	通过多渠道发布招募信息,吸引有经验和热情的人才	在"××美食"社群公告、美食相关论坛、社交媒体上发布招募信息,强调申请者需具有对美食的热情和社群管理经验
筛选与面试	对申请者进行初步筛选,并通过面试深入了解其能力和适应性	设定筛选标准,例如熟悉美食文化、良好的沟通技巧,通过线上视频面试评估候选人的团队合作能力和问题解决能力
提供培训与考核	对新成员进行培训,并设立考核期以评估其工作表现	为新管理员提供"××美食"社群文化和操作流程培训,设置三个月的试用期,通过用户反馈和团队评价进行工作表现考核
建立激励机制	设计物质和精神激励措施,以提高团队成员的积极性	实施季度最佳管理员评选,提供美食体验券或美食书籍作为奖励;为长期贡献成员提供参与重大决策的机会
关注团队成长	持续关注团队成员的个人发展,提供支持和培训机会	定期组织"××美食"团队建设活动,例如线上美食研讨会,提供美食摄影和写作技巧培训,鼓励成员分享成功案例和经验

4. 用户关系维护

用户关系维护是确保社群活力、健康发展及深化用户情感联系的核心。其策略见表 7-32。

表 7-32 用户关系维护的策略

策略	描述	示例
构建情感纽带	通过个性化互动和关怀,建立用户与社群的情感联系	"××美食"社群在用户生日时通过社群平台发送定制的祝福卡片和优惠券;根据用户互动记录推荐感兴趣的美食活动或食谱;定期举办"美食家之夜"活动,邀请用户分享烹饪故事和美食照片
响应用户反馈	及时且专业地回应用户的反馈和问题	"××美食"社群设立专门的用户反馈邮箱和社群内的反馈板块;对于常见问题建立快速响应模板;对于复杂或特殊问题指派专人跟进,确保问题得到妥善解决
提升用户体验	通过用户反馈和数据分析,不断优化社群服务	"××美食"社群每季度进行用户满意度调查,收集用户对社群内容、活动和服务的反馈;分析用户互动数据,识别并解决用户活跃度低的原因;定期更新社群平台功能,例如增加食谱搜索功能、优化用户界面

(续)

策略	描述	示例
定期互动	通过定期活动和个性化关怀，保持用户活跃度	"××美食"社群设定每周三为"美食分享日"，鼓励用户分享食谱和烹饪心得；对新加入的用户发送欢迎信息并提供社群指南；通过私信询问长时间未活跃用户的近况，并提供个性化的社群活动邀请
完善激励机制	通过奖励和认可，激发用户的参与和分享热情	"××美食"社群设立"月度美食达人"评选，奖励积极参与社群互动和内容分享的用户；对于分享高质量内容的用户提供额外积分奖励，积分可兑换社群专属礼品；定期在社群内公布优秀用户名单，分享他们的故事，增加用户荣誉感

5. 扩大社群影响力

为了持续增强社群的活力和吸引力，扩大其影响力和覆盖范围至关重要。这不仅可以为社群带来更多有价值的成员和资源，还能进一步提升社群的品牌效应和行业地位。其策略见表7-33。

表7-33 扩大社群影响力的策略

策略	描述	示例
寻求外部合作	与相关品牌或平台建立互利共赢的合作关系	"××美食"社群与本地美食博客合作，共同策划"美食探店"系列文章，互相在平台上推广对方的内容；与烹饪学校合作，为社群成员提供专属的烹饪课程折扣
邀请行业专家	引入行业内的权威专家和知名人士参与社群	"××美食"社群邀请当地知名美食评论家每月在社群内举办一次问答环节，解答成员关于美食和烹饪的问题；与营养师合作，定期发布健康饮食指南，提升社群内容的专业度
鼓励用户邀请	通过奖励机制激励用户邀请新成员	"××美食"社群设立"邀请好友赢大奖"活动，为成功邀请新用户的现有成员提供奖励，例如社群专属徽章或限量版美食地图；提供易于分享的邀请链接，简化邀请流程，确保用户可以在社交媒体上一键分享
展示社群价值	通过高质量的内容和活动提升社群形象	"××美食"社群在社群平台上定期发布"本月最佳食谱"和"美食达人专访"，通过故事化的内容展示社群成员的才华和社群的活跃氛围；在社群周年庆时，举办线下聚会，并在社群平台进行直播，让更多潜在用户感受到社群的凝聚力和独特魅力

6. 运用社群运营与管理工具

社群运营与管理工具有助于提升社群的活跃度、增强用户参与度、优化用户体验以及实现社群的长期稳定发展。其常用工具见表7-34。

表 7-34 社群运营与管理工具

工具名称	功能描述	适用场景
企业微信	提供企业通信和办公应用集成，包括消息沟通、视频会议、文档协作等	企业内部沟通、客户管理、团队协作
微友助手	社群管理工具，支持自动回复、群发消息、成员管理等功能	微信群运营、用户互动管理、内容推广
小裂变	社群裂变工具，提供任务宝、裂变海报等裂变营销功能	用户增长、社群扩张、营销活动推广
一起学堂	社群微课工具，支持自动直播、录制转播、实时转发等功能	社群教育、知识分享、在线课程直播
有赞	微商城平台，支持商品展示、交易管理、客户关系管理等	电商运营、在线销售、客户服务
社群宝	提供群发消息、群管理、数据分析等功能	社群管理、内容推广、用户互动
粉丝圈	社群互动平台，支持话题讨论、活动举办、用户激励等功能	用户互动、社区建设、品牌活动推广
社群助手	社群运营工具，支持自动回复、群发消息、成员管理等功能	社群维护、用户互动、内容推广

思维扩展

创建一个虚拟的社群，设定社群规则和活动计划，并模拟管理过程。

二、用户召回策略

用户召回是用户留存策略的重要组成部分，旨在提高用户的再次活跃度和长期留存率。包括流失用户分群、制定召回策略这两个步骤。

（一）流失用户分群

流失用户分群是指新媒体账号通过收集和分析用户数据，识别那些曾经活跃但现在已经不再使用或很少使用服务的用户，并深入了解他们的行为、偏好和需求，并将流失用户划分为不同的群组或类别。这有助于更清晰地识别不同类型的流失用户，还能够为后续的召回策略提供有力的数据支持。其步骤见表 7-35。

表 7-35 流失用户分群的步骤

步骤	实施	示例
数据收集与预处理	收集用户基本信息和行为数据，进行数据清洗、整理，去除异常值和无关信息	"××美食"对用户进行数据收集，包括注册日期、最后登录时间、发帖和评论次数，然后清洗数据，剔除异常登录行为

(续)

步骤	实施	示例
定义流失用户标准	根据业务需求和用户行为数据,设定流失用户的具体标准	"××美食"定义连续30天未登录且无互动的用户为流失用户
用户特征分析	分析流失用户的特征,包括人口统计学信息、使用习惯和兴趣偏好,与活跃用户对比	"××美食"对流失用户的年龄、性别、偏好内容进行分析,发现与活跃用户的差异
分群模型构建与标签化	使用统计分析和机器学习算法构建分群模型,为每个群组赋予描述性标签	"××美食"利用K-means算法对用户进行分群,例如"健康饮食追求者""烹饪技巧学习者"
分群结果验证与优化	通过抽样调查、A/B测试等方法验证分群结果的有效性,根据结果进行调整	"××美食"对分群结果进行用户满意度调查,根据反馈调整分群策略,例如增加针对"健康饮食追求者"的内容推送

(二)制定召回策略

制定召回策略,即基于对流失用户群体特征、需求偏好的深入分析,以及新媒体账号的长期运营目标,精心策划一系列具有吸引力的活动、优惠措施和定制化内容,旨在重新激发流失用户的兴趣,引导他们回归账号,并进一步提升其互动频率和用户行为价值。

制定召回策略包括确定召回目标、准备召回内容、优化召回渠道、评估与调整、建立持续关系等步骤,具体如下。

1. 确定召回目标

确定召回目标是召回策略制定的首要步骤,它涉及明确想要重新激活的用户群体以及期望达到的效果。这一过程需要细致的数据分析、目标设定和资源规划,以确保召回活动的针对性和效果可衡量。其步骤见表7-36。

表7-36 确定召回目标的步骤

步骤	实施	示例
深入用户数据分析	分析流失用户的注册信息、活动记录、互动行为和最后活跃时间,构建用户画像	"××美食"通过分析发现,流失用户多为25~35岁的城市女性,她们对家常菜和烘焙内容有较高兴趣
设定关键绩效指标(KPI)	根据用户数据分析结果,设定召回活动的成功度衡量指标	"××美食"设定以下KPI 1. 召回率:召回用户数与总流失用户数的比例; 2. 用户活跃度:通过用户在平台上的活跃时长和互动次数来衡量; 3. 转化率:关注召回用户在平台上的购买行为和内容分享次数
明确具体召回目标	结合KPI,制定具体、可量化的召回目标	"××美食"设定的具体目标是 1. 在一个月内召回至少10%的流失用户; 2. 召回用户的活跃度在活动后提升至少20%; 3. 通过特别促销活动,提高召回用户的购买转化率

2. 准备召回内容

准备召回内容是指新媒体账号在执行用户召回策略时，设计和制作用于吸引流失用户回归的具体内容。其步骤见表 7-37。

表 7-37　准备召回内容的步骤

步骤	实施方法	示例
精心制定内容策略	结合流失用户的兴趣和需求，明确召回内容的主题方向，选择合适的内容形式和发布计划	"××美食"确定"家常美食与健康烹饪"为主题，采用图文结合和视频教程形式，每周发布内容并通过社交媒体、邮件和短信多渠道推送
创作高质量召回内容	创作原创性强、能激发兴趣的内容，注重视觉呈现和排版设计，符合品牌调性	"××美食"聘请专业团队创作食谱和烹饪技巧，注重内容的视觉和听觉吸引力，确保内容传递专业、健康的形象
巧妙设计互动环节	设计互动环节，例如评论区、问答、投票等，鼓励用户参与，提供专属福利增强归属感	在每篇教程下方设置评论区，鼓励用户分享心得；通过问答和投票了解用户偏好；为回归用户提供优惠券和积分奖励
科学进行 A/B 测试	准备多个版本的召回内容，进行 A/B 测试，实时监测关键数据指标，优化内容	"××美食"制作不同风格的食谱图文和视频，进行 A/B 测试，分析点击率和用户互动，选择最有效的内容版本
持续更新与优化	定期收集用户反馈，分析执行效果，根据反馈和数据分析结果更新召回内容	"××美食"通过用户调查和数据分析，了解流失用户召回内容的满意度，定期更新内容策略，确保内容始终吸引流失用户

3. 优化召回渠道

召回渠道是品牌与流失用户重建联系的关键桥梁，其选择和优化对于提高召回成功率至关重要。其步骤见表 7-38。

表 7-38　优化召回渠道的步骤

步骤	实施	示例
深入了解用户偏好	利用数据分析工具，如百度统计，洞察用户行为和偏好，识别不同用户群体的沟通偏好	"××美食"通过百度统计分析发现，年轻用户在抖音更活跃，而成熟用户更倾向于使用微信公众号，据此账号可实施差异化的沟通策略
精准定制渠道策略	结合用户偏好和平台特性，为不同渠道定制内容策略，如图文、视频等，确保品牌信息的一致性和吸引力	"××美食"在抖音发布短视频食谱教程，在微信公众号发布深度文章和用户互动话题，以满足不同用户群体的需求
持续跟踪与效果评估	利用社交媒体分析工具，监测关键指标，如互动率、转化率，并运用 A/B 测试优化策略	"××美食"使用飞瓜数据监测抖音和微信公众号的互动数据，发现通过短视频教学的互动率较高，账号可据此调整内容发布策略

(续)

步骤	实施	示例
数据驱动持续优化	定期分析用户行为数据，如用户留存和忠诚度，根据数据反馈调整内容和营销策略	"××美食"根据用户留存数据分析，发现定期推出用户互动竞赛能提高用户黏性，因此账号决定增加此类活动的频率

4. 后续跟进与互动

后续跟进与互动是确保召回用户持续活跃并转化为忠诚用户的关键环节。其步骤见表7-39。

表7-39 后续跟进与互动的步骤

步骤	实施方法	示例
回应用户问题	设立客户服务团队，监控并回应用户问题，实施24小时内响应机制，优化常见问题解答库	"××美食"建立在线客服系统，确保用户在社交媒体、邮件、App等渠道的问题得到快速回复
积极参与讨论	团队成员加入相关社交媒体群组，策划互动活动，监测用户讨论热点	"××美食"团队在美食论坛中积极参与讨论，定期举办"你最喜欢的家乡菜"等话题投票
持续分享高价值内容	制订内容计划，分享与账号主题相关、有趣且实用的内容，鼓励用户生成内容	"××美食"定期发布原创食谱和烹饪技巧，举办"美食摄影大赛"，以提高用户参与度
提供个性化推荐	利用用户数据和行为分析，为用户打造个性化推荐清单，定期发送推荐和优惠信息	"××美食"根据用户浏览历史和购买记录，推荐个性化的菜品和烹饪课程
持续优化更新策略	收集用户反馈，评估策略有效性，关注行业动态，引入新的互动形式和内容类型	"××美食"根据用户反馈调整内容发布时间，引入AR烹饪教学等新互动形式

> **思维扩展**
>
> 设计一份用户召回计划，包括确定召回目标、准备召回内容、优化召回渠道和后续跟进与互动，然后模拟执行并评估效果。

本章小结

本章详细探讨了新媒体用户运营的全貌，内容共分为四个小节。

第一节作为开篇，概述了新媒体用户运营概念、内涵以及流程，为读者构建了用户运营的整体框架。

第二节深入介绍了新媒体用户拉新策略，包括用户定位策略和用户获取策略，旨在帮助新媒体运营者有效地吸引新用户，扩大用户基础。

第三节重点转向了新媒体用户促活策略，详细阐述了常规促活策略和个性化促活策略，旨在通过各种手段激发用户的活跃度，提升用户黏性。

第四节聚焦新媒体用户留存策略，介绍了用户成长策略和用户召回策略，旨在确保用户能够长期留存，成为新媒体平台的忠实用户。

通过本章的学习，读者将能够全面理解和掌握新媒体用户运营的核心策略和方法，为提升新媒体账号的用户价值和市场竞争力打下坚实基础。

核心概念

1. 用户运营（User Operation）
2. 用户定位（User Positioning）
3. 用户拉新（User Recruitment）
4. 用户促活（User Activation）
5. 用户留存（User retention）
6. 潜在用户（Potential Users）
7. 种子用户（Seed Users）
8. 目标用户（Target Users）
9. 核心用户（Core Users）
10. 用户标签（User Label）
11. 用户画像（User Portrait）
12. 市场定位（Market Positioning）
13. 信息流广告（Information Flow Advertising）
14. 口碑营销（Word of Mouth Marketing）
15. 个性化推荐系统（Personalized Recommendation System）
16. 用户成长路径（User Growth Path）
17. 积分体系（Integral System）
18. 等级体系（Hierarchy）
19. 社群运营（Community Operations）
20. 用户召回（User Recall）

思考题

1. 什么是新媒体用户运营？为什么要进行用户运营？如何进行用户运营？
2. 举例说明新媒体账号如何进行用户拉新。
3. 举例说明新媒体账号如何进行用户促活。
4. 举例说明新媒体账号如何进行用户留存。

测试题

实训指南

一、实训目的

（一）帮助学生全面了解新媒体用户运营的概念、内涵和流程。
（二）帮助学生掌握新媒体用户拉新的技巧。
（三）帮助学生熟悉新媒体用户促活的策略。
（四）帮助学生了解新媒体用户留存的方法。

二、实训内容与步骤

表 7-40　实训内容与步骤

实训内容	任务	步骤
新媒体用户运营概念	理解新媒体用户运营的定义、特点及流程	1. 研读教材，总结关键要素 2. 绘制用户运营流程图，明确各环节作用
新媒体用户拉新策略	学习并掌握用户定位策略和用户获取策略	1. 分析目标用户群体特征和需求 2. 制定用户获取策略，例如内容营销、社交媒体推广 3. 设计并实施用户拉新活动，记录并分析效果
新媒体用户促活策略	了解并应用常规促活策略和个性化促活策略	1. 分析用户行为数据，识别活跃度影响因素 2. 设计常规促活活动，例如签到、积分兑换 3. 针对特定用户群体，制定个性化促活方案，并观察效果
新媒体用户留存策略	掌握用户成长策略和用户召回策略	1. 建立用户成长体系，设定不同等级和权益 2. 制定用户召回机制，例如邮件、短信、推送通知等 3. 分析用户流失原因，制定针对性的留存策略

三、实训成果

1. 完成一份包含用户拉新、促活、留存策略的新媒体用户运营方案。
2. 撰写一篇关于新媒体用户运营实践的实训报告，总结经验和教训。
3. 提升学生对新媒体用户运营的理解和实际操作能力。

综合案例

网易云音乐用户运营

每次打开网易云音乐，总能感受到一股强烈的人文关怀和文艺气息。这种情怀感是有温度的，有共鸣的。在众多音乐平台中，网易云音乐凭借其独特的社区氛围和用户体验，赢得了大量用户的喜爱和忠诚。其成功的背后，离不开对用户需求的深入理解、精准的用户分层、高效的推荐算法以及成熟的UGC生态。

一、深入理解用户需求，打造差异化竞争优势

在竞争激烈的音乐市场中，网易云音乐从一开始就注重用户画像和用户需求的研究。他们发现用户在个性化和社交化方面有着强烈的诉求。为了满足这些需求，网易云音乐采取了一系列策略。

首先，针对有明确音乐诉求的用户（A类用户），网易云音乐通过引入民间优质原创内容来补充自身版权的短板。他们推出了"网易原创音乐人""音乐达人"等计划，鼓励音乐人创作并分享自己的作品。同时，利用大数据和云计算技术，为用户提供更加精准和个性化的音乐推荐。

其次，对于没有明确音乐诉求的泛需求用户（B类用户），网易云音乐集中资源构建UGC生态，增加用户的黏性和对平台的依赖。他们推出了歌单、评论、动态等多种UGC形式，让用户能够参与到音乐社区的建设中，与其他用户分享自己的音乐品味和感受。

二、精准用户分层，实现精细化运营

为了更好地满足不同类型用户的需求，网易云音乐采用了"多广深用户成长体系"进行用户分层。这一体系根据用户在平台内的留存行为进行划分，包括"多度""广度"和"深度"三个维度。

通过这一体系，网易云音乐能够更精准地识别不同用户的特征和需求，为他们提供定制化的服务和推荐。例如，对于高"多度"用户，平台可以提供更多的独家内容和个性化推荐；对于高"广度"用户，可以推荐更多类型的音乐和语言；对于高"深度"用户，则可以提供更多关于独立音乐人和原创音乐的内容。

三、高效推荐算法，提升用户体验

为了给用户提供更精准的音乐推荐，网易云音乐建立了完善的用户行为标签体系。他们根据用户在App内的行为和音乐的匹配关系，建立了模型底层，并划分了三类偏好属性：纯音乐偏好、行为偏好和垂类偏好。

这些标签和模型使得网易云音乐能够快速定位到某个用户的典型特征，并圈出同类型的人群，便于平台进行精准的触达和培养计划。通过不断优化推荐算法，网易云音乐成功地提升了用户体验和满意度。

四、成熟UGC生态，构建音乐社区氛围

网易云音乐的成功离不开其成熟的UGC生态。他们注重鼓励和挖掘用户的创造力，为

用户提供了多种 UGC 形式，例如歌单创建、主播电台、动态话题等。这些功能不仅满足了用户的表达需求，也为平台带来了丰富的内容和活力。

通过 UGC 生态的建设，网易云音乐成功地构建了一个充满活力和创造力的音乐社区。用户在这里可以分享自己的音乐品味、发现新的音乐人和作品、与其他用户交流互动。这种社区氛围不仅提升了用户的黏性和活跃度，也为网易云音乐带来了独特的竞争优势。

总的来说，网易云音乐通过深入理解用户需求、精准用户分层、高效推荐算法以及成熟 UGC 生态的构建，成功地打造了一个充满人文关怀和文艺气息的音乐社区。在未来的发展中，网易云音乐将继续致力于提升用户体验和满足用户需求，为用户带来更多优质的音乐和内容。

资料来源：根据 Leon《网易云音乐用户运营拆解：用音乐的力量构建社区》（"人人都是产品经理"头条号，2023 年 3 月 20 日）资料整理。

案例思考

1. 网易云音乐是如何通过用户画像和用户需求研究来满足用户在个性化和社交化方面的诉求的？请结合案例中的具体策略进行分析。

2. "多广深用户成长体系"在网易云音乐的用户运营中扮演了怎样的角色？请阐述这一体系是如何帮助平台实现精细化运营的。

3. 分析网易云音乐如何利用用户行为标签体系和推荐算法提升用户体验的。探讨这种算法在增强用户黏性和提升用户满意度方面的作用。

4. 网易云音乐通过哪些方式鼓励和挖掘用户的创造力，从而构建其成熟的 UGC 生态？评估 UGC 生态对网易云音乐社区氛围和竞争优势的贡献。

5. 综合以上策略，分析网易云音乐在用户运营方面的成功之处。探讨其如何在竞争激烈的音乐市场中脱颖而出，并预测其未来在用户运营方面可能面临的挑战和机遇。

第八章 新媒体活动运营策略

> **本章导语**
> 活动策划要新颖，活动执行要细致，活动总结要深刻。

引例

新媒体活动——"文物撑伞人守护计划"

一、活动背景与简介

"文物撑伞人守护计划"是在 2022 年 9 月，由哔哩哔哩（bilibili，简称 B 站）公益、中华思源工程基金会、上海阮仪三城市遗产保护基金会联合发起的，关怀基层地区文物守护员的公益项目。

文物守护人作为"文物撑伞人"，需要每日巡护文物，查看防火设备，保持文物环境卫生，文物通常不能配置强光源，但是"文物撑伞人"巡护需要查看高处细节，个别情况下，需要在夜间巡视文物，强光手电是其必备物品，劳动手套为其提供防护，碘伏棉签和创可贴为其提供紧急救护。由于常年驻守文物保护单位，文物守护人的生产和生活空间高度重合，公益项目除为文物守护人捐赠日常巡逻必备的物资，也捐赠包含收音机等可以给予文物守护人生活慰藉的物资，可以让文物守护人暂时抽离工作状态，和外面的世界有更多的交流。

二、活动宣传与支持

除物资和装备支持外，哔哩哔哩公益及相关机构通过纪录片、漫画、游戏、直播、主题宣传片、UP 主探访视频等不同内容形式，呈现古建丰富多彩的题材，让古建叙事年轻化，使更多年轻人可以了解并关注文物撑伞人，进而参与文物守护和文化传承。在活动过程中，公益项目团队与专业机构深度合作，得到山西省文物局、上海阮仪三城市遗产保护基金会等专业文物保护机构的大力支持，文物保护专家多次参与公益项目走访调研及座谈会；公益项目团队还与中华思源工程基金会合作，提升了该项目落地实施过程中的专业性。

三、活动实施与成果

2022 年 8 月，在山西省文物局的支持下，"文物撑伞人守护计划"在山西省高平市、平遥县举行物资发放仪式。

2022年9月，发布《最强守塔》基层文物守护人主题公益宣传片。

2022年10月英雄联盟S12全球总决赛期间，联合山西省文物局、中华思源工程基金会、共同发起《守塔人公益计划》，用户在观赛同时发送公益定制弹幕，即可参与为山西守塔人捐赠装备。活动以"塔"为支点，打破电竞边界，将S12观赛与帮助现实中的文物保护工作者相连接，呼吁人们共同关注文物保护，守护历史传承。

2023年5月，《文物守护人》预告片在B站第二届纪录片大会上发布。

截至2023年6月，山西省2000多名基层文物守护人拿到物资包，直接获益。通过主题宣传片、UP主探访视频、游戏直播联动、微信图文报道等多种形式，将基层文物守护人拉回文物保护的主流叙事中来。"文物撑伞人守护计划"主题报道，全网曝光量达上亿，全网视频播放量700多万，B站用户互动量超过27万人次。

四、未来展望

"文物撑伞人守护计划"将继续发挥平台优势和专业机构的力量，为基层文物守护人提供更多元化、更实质性的支持。例如，哔哩哔哩将积极发挥平台影响力，依托纪录片、漫画、游戏、直播、UP主探访视频等多种内容形式，持续跟进文物守护人主题内容创作，致力于将基层文物守护人拉回文物保护的主流叙事中来。

资料来源：根据凤凰网公益《"文物撑伞人守护计划"入围凤凰网行动者联盟2023公益盛典年度公益创意》（凤凰网，2023年10月19日）等资料整理。

> **预热思考题：**
> 1. 在策划"文物撑伞人守护计划"这一媒体活动时，组织者采取了哪些具体措施来确保活动精准满足基层文物守护人的实际需求？
> 2. 在"文物撑伞人守护计划"的执行过程中，项目管理团队如何确保活动目标的实现和活动效果的最大化？
> 3. "文物撑伞人守护计划"活动可能存在哪些不足或挑战？请提出针对性的改进措施和建议，以优化未来的活动规划和执行。

知识结构

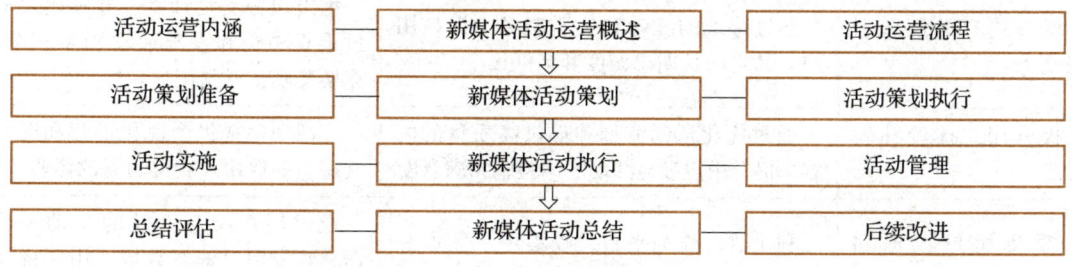

第一节 新媒体活动运营概述

一、活动运营内涵

(一) 活动运营的定义和作用

1. 活动运营的定义

活动运营是一种系统性过程,它围绕新媒体运营战略,通过精心策划、高效执行和全面评估具有明确目标的活动,利用创意、内容和多渠道等多元化手段,以用户需求为导向,促进用户与品牌之间的深度互动,进而实现新媒体价值的有效传播。

2. 活动运营的作用

活动运营的作用见表 8-1。

表 8-1 活动运营的作用

作用	描述	示例
促进用户与品牌的深度互动与连接	通过具有创意和吸引力的活动,鼓励用户参与并体验品牌价值,建立用户与品牌之间的情感纽带	举办线上设计竞赛,邀请用户参与设计新产品,通过共同创造来加深用户与品牌的联系
扩大新媒体账号的影响力与覆盖范围	利用活动吸引用户互动和分享,提升新媒体账号的知名度和影响力	策划主题活动,例如节日促销,吸引用户参与并分享,扩大品牌覆盖面
推动新媒体运营目标的实现与提升	设计针对性活动引导用户行为,达成用户数量增加、活跃度提升等运营目标	设计新用户引导活动,提高用户留存率和转化率
塑造并提升品牌形象与个性	通过活动创造品牌体验,收集用户反馈,优化活动策略,塑造品牌形象	举办品牌故事分享会,让用户参与品牌故事的创造,加深对品牌的印象
实现商业价值与社会价值的双重传播与提升	策划具有社会意义的活动,传递正能量,提升新媒体账号的商业和社会价值	开展公益筹款活动,既增加品牌曝光,又履行社会责任
增强用户黏性和忠诚度	通过持续的互动和优质服务,提高用户对品牌的长期忠诚度和活跃度	推出积分奖励计划,鼓励用户通过重复购买和参与活动积累积分,兑换奖励,增强用户黏性
提升用户体验和满意度	通过优化活动流程和提供高质量的内容,提升用户参与活动的体验感和满意度	在活动中提供个性化推荐和即时支持,确保用户获得满意的体验
收集用户数据和反馈	利用活动作为平台,收集用户数据和反馈,为产品改进和市场策略提供依据	通过用户参与活动的互动和反馈,收集用户偏好数据,用于优化产品和服务

（二）活动运营的特点

活动运营有六大特点，见表8-2。

表8-2　活动运营的特点

特点	描述	示例
高度整合性与协同性	强调资源整合和协同作用，形成高效协调的运营体系	整合不同渠道资源，例如社交媒体、合作伙伴等，共同推广活动，提高整体效果
用户体验优先与参与感强化	以用户为中心设计活动，强化参与感和归属感，培养用户忠诚度	设计互动性强的线上活动，例如用户投票、UGC（用户生成内容）挑战，提高用户参与度
数据驱动决策与精细化运营	通过数据分析指导运营决策，实现精细化运营	利用用户行为数据优化活动流程，提高用户参与率和满意度
跨界融合与创新共创	鼓励跨行业合作，创新活动内容和形式	与时尚品牌合作举办线上时装秀，结合虚拟试衣等创新技术，提供新颖体验
社交化传播与互动强化	利用社交媒体进行活动传播和用户互动	通过社交媒体平台举办话题挑战，鼓励用户分享和参与，扩大活动影响力
持续创新迭代与优化升级	根据市场趋势和用户反馈不断更新活动，保持创新	定期更新线上游戏活动，引入新元素和玩法，保持用户兴趣和活跃度

> **思维扩展**
>
> "文物撑伞人守护计划"是否体现出新媒体活动运营的六大特点？

二、活动运营流程

活动运营流程是一个系统性过程，包括活动策划、活动执行和活动总结等阶段。如图8-1所示。

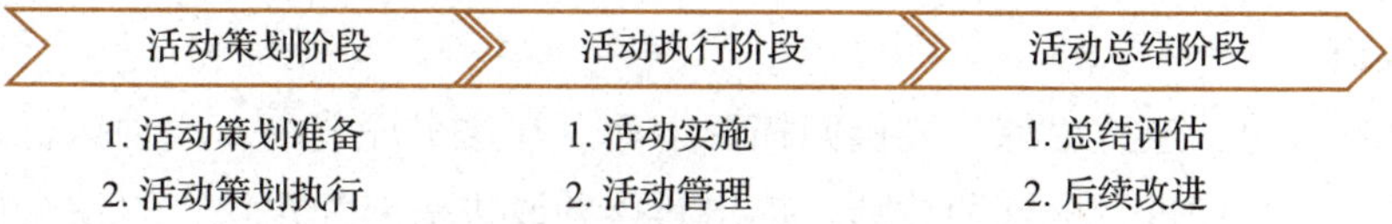

活动策划阶段　→　活动执行阶段　→　活动总结阶段
1. 活动策划准备　　　1. 活动实施　　　　1. 总结评估
2. 活动策划执行　　　2. 活动管理　　　　2. 后续改进

图8-1　活动运营流程

（一）活动策划阶段

活动策划阶段是对新媒体活动的整体规划和设计，包括活动策划准备、活动策划执行两个环节。

1. 活动策划准备

策划准备是整个活动策划的基础。新媒体运营者需要对活动的各个方面进行前期的设想和筹备，确保活动能够在明确的目标和策略指导下进行。首先，要确立活动的核心目标，挑选能够引发共鸣的活动主题，制定相应的活动策略。其次，需要选择传播渠道和宣传方式、整合资源、制定预算，以达到最佳的活动效果。

2. 活动策划执行

策划执行是指在活动策划方案确定后，将策划方案具体化的过程，包括细化活动细节、分配任务、确定时间表、整合资源以及制定预算等环节。这个步骤旨在确保活动能够按照既定方案顺利实施，达到预期的效果和目标。

（二）活动执行阶段

活动执行是指根据活动策划阶段所制定的方案、计划和时间表，具体落实和执行活动的各项任务和工作。活动执行是将策划阶段的设想和计划转化为实际行动的过程，是确保活动能够按照预定目标顺利进行的关键环节。活动执行阶段可以划分为活动实施、活动管理两个环节。

1. 活动实施

活动实施环节包括活动预热、内容发布、互动引导三个方面。在这个环节中，活动执行人员需要进行活动前的预热和宣传工作，将活动内容发布到相应的渠道中，以及通过互动引导的方式吸引用户的参与和关注。

2. 活动管理

活动管理环节包括数据跟踪、危机应对两个方面。在这个环节中，活动执行人员需要对活动数据进行跟踪和分析，及时发现和解决问题，同时也需要准备好危机应对方案，以应对可能出现的突发情况。

（三）活动总结阶段

活动总结阶段分为活动总结评估、活动后续改进两个环节。

1. 总结评估

总结评估环节包括效果评估、问题总结两方面。在这个环节中，活动执行人员需要根据活动数据来评估活动的效果和成果，总结活动中出现的问题和不足之处。

2. 后续改进

后续改进环节包括经验提炼、文档归档两方面。在这个环节中，活动执行人员需要对活动过程中的经验和教训进行提炼和总结，提出具体的改进措施和建议，以便今后能够更好地进行活动策划和执行工作。同时，活动执行人员还需要将活动期间的相关文档进行归档保存，以备后续参考和使用。

第二节　新媒体活动策划

新媒体活动策划阶段包括活动策划准备、活动策划执行两个环节。具体如图 8-2 所示。

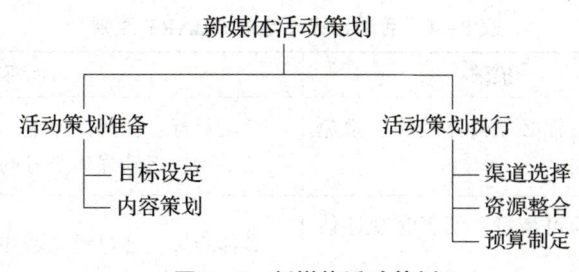

图 8-2　新媒体活动策划

一、活动策划准备

活动策划准备阶段包括目标设定、内容策划两个环节。

（一）目标设定

1. 目标设定的定义

目标设定是活动策划的前提，它为活动提供了明确的方向和目标，指导着策略规划、资源投入、执行过程和效果评价。

活动目标可分为具体目标和抽象目标两类。具体目标如提升品牌知名度、增加粉丝量、促进销售等，可量化评估；而抽象目标如提升用户满意度、增强品牌忠诚度等，则需通过后续用户行为和市场反馈来评估达成情况。详细内容见表 8-3。

表 8-3　活动目标的分类

分类	活动目标	策划策略	示例
具体目标	提升品牌知名度	利用线上活动和社交媒体广告，结合 KOL 合作，提高品牌曝光度	"××时尚"举办线上时尚搭配大赛，通过用户互动和投票增加品牌可见性
	增加粉丝量	制订互动性强的内容计划，与其他品牌联名活动	"××时尚"推出每周穿搭挑战，鼓励用户分享，提高粉丝互动
	促进销售	设计限时折扣和捆绑销售策略，优化购物体验，关注促销 ROI	"××时尚"在周末推出限时折扣，吸引用户购买
抽象目标	提升用户满意度	提供高质量的内容和个性化建议，收集并响应用户反馈	"××时尚"发布穿搭技巧系列文章，增强用户黏性
	增强品牌忠诚度	建立会员制度，提供专属优惠和服务，维护用户互动和内容质量	"××时尚"推出 VIP 会员计划，包括专属折扣和一对一咨询服务

2. 目标设定的具体步骤

为了确保活动目标的准确性和有效性，运营者可以运用 SMART 原则进行指导。

以新媒体账号"××时尚"为例，其活动目标见表 8-4。

表 8-4　活动目标设定的 SMART 原则

SMART 原则	描述	示例
Specific（具体性）	活动目标必须具体明确，避免模糊描述	活动目标：在接下来的三个月内，通过社交媒体营销活动，将新媒体账号的粉丝量提升至少 30%
Measurable（可衡量性）	目标应可衡量，便于客观评估活动成效	具体指标：通过活动增加至少 1 万名新粉丝
Attainable（可实现性）	目标应在资源和条件允许下可实现，具有挑战性但不过于乐观	可行性分析：基于历史增长数据和当前市场趋势，增加 1 万名新粉丝的目标切实可行
Relevant（相关性）	目标应与组织整体战略和目标一致，考虑长远影响	战略一致性：增加粉丝量与"××时尚"扩大市场影响力和提升用户参与度的战略目标一致
Time-bound（时限性）	设定明确的截止日期或时间节点，保持团队紧迫感	活动期限：从即日起至下个季度末

3. 目标设定的作用

目标设定对于新媒体活动的策划起到重要作用。假设新媒体账号"××时尚"把目标设为增加粉丝量，其作用见表 8-5。

表 8-5　目标设定的作用

作用	描述	示例描述
确保行动一致性	明确的目标确保团队的工作紧密围绕活动主题，保持方向一致	"××时尚"团队在新媒体活动中的所有工作都围绕增加粉丝量这一核心主题
提供决策支持	清晰的目标作为决策的基础，帮助团队做出符合活动宗旨的快速响应	"××时尚"团队在为新媒体活动选择推广渠道时，会选择那些最有可能带来新粉丝的渠道
增强团队协作	共同的目标增强团队成员之间的凝聚力，提升协作效率	"××时尚"团队成员共享资源和知识，优化工作流程，进行协作和创新，解决增加粉丝过程中遇到的挑战和障碍
优化资源分配	明确的目标有助于团队更精确地识别必要资源，实现资源的高效配置	"××时尚"团队会优先分配预算和人力到对粉丝增长贡献最大的社交媒体平台
评估活动效果	目标设定可以为活动效果评估提供标准，通过比较实际成果与预期目标，客观评价活动成效	"××时尚"团队会使用社交媒体分析工具实时监控粉丝增长和互动情况，编制评估报告

由此可见，目标设定确保了活动的有序进行，提高了活动的成功概率，并为团队提供了持续进步的动力。

（二）内容策划

内容策划是一种具有战略性的规划和构思过程，它紧密围绕已设定的活动目标来塑造和细化活动所需的具体内容。这一过程不仅关注文字、图片、视频等多媒体元素的精心选择和布局，还深入探索活动主题、讨论话题、互动形式等核心要素，确保它们与活动目标高度契合，并能有效吸引和触动目标受众。内容策划可分为两个步骤，即活动主题和类型、内容创作与发布。

1. 活动主题和类型

（1）信息分析　信息分析是新媒体活动策划的基石，它涉及对市场、用户和竞争态势的细致洞察，旨在为策划过程提供精准的数据支持和策略指导。这一过程至关重要，因为它帮助新媒体活动策划者把握市场动态，理解用户需求，并在竞争激烈的环境中找到独特的定位，见表8-6。

表8-6　信息分析

分析类型	描述	示例
行业分析	对整个行业宏观审视，包括市场规模、增长趋势、主要参与者、政策法规以及技术创新等方面。深入了解行业的过去、现在和未来，识别潜在市场机会和威胁	通过行业分析，"××时尚"团队识别了个性化时尚和可持续产品的市场增长趋势。他们注意到消费者对环保和可持续性相关消息日益关注，以及政策法规对这一趋势的支持。这为"××时尚"提供了一个明确的市场机会，即通过推广环保时尚理念来吸引目标用户
用户分析	深入了解目标用户的特征、需求、偏好和行为模式，通过数据挖掘、问卷调查、用户访谈等手段构建精准的用户画像	"××时尚"分析发现年轻女性用户对个性化时尚和美妆护肤具有强烈兴趣，并且她们在社交媒体上非常活跃。这些信息帮助"××时尚"团队更好地理解用户需求，为她们定制内容和互动策略
竞品分析	对市场上同类产品或服务进行深入研究，了解竞争对手的优势、劣势、市场策略和用户反馈，发现自身的差异点和创新空间	通过竞品分析，"××时尚"发现市场上的竞争对手在职场时尚领域的推广活动较少，这表明存在一个市场空缺。因此，他们决定专注于这一细分市场，通过提供与职场时尚相关的内容和活动来吸引潜在粉丝

（2）确定活动主题　活动主题是活动策划的核心，是整个活动的灵魂，贯穿于活动的各个方面和环节。一个明确且吸引人的活动主题能够为活动定下基调，指导活动的创意发展、视觉设计、内容制作和推广策略，同时也能够吸引目标受众的注意力，激发他们的兴趣和参与意愿。要求见表8-7。

表8-7　活动主题的要求

要求	描述
相关性	活动主题应与品牌价值、市场定位和目标受众紧密相关
独特性	主题应具有独特性，区别于竞争对手，提供新颖体验
有吸引力	能够激发目标受众的兴趣和参与意愿
简洁明了	主题应简单易懂，便于受众快速理解和记忆

(续)

要求	描述
灵活性	主题应能适应不同的活动形式和内容，保持一致性
可执行	考虑实际操作的可行性，确保有足够资源和渠道支持实施
合法性	确保活动主题不违反法律法规，不侵犯知识产权
文化敏感性	考虑不同文化背景受众的接受度，避免文化冲突
情感联结	主题应能与用户建立情感联系，引起共鸣
可持续性	主题应具有时效性，能在活动结束后留下长远印象

比如，对于"××时尚"而言，结合前面的信息分析，其活动主题可以采用"绿色风尚·职场新篇章"，这符合上述的多个要求：与品牌推广可持续时尚的价值观相关，具有独特性，能够吸引对环保和职场时尚感兴趣的用户，简洁明了，且在执行上具有可行性。同时，主题也考虑了文化敏感性和情感联结，能够与用户建立积极的品牌形象。

（3）选择活动类型　活动类型决定了后续策划方向和执行策略。选择合适的活动类型，需综合考虑品牌定位、目标用户群体及市场趋势。每种活动类型都有其独特策划要点和执行难点，需细致规划，确保活动效果最大化。新媒体活动的类型见表8-8。

表8-8　新媒体活动类型

活动类型	策划要点	示例
品牌推广与联合营销活动	明确品牌定位和目标受众 利用多渠道宣传，包括社交媒体、合作伙伴和影响者营销 创造与品牌形象一致的内容和活动 设计激励机制，如分享活动以获得奖励	"××时尚"联合知名时尚博主举办线上可持续时尚讲座，通过直播和社交媒体分享讲座内容，吸引目标受众关注，提升品牌形象。同时，与美妆品牌合作举办"时尚与美妆"主题活动，扩大受众范围
用户互动与社区建设活动	设计互动性强的活动，如在线投票、有奖竞猜或挑战活动 通过社交媒体平台激励用户分享和参与 跟踪用户反馈，及时调整活动策略 利用互动活动吸引新粉丝 建立和维护品牌社区，鼓励用户之间的互动和讨论	"××时尚"推出"周末穿搭挑战"，鼓励用户在周末分享自己的时尚搭配，并使用指定话题标签参与。设置活动规则，只有关注账号的用户才能参与投票和获奖。同时，创建品牌社区，定期举办线上问答、时尚分享会，提供会员专属优惠
内容创意与教育性活动	根据市场趋势和用户兴趣制订内容计划 创作原创、有价值的内容，如时尚指南、趋势分析或幕后故事 定期更新内容，保持用户兴趣和参与度 通过内容吸引新粉丝 提供教育内容，如教程、研讨会或工作坊	"××时尚"发布"每月时尚趋势报告"，结合编辑团队的专业知识和市场数据分析，为用户提供最新的时尚信息和穿搭建议。同时，开展线上时尚设计教程，教授用户如何利用品牌产品打造个性化造型

(续)

活动类型	策划要点	示例
慈善与社会责任活动	结合慈善或社会责任项目 提升品牌形象，为社会做出贡献 设计激励机制，如捐赠旧衣物以获得折扣券	"××时尚"发起"时尚循环"计划，鼓励用户捐赠旧衣物，品牌将衣物进行再利用或捐赠给需要的人，同时为捐赠者提供折扣券
体验营销与节日或季节性活动	创造独特的用户体验 提供产品试用、体验活动或品牌体验日 围绕特定节日或季节变化设计活动 利用节日氛围增加用户参与	"××时尚"在春节推出"新年新风尚"特别系列，举办限时折扣和新年时尚秀，同时在主要城市举办品牌体验日，邀请用户亲身体验最新时尚系列

活动类型是实现活动主题的具体方式，两者需要紧密结合，以实现活动目标。比如，"××时尚"的活动类型选择应紧密结合其活动主题"环保风尚·职场新篇章"，选择用户互动与社区建设活动。具体来说，由于年轻女性用户对个性化时尚和美妆护肤有强烈兴趣，且在社交媒体上活跃。因此，"××时尚"可以举办"职场环保穿搭挑战"，鼓励用户分享自己的职场环保穿搭，并使用指定话题标签参与活动。同时，创建品牌社区，定期举办线上问答、时尚分享会，提供会员专属优惠，增强用户的参与感和归属感，从而实现吸引用户、增加粉丝量的目标。

2. 内容创作与发布

（1）创意构思 创意构思是内容创作的起点，它要求新媒体运营者以独特的视角和创新的思维，结合活动目标和受众特征，打造引人入胜的内容。这一过程不仅关乎主题的选定、话题的挖掘，更涉及互动方式的巧妙设计。

以新媒体账号"××时尚"推出的"职场环保穿搭挑战"活动为例，这是一次旨在增加粉丝量的创新尝试。它巧妙地将"职场""环保"和"穿搭"这三个关键词融合在一起，以吸引目标受众的注意力。活动的核心目标是激发用户在社交平台上分享他们的环保职场穿搭，从而吸引更多用户的关注和参与，进一步扩大品牌的粉丝群体。

在话题选择上，新媒体运营者紧跟时尚潮流，围绕"复古风尚""街头潮流"和"职场精英装"等热门主题，提供了一系列丰富多彩的穿搭灵感，以满足不同用户群体的时尚需求。

在互动方式上，新媒体运营者精心设计了三大环节：首先是挑战打卡，用户可通过发布带有特定话题标签（如#××时尚环保职场#）的穿搭照片参与挑战，这不仅增加了用户的参与感，也有效提升了品牌在社交媒体上的曝光度；其次是每周最佳造型评选，通过用户投票的方式选出最受欢迎的穿搭，进一步激发了用户的竞争精神和参与度；最后是幸运抽奖环节，所有参与挑战的用户均有机会赢取由"××时尚"提供的精美奖品，这一环节的设置旨在通过物质激励提升用户的持续参与热情。

通过这样的创意构思和精心设计的互动环节，"××时尚"的"职场环保穿搭挑战"活动不仅为用户带来了新鲜的体验，也为品牌带来了更多的关注和粉丝增长。

（2）内容制作　在创意构思的基础上，内容制作阶段要求新媒体运营者以精湛的技艺和严谨的态度，将创意转化为高质量的内容。这包括文案撰写、图片设计和视频制作等多个环节。

在文案撰写方面，新媒体运营者需以精准而有力的文字来捕捉和传达活动的精神。文案不仅要精炼有力，还要具备强烈的感染力，运用修辞技巧和叙事方法，创造出引人入胜、易于传播的内容。例如，在设计挑战邀请函时，可以采用鼓舞人心的语言来唤起用户的兴趣和参与欲望，如，"探索自我风格，引领时尚潮流！'××时尚'邀请你加入我们的职场环保穿搭挑战，展现你的个性魅力。"

在视觉设计方面，新媒体运营者需利用专业的设计工具和创新技术，打造引人注目的活动视觉元素。无论是活动海报还是示例图片，都要确保色彩鲜明、设计新颖，以强烈的视觉冲击力迅速吸引目标用户的注意，并激发他们的好奇心和参与欲。

在视频制作方面，结合活动的核心主题和目标用户的特征，新媒体运营者需制作一系列视频内容，如职场环保穿搭教程、风格分析和挑战示范等。这些视频不仅要内容丰富、形式多样，还要确保画质清晰、剪辑流畅，以提供专业的观看体验，从而增强用户的参与感和互动性。

（3）内容发布与推广　内容发布与推广在新媒体活动中扮演着举足轻重的角色，它们是将精心策划的内容呈现给目标受众并引导其参与的关键步骤。通过科学的发布计划、创新的推广策略以及持续的优化调整，可以显著提升内容的可见度和用户的互动率，进而实现活动的目标。具体环节、要素与步骤见表 8-9。

表 8-9　内容发布与推广的环节、要素与步骤

环节	要素	具体操作	示例
发布计划	发布时间	分析用户活跃时间数据，选择高峰时段	"××时尚"使用社交媒体分析工具确定周末下午 3 点至晚上 8 点为最佳发布时段
	发布渠道	研究各平台用户特征，选择最佳匹配	"××时尚"通过用户调研和平台分析，确定抖音和小红书为最佳发布渠道
	发布频率	设定内容日历，平衡更新频率与内容质量	"××时尚"制定内容日历，每周三和周六发布时尚穿搭，每周五发布潮流趋势分析
推广策略	社交媒体广告	设计定向广告，优化广告文案和图片	"××时尚"为抖音粉丝设计针对 18～35 岁女性用户的时尚穿搭广告
	KOL 合作	筛选与品牌形象相符的时尚博主	"××时尚"选择在时尚领域有影响力的博主进行内容分享和推广
	线上线下联动	规划线下活动，同步线上宣传	"××时尚"举办线下时尚沙龙，通过直播和社交媒体分享活动亮点

(续)

环节	要素	具体操作	示例
持续优化	数据监控	实时跟踪关键指标，评估推广效果	"××时尚"使用新榜和社交媒体内置分析工具监控数据
	用户反馈	收集用户评论和私信，进行情感分析	"××时尚"在评论区和私信中收集用户反馈，了解内容受欢迎程度
	内容调整	根据数据和反馈调整内容策略	若某类内容互动率低，"××时尚"考虑更换主题或调整发布形式

二、活动策划执行

活动策划执行环节包括渠道选择、资源整合、预算制定三个方面。在活动策划执行阶段中，策划人员需要选择合适的渠道进行推广，整合所需的资源，以及制定详细的预算和计划，确保活动的顺利实施。

（一）渠道选择

渠道选择，作为新媒体活动策划执行的核心环节，是指根据活动的具体目标、目标受众的特征以及活动内容的性质，从众多可用的新媒体平台和渠道中精心挑选出最适合进行宣传和推广的媒介渠道。这些渠道广泛而多样，可能涵盖微博、微信、抖音等社交媒体，也可能包括新闻网站、专业论坛、视频分享平台等多种平台类型。

每个渠道都有其独特的传播优势、覆盖的受众群体以及相应的推广成本。因此，渠道选择的过程并不仅仅是挑选一个或多个平台，而是要进行深入的市场分析、受众研究和成本效益评估，以确保所选渠道能够最有效地触达目标受众，实现传播效果的最大化，同时在预算范围内达到最佳的性价比。

一个明智的渠道选择策略不仅能够显著提升活动的曝光度和参与度，还能够强化品牌形象，提升用户对活动的认知和好感度，从而为活动的成功奠定坚实的基础。因此，在新媒体活动的规划和执行过程中，渠道选择的重要性不容忽视。

渠道选择包括用户与渠道匹配分析、渠道效果与可行性分析评估两个步骤。

1. 用户与渠道匹配分析

为确保活动的有效触达，用户与渠道必须要匹配。其步骤见表8-10。

表8-10　用户与渠道匹配分析的步骤

步骤	实施	示例
深入了解目标用户	分析人口统计学特征（如年龄、性别、地域、职业）和市场调研结果，洞察用户兴趣点和偏好，了解信息获取偏好	"××时尚"通过调研确定目标用户为一、二线城市的年轻职场女性，对环保和时尚穿搭有较高关注度

(续)

步骤	实施	示例
梳理潜在渠道特点	对比各渠道的用户群体匹配度、内容形式支持和覆盖范围，确保活动内容与渠道特性相匹配	"××时尚"分析小红书用户偏好图文笔记，抖音用户喜欢短视频，微博适合图文和话题互动，且这些平台的用户群体与职场环保穿搭挑战的目标受众高度重合
对比与匹配	综合评估用户活跃度、互动率、转化率及渠道成本、效果、可控性，选择最匹配的渠道进行推广	"××时尚"通过用户行为分析，选择微博、抖音和小红书作为主要推广渠道，因为这些平台的用户群体活跃度高，且易于分享和传播环保穿搭相关内容
数据验证	通过A/B测试、调查问卷、第三方数据报告等方法验证渠道有效性，收集用户反馈	"××时尚"在微博发布不同风格的环保穿搭指南，通过A/B测试发现用户对包含环保元素的职场穿搭内容互动性更强
实时调整与优化	根据监测数据实时跟踪推广效果，诊断问题并改进，合理分配资源和预算	"××时尚"在抖音推广中发现环保主题的短视频转化率较高，因此增加了环保主题内容的更新频率，并在周末和节假日加大推广力度以吸引更多用户参与"职场环保穿搭挑战"

2. 渠道效果与可行性分析评估

策划新媒体活动时，渠道效果与可行性的评估至关重要。这是确保有限资源能够最大化利用、实现最佳推广效果的关键环节。通过综合评估，活动策划者不仅能够预测可能遇到的问题，降低风险，还能基于数据和实际情况做出更科学、准确的决策。其措施见表8-11。

表8-11 渠道效果与可行性分析的措施

阶段	措施	示例
设定评估框架	明确评估指标，例如曝光量、点击率、转化率、参与度，并考虑合作方式、预算、技术难度、时间周期等可行性标准	"××时尚"设定点击率目标为5%，转化率目标为2%，预算限制在每次活动不超过10000元，技术实施周期不超过两周
数据与信息收集	回顾以往活动数据，利用数据分析工具监控实时数据变化，并在部分渠道进行小范围测试以收集初步效果数据	"××时尚"分析过去在小红书的推广活动，点击率平均为4%，利用新榜监控微博推广活动的实时数据，并在抖音上发布环保穿搭视频进行测试
综合评估与决策	对收集到的数据进行深入分析，比较不同渠道的效果和可行性，对渠道进行打分或排序，并结合活动目标和资源情况制定渠道策略	"××时尚"发现小红书上的参与度比微博高，但微博转化率更高。于是将小红书和微博分别评为A级和B级渠道，最终决定在小红书上投入更多资源提高参与度，在微博上优化内容提高转化率

(续)

阶段	措施	示例
实时调整与优化	根据实时数据反馈和市场变化，灵活调整渠道策略，确保活动始终保持最佳状态	如果抖音上的转化率低于预期，"××时尚"考虑调整推广策略，例如改变视频内容或调整发布时间，以更好地吸引目标用户群体参与"职场环保穿搭挑战"

（二）资源整合

资源整合是一个系统性、全面性的过程，它涉及对活动所需各类资源的详尽搜集、精准评估、优化配置以及高效管理。其核心目标在于将原本分散、碎片化的资源要素，通过科学的方法和策略，有机地融合为一个整体，实现资源间的互补与协同，进而提升整体运营的效率和效果，确保活动的顺畅推进和既定目标的顺利达成。这一过程不仅关注资源的数量和质量，更强调资源之间的内在联系和整体效能，是提升活动执行力和效果的关键环节。

资源整合包括两个步骤，即资源调查与评估、资源获取与整合。

1. 资源调查与评估

资源调查与评估是指在活动策划阶段，策划团队对活动所需的各类资源进行深入的研究和评估的过程。这一过程旨在明确资源的类型、来源、数量和质量，并评估这些资源与活动需求的匹配程度，从而为后续的资源选择和整合提供决策依据。具体步骤见表8-12。

表8-12 资源调查与评估的步骤

步骤	具体措施	示例
需求分析	确定活动需要的资源类型，包括人力资源、广告资源、资金资源、内容资源、技术资源等，并评估每种资源的需求量	"××时尚"的"职场环保穿搭挑战"活动需求分析确定了以下资源需求： 1. 人力资源：需要5名内容创作者、3名社交媒体运营专家、2名客户服务代表以及1名技术支持工程师； 2. 广告资源：计划在微信、微博、抖音上投放广告，预计需要广告预算3万元； 3. 资金资源：活动总预算为10万元； 4. 内容资源：需要制作10篇文案、15张图像和5个视频； 5. 技术资源：需要使用网站后台支持和数据分析工具
市场调查与资源清单梳理	收集与需求相关的市场资源信息，包括潜在供应商、价格范围、服务评价等，评估资源的价格、可用性和质量，并整理成清单	"××时尚"的市场调查发现： 1. 有8家供应商提供社交媒体广告服务，价格从5000元到2万元不等； 2. 3名行业内知名的时尚KOL可用于合作，合作费用预计为1万元/人； 3. 可用资金资源包括公司预算和潜在的赞助商资金； 4. 内容资源方面，有5家设计工作室能提供图像和视频制作服务； 5. 技术资源上，有2家技术服务公司提供网站和App支持方案

(续)

步骤	具体措施	示例
资源评估与匹配度分析	对收集到的资源进行综合评估，评估内容包括资源的可用性、与活动主题的契合度、质量、成本效益以及潜在风险	"××时尚"对潜在资源进行评估后决定： 1. 选择报价合理且服务评价高的供应商进行社交媒体广告合作； 2. 与2名时尚KOL建立合作，他们的受众与"××时尚"的目标群体高度重合； 3. 根据成本效益分析，为内容创作和技术支持分配相应的预算； 4. 考虑到活动主题，优先选择有环保理念的设计工作室制作内容资源； 5. 选择提供全面技术支持且服务响应迅速的技术服务公司

2. 资源获取与整合

资源获取与整合是指在活动策划阶段，策划团队根据活动需求，通过各种途径获取所需的资源，并将这些资源进行整合，确保在活动期间拥有所需的各类资源，避免资源短缺导致的问题，推动活动的顺利进行。具体步骤见表8–13。

表8–13 资源获取与整合的步骤

步骤	措施	具体操作	示例
资源获取	建立联系与合作	与行业内潜在合作伙伴沟通，探讨合作机会	"××时尚"与本地设计师、摄影师、时尚博主建立联系，讨论合作细节，共同推广职场环保穿搭理念
资源获取	供应商选择	比较不同供应商的服务、价格和信誉，选择最佳供应商	"××时尚"对比多家广告代理商和内容制作公司的服务内容和报价，选择服务全面、价格合理的供应商
资源获取	内部资源利用	梳理公司内部可用资源，例如团队成员、技术设备等	"××时尚"利用公司内部的设计团队和社交媒体管理工具，提高内容生产和分发效率
资源整合	资源分类与评估	根据资源类型和特点进行分类，评估其对活动的价值	"××时尚"将资源分为人力资源、广告资源、内容资源、技术资源等类别，并评估每类资源的重要性和优先级
资源整合	资源调配	根据活动需求和资源特点，合理分配资源	"××时尚"根据活动的不同阶段，优先分配资源以支持内容创作和社交媒体推广，确保关键时期资源充足
资源整合	使用计划制订	明确资源的使用时间、地点和方式	"××时尚"制定详细的资源使用计划，包括时间表和责任分配，确保活动各环节资源得到有效利用
资源整合	合同与协议管理	与合作伙伴签订合同，明确双方权利义务	"××时尚"与参与合作的设计师和时尚博主签订合作协议，明确合作内容、时间、费用及知识产权归属

（三）预算制定

预算制定环节是指对活动所需资金的预估、分配和管理的过程。这一过程为整个活动奠定了经济基础，并提供了明确的财务参考框架。

通过预算制定，可以对活动所需资金进行全面而细致的规划，确保资金在各个环节得到合理分配，有效防止不必要的成本超支。同时，这一过程还致力于寻找最具经济效益的方案，力求在降低活动成本的同时，提高资金的使用效率，从而实现更优的财务表现和经济效益。

预算制定包括预算规划、预算编制、预算执行与监控三个操作步骤。

1. 预算规划

预算规划是预算制定过程中的重要环节，指的是在活动策划阶段，根据活动的目标、需求和预期效果，对活动所需资金进行预估和安排的过程。具体步骤见表8-14。

表8-14 预算规划的步骤

步骤	实施	示例
确定活动目标	明确活动旨在增加粉丝量，并设定可衡量的关键绩效指标（KPI）	"××时尚"确定活动目标为增加粉丝数量30%，并设定KPI：粉丝增长率30%，互动率提高10%，转化率提升15%
分析资金来源	确保活动资金充足，包括内部预算和赞助费用	"××时尚"预计使用企业内部预算的8万元，赞助商费用为2万元
成本估算	详细估算活动相关的成本优先分配预算以吸引新粉丝	"××时尚"成本估算包括：社交媒体广告费2万元、KOL合作费用1.5万元、奖品费用0.5万元，人员工资1万元，行政管理费0.5万元，预留4.5万元用于其他运营和激励措施以吸引粉丝
建立时间表	制定详细的活动预算和时间表，确保关键活动按时完成	"××时尚"建立时间表，包括广告投放开始日期、KOL合作内容发布日期、粉丝互动活动日期，以及预算审核和调整的关键日期

2. 预算编制

在预算编制阶段，策划团队需要根据预算规划，详细列出活动的所有预计支出，并为每项支出分配相应的预算，同时确保每项支出都有明确的预算来源，并对预算进行合理调配，以确保活动的顺利进行。其操作步骤如下。

（1）制定预算表格 预算表格的制定应该根据活动的具体情况进行，充分考虑活动规模、时间、地点、参与人数等因素。预算表格中需要列出所有的预计支出，例如场地租赁费用、设备租赁费用、人员费用、物料费用、餐饮费用等，并且需要预估相应的金额和支付周期。此外，对于每项支出的计算依据需要进行详细说明，以确保预算的透明度和可追溯性。

例如，"××时尚"账号针对"职场环保穿搭挑战"活动进行预算编制，预算表格见表8-15。

表 8–15　预算表格示例

支出项目	预估（万元）	支付周期	计算依据	备注
社交媒体广告费用	2	按需支付	根据广告投放计划和平台收费标准	包括精准广告投放和 KOL 合作
KOL 合作费用	1.5	按需支付	根据合作合同和影响力定价	包括不同平台的 KOL 推广
奖品费用	0.5	一次性支付	根据活动奖励计划和奖品成本	包括活动激励奖品采购
人员工资	1	按月支付	策划、执行、客服等人员工资	包括全职和临时人员
行政管理费	0.5	按月支付	办公室租赁、办公用品等	包括日常行政运营成本
场地租赁费用	0.5	一次性支付	根据场地大小、位置和租赁时间	包括活动场地租赁
设备租赁费用	0.5	一次性支付	直播设备、摄影设备租赁费用	包括高清摄像头、麦克风、灯光等
物料费用	0.5	一次性支付	活动海报、宣传册等制作费用	包括设计、打印和分发成本
餐饮费用	0.5	一次性支付	活动期间工作人员和参与者的餐饮	包括活动期间的餐食供应
运营成本	1	按月支付	服务器费用、推广费用等	包括网站维护、广告投放等
物流费用	0.2	一次性支付	物料运输和快递费用	包括海报、宣传册的配送
保险费用	0.2	一次性支付	活动保险	包括设备损坏和人员意外伤害保险
应急预算	2	—	应对不可预见的支出	用于处理突发事件
总计	10	—	—	—

（2）预算来源　预算来源可以是企业或组织的内部预算、赞助商提供的赞助费用或其他合作伙伴提供的支持等。对于每项支出，都需要明确其预算来源，以确保资金的充足性和稳定性。此外，对于可能出现的意外情况或紧急需求，也需要提前预留一定的预算金额。例如，"××时尚"的预算来源主要包括企业内部预算和赞助商提供的赞助费用。具体分配包括：企业内部预算为 70000 元，用于覆盖大部分支出项目；赞助商费用为 30000 元，作为额

外支持，用于提升活动品质和影响力。为确保资金充足性和稳定性，"××时尚"与赞助商签订了详细的合作协议，明确了赞助金额和支付时间。

（3）预算调配　在调配预算时，需要根据活动的实际情况和需要进行合理的安排。具体而言，应该优先考虑关键性支出，例如场地租赁费用、重要嘉宾的费用等，以确保活动的顺利进行。同时，需要避免资金的浪费和重复投入，应充分考虑不同支出项目之间的关联性和影响。此外，还需要根据活动过程中的实际情况和变化，及时调整预算的调配方案，以适应不同阶段的需求和挑战。

（4）预算沟通　与相关部门或决策者进行沟通和协调，确保预算的准确性和可行性。这包括与财务、营销、技术等部门的合作，共同讨论和确定预算的合理性和可行性。同时，策划团队还需要向决策者介绍预算的背景、目的和方法，并听取他们的建议和反馈。在沟通和协调过程中，需要充分考虑各方面的利益和需求，以确保预算方案的顺利实施。此外，在活动执行过程中，策划团队也需要定期与相关部门和决策者进行沟通和反馈，及时调整和优化预算方案。

3. 预算执行与监控

策划团队需要严格按照预算编制的预算方案进行资金使用和支出，同时对预算执行情况进行实时监控和调整。如果发现实际支出与预算存在较大差异，策划团队需要及时分析原因并采取相应的调整措施。具体步骤见表8–16。

表 8–16　预算执行与监控的步骤

步骤	措施	示例
支出管理	严格按照预算方案进行资金使用和支出，建立支出管理制度和审批流程，确保支出合规	"××时尚"为每项支出设定审批流程，确保支出金额与预算一致，例如在广告投放上，所有费用都需经过财务部门的审核
盘点和对账	定期对流动资产进行盘点和对账，审查支出凭证，确保资金余额与预算相符	"××时尚"每周进行一次现金和银行账户的对账，确保所有支出都有相应的发票和收据支持，例如在支付KOL合作费用时，所有支付都有详细记录
审查支出凭证	对每笔支出的发票、收据等凭证进行审查，确保其真实有效、合规合法	"××时尚"在审查直播设备租赁的支出时，发现供应商提供的发票金额与实际支付金额不符，联系供应商进行核实和更正
评估预算执行进度	根据预算方案中的时间节点和进度要求，监督和跟踪支出执行情况，确保活动按时完成	"××时尚"监控社交媒体广告的投放进度，确保在活动开始前完成所有广告内容的上线，避免影响推广效果
分析和评估	在活动结束后，对预算执行情况进行全面的分析和评价，提出改进措施	在活动结束后，"××时尚"分析了活动的整体预算执行情况，发现在某些环节如广告费用上的支出超出预期，提出了未来在广告成本控制上的改进措施

第三节 新媒体活动执行

新媒体活动执行阶段包括活动实施、活动管理两个环节,具体如图8-3所示。

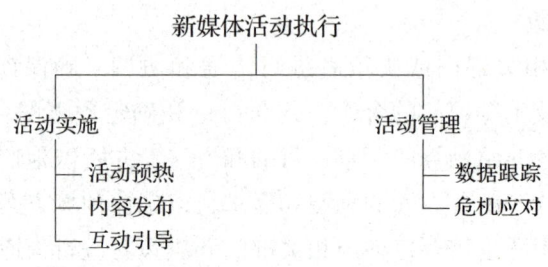

图8-3 新媒体活动执行

一、活动实施

活动实施包括活动预热、内容发布、互动引导三个方面。

(一)活动预热

活动预热环节是指在活动正式开始之前,通过一系列策略和手段,营造活动氛围,激发目标用户的兴趣和参与度,为活动的成功执行奠定基础的过程。

通过精心设计的活动预热,可以让更多的潜在用户了解并参与到活动中,提升活动的曝光率和用户参与度。同时,这也是传递品牌理念、展示品牌风采及活动独特亮点的绝佳时机,有助于深化目标用户对品牌的认同感和记忆度。

此外,对预热阶段所收集的数据进行深入剖析,能够洞察目标用户的兴趣偏好、行为特点等重要信息,为活动的正式执行提供有力的数据支持和策略指导,确保活动能够更精准地触达用户、更有效地实现预期目标。

以新媒体账号"××时尚"为例,活动预热的步骤见表8-17。

表8-17 活动预热的步骤

步骤	措施	示例
明确预热目标	确定与整体活动目标相协调的具体预热目标,例如提升品牌知名度、吸引潜在用户、增强用户黏性,并为整体目标服务	"××时尚"设定预热目标:增加15%新关注者,转化至少3%的浏览者为关注者,提升用户互动率至少15%,为实现整体目标30%的粉丝增长奠定基础
策划预热内容	制作与活动主题相关、吸引目标受众的内容,同时激发用户对活动的兴趣和期待	"××时尚"制作环保穿搭趋势图文,录制幕后制作短视频,设计"预测时尚趋势"互动游戏,提前吸引用户关注

(续)

步骤	措施	示例
确定推广渠道	选择能够有效覆盖目标受众的推广渠道,确保预热信息能够触达潜在参与者	"××时尚"通过微博、微信、抖音等推广,与时尚KOL合作,利用电子邮件向订阅者发送预热活动邀请
制订推广计划	制订推广计划,包括时间表、推广内容、形式和预期效果,以确保预热活动的有效性	"××时尚"制订详细的内容发布时间表,规划图文教程、短视频和互动游戏的发布,设计抽奖活动以提高用户参与度
执行预热活动	按计划执行预热活动,确保内容质量,密切关注用户反馈和市场反应,及时调整策略	"××时尚"发布预热内容,监控用户参与度,根据反馈调整推广策略,如增加用户感兴趣的内容发布频率
监控与评估效果	实时监控活动效果,关注关键指标,如参与度、曝光量、互动数据等,以评估预热活动的成功程度	"××时尚"使用社交媒体分析工具跟踪转发量、点赞数和评论数,评估预热活动效果,并根据数据调整策略
调整与优化策略	根据监控和评估结果,对预热策略进行调整和优化,以提高活动的整体效果	"××时尚"发现某个推广渠道的用户参与度不高,及时增加该渠道的推广力度或尝试新的推广方式,如增加直播环节以提高用户互动

(二)内容发布

内容发布是指在新媒体平台上,根据活动策划的要求和目标用户的需求,将相关内容进行发布和传播的过程,旨在通过多种形式将活动信息传递给目标用户,并引发他们的关注和参与。

通过内容发布,吸引更多的潜在用户关注,确保目标用户及时获取到最新的活动信息,包括活动时间、地点、流程等,激发目标用户的兴趣和好奇心,引发目标用户的积极参与和讨论,增强他们对活动的归属感和参与感。此外,通过对发布内容的阅读量、点赞量、评论量等数据进行跟踪和分析,可以对活动的执行效果进行客观评估。

内容发布的步骤如下。

1. 内容策划与制作

内容策划与制作指的是为某一特定目的或活动,系统地规划、设计、创造和组织相关内容的过程。内容策划主要关注内容策略、结构和设计;而内容制作则进行实际的内容创作和生产。具体步骤见表8-18。

表8-18 内容策划与制作的步骤

步骤	描述	示例
明确目标	确定内容发布的目的和目标用户,确保内容策划的方向性	"××时尚"设定的具体目标是增加粉丝数量30%。通过内容吸引对环保时尚感兴趣的年轻职场女性用户群体

(续)

步骤	描述	示例
分析用户	深入了解目标用户的特征,包括年龄、性别、兴趣等	"××时尚"通过问卷调查和用户行为分析,确定主要用户群体为追求环保时尚潮流的18~35岁年轻职场女性,她们偏好简约、复古、环保等风格的穿搭内容
策划内容结构	设计内容的主题和呈现方式,确保内容与增加粉丝量的目标一致	"××时尚"策划"职场环保穿搭挑战"系列,包括话题如"环保面料的选择"和"办公室穿搭技巧",以图文结合视频的方式呈现,每篇文章包含5~7个关键点,配以模特穿搭示例图片和短视频
制作素材	根据内容结构进行实际创作,包括文案、图片、视频等,以吸引目标用户群体	"××时尚"聘请专业摄影师拍摄环保面料服装的穿搭效果,撰写关于环保时尚理念和搭配技巧的文案,设计统一的视觉风格,包括字体、配色和排版
优化与调整	根据预览效果和用户反馈对内容进行优化,以提升内容的吸引力和参与度	"××时尚"根据用户预览反馈,调整图文内容的布局,确保信息层次清晰,优化视频剪辑节奏,使其更加吸引用户观看

2. 内容发布与推广

内容发布与推广旨在确保活动内容能够有效触达目标受众,并激发他们的参与兴趣。其步骤见表8-19。

表8-19 内容发布与推广的步骤

步骤	描述	具体操作与示例
选择最佳发布时间	分析粉丝活跃数据,选择最佳发布时段以提高内容的可见性和互动率	"××时尚"通过分析粉丝在线行为,确定晚上7点至9点为最佳发布时段,同时利用中午休息时段发布时效性内容,以提高内容的即时互动
多平台发布	在主要社交媒体平台同步发布内容,扩大覆盖范围和受众群体	"××时尚"在微博、微信、抖音等平台上同步发布内容,针对每个平台的特点调整内容格式,例如在微博上使用话题标签#职场环保穿搭#,在抖音上制作短视频,在微信上发布深度文章
合作与联盟	与相关领域的新媒体账号或KOL建立合作关系,共同推广内容	"××时尚"与时尚领域的KOL合作,通过跨平台内容共享和联合活动,如共同举办线上"环保穿搭工作坊",提升双方的关注度和互动率
付费推广	利用付费广告服务提高内容的曝光率和吸引潜在受众	"××时尚"通过社交媒体广告和搜索引擎广告推广内容,根据广告效果实时调整关键词和投放策略,确保广告投放的效率和ROI

(三)互动引导

互动引导通过巧妙提出问题、发起话题讨论、设计富有吸引力的互动环节,以及积极鼓励用户反馈等多种方式，有效激发目标用户的兴趣和参与热情，推动他们根据活动内容与各方展开深度互动。具体步骤见表 8-20。

表 8-20 互动引导的步骤

步骤	措施	示例
设计互动目标	明确互动目标，设定具体的提升互动率目标，例如点赞、评论、分享等	"××时尚"设定目标为将互动率提升至5%以上，以增加粉丝参与度和活动影响力
制定互动策略	根据用户兴趣和行为习惯，设计互动策略，例如投票、话题挑战、问答等	"××时尚"通过用户调研发现粉丝对环保穿搭技巧感兴趣，设计互动投票："你最喜欢的环保面料是什么？"
创造互动机会	在内容中嵌入互动元素，例如设置问题、邀请用户参与挑战、分享经验等	"××时尚"在每篇关于职场环保穿搭的文章末尾，添加问题："你如何将环保理念融入日常穿搭？"鼓励用户在评论区分享自己的见解和经验
制定激励机制	设立积分、奖励或优惠制度，以积分兑换奖品或参与抽奖等方式激励用户互动	"××时尚"推出"绿色时尚积分计划"，用户参与互动获得积分，积分可兑换环保时尚产品或参与专属线下活动
监控互动情况	使用社交媒体分析工具监控互动数据，例如留言、评论、点赞、转发等	新媒体运营者设置社交媒体监控工具，实时跟踪用户互动，例如通过设置关键词监控"职场环保穿搭"相关讨论
及时回应	对用户互动进行及时回应，包括回复评论、解答问题、感谢参与等	当用户在评论区分享自己的环保穿搭技巧时，"××时尚"运营者回复："感谢你的分享，你的环保理念和穿搭技巧真的很有启发性！"

二、活动管理

（一）数据跟踪

数据跟踪是一种系统性的方法，用于在活动执行过程中实时收集、监测和分析活动相关的数据，包括活动页面的浏览量、用户参与度、互动次数、转化率等关键指标。

利用数据跟踪可以深入洞察活动的受欢迎程度、用户的行为模式，以及各环节之间的转化效率。这不仅有助于理解用户对活动的真实反馈和潜在需求，更能揭示出活动中可能存在的短板与不足，帮助新媒体运营者及时调整策略，进行有针对性的改进和优化，以提升用户对活动的整体满意度和品牌好感度。

数据跟踪包括三个方面，即明确数据指标、活动数据分析、数据反馈和总结。

1. 明确数据指标

明确数据指标是指在活动策划阶段，为了衡量活动效果而预先设定的一系列具体、可衡量的数值或比率，包括页面浏览量、点击率、转化率、参与度、互动率等。明确的数据指标可以为活动执行提供一个明确的方向，确保所有工作都围绕这些核心目标展开。具体步骤见表 8-21。

表 8-21 明确数据指标的步骤

步骤	措施	示例
与策划人员沟通	在活动执行前,执行人员与策划人员深入沟通,确保对活动目标和预期效果有共同理解	执行人员与策划团队讨论"××时尚"活动的核心目的,例如增加粉丝量30%,并确定粉丝增长率、互动率、转化率作为关键指标
参考历史数据	分析历史活动中的数据表现,识别哪些指标在过去活动中表现良好,哪些需要改进	"××时尚"分析过去活动的互动率,发现用户对环保主题的讨论和分享特别活跃,决定在新活动中加强这一主题的内容创作和推广
考虑平台特点	根据活动所在平台的用户群体和行为特点,选择最能反映用户行为的指标	针对微博平台,"××时尚"选择短内容的转发率和点赞率作为衡量活动成功的关键指标,因为微博用户偏好快速互动;而在微信平台上,选择图文消息阅读量和公众号关注增长率作为关键指标
制订监控计划	制订详细的监控计划,包括监控的指标、频率、工具和责任人	"××时尚"制订监控计划,每日监控社交媒体提及量和用户反馈,每周进行一次综合分析,使用百度统计和社交媒体自带的分析工具,由数据分析团队负责
实施监控	实施监控计划,收集数据,并与预设目标进行比较	执行人员根据监控计划,每日跟踪"职场环保穿搭挑战"活动的参与度和用户反馈,与策划团队预设的互动率目标进行比较,及时调整策略
调整策略	根据监控结果,及时调整活动策略以更好地实现目标	如果发现某个平台的互动率低于预期,执行人员与策划团队讨论后,决定增加该平台的推广预算或改变内容呈现方式,以提高用户参与度

2. 活动数据分析

活动数据分析主要是对新媒体活动相关的数据进行深入挖掘和探究,以揭示数据背后的规律、趋势和问题,从而为决策和优化提供依据。具体步骤见表 8-22。

表 8-22 活动数据分析的步骤

步骤	措施	示例
数据清洗与整理	对从不同渠道收集的数据进行去重、修正错误、筛选有效数据,整理成结构化格式	"××时尚"从微博、微信、抖音等渠道收集数据,去除重复记录,修正时间戳错误,整理成结构化数据,便于分析
选择合适的分析方法	根据活动目标和数据特性,选用用户画像、路径分析、趋势分析等方法	"××时尚"针对用户行为数据,采用聚类分析来划分用户群体;针对销售数据,进行时间序列分析以预测未来趋势,并特别关注环保主题内容的用户反馈
深入挖掘数据	对清洗后的数据进行多维度分析,寻找模式、趋势和关联	"××时尚"分析用户在不同时间段的互动数据,发现晚上8点至10点是互动高峰期,计划在此时段发布重要内容,并针对环保主题内容进行深入分析,以优化内容策略

(续)

步骤	措施	示例
可视化展示结果	将分析结果通过图表、仪表板等形式直观展示，便于团队理解和沟通	"××时尚"使用百度统计创建仪表板，展示不同内容类型的互动率和转化率，帮助团队快速把握活动效果
结果解读与决策	解释数据分析结果，提出改进措施，与团队讨论并制定后续策略	"××时尚"分析发现年轻用户群体对环保主题的直播内容更感兴趣，决定增加直播频次，并在直播中引入互动环节以提高用户参与度，同时调整内容发布策略以更好地吸引目标用户群体

3. 数据反馈和总结

数据反馈是指将数据分析的结果以及活动的实际效果与参与人员（包括团队成员、合作伙伴等）进行分享和沟通的过程。数据总结则是在活动结束后，对整个活动过程中的数据进行跟踪、分析和总结，以便发现问题、评估效果，并为未来的活动策划提供参考。具体步骤见表8-23。

表8-23 数据反馈和总结的步骤

步骤	措施	示例
收集数据反馈	通过问卷调查、访谈、社交媒体监控等方式，收集活动参与各方的反馈	"××时尚"设计在线问卷，收集用户对活动内容、互动体验的满意度；通过访谈了解合作伙伴对活动执行的看法
分析数据反馈	对收集到的反馈进行定量和定性分析，识别关键问题和改进点	"××时尚"分析问卷数据，发现用户对活动互动环节的参与度低于预期，识别出需要改进的用户体验问题
制定改进措施	根据反馈分析结果，制订具体的行动计划和改进策略	"××时尚"针对用户反馈，计划在下一期活动中增加实时互动问答环节，以提高用户参与度
数据总结报告	撰写包含关键数据指标、分析结果、改进措施的总结报告	"××时尚"的报告详细列出了活动的关键绩效指标（KPI），例如参与人数、平均互动时长，并提出了针对性的改进建议
分享与讨论	与团队和相关利益相关者分享数据总结报告，共同讨论实施改进措施	"××时尚"组织跨部门会议，分享数据报告，讨论如何整合资源以实施改进计划
归档与参考	将所有相关数据、报告和反馈归档，为未来活动提供参考	"××时尚"将活动数据、用户反馈、改进措施文档等存储在公司的知识管理系统中，以便未来活动策划时查阅

（二）危机应对

在新媒体活动运营中，危机应对是确保活动顺利进行的关键环节。与内容运营中的危机事件不同，活动运营的危机更侧重于实时事件的处理和现场管理。

1. 活动运营的危机预防和准备

活动运营团队专注于活动过程安全和观众体验，制定针对活动流程的危机预防措施。具体步骤见表8-24。

表8-24 活动运营的危机预防和准备的步骤

步骤	具体措施	示例
活动风险评估	列出可能的风险点，例如网络攻击、内容版权争议、用户隐私泄露等，并为每个风险点分配可能性和影响等级	"××时尚"对"职场环保穿搭挑战"活动进行风险评估，识别出网络攻击和用户数据泄露为高风险因素
预案制定	为每个风险点制定具体的应对策略，包括数据备份计划、法律顾问联系方式、隐私保护政策等	"××时尚"为活动制定应急预案，包括数据加密备份、法律顾问的紧急联系方式和隐私保护措施
技术支持与监测	指派专人负责网站和应用程序的安全性检查和维护，确保数据备份的有效性，监测活动过程中的技术问题	"××时尚"指派IT团队对活动网站进行安全检查，并实施实时数据监控，确保在出现问题时能迅速响应
参与者沟通	建立有效的沟通渠道，例如社交媒体更新、电子邮件通知、在线客服支持等，确保信息传递的及时性和准确性	"××时尚"在活动前通过社交媒体和电子邮件向参与者提供详细的活动指南和紧急联系方式
合作伙伴协调	与所有合作伙伴（如技术供应商、内容创作者、法律顾问）进行风险管理培训和应急演练，确保危机发生时能快速有效协作	"××时尚"与技术供应商进行联合演练，确保在遇到技术问题时，能够迅速恢复服务并最小化对活动的影响

2. 活动运营的危机响应和处理

当危机事件发生后，活动运营团队需要迅速做出反应，采取一系列紧急措施，最大限度地减少损失，保护账号声誉和用户信任。具体步骤见表8-25。

表8-25 危机响应和处理的步骤

步骤	实施	示例
立即确认危机	确认危机事件的发生，评估情况的严重性	"××时尚"账号在开展"职场环保穿搭挑战"活动期间，发现有用户发布不当内容，抄袭他人穿搭照片并声称为自己的创作
启动应急预案	根据危机类型启动相应的应急预案	"××时尚"立即启动内容违规应急流程，内容审核团队迅速介入进行调查、处理
内部沟通协调	确保相关部门和人员了解情况并按照预案行动	"××时尚"通知内容审核团队、公关部门、法务部门，按照预案进行协调
控制现场情况	维持平台秩序，防止不当内容的进一步传播	"××时尚"立即对涉嫌抄袭的内容进行隐藏和删除，同时通知涉及的用户

(续)

步骤	实施	示例
公开沟通信息	通过官方渠道向公众通报事件，避免不实信息传播	"××时尚"公关团队通过社交媒体发布官方声明，说明正在处理用户的不当行为，并强调原创内容重要性
执行应对措施	根据预案执行具体应对措施，例如内容审核、用户教育、法律行动等	"××时尚"加强内容审核机制，对违规用户进行警告或封禁，必要时采取法律行动
持续监测舆论	持续监控社交媒体和用户反馈，评估公众反应	"××时尚"社交媒体监测小组跟踪舆论动态，确保及时响应社会关切
后续跟进处理	对事件进行彻底调查，总结经验教训，修订预案	事件后，"××时尚"组织内部会议分析内容抄袭事件的原因，更新内容审核政策，对外公布调查结果和改进措施
法律和合规评估	评估事件对公司法律和合规性的影响，采取必要措施	法律顾问评估事件可能引起的法律责任，确保所有行动符合法律法规
心理支持和关怀	为受影响的员工和用户提供心理支持和关怀	"××时尚"安排心理咨询师为受影响的社区成员提供心理辅导服务

思维扩展

模拟一个活动执行过程中的危机情景（如技术故障），设计一个应对计划，并与团队成员进行角色扮演练习。

第四节　新媒体活动总结

新媒体活动总结阶段，包括总结评估、后续改进这两个环节。具体如图8-4所示。

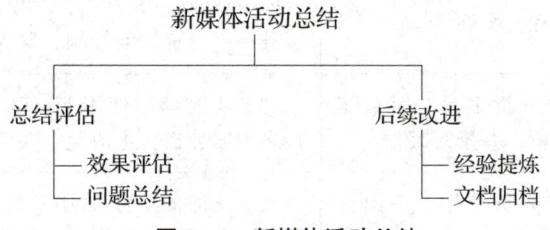

图8-4　新媒体活动总结

一、总结评估

总结评估包括效果评估、问题总结两个方面，具体如下。

（一）效果评估

效果评估旨在通过系统性地对比活动预设目标、执行过程及最终成果，清晰地了解到活动实际成果与预期目标之间的差距，从而准确识别出活动中存在的短板、问题以及改进的方向。同时，对活动效果和投入产出比进行深入剖析。这不仅有助于客观衡量活动的经济效益和效率，更能为后续活动的资源分配和决策提供坚实的数据支撑和参考依据。

效果评估可分为三个步骤，即数据收集与整理、数据分析与对比、结果展示与挖掘。

1. 数据收集与整理

数据收集与整理是指在活动结束后，新媒体运营团队系统地收集和整理与活动相关的所有数据和信息。其步骤与措施见表8–26。表8–27是量化活动效果的常用方法和指标。

表 8–26　数据收集与整理

步骤	措施	示例
确定数据需求	明确活动评估的关键指标，列出所需数据项	"××时尚"确定评估指标包括用户参与度（报名与实际参与人数对比）、互动率（点赞、评论、分享数量）、传播范围（帖子覆盖用户数、转发次数）和用户满意度（调查问卷结果）
选择数据来源	根据数据需求，确定数据来源和获取方式	"××时尚"从活动平台导出报名数据，利用微博、微信等社交媒体平台的内置分析工具获取互动和传播数据，设计在线问卷并通过电子邮件和社交媒体渠道分发
使用数据收集工具	选择并应用数据收集工具，确保数据的准确性	"××时尚"使用问卷星创建在线问卷，通过微博、微信等社交媒体平台监控互动数据，编写自动化脚本，从社交媒体平台抓取数据
数据清洗和整理	对收集到的数据进行处理，确保数据质量	"××时尚"使用数据清洗工具（如Excel高级功能）去除重复记录，修正错误数据，整理数据格式，以便分析
数据存储和管理	安全存储数据，并确保数据的可访问性和安全性	"××时尚"将清洗后的数据存储在阿里云OSS（Object Storage Service，对象存储服务）等国内云存储服务中，设置访问控制，确保只有授权人员可以访问
数据分析和报告	运用数据分析工具，对数据进行深入分析，并撰写报告	"××时尚"使用FineBI等数据分析工具对数据进行多维度分析，生成包含关键指标和趋势的分析报告
数据解读和应用	根据数据分析结果，提出改进建议和策略	"××时尚"根据用户参与度和满意度分析结果，调整活动策略，提高用户参与度和满意度
数据共享和协作	与团队成员和合作伙伴共享数据，促进协作	"××时尚"通过企业内部的数据共享平台，将分析结果和报告共享给市场、产品和销售团队，以便共同制定改进措施

表 8-27 量化活动效果的常用方法和指标

方法/指标	描述	示例
KPI 设定	确定与活动目标相关的可量化指标，例如人数、互动率、转化率等，以衡量活动成功与否	"职场环保穿搭挑战"活动计划增加 1 万名新粉丝。期望每篇活动相关帖子至少获得 200 次互动（点赞、评论）。将 10% 的活动参与者转化为新订阅用户
ROI 计算	计算活动的投资回报率，以评估经济效益 $ROI = \dfrac{收入 - 成本}{成本} \times 100\%$	经调研，每个新增粉丝的平均生命周期价值的保守估计为 20 元人民币。活动增加了 1 万名新粉丝，那么预期收益为 20 万元。由于活动总成本为 10 万元人民币，计算得出 ROI 为 100%
用户行为分析	分析用户在活动中的行为数据，了解用户参与度和活动吸引力	用户在观看直播后，有 60% 的用户浏览了产品页面。活动后一周内，有 80% 的用户回访了"××时尚"官方网站
A/B 测试	对比不同策略或内容的效果，优化活动策略	对比两版活动宣传海报，发现包含时尚博主推荐的版本点击率提高了 30%。通过微博推广比通过微信公众号推广获得更高的用户参与度，微博的互动率比微信公众号高出 20%
社交媒体分析	利用工具跟踪和分析社交媒体表现，评估活动在社交网络上的影响力	活动期间，"××时尚"在微博的被提及次数增加了 50%。用户对活动的整体情感倾向为 85% 正面，显示出积极的用户反馈。活动帖子在微博上被转发了 500 次，被分享了 300 次
问卷调查和用户反馈	通过问卷调查收集用户对活动的直接反馈，了解用户满意度和改进建议	90% 的参与者表示对活动非常满意，特别是对直播环节和互动问答部分。用户建议增加更多互动环节，例如在线问答，以及提供更多时尚搭配建议
长期效果跟踪	评估活动对用户长期行为的影响，例如品牌忠诚度和复购率	在活动结束后的 30 天内，新粉丝的参与度保持活跃，其中 15% 的新粉丝转化为了订阅用户。同时，用户忠诚度提升到 20%

2. 数据分析与对比

数据分析与对比，就是对活动运营数据进行系统性的收集、整理、分析和对比，通过揭示数据间的关系和趋势，来探察活动运营中的潜在规律、发展趋势和存在的问题。

(1) 数据分析　对收集到的数据进行深入的分析。可以使用描述性统计方法对数据进行总结，例如计算平均值、中位数、众数等指标；同时也可以使用相关性分析方法探究不同活动形式与互动率之间的关系。通过数据分析可以深入了解用户行为和活动效果。

例如，在"××时尚"的"职业环保穿搭挑战"活动中，活动团队分析了活动期间用户发布的带有特定话题标签的穿搭照片，发现平均点赞数为 120，标准差为 25，这表明用户互动在一定程度上存在波动。平均评论数为 35，标准差为 10，显示出用户评论行为的一致性。通过相关性分析，团队发现点赞数与用户参与度之间存在正相关性，这表明点赞数较高的帖子更有可能吸引用户进一步参与和互动。

（2）数据对比　将活动前、活动中和活动后的数据进行对比分析。通过对比可以发现活动期间用户增长量和互动率的变化情况，同时也可以了解不同用户群体的行为差异。例如，可以对比不同年龄段用户的活跃度和参与度，以便更好地调整和优化活动内容和形式。

例如，在活动前，"××时尚"的日均新增粉丝数为50人，活动期间提升至120人，活动结束后稳定在100人。表明活动不仅吸引了新粉丝，还成功地保持了一定程度的增长。在互动率方面，活动前的平均互动率（点赞、评论、分享数量的总和除以帖子阅读量）为8%，活动期间提升至22%，活动结束后保持在15%。这表明活动不仅在进行时提高了用户参与，还在一定程度上提升了用户对品牌的长期兴趣。此外，活动期间针对18~25岁年轻用户群体的互动率比活动前提高了30%，这表明活动内容对该年龄段更具吸引力。

3. 结果展示与挖掘

结果展示与挖掘是指对数据分析与对比的结果进行展示和挖掘，以明确活动的效果和改进方向。首先，进行数据可视化，也就是将数据分析的结果以图表、报告等形式呈现，以便更直观地展示活动效果。例如，"××时尚"使用条形图展示活动期间不同主题帖子的互动量。其中，"复古风尚"主题的帖子平均点赞数达到了200，评论数为60。"街头潮流"主题的帖子平均点赞数为150，评论数为45。"职场精英装"主题的帖子在活动期间的平均点赞数为170，评论数为50。如图8-5所示。

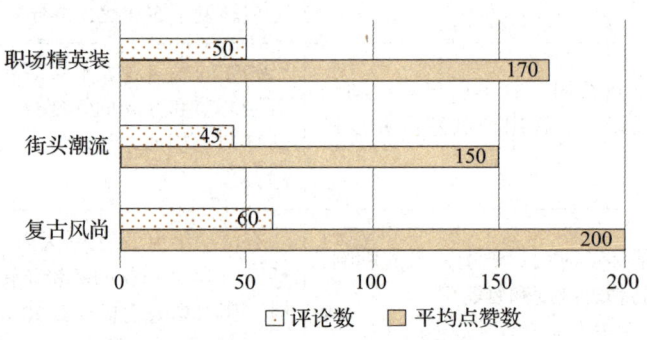

图8-5　不同主题帖子的互动量

其次，通过数据挖掘技术，对数据进行更深入的分析，例如用户画像、行为分析等，以发现更多的规律和趋势。例如，"××时尚"通过聚类分析将用户分为"时尚先锋""潮流追随者"和"经典保守派"三个群体。"时尚先锋"群体通常对新兴趋势反应迅速，愿意尝试不同的穿搭风格，并且更倾向于在社交媒体上分享自己的环保职场穿搭。他们在活动期间的互动率最高，这表明他们对活动内容的参与度和兴趣度都很高。"潮流追随者"群体则更倾向于跟随已经流行起来的趋势，他们的参与度可能略低于"时尚先锋"，但他们对活动的整体贡献仍然不可忽视。"经典保守派"群体则更偏好传统和经典的穿搭风格，他们可能不会立即追随最新的潮流，但他们对品牌忠诚度较高，对品牌的长期发展具有重要价值。"时尚先锋"更倾向于在晚上的高峰时段活跃。"经典保守派"在日间有更多的互动。此外，通过关联规则分析，团队发现用户在点赞后进行购买的概率比平均水平高出 20%，这表明社交媒体上的互动行为与用户的购买决策存在正相关关系。

（二）问题总结

问题总结是指在活动结束后对整个活动过程进行回顾和反思，提炼和总结其中存在的问题和不足之处的过程，旨在为今后的活动策划和执行提供有益的借鉴和经验。

问题总结，包括两个主要步骤，即问题收集与整理、问题分析与总结。

1. 问题收集与整理

问题收集与整理是指在活动结束后，运营团队通过回顾整个活动过程，包括策划、执行和效果评估等各个阶段，来识别和收集可能存在的问题和不足。具体措施见表 8-28。

表 8-28 数据收集与整理的措施

步骤	措施	示例
确定收集渠道	利用多种渠道收集问题，确保全面性和客观性	"××时尚"通过用户反馈表单收集了 100 条反馈，社交媒体监控工具记录了 50 条负面评论，团队会议中提出了 10 项内部问题
问题分类整理	对收集到的问题进行分类，便于理解和分析	"××时尚"将问题分为三类：内容问题（如内容互动率低，共收集到 15 条）、推广问题（如推广渠道不足，共收集到 10 条）、其他问题（如物流延迟，共收集到 7 条）
问题描述记录	对每个问题进行详细描述，包括现象、时间和地点、影响范围	例如，对于"内容互动率低"问题，"××时尚"记录了用户互动的具体数据（如文章点赞数少、分享次数低、评论数不足），以及问题出现的频率和时间段
问题排序及优先级划分	根据问题的严重性和紧迫性进行排序和优先级划分	"××时尚"将"内容互动率低"问题标记为高优先级，因为它直接影响用户参与度和账号的活跃氛围
问题归档	将问题整理成文档，分配唯一 ID，存储在共享云存储中	"××时尚"为每个问题创建了详细的记录，例如问题 ID #001 对应"内容互动率低"，详细描述了问题现象、影响范围和用户反馈。所有问题记录存储在阿里云 OSS 的"活动问题档案"文件夹中

2. 问题分析与总结

问题分析与总结是在问题收集与整理的基础上，对活动中出现的问题进行深入的分析和总结，找出问题的根源和原因，并提炼出经验教训，为后续改进提供指导，以确保问题得到有效的解决，同时防止类似问题的再次出现的过程。

（1）问题回顾与确认　回顾在问题收集与整理阶段所识别出的问题列表，确保对问题的全面和准确理解。这包括对问题的描述、分类和优先级等进行再次确认，见表 8-29。

表 8-29 问题回顾与确认

步骤	措施	示例
问题描述复查	重新审查每个问题的详细描述,确保问题的现象、影响范围和程度被准确理解	"××时尚"团队复查"内容互动率低"问题,确认该问题表现为用户在阅读文章后留言和分享的频率低于预期,影响了公众号的参与度和传播效果
分类确认	确认问题分类的准确性,确保所有问题都被正确归类	"××时尚"团队确认"互动率低"问题属于内容问题分类,因为它涉及用户对公众号内容的直接反馈和互动
优先级复核	根据问题的严重性和紧迫性,复核问题的优先级划分	"××时尚"团队复核后决定将"内容互动率低"问题提升为最高优先级,因为它直接影响了公众号的用户参与度和品牌形象
确认记录	对问题列表进行最终确认,确保所有团队成员对问题有共同的理解	"××时尚"团队在团队会议上对问题列表进行了最终确认,确保每个成员都清楚问题的描述、分类和优先级

(2) 问题深入剖析　针对每个问题进行深入的研究和分析。这可能包括对活动数据的进一步挖掘、与团队成员或相关利益相关者的讨论、对外部环境和竞争态势的考察等。目的是全面了解问题的具体表现和背后的深层原因,见表 8-30。

表 8-30 问题剖析

步骤	措施	示例
对数据进一步挖掘	对活动数据进行深入分析,寻找问题的具体表现	"××时尚"团队分析用户互动数据,发现某些文章的点赞和评论数量远低于平均水平,表明用户参与度不高
团队讨论	与团队成员讨论问题,收集不同的观点和建议	"××时尚"组织内容创作团队和市场团队讨论,探讨如何通过增加互动元素(如投票、问答)来提高用户参与度
利益相关者访谈	与用户、合作伙伴等利益相关者进行访谈,了解他们的看法	"××时尚"通过用户调查和访谈发现,用户希望看到更多与他们兴趣相关的内容和更有趣的互动形式
外部环境考察	分析外部环境和竞争态势,了解行业趋势	"××时尚"研究了行业内其他成功公众号的内容策略和用户互动方式,发现一些公众号通过定期举办互动活动成功提升了用户参与度
原因分析	综合以上信息,分析问题背后的深层原因	"××时尚"分析得出,"内容互动率低"的根本原因是与用户兴趣不匹配,缺乏创新的互动设计,以及未能有效利用数据分析来优化内容策略

(3) 影响与后果评估　对每个问题产生的影响和后果进行评估。这包括问题对活动目标的实际影响、对用户体验的损害程度、对品牌形象的可能影响等。这样的评估有助于团队更清晰地了解问题的严重性和解决的紧迫性。

例如，"××时尚"运营团队使用了一个评估矩阵，为每个问题提供了一个综合的影响评估，并考虑了用户满意度、品牌形象和收入损失等多个方面。根据问题的性质和优先级，运营团队为每个方面分配了一个权重，从而得出一个综合的评估结果，见表8-31。

表8-31　问题影响与后果评估矩阵示例

问题ID	问题描述	影响评估	用户满意度	品牌形象	收入损失评估
001	内容互动率低，用户参与度不高	严重	低	品牌形象受损，用户忠诚度下降	直接广告收入和潜在用户流失
002	内容更新频率低，缺乏新鲜度	中等	中	品牌形象略显陈旧，用户兴趣下降	广告合作减少，用户参与度下降
003	推广渠道不足，影响活动曝光	中等	中	品牌知名度提升受阻，新用户获得受限	潜在用户和收入未实现最大化
004	用户反馈内容不够吸引人	中等	中	品牌形象可能受损，用户流失风险增加	用户互动减少，潜在广告收入下降
005	客服响应慢，用户等待时间长	轻微	低	对品牌形象影响有限，用户满意度下降	直接收入损失较小，但可能影响用户复购意愿

(4) 根本原因分析　在深入剖析问题的基础上，运用专业分析工具和方法，例如鱼骨图、5W1H分析等，来挖掘问题根本原因。这一步骤的目的是找到问题症结所在，为后续制定针对性的改进措施提供依据。例如，"××时尚"对"内容互动率低"这一问题进行深入分析，见表8-32。

表8-32　问题的根本原因分析

步骤	措施	示例
使用分析工具	运用鱼骨图和5W1H分析法等工具来结构化问题并探索原因	"××时尚"对"内容互动率低"这一问题，通过鱼骨图识别出内容质量、用户参与度、互动设计、推广效果等关键因素
结构化问题	将问题分解为可管理的部分，以便分析	在内容问题类别下，团队探讨了内容主题相关性、内容深度和丰富性、视觉呈现吸引力等子问题
详细探讨	对每个问题类别使用鱼骨图方法进行详细分析	内容主题的相关性：分析用户兴趣数据，发现与用户兴趣匹配的内容不足 内容深度和丰富性：用户反馈显示对深度分析和多样化内容的需求未得到满足 视觉呈现吸引力：用户调查显示，视觉设计单一，缺乏吸引力

(续)

步骤	措施	示例
数据回顾与交流	回顾用户反馈和历史数据，与团队成员进行深入交流	历史互动数据分析显示，互动率高的内容往往具有更强的用户参与设计，如问答、投票等。内容团队表示需要更多用户研究来指导内容创作
确定根本原因	综合分析结果，确定问题的根本原因	内容与用户兴趣不匹配，缺乏创新的内容设计，内容发布策略未能充分利用用户活跃时段
记录与报告	将分析过程和结果详细记录，制作根本原因分析报告	报告详细记录了问题分析过程、根本原因（内容与用户兴趣不匹配、互动设计不足、发布策略不当）和改进建议，提交给管理层，并在团队内部进行分享和讨论

通过这一更具体的流程，"××时尚"的运营团队能够确保对问题的根本原因有一个清晰且一致的理解，并为制定有效的改进措施提供坚实的数据支持。

二、后续改进

后续改进包括经验提炼、文档归档两个方面。

（一）经验提炼

经验提炼是指在活动结束后对整个活动过程进行回顾和总结，从中提取和归纳出成功的经验和有效的做法，以便在今后的工作中加以运用和复制。

通过深入的经验总结，新媒体运营者可以识别和复制活动中成功的模式和策略，形成标准化的工作流程和操作规范，这不仅能够大幅降低不必要的探索和试错成本，更能为团队内部的知识库或最佳实践库增添宝贵的素材，为新员工或团队成员提供明确的参考与借鉴，助力他们更快地融入团队、提升工作效率。

同时，经验提炼还有助于加强团队成员间的沟通与交流，促进整个团队的学习与成长，形成积极向上、乐于分享的团队文化。此外，通过不断积累并传播这些成功经验，团队在业界也能逐渐树立起良好的专业形象与品牌形象，为未来的发展奠定坚实的基础。

经验提炼的步骤见表8-33。

表8-33 经验提炼的步骤

步骤	措施	示例
活动回顾	团队成员共同讨论活动的策划、执行和总结环节	在"××时尚"的"职业环保穿搭挑战"活动中，团队回顾了活动策划阶段的用户调研，发现用户对环保主题的内容有较高的兴趣和参与度
成功因素识别	识别活动中的成功因素和有效做法	"××时尚"团队通过分析用户互动数据，发现引入互动问答环节的帖子比普通帖子的互动率高出40%，显示出用户参与互动的潜力

(续)

步骤	措施	示例
经验归纳与总结	将成功因素和有效做法归纳总结，形成经验和教训	"××时尚"团队总结出，设计互动性强的内容和环节可以有效提升用户参与度，同时，定期发布与用户兴趣紧密相关的内容可以增强用户黏性
文档化与传播	将经验和教训文档化，并在组织内部传播	"××时尚"创建了一份活动总结报告，详细记录了互动环节设计的成功案例、用户反馈数据和改进建议，通过内部会议和知识共享平台进行分享
后续应用与改进	将提炼的经验和教训应用于未来的工作中，并持续改进	在后续的"环保时尚周"活动中，"××时尚"计划增加更多互动环节，如在线问答和用户投稿，同时根据用户反馈调整内容策略，以提高用户参与度和互动率

通过以上五个步骤，新媒体运营团队可以有效地进行经验提炼，将实践中的成功经验转化为组织的宝贵财富，推动团队的专业能力提升和组织的持续发展。

（二）文档归档

文档归档是指在活动结束后，将活动期间产生的相关文档，例如活动策划方案、执行计划、参与名单、反馈意见、总结报告等，进行整理、分类和存储的过程，以确保活动资料的可追溯性和可查阅性。

通过对活动全程中产生的各类文档进行归档，能够形成一套完整且连贯的历史记录。这不仅大大方便了后续人员对活动的快速回顾与深入了解，为他们提供了宝贵的参考资料，更对组织的知识积累与经验传承起到了至关重要的推动作用。

此外，文档归档还能显著提升工作效率。当团队成员需要查阅或引用某一特定文档时，他们可以快速定位到存储位置，从而避免了在海量文件中进行耗时耗力的搜索。

同时，对于那些涉及敏感或机密信息的文档，归档过程中还会设置严格的访问权限，确保只有经过授权的人员才能获取和使用这些信息，从而大大降低了信息泄露的风险，保障了组织的信息安全。

文档归档的步骤见表8-34。

表8-34 文档归档

步骤	措施	示例及数据
文档整理和筛选	收集活动期间产生的所有相关文档，并去除重复和无关紧要的文档	"××时尚"团队整理了包括活动策划方案、执行计划、参与名单、反馈意见、总结报告在内的50份文档，筛选后保留了30份重要文档
文档分类和命名	对文档进行分类，并根据性质、内容、来源等进行命名	"××时尚"将策划方案和执行计划归为"策划执行类"，命名为"××时尚_职业环保穿搭策划方案_2024"；将反馈意见和总结报告归为"反馈总结类"，命名为"××时尚_职业环保穿搭活动反馈总结_2024"

(续)

步骤	措施	示例及数据
文档存储和备份	选择合适的存储方式，确保文档的安全性和可访问性，并进行备份	"××时尚"使用公司内部的电子文档管理系统存储文档，并在阿里云 OSS 上进行云备份。同时，对于包含敏感信息的文档，设置了仅限项目团队成员访问的权限

通过以上三个步骤，可以有效地完成文档归档的任务，确保活动资料的可追溯性和可查阅性，方便后续回顾和了解活动的来龙去脉，提高工作效率，降低信息泄露的风险。

思维扩展

> 对一个已完成的新媒体活动进行总结，识别改进点，并制订一份详细的改进计划，包括具体的行动步骤和预期效果。

本章小结

本章系统阐述了新媒体活动运营策略，内容共分为四个小节。

第一节作为引导，概述了新媒体活动运营的定义、重要作用、特点以及流程，为读者提供了全面的活动运营视角。

第二节重点介绍了新媒体活动策划的关键环节，包括策划前的准备工作和策划过程中的执行要点。通过精心策划，确保活动能够吸引目标用户，达到预期效果。

第三节聚焦新媒体活动的执行阶段，详细阐述了活动实施的具体步骤和活动管理的关键要点。通过有效的执行和管理，确保活动能够顺利进行，为用户提供优质的参与体验。

第四节强调了新媒体活动总结的重要性，包括总结评估活动的成效和不足，以及提出后续改进的措施和建议。通过总结反思，不断提升新媒体活动运营的能力和水平。

通过本章的学习，读者将能够全面理解和掌握新媒体活动运营的核心要点和实践方法，为成功策划和执行新媒体活动奠定坚实基础。

核心概念

1. 活动运营（Event Operation）
2. 活动策划（Event Planning）
3. 活动执行（Activity Execution）
4. 活动总结（Activity Summary）
5. 资源整合（Resource Integration）
6. 预算制定（Budgeting）
7. 活动预热（Activity Preheating）

8. 危机应对（Crisis Response）
9. SMART 原则（SMART Principles）
10. 数据跟踪（Data Tracking）

思考题

1. 简述新媒体活动运营的定义、作用和特点。
2. 简述新媒体活动运营的流程。
3. 试述如何进行新媒体活动策划。
4. 试述新媒体活动执行的步骤。
5. 试述新媒体活动总结的步骤。

测试题

实训指南

一、实训目的

1. 帮助学生全面了解新媒体活动运营的特点和流程。
2. 帮助学生了解新媒体活动策划的步骤。
3. 帮助学生了解新媒体活动执行的步骤。
4. 帮助学生了解新媒体活动总结的步骤。

二、实训内容与步骤

表 8-35　实训内容与步骤

实训内容	任务	步骤
新媒体活动运营概述	理解新媒体活动运营的定义、作用和特点，熟悉流程	1. 研读教材，总结核心概念和特点； 2. 绘制流程图，明确各环节作用和衔接
新媒体活动策划	学习并掌握新媒体活动策划的准备和执行步骤	1. 分析目标用户和市场环境，确定活动目标和主题； 2. 制定活动策划方案，包括活动形式、时间、地点、预算等； 3. 组建团队，分配任务，明确责任； 4. 进行初步沟通和协调，确保方案的可行性

(续)

实训内容	任务	步骤
新媒体活动执行	了解并掌握新媒体活动的实施和管理要点	1. 根据策划方案，制订详细执行计划； 2. 组织实施活动，包括宣传、现场布置、人员安排等； 3. 对活动全程管理，确保顺利进行； 4. 收集数据，实时监控活动效果，进行调整优化
新媒体活动总结	学习如何进行新媒体活动的总结评估和后续改进	1. 整理活动数据和反馈，分析活动效果； 2. 撰写活动总结报告，总结经验教训，提出改进建议； 3. 将活动总结分享给团队成员和相关利益方，促进知识共享和团队成长

三、实训成果

1. 完成一份包含策划、执行和总结的新媒体活动运营方案。
2. 撰写一篇关于新媒体活动运营策略的实训报告，总结经验和教训。
3. 提升学生的创新思维、团队协作能力和问题解决能力。

综合案例

建行龙直播的"年终奖大赢家"活动

中国建设银行精心打造的直播小程序——建行龙直播，自2021年12月3日正式上线以来，已成为金融机构进行线上培训、投资者教育等直播活动的重要平台，极大地提升了营销效率。该平台成功举办的"年终奖大赢家"活动，在短时间内吸引了大量用户参与，实现了流量和粉丝数量的双增长，显著提升了平台的热度和影响力。

在开发周期方面，从产品部门在2021年12月3日接到本次活动的相关需求，到12月20日研发部门完成全部需求的交付并正式上线活动，共10个工作日。这一高效的工作成果得益于产品、设计、研发、客户成功等多个部门的紧密配合和协同作战，确保了活动的顺利推进和高质量完成。

活动效果令人瞩目，仅在上线24小时内，参与人数就突破了40万，一天之内就完成了原定粉丝目标数量的50%。整个活动持续了11天，累计参与人数达到90万以上，8大机构共开播11场，累计观看人次超过1500万，粉丝转化人次高达500万以上。这一成绩远超预期，充分证明了活动的吸引力和影响力。

拟以本活动为例，分析大型新媒体运营活动的成功要点。

一、需求沟通要清晰

面对紧张的开发周期和繁重的开发任务，确保活动需求清晰无误地传递、避免需求理解偏差导致的任务返工，成为本次活动能否如期上线的关键。运营团队通过以下三大策略，成功实现了这一目标。

（一）提倡扁平化沟通，缩短需求传递路径

在项目初期，运营团队意识到传统的沟通方式（项目负责人与客户沟通需求后再转达给产品部门）存在需求传递路径长、信息理解偏差大的问题。为了提升沟通效率，运营团队决定让产品部门直接与客户对接需求。这一调整不仅减少了信息传递的层级，降低了需求失真的风险，还提升了双方沟通的频率和效率，使需求在频繁的交流中得以快速确认和落实。

（二）确保内部信息对齐，实行早晚两次的内部信息对齐会

为了保障项目进度和各部门间的信息同步，运营团队实行了全新的制度：每天早晚各一次的内部信息对齐会。晨会由研发同事同步最新进展和困难，产品同事据此做出应对；晚会则由项目负责人主持，全体成员参与，同步客户需求方的最新信息，各部门汇报工作情况，确保信息全面公开互通。这一制度有效避免了信息不对称导致的任务返工和进度延误。

（三）正确应对需求变更，平衡灵活性与原则性

在紧急的项目背景下，需求变更频繁发生。为了合理应对这一挑战，运营团队采取了以下措施：首先，转变意识形态，认识到需求变更是项目完善的必然过程；其次，与客户进行充分深入地沟通，了解需求背后的动机和原因，主动规划解决方案；最后，对于技术上不可行或评估不合理的需求变更，以及可能影响项目进度和上线节点的变更，坚决阐明原因并拒绝或分期实现。这一策略在确保项目灵活性的同时，也维护了原则性和项目进度。

二、活动玩法要有趣

运营团队在筹备"年终奖大赢家"活动时遭遇了一次不小的挑战。活动初期，为了争取研发时间，产品部门迅速完成了需求规划和文档输出。然而，这一版本的活动方案却未能通过需求方的审核，其中存在的问题不仅让运营团队进行了深刻的反思，也为后续活动优化指明了方向。

（一）主要问题

初版方案的问题主要集中在以下几个方面。

1）任务设计缺乏吸引力。各机构的任务设置过于单调，缺乏趣味性和互动性，难以激发用户的参与热情。

2）用户参与度低。一次性任务设计导致用户缺乏持续参与的动力，活动后期增长乏力。

3）营销元素缺失。活动页面缺乏必要的营销刺激点，例如活动规则、分享机制等，导致用户吸引力不足。

（二）优化改进

面对这些问题，团队迅速调整策略，参考了支付宝、淘宝等大型平台的活动营销玩法，并与需求方进行了深入沟通。经过一系列改进，最终确定了新版活动方案，主要优化点包括以下几个方面。

1）增加趣味性。引入收集玩法，将机构任务包装成具有吸引力的红包形式。用户完成每个机构的任务即可解锁相应红包，全部解锁后还能获得额外权益。这种设计不仅增加了活

动的趣味性，也激发了用户的收集欲望和参与动力。

2）控制活动节奏。在原有机构红包的基础上，增加最终轮的大红包环节。将666元现金红包作为营销噱头，设计活动高潮，引导用户全程参与。这种节奏把控不仅让活动更具吸引力，也有效提升了用户的留存率和活跃度。

3）沉淀用户。新增引导用户关注龙直播助手的环节。对于参与活动后便流失的用户，可以通过微信服务号消息的方式进行二次触达和唤醒。这一举措不仅有助于提升用户黏性，也为后续的营销活动奠定了基础。

4）丰富版面与样式升级。新增主会场Banner、直播窗口、节目单等元素，使活动页面更加丰富多样。同时，重新打磨活动文案、增加画面动效、优化主视觉等举措也让整个活动页面更符合营销调性，进一步提升了用户的参与体验。

三、风险规避要全面

为了确保活动流程顺畅无遗漏，在活动方案通过后，运营团队内部组织了一场活动全流程推演：由每个人扮演一个真实的活动角色，从头至尾的演绎客户真实参与活动的情况，从而发现问题。在推演过程中，识别出了以下关键风险点，并针对每个风险点展开了深入的讨论和制定了相应的解决方案。

（一）链接在微信生态中的传播封禁风险

运营团队认识到，链接在微信等社交生态中传播时，可能会因为巨量访问和分享而遭遇封禁。为了降低这一风险，运营团队决定采取分流策略，使用多个链接地址指向同一个活动页，从而分散流量。同时，运营团队建立了备份域名库，准备了5~10个备份域名，以确保在任一域名被封禁时，能够迅速替换为可用的备份链接。这一策略要求各方在出现封禁情况时快速响应，下架已封禁的链接，并立即上架备份链接。

（二）"羊毛党"恶意刷红包风险

为了防止"羊毛党"（指利用活动规则套利的用户群体）利用技术手段恶意刷取红包，运营团队对红包接口进行了加密处理，有效杜绝了脚本刷爆接口的可能性。此外，运营团队增加了手机号授权登录环节，限制了虚拟号段和黑名单用户的参与。同时，后台实时监控活动资金的流失速度，一旦超出预警值，立即触发防护机制。在严重情况下，运营团队可以人工确认后对活动进行限流或叫停处理，从而保障活动的公平性和安全性。

（三）资金安全风险

由于本次活动涉及较大金额的充值与发放，资金安全成为运营团队关注的重点。为了确保资金安全，运营团队采取了多重保障措施。首先，给基金公司账户进行充值的过程仅涉及信息流的改变，不涉及真实资金流的划转；基金公司的活动经费通过线下统一打款的方式汇到指定的商户号中进行后续活动发放。其次，充值后台仅做本地化部署，即使充值后台和账号密码泄露，也无法通过外网进行访问和调用。最后，单次充值操作需要公司高层的手机验证码才能成功，进一步增强了资金的安全性。

在实际活动过程中，上述三个风险点都有不同程度的发生。但由于运营团队提前进行了充分的考虑和准备，制定了有效的风险应对预案，因此在出现危机时，运营团队能够迅速响应并采取相应措施，确保活动能够有条不紊地进行。这次活动的成功得益于运营团队的密切协作、高效执行以及对细节的严格把控。

四、流量引导要充分

本次活动的目的，是为了提高龙直播平台的曝光，并为基金公司引流。如何有效地引导活动流量，是迫切需要考虑的议题，为此运营团队采取了以下策略。

（一）投放渠道全面铺开

经过与客户的深入沟通，运营团队决定在活动推广上采取多渠道同步进行的策略。具体来说，活动将在建行主会场、云工作室、建行官方微信公众号、造福季视频号、建行视频号以及参与机构的企业主页等六大渠道同时展开推广。这样的布局旨在确保活动能够覆盖更广泛的用户群体，从而获取更多的初始流量。

（二）活动提前预热

为了在活动正式开始前激发用户的兴趣和期待，运营团队充分利用了预热期进行宣传造势。在活动开始前的5~7天，运营团队每天发布一张精心设计的倒计时海报，并搭配吸引人的活动文案，在微信朋友圈、视频号、微博等流量平台上进行广泛传播。同时，运营团队在预热期间就开放了活动链接，用户虽然无法正式参与活动，但可以提前访问和浏览页面，了解活动规则。这种做法不仅吸引了大量用户围观，还为活动的正式开展奠定了良好的基础。

（三）实现流量共享

为了充分利用机构直播的流量资源，运营团队在机构直播间的主页右下角增加了活动页面的跳转入口。这样一来，用户在观看直播的同时，可以方便地点击进入活动页面参与互动。这种设计不仅打通了直播流量和活动流量，还实现了两者之间的流量共享和互补。

（四）自传播能力建设

为了激发用户的分享热情，让活动产生裂变效应，运营团队在活动玩法中特别设计了"邀请3位好友领红包"的任务机制。这种机制鼓励用户通过分享链接邀请更多好友参与活动，从而获取额外的红包奖励。这种做法不仅有效地提升了活动的参与度和用户黏性，还进一步放大了活动效果，实现了用存量找增量的目标。

五、数据监控要及时

在运营活动中，数据分析扮演着至关重要的角色。为了确保"年终奖大赢家"活动的成功，运营团队精心制定了一套全面的数据分析策略，以监控活动全程、衡量活动效果，并据此调整运营策略。

（一）提前规划数据埋点与指标体系

在活动筹备阶段，运营团队与客户深入沟通，明确了对活动的分析需求。基于这些需求，运营团队梳理了关键指标体系，并规划了活动页的相关数据埋点。这不仅包括用户行为、流量来源等基础数据，还包括针对特定环节如各个投放渠道的用户质量评估，进行了额外的埋点设计。为了确保数据的准确性，运营团队进行了严格的开发部署和埋点测试，确保每个数据点都能准确、可靠地反映用户行为和活动效果。

（二）建立实时数据监控与反馈机制

活动一旦启动，运营团队立即开始提取和分析数据。运营团队确定了以半天为粒度的数据获取和反馈频率，确保各方能够及时掌握活动进展。通过定期整理和反馈活动效果数据，运营团队不仅让客户和其他合作方了解活动现状，还能根据数据反馈调整运营策略，例如优化推广渠道、调整活动玩法等。

（三）重点分析核心流程转化情况

为了确保活动目标的实现，运营团队深入分析了用户访问页面后的核心行为路径。通过计算这些路径上各个环节的转化率，运营团队发现了用户流失严重的环节，并迅速制定了相应的策略调整。例如，针对某个环节用户流失率较高的问题，运营团队可能通过优化页面设计、增加互动元素或提供额外奖励等方式来吸引用户继续参与。同时，运营团队通过对比策略调整前后的数据变化，验证了策略的有效性，形成了完整的数据闭环。活动结束后，运营团队还对整体用户的转化率进行全面分析。这一指标不仅反映了活动的整体效果，也为运营团队未来的运营活动提供了宝贵的经验和借鉴。

资料来源：根据@时熵《如何做好一场运营活动？"年终奖大赢家"活动复盘》（"人人都是产品经理"网站，2022年1月5日）相关内容整理改编。

案例思考

1. 在"年终奖大赢家"活动策划与执行阶段，项目团队如何有效应对需求变更，确保项目灵活性与原则性的平衡？请结合案例中的具体措施进行分析。

2. "年终奖大赢家"活动在初版方案被否定后，进行了哪些关键优化以提升用户参与度和活动趣味性？这些优化措施如何助力活动最终取得成功？

3. 中国建设银行在"年终奖大赢家"活动中采取了哪些具体的数据分析策略来监控活动效果，并如何根据数据分析结果调整运营策略？请结合案例中的数据分析实践进行阐述。

第五篇
新媒体价值变现

第九章 新媒体数据分析策略

本章导语

数据收集要全面,数据分析要深入,数据应用要精准。

引例

2022年新媒体内容生态数据报告

一、平台动向

(一)平台建设与扩张

数字化时代推动各新媒体平台强劲增长,抖音、视频号、B站等平台的月活跃用户持续增加,这体现出用户青睐和平台在内容生态及网络治理方面的成效。2022年,抖音月活跃用户达6.8亿,视频号突破8亿,B站同比增长25%,凸显了短视频和中长视频领域的吸引力。

(二)原创内容保护

新媒体平台重视原创内容的价值,采取严格政策打击洗稿抄袭,促进原创生态健康发展。2022年的数据显示,原创内容平均点赞数高于全样本平均水平,微信公众号表现突出,获赞数同比增长63%,这证明了原创内容在吸引用户关注和互动方面的重要作用。

(三)平台赋能与发展

新媒体平台在企业发展和品牌传播中的作用日益突出,通过激励扶持、品牌合作等方式助力企业实现共赢。新媒体平台已成为品牌经营传播的主流阵地和增长渠道。未来,技术创新和市场拓展将推动新媒体平台在更多领域发挥更大作用,为企业品牌发展提供强有力的支持。

二、创作者群体

(一)平台账号分布与互动力

视频号账号分布最为均匀,头尾部占比差异较小,大小账号发展机会较为均衡。小红书头部账号较为稀缺,要对内容质量要求较高,推动更多账号向"KOC(Key Opinion Consumer,关键意见消费者)"化发展。抖音在500万粉丝量级互动力最强,而小红书在10万~500万粉丝量级表现最佳,这与其用户活跃度和黏性相关。

(二)涨粉账号类型与热门领域

泛生活与泛娱乐类账号因分享生活、娱乐内容而容易涨粉。各平台形成了各自的热门圈粉领域,例如小红书的兴趣爱好、快手的游戏、抖音的剧情和音乐、B站的知识领域等内容,吸引了大量创作者涌入,为用户提供了多样化的优质内容选择。

（三）企业账号创作体量与表现

企业认证账号在各平台上的月均发布量均高于整体水平，这显示企业内容生产趋向团队化、专业化，通过量产优质内容吸引用户。其活跃度和影响力不断提升，已成为新媒体生态中的重要力量。

（四）虚拟数字人的崛起与趋势

"数智人"作为新型人机交互形式，以外观和声音逼真、智能互动吸引用户。未来趋势将呈现多元化、跨界破壁垒的特点，新奇有趣、高频更新的内容是吸粉的核心。这将推动虚拟数字人产业的快速发展，为新媒体带来创新机会和商业价值。

三、内容传播

（一）作品传播效率与长尾效应

视频号传播效率高，87.2%的获赞集中在7天内产生。小红书则呈现长尾效应，7天后仍有30%获赞，内容持久吸引人。

（二）消费群体特征

小红书女性用户较多，B站偏向男性用户。抖音、快手男女比例均衡。小红书、B站用户较为年轻，抖音以中青年用户为主，快手偏向中老年用户。

（三）创作趋势与平台特色

B站、抖音注重生活娱乐内容，与用户年轻化密切相关。快手、小红书追求健康时尚内容，体现了差异化特色。微信公众号、视频号则趋向专业化泛信息内容。

四、商业化氛围

（一）品牌营销偏好

小红书成品牌偏爱的平台，抖音和快手紧随其后，这反映了其种草优势和用户黏性。种草作品数量上升，与营销节点相吻合，显示品牌加大新媒体营销投入。

（二）商业化内容趋势

汽车品牌在抖音、快手、视频号的营销势头强劲，食品行业则广泛覆盖。多平台营销已成为主流，全平台运营的品牌占51.6%，国货品牌占65.9%，表现强劲。

（三）账号商业价值

平台降低了达人合作门槛，例如小红书允许素人接单。各平台创作者的粉丝价值增长，小红书和B站内容营销千粉价值最高，变现能力强。

（四）内容电商崛起

电商行业转向"内容型"，直播电商2.0展现出巨大潜力。东方甄选的知识带货成功出圈，体现了内容电商在提升体验、增加黏性、促进销售方面的优势。

五、企业新媒体

（一）矩阵化布局进展

企业重视跨平台新媒体布局，37.8%的企业已完成至少2个平台布局，较2021年上升4.8%。2022年新布局5个平台的企业多在职场领域，显示跨平台运营需求迫切。

（二）矩阵构成特点

跨平台运营已成为常态，微信公众号与视频号的组合常见。餐饮企业通过新媒体矩阵实现全网传播、用户沉淀、品牌提升、直播营销和变现放大。多元化布局发挥各平台的优势。

（三）矩阵布局策略差异

不同行业企业展现出不同布局策略。微信公众号和视频号集中在民生行业，抖音和快手受门店模式企业的青睐，小红书和B站则偏向新潮行业。跨平台运营的企业多在一线城市，汽车行业的布局尤为突出。

资料来源：根据新榜服务《2022新媒体内容生态数据报告》（新榜，2023年3月28日）相关内容整理改编。

> **预热思考题：**
> 1. 报告中提到了抖音、视频号、B站等平台的月活跃用户数量，以及原创内容的平均点赞数等数据，请问这些数据是如何收集的？
> 2. 报告中哪些数据可以反映出新媒体平台上内容的受欢迎程度？
> 3. 报告中指出，原创内容平均点赞数高于全样本平均水平，这表明原创内容在吸引用户关注和互动方面具有重要作用。那么，新媒体平台应该如何设计有效的激励机制来鼓励创作者生产更多高质量的原创内容？

∥ 知识结构 ∥

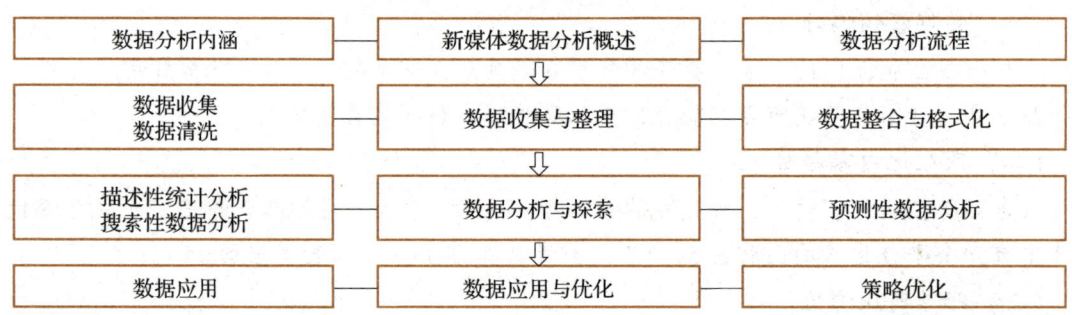

第一节　新媒体数据分析概述

一、数据分析内涵

（一）数据分析的定义

数据分析是新媒体运营中的核心环节，它涉及使用统计学、数学和计算机科学等技术手段来深入理解和解释数据。这一过程包括数据的收集、整理、处理、挖掘和解释，旨在揭示数据背后的规律、趋势和潜在问题，对于新媒体账号的优化运营策略、提升用户体验和实现价值变现具有重要意义。

举个例子，"××教育"新媒体账号向社会提供教育信息、资源分享和学习技巧等内容。该账号最近推广一个"人工智能讲堂"在线课程系列，提供高质量的人工智能教育内容，满足社会对人工智能领域知识的需求。在课程推广过程中，数据分析在以下几个方面发挥了作用：

1）目标用户分析。通过分析参与课程的用户数据，如年龄、性别、地理位置和教育背景，"××教育"能够更准确地定位其目标受众，并根据这些信息定制内容和营销策略。

2）内容策略优化。分析用户对课程内容的反馈和互动数据，"××教育"可以识别哪些课程主题和教学方法最受欢迎，进而调整内容创作和课程设计。

3）用户体验改善。收集用户在课程学习过程中的反馈，数据分析可以帮助"××教育"发现并解决用户在学习和互动中遇到的问题，从而提升用户满意度和学习效果。

4）运营效果评估。通过量化指标如课程完成率、用户留存率和互动率，"××教育"可以评估课程的运营效果，为后续的课程开发和营销活动提供数据支持。

5）决策支持和优化建议。综合分析课程数据，"××教育"可以制定基于数据的决策，如确定课程发布的最佳时间、定价策略和推广渠道，以最大化用户参与度和课程收益。

通过这些数据分析的应用，"××教育"能够更有效地实现其教育目标，提升用户参与度，优化内容策略，并最终实现新媒体账号的商业价值。

（二）数据分析的特点

数据分析有六大特点，见表9-1。

表9-1 数据分析的特点

特点	描述	实施
目标导向性	数据分析工作围绕新媒体的核心目标展开，确保分析结果为实现这些目标提供精确指导	"××教育"分析"人工智能讲堂"课报名数据和用户互动数据，识别提升课程吸引力和用户参与度的关键因素，优化课程内容和营销策略
多维度洞察	从用户行为、内容效果、市场动态等多维度进行数据分析，全面理解运营全貌	"××教育"通过分析用户对"人工智能讲堂"课程的反馈和市场对人工智能教育的需求，调整课程结构和教学方法，以满足市场需求
实时动态监测	利用实时数据分析工具，捕捉并响应用户行为和市场趋势的变化	"××教育"实时监控"人工智能讲堂"课程的用户参与度和反馈，快速调整课程推广策略，以应对市场变化
预测性前瞻	应用统计模型和机器学习技术，对未来趋势进行预测，指导新媒体的长期规划	"××教育"基于用户增长和参与度趋势，预测"人工智能讲堂"课程的未来需求，提前规划课程更新和扩展计划

(续)

特点	描述	实施
可视化呈现	通过图表和报告等形式,将复杂数据转化为直观信息,辅助决策	"××教育"制作包括"人工智能讲堂"课程关键指标的可视化报告,帮助团队直观理解课程表现和用户反馈
持续优化迭代	通过持续的数据收集和分析,不断调整和优化新媒体运营策略	"××教育"根据用户对"人工智能讲堂"课程的反馈和行为数据,定期更新课程内容和教学方法,提高用户满意度和课程质量

二、数据分析流程

新媒体数据分析流程可分为三个阶段,即数据收集与整理、数据分析与探索、数据应用与优化,具体如图9-1所示。

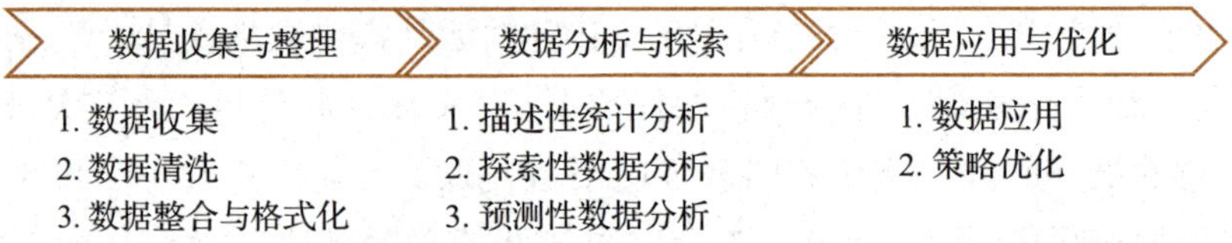

```
数据收集与整理        数据分析与探索        数据应用与优化
1. 数据收集           1. 描述性统计分析      1. 数据应用
2. 数据清洗           2. 探索性数据分析      2. 策略优化
3. 数据整合与格式化    3. 预测性数据分析
```

图9-1 数据分析流程

(一)数据收集与整理

数据收集与整理是新媒体数据分析的第一个阶段,其主要目的是从各种数据源中收集与新媒体运营相关的数据,并对数据进行清洗、整合和格式化,以便后续的分析和挖掘。它包括三个环节,即数据收集、数据清洗、数据整合与格式化。

1. 数据收集

数据收集是新媒体数据分析的起点,它要求根据明确的目标和需求,利用多种方法和工具,从各种渠道和平台上获取与新媒体运营紧密相关的原始数据。这些数据覆盖了用户行为、内容表现、市场趋势等多个维度。数据的形式可以是结构化的,如数据库中的用户注册信息和交易记录,也可以是非结构化的,如社交媒体上的用户评论和课程讨论区的文本内容。有效的数据收集为后续的深入分析提供了丰富的素材,是洞察用户行为、优化运营策略的关键。

2. 数据清洗

数据清洗紧跟在数据收集之后,这一过程旨在识别和纠正数据中的错误、不一致性和冗余,以确保数据的准确性和可靠性。数据清洗的任务多样,包括去除重复记录、处理缺失值、识别并处理异常值,以及可能的数据类型转换和标准化等。经过清洗的数据质量得到显著提升,为后续的分析和建模提供了坚实的基础。

3. 数据整合与格式化

数据整合与格式化是数据准备的最后阶段。在这一步骤中,经过清洗的数据被合并、转换和标准化，以形成一个统一、规范的数据集。这涉及将不同来源、不同格式的数据对齐和映射到一个共同的数据模型中，确保数据的一致性和可比性。此外，数据格式化还包括为数据设置适当的结构和存储方式，以便高效地进行查询、分析和可视化。通过这一环节，数据变得更加易于理解和使用，为后续的数据挖掘和决策支持打下了坚实的基础。

（二）数据分析与探索

数据分析与探索是新媒体数据分析流程中的关键环节，它涉及对数据的深入挖掘，以揭示隐藏在数据背后的模式、趋势和关联。这一过程通常包含三个主要环节：描述性统计分析、探索性数据分析和预测性数据分析。

1. 描述性统计分析

描述性统计分析是数据分析的起点，它提供了对数据集的基本理解和概括。通过计算诸如均值、中位数、众数等中心趋势指标，以及方差、标准差等离散程度指标，分析人员能够初步把握数据的整体分布和波动情况。此外，偏度、峰度等分布形态指标的引入，进一步揭示了数据的形状特征。这些基础统计量不仅有助于识别异常值和数据错误，还为后续更复杂的分析提供了必要的背景信息。

2. 探索性数据分析

在描述性统计分析的基础上，探索性数据分析进一步深入数据的内部结构，旨在发现数据间的潜在关联和未知模式。数据可视化是这一环节的重要工具，通过柱状图、折线图、散点图等多种图表形式，分析人员能够直观地展示数据的分布、变化和关系。此外，关联规则挖掘等技术也常用于探索性数据分析中，以发现不同变量之间的有趣联系和规则。这些发现往往能够为新媒体运营提供新的视角和启示。

3. 预测性数据分析

预测性数据分析是新媒体数据分析的高级阶段，它借助统计学和机器学习等先进技术，利用历史数据构建预测模型，以预测未来的趋势和行为。这些模型能够学习并识别出影响目标变量的关键因素，进而对未来的情况进行合理预测。预测性数据分析能够帮助新媒体运营者洞察市场趋势、预测用户行为变化，从而提前调整策略、优化资源配置。此外，通过对预测结果的持续监控和评估，新媒体运营者还能够及时发现潜在的风险和机会，为决策提供更加全面和准确的信息支持。

（三）数据应用与优化

数据应用与优化是新媒体数据分析的最终目的，它将经过深入分析的数据洞察转化为具有实际指导意义的运营策略和行动，从而推动新媒体运营效果的不断提升。这一过程主要包含两个核心部分：数据应用和策略优化。

1. 数据应用

在数据应用阶段，新媒体运营者需要紧密结合业务目标和市场需求，将数据分析所揭示的用户行为模式、内容表现趋势等洞察，转化为具体、可执行的运营策略。这要求新媒体运营者不仅要具备深入解读数据的能力，还需要有丰富的行业经验和创新思维，以制定出既符合数据洞察又体现业务特色的策略。

策略制定后,新媒体运营者还需利用数据模型或历史数据对策略的实施效果进行预测,评估其可能带来的影响和效益,从而确保策略的合理性和可行性。同时,通过数据可视化等手段,将复杂的数据分析结果和策略预期效果直观地展示给团队成员,以达成团队共识,确保策略的顺利推进。

2. 策略优化

策略优化是一个持续的过程,它要求新媒体运营者在策略实施过程中保持对数据的敏感度和分析能力,根据实际效果和市场变化及时调整策略,重新分配资源并尝试新方法。通过设定关键绩效指标(KPI),新媒体运营者可以实时监控策略的执行情况,及时发现问题并进行优化。

新媒体运营者需要保持灵活的思维和创新的态度,不断尝试新的方法和手段,以寻找最佳的运营实践方式。同时,他们还需要与团队成员保持紧密的沟通和协作,共同应对挑战,实现新媒体运营目标的最大化。

第二节 数据收集与整理

数据收集与整理阶段,包括数据收集、数据清洗、数据整合与格式化三个环节。具体如图9-2所示。

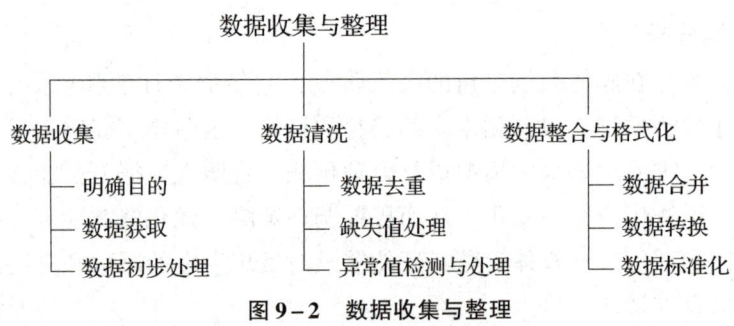

图9-2 数据收集与整理

一、数据收集

数据收集包括三个步骤,即明确目的、数据获取、数据初步处理。

(一)明确目的

明确目的即在数据收集前清晰定义分析目标和意图。这个步骤至关重要,它能确保资源有效分配、数据源和收集方法的针对性选择、分析结果的准确性和针对性,同时保持数据的客观性和真实性。具体步骤见表9-2。

表 9-2 明确数据收集目的

步骤	实施	示例
理解业务需求	与业务团队或关键决策者深入交流,准确把握业务期望和需求,确保数据分析目的与业务目标一致	"××教育"的运营者通过与课程开发团队和市场推广团队的会议,了解到他们希望通过提升用户参与度和课程满意度来增加课程的注册人数和品牌影响力
定义具体目标	将业务需求细化为具体、可量化的数据分析目标,明确要收集的数据类型和分析方向	"××教育"确定分析目标为:① 识别最受欢迎的课程主题和内容形式;② 分析用户在不同时间段的参与情况;③ 评估最新推广活动对课程注册人数的影响
制定数据收集计划	确定数据源、收集方法、制定时间表和资源分配计划,确保数据收集的合规性和隐私保护	"××教育"计划从微信公众号后台分析工具、用户反馈问卷和市场调研报告中收集数据。使用自动化工具监测用户行为,并通过在线问卷收集用户对"人工智能讲堂"课程的偏好和反馈。确保所有数据收集活动遵循数据保护法规,对敏感信息进行匿名处理

(二)数据获取

数据获取是一个从多样化数据源中精准且高效地收集、抽取及整合所需信息的流程。这一过程为后续的数据分析和价值挖掘构建了坚实的基础。数据源的种类繁多,其中,用户行为数据、社交互动数据以及内容传播数据等构成了数据获取的核心部分,见表 9-3。

表 9-3 数据类型

数据类型	描述	示例
用户行为数据	分析用户在平台上的行为模式,如课程访问、学习进度和课程完成情况,以优化课程设计和提高用户满意度	"××教育"发现用户在课程发布后的前两周内学习进度最快,因此调整了课程预告和提醒策略,以保持用户的兴趣和参与度
社交互动数据	监控用户在社交媒体上的互动行为,如课程内容的转发、点赞、评论和分享,以评估内容的受欢迎程度和营销活动的效果	"××教育"的"人工智能讲堂"课程在社交媒体上的互动数据显示,用户对 AI 伦理讨论的帖子反响热烈,点赞和评论数显著增加
内容传播数据	分析课程内容的传播范围和用户参与度,评估内容的影响力和用户兴趣点	"××教育"通过分析发现,关于 AI 在医疗领域的应用的课程内容在用户中传播最广,阅读量和分享数最高
用户调查反馈数据	利用用户调查和反馈来收集用户对课程内容、教学方法和平台功能的满意度、需求和改进建议	"××教育"根据用户调查反馈,了解到用户对实践案例分析的需求强烈,随后增加更多与实际应用相关的课程内容
地理位置数据	通过分析用户的地理位置分布,了解不同地区的用户偏好,定制地域化的内容和营销策略	"××教育"发现一线城市的用户对 AI 技术的最新动态更感兴趣,因此针对性地推出了相关的深度分析文章

(续)

数据类型	描述	示例
广告投放数据	分析广告的点击率、转化率和投资回报率，以优化广告内容、投放渠道和预算分配	"××教育"的广告投放数据显示，针对技术专业人士的广告系列在抖音上效果最佳，故决定增加在该平台的广告预算
竞品数据	对比竞品的课程内容、用户评价和市场策略，以制定有效的竞争策略	"××教育"分析了竞争对手的课程设置，发现缺乏针对初学者的AI课程，于是推出了一系列入门级别的"人工智能讲堂"课程
设备与技术数据	分析用户访问课程的设备类型、页面加载时间和技术故障率，优化平台的技术性能和用户体验	"××教育"注意到移动设备上的用户访问量不断增加，因此优化了移动端的课程展示和播放体验

这些数据在新媒体数据分析中共同发挥着不可或缺的作用，为运营决策提供了全面而深入的支持。数据获取的步骤见表9-4。

表9-4 数据获取的步骤

步骤	描述	示例
数据抽取与传输	从服务器日志、用户行为跟踪系统等数据源中提取与访问量相关的核心数据，例如用户访问时间、访问页面、页面停留时长以及跳出率等，并确保数据在传输过程中的安全性	"××教育"新媒体账号通过微信公众号后台获取"人工智能讲堂"的用户互动数据，并通过安全的API接口将数据传输到数据分析工具中
数据初步查看与验证	对抽取的访问量数据进行初步检查，确认数据的完整性和可读性，并进行严格的质量验证，以确保数据的准确性和可信度	"××教育"利用在线数据分析工具，对用户互动数据进行初步分析，通过图表观察用户参与度的变化趋势，并与历史数据进行对比，以验证数据的一致性和完整性
文档记录	记录访问量数据的来源、获取方法、处理步骤、时间戳以及任何与数据质量和处理相关的注释或说明	"××教育"在云存储服务（如阿里云OSS）中创建文档，记录每次数据抽取的详细信息，包括数据获取的时间、使用的分析工具、数据清洗过程和任何在数据处理中的重要发现

（三）数据初步处理

数据初步处理是对原始数据进行的一系列关键性操作，旨在确保数据的准确性、一致性和适用性，从而为后续的数据分析工作奠定坚实的基础。这一过程涉及多个步骤，包括数据查看与理解、整理、筛选和转换等，见表9-5。

表 9-5 数据初步处理

步骤	实施	示例
数据查看与理解	对原始数据进行全面查看,了解数据结构、变量类型,识别缺失值和异常值,发现数据中的模式和趋势	"××教育"运营者检查从在线学习平台导出的数据,识别每列含义(如课程编号、学习时长、用户反馈),并注意到课程难度与用户反馈满意度之间的相关性
数据整理	使用工具如 Excel 创建数据透视表,将原始数据有序化和结构化,提升数据质量和可用性	"××教育"运营者将课程编号设为行标签,学习时长设为列标签,用户反馈设为值字段,以便直观分析不同课程的用户学习效果
数据筛选	从原始数据中提取与分析目标直接相关的数据子集,聚焦核心问题,提高分析效率和准确性	为分析用户对课程难度的反馈,"××教育"筛选出包含难度评分的数据条目,排除其他不相关数据
数据转换	将原始数据中的变量或格式转换为更适合分析的形式,确保数据分析的准确性和效率	为便于按月分析,"××教育"运营者将学习时长从分钟转换为小时,以便观察每月用户平均学习时长的变化

二、数据清洗

数据清洗分为三个步骤,即数据去重、缺失值处理、异常值检测与处理。

(一)数据去重

数据去重是指在数据处理过程中,识别和删除相同或相似的数据记录,例如重复的用户信息、重复的互动记录等。它的目的是确保数据集的准确性和一致性,简化数据集,提高数据处理的效率。其步骤见表 9-6。

表 9-6 数据去重的步骤

步骤	实施	示例
明确去重需求与目标	确定去重的目的,例如确保每个用户每天的课程访问只被计算一次,以便准确统计独立访客数	"××教育"的运营者旨在通过去重确保每日独立用户数的准确性,以便更好地评估课程的受欢迎度
选择数据处理工具	根据数据量和处理需求选择工具,例如 Excel 适用于小数据集,Python 的 pandas 库适用于大数据集	由于"××教育"的运营者每日需要处理超过十万条课程访问记录,选择使用 pandas 库进行高效的数据去重
定义去重标准	设定具体的去重规则,例如基于用户 ID 和访问日期的组合作为去重的依据	"××教育"的运营者定义去重规则为:如果同一用户 ID 在相同日期有多个课程访问记录,仅保留最早的一条访问记录
备份原始数据集	在进行数据去重前,应创建原始数据集的完整备份,以防去重过程中数据丢失	"××教育"的运营者在进行去重操作前,在本地服务器和云存储服务中备份了完整的原始课程访问数据集

(续)

步骤	实施	示例
处理与验证	使用选定的工具执行去重操作,并通过比较去重前后的数据量和样本检查,来验证去重结果	"××教育"的运营者使用pandas库进行去重,并通过随机抽样检查去重后的记录是否准确
记录处理过程	详细记录去重过程中的每一步操作,包括所使用的参数、遇到的问题及其解决方案	"××教育"的运营者记录了去重操作的具体步骤,包括pandas库版本信息、去重条件、处理时间以及任何遇到的问题和解决方案
后续处理与监控	对去重后的数据进行进一步的分析处理,并建立定期的数据质量监控机制	"××教育"的运营者将去重后的数据导入数据分析平台,设置每周自动检查数据一致性的脚本,以监控数据质量

(二)缺失值处理

缺失值是指在数据集中某些字段的值不完整或未记录的情况。在"××教育"的"人工智能讲堂"课程中,这些缺失值可能表现为某些课程的观看次数未记录、用户关键信息(如学习时长、反馈评分)的遗漏,或课程来源渠道数据的缺失等。这些缺失值的存在可能会对数据分析的准确性和模型的预测造成影响,因此,对缺失值进行妥善处理是数据清洗和分析过程中的重要环节。

缺失值处理的核心目标是采取合适的方法来填充或删除这些缺失的数据,以减少它们对数据分析的负面影响。通过科学、合理的处理方法,我们能够提高数据的完整性和可靠性,从而增强分析结果的准确性和决策支持的有效性。具体来说,处理缺失值可以采取以下几种策略:

1)删除含有缺失值的记录。如果缺失值的数量较少,可以考虑直接删除这些记录,以保证剩余数据的完整性。

2)填充缺失值。对于缺失值较多的情况,可以采用平均值、中位数、众数或其他估计值来填充缺失的数据。

3)使用模型预测缺失值。利用机器学习算法,如K最近邻(KNN)或决策树,来预测缺失值。

4)保留缺失值。在某些情况下,保留缺失值并将其作为分析的一部分,可以帮助揭示数据收集过程中的问题。缺失值处理的步骤见表9-7。

表9-7 缺失值处理的步骤

步骤	实施	示例
查看缺失值	利用数据可视化和统计分析工具识别数据集中的缺失值,了解其数量、分布和类型	"××教育"的运营者使用Python的pandas库通过isnull().sum()方法识别出缺失的课程完成度数据,并用热图可视化显示缺失数据的分布

(续)

步骤	实施	示例
分析缺失值原因	确定缺失值是由技术问题还是自然结果造成，以便选择合适的处理方法	"××教育"发现某些课程的完成度缺失，分析原因可能是课程难度较高，导致部分用户中途放弃
确定处理方法	根据缺失值的性质和比例选择删除或填充方法，以减少对数据分析的影响	"××教育"决定对于缺失的课程完成度数据使用填充法，使用课程的平均完成度进行填充
执行处理操作	根据数据集规模和复杂性选择合适的工具进行缺失值处理	"××教育"使用pandas库的fillna()函数填充课程完成度数据
验证处理结果	对比处理前后的数据和统计指标，确保处理操作的有效性和数据的准确性	"××教育"对比处理前后的课程完成度数据，确认填充后的数据与实际课程难度和用户反馈相符
文档记录	记录处理步骤、方法选择理由和处理结果，以便于后续审查和复现	"××教育"详细记录了缺失值处理的每一步操作，包括使用的pandas库的函数、填充的平均完成度计算方法，以及处理前后的数据对比结果

（三）异常值检测与处理

异常值是指在数据集中与其他数据存在显著偏差的数值，其产生原因包括数据收集、录入或处理过程中的错误等。例如在"××教育"的"人工智能课堂"课程中，某一课程的观看次数突然激增或骤减，这可能是由于系统故障、恶意攻击或外部事件导致的。

这些异常值可能会扭曲数据的正常分布，影响课程受欢迎程度的真实判断。因此，异常值检测与处理是数据分析中不可或缺的一环，旨在识别和处理这些偏离正常模式的数值，以确保数据的准确性和可靠性。其步骤见表9-8。

表9-8 异常值检测与处理的步骤

步骤	描述	示例
可视化检测	利用折线图或散点图等工具直观展示数据分布，识别与大多数数据点显著不同的异常值	"××教育"通过折线图发现课程的观看次数异常高，远高于其他课程
统计方法检测	应用移动平均法、Z-score法（标准差原则）或百分位法等统计方法计算正常观看次数的波动范围，设定阈值判定异常值	"××教育"计算课程平均观看次数，设定阈值为平均观看次数的两倍标准差，确认某一课程的观看次数为异常值
确定与处理	检查数据来源和记录，确定异常值产生的原因，并根据原因采取修正错误、排除数据或保留等处理措施	"××教育"调查发现观看次数激增是因为课程推广活动，决定保留数据点并在分析中说明

(续)

步骤	描述	示例
再次验证	对处理后的数据集使用可视化工具和统计方法进行再次检验，确保数据满足分析要求且无遗漏的异常值	"××教育"重新绘制处理后的课程观看次数折线图，确认数据趋势平滑，无异常波动

思维扩展

数据清洗对于数据分析的重要性体现在哪些方面？请结合实际案例进行说明。

三、数据整合与格式化

数据整合与格式化可分为三个步骤，即数据合并、数据转换和数据标准化。

（一）数据合并

数据合并是将不同来源、不同格式的数据集经过整合处理，形成具有统一结构和标准的数据集的过程。在数字化时代，数据的来源日益多样化，如社交平台、移动应用、微信小程序等，这些数据通常以不同的格式和标准存在。

以"××教育"的"人工智能讲堂"课程为例，它可能通过多个渠道，如网站、App、微信小程序等同时收集用户学习数据。这些数据最初可能存储在不同的数据库或数据文件中，每个来源的数据格式、字段定义和命名规则都可能存在差异。这种分散性和不一致性给数据分析带来了挑战。

数据合并的目的是为了消除这种分散性和不一致性。通过数据合并，可以将这些分散的数据集整合到一个统一的数据仓库或数据湖中，形成一个完整、统一的数据视图。这样，数据分析人员就可以在一个统一的数据集上进行更准确、更深入的数据分析和挖掘，从而为业务决策提供更有力的数据支持。数据合并的步骤如下。

1. 确定合并策略

合并策略是数据合并过程中的核心环节，它决定了如何将不同来源和格式的数据有效地整合在一起。选择合适的合并策略可以确保数据的完整性和准确性，同时提高数据处理的效率，见表9-9。

表9-9 合并策略

策略	描述	示例
直接合并	适用于结构和字段完全相同的数据集，可直接将数据集合并为一个更大的数据集	"××教育"将从不同平台（如网站、App、小程序）收集的课程观看数据直接合并，形成一个包含所有平台观看数据的综合数据集
联接合并	使用共同的标识字段（如用户ID）将不同数据集中的相关记录连接起来	"××教育"通过用户ID将用户在App中的课程完成记录与在小程序中的学习反馈记录联接合并，以分析用户的学习行为与反馈之间的关系

(续)

策略	描述	示例
嵌套合并	将一个数据集作为另一个数据集的一部分,保持数据的层次结构	"××教育"的运营者将用户的课程笔记(包含用户ID、笔记内容、时间戳等)嵌套到用户课程观看记录数据集中,以便在分析用户学习行为时同时考虑用户的笔记内容
增量合并	只合并新收集的数据或自上次合并以来发生变化的数据,适用于频繁更新的数据集	"××教育"每天只合并自上次数据合并以来新增的用户注册信息,以确保用户数据库的更新
条件合并	根据特定条件选择性地合并数据,例如只合并满足特定学习时长或反馈评分的用户数据	"××教育"在分析用户学习效果时,只合并学习时长超过一定阈值或反馈评分高于平均值的用户数据

2. 执行合并操作

执行合并操作是将数据合并策略付诸实践的关键步骤。在这一阶段,需要选择合适的工具或编程语言,根据之前确定的合并策略来具体执行数据的整合。其步骤见表9-10。

表 9-10 合并操作的步骤

步骤	描述	示例
选择工具	根据合并策略选择合适数据处理工具	"××教育"的运营者选择了Python的pandas库,因为它支持多种数据源的读取且具有灵活的数据合并功能
读取数据	从不同来源加载数据到pandas库的数据框中	"××教育"的运营者从网站后台导出的CSV文件中读取课程观看数据,从App数据库中读取用户学习反馈记录
应用转换规则	进行数据清洗、字段映射和数据类型转换	"××教育"的运营者清洗课程观看数据,去除无效的观看记录,将所有时间戳字段统一转换为pandas库的日期时间类型
执行合并	使用pandas库合并函数,根据键值匹配和合并数据集	"××教育"的运营者使用merge函数,根据用户ID将课程观看数据与学习反馈记录合并,创建一个包含用户学习行为和反馈信息的综合数据集
处理冲突	解决合并过程中的重复记录和缺失值问题	"××教育"的运营者在合并后的数据集中,使用drop_duplicates函数去除基于用户ID的重复观看记录,对于缺失的反馈信息使用fillna方法填充默认值
保存数据	将合并后的数据保存到适当的位置	"××教育"的运营者将最终合并的数据集保存到云存储服务器上,以便数据分析师和业务团队访问和分析

3. 验证合并结果

数据合并完成后,验证合并结果的完整性和准确性至关重要。为了确保合并操作没有引入错误数据或导致数据丢失,应采用的验证方法见表9-11。

表 9-11 合并操作的方法

方法	实施	示例
数据对比	逐项对比合并后的数据与原始数据源,确保所有记录都正确合并	"××教育"使用 Python 的 pandas 库编写脚本,对比合并前后的课程 ID 和观看记录,确保没有数据丢失或错误合并
抽样检查	随机抽取合并后数据集中的样本进行人工检查,验证数据的完整性和准确性	"××教育"从合并后的课程观看数据中随机抽取 100 条记录,检查用户的学习时长、反馈评分信息是否与原始数据一致
自动校验	使用校验工具检查合并后的数据集,识别数据是否有异常值、重复记录或格式错误等问题	"××教育"采用数据校验软件,设置校验规则如唯一性检查和数据类型校验,运行后分析报告并修复发现的问题
完整性检查	确保合并后的数据集包含所有必要的字段,并且每个字段的数据都符合预期的格式和范围	"××教育"检查合并后的数据集是否包含所有预期的字段,如用户 ID、课程名称、观看次数等,并且每个字段的数据类型和值范围都确保正确
一致性检查	验证合并后的数据集中的记录是否在逻辑上一致,比如时间戳的顺序和数据之间的关联性	"××教育"检查合并后的数据集中用户观看课程的时间戳是否按顺序排列,以及用户反馈是否与观看记录相匹配
性能评估	评估合并操作的性能,包括处理时间和资源消耗,确保合并过程的效率	"××教育"记录合并操作的执行时间,并监控系统资源的使用情况,以优化合并过程并提高效率

(二)数据转换

数据转换是将原始数据从一种格式或结构转换为另一种格式或结构的过程,这不仅是数据规范化的必要步骤,还能确保数据适应特定的分析模型或工具,并提升数据质量。

以"××教育"的"人工智能讲堂"课程为例,其课程观看原始数据中可能涵盖了时间戳、用户 ID、课程 ID、观看时长等丰富信息。然而,这些信息可能以各种文本格式呈现,或者遵循了不同的数据标准。在这种情况下,数据转换显得尤为重要,它的目标在于对这些原始数据进行清洗、格式化,以及必要的类型转换,从而确保所有数据都遵循统一的标准和格式。其步骤见表 9-12。

表 9-12 数据转换的步骤

步骤	实施	示例
选择合适的转换方法	根据数据类型和分析需求,选择适当的转换方法,例如类型转换、日期格式标准化等	"××教育"需要将课程观看数据中的时间戳从字符串格式转换为 Python 的 datetime 类型,以便进行时间序列分析

(续)

步骤	实施	示例
执行转换操作	使用工具或编程语言对数据进行格式化、类型转换等操作	"××教育"使用Python的pandas库，通过pd.to_datetime()函数将时间戳字符串转换为datetime类型
验证转换结果	对比转换前后的数据，使用统计方法和逻辑验证，确保数据的准确性和一致性	"××教育"检查转换后的时间戳数据，确保所有数据都正确转换为datetime类型，并通过随机抽样验证转换无误
文档记录	记录转换过程、方法和结果，便于后续审查、复现和团队共享	"××教育"在数据转换文档中记录了时间戳的转换逻辑、使用的pandas函数和转换前后的样本数据对比

（三） 数据标准化

数据标准化是数据预处理的一项关键步骤，它通过使用特定的转换方法，将不同尺度的数据转换到一个统一的标准范围内。这一过程有助于提高数据的一致性，使得不同数据集之间可以进行有效比较，为数据分析的准确性和可靠性打下基础。

以"××教育"的"人工智能讲堂"课程为例，该课程包括基础课程A和高级课程B两门课程。课程A的平均观看时长是30分钟，标准差为5分钟；课程B的平均观看时长是90分钟，标准差为15分钟。如果仅根据平均观看时长来判断，可能会错误地认为课程B更受欢迎。但这种比较没有考虑到课程难度和用户群体的差异，高级课程B可能因为内容更深入而自然需要更长的学习时间，而且可能吸引了更有经验的学习者。

为了进行公平的比较，可以使用数据标准化方法，如Z-score标准化，来消除这些变量的影响。Z-score标准化通过以下公式计算：$Z=(X-\mu)/\sigma$，其中，X是原始数据点，μ是平均值，σ是标准差。

例如，如果一个用户观看课程A的时长是35分钟，使用Z-score计算如下：
$Z_A=(35-30)/5=1$。这意味着这位用户的观看时长比课程A的平均观看时长高出1个标准差。

对于课程B，如果一个用户观看时长是95分钟，使用Z-score计算如下：
$Z_B=(95-90)/15\approx0.33$。这表明这位用户的观看时长比课程B的平均观看时长高出0.33个标准差。

通过这种方式可以更公平地比较不同课程的用户参与度。高Z-score可能表明用户更倾向于在某个课程上花费更多时间，这可能是由于课程内容更吸引人或更具挑战性。相反，较低的Z-score可能表明用户对课程的兴趣较低，或者课程内容相对容易理解。然而，这些解释需要结合用户反馈和其他数据进行综合分析。

总之，数据标准化允许我们将不同难度和不同用户群体的课程数据转换到一个共同的尺度上，从而进行更公正的比较。其步骤见表9-13。

表 9-13　数据标准化的步骤

步骤	实施	示例
设定标准化目标与范围	明确标准化的目的，例如提升数据的可比性，以及确定需要标准化的数据类型和字段	"××教育"旨在通过标准化课程观看时长数据，使其在不同课程难度和内容深度之间有可比性，以评估课程吸引力和用户参与度
选择标准化方法	根据数据特点选择最小—最大规范化或 Z-score 标准化等方法	"××教育"选择 Z-score 标准化方法，以消除不同课程观看时长数据的量纲和波动性差异
执行标准化	使用工具执行标准化操作，确保数据一致性和准确性	"××教育"计算课程观看时长数据的均值和标准差，并应用 Z-score 公式进行标准化
验证结果	检查标准化后的数据分布，使用描述性统计和可视化工具，结合业务逻辑验证结果合理性	"××教育"通过比较标准化后的课程观看时长数据分布和均值、标准差，确认课程观看时长提升与课程内容深度相符
文档记录	记录标准化过程、方法、数据结构变化和异常处理情况	"××教育"详细记录了标准化的方法、步骤、参数设置，以及处理异常值的策略和结果

第三节　数据分析与探索

数据分析与探索阶段包括描述性统计分析、探索性数据分析、预测性数据分析三个环节，如图 9-3 所示。

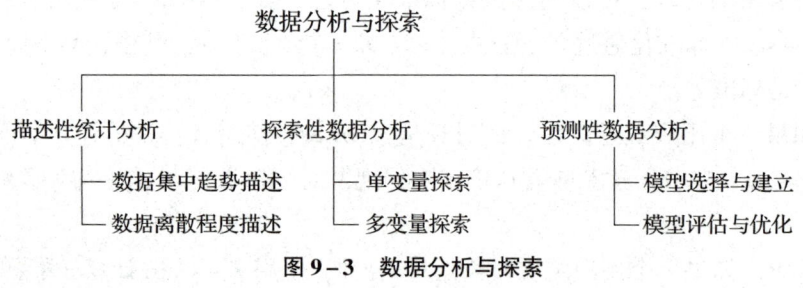

图 9-3　数据分析与探索

一、描述性统计分析

描述性统计分析主要涵盖两个方面：数据集中趋势描述和数据离散程度描述。

（一）数据集中趋势描述

数据集中趋势描述主要用于揭示数据向中心值聚集的程度，它反映了数据的中心位置或平均水平。通过数据集中趋势描述，能够快速了解数据集的中心倾向，从而更好地把握数据的整体特征和规律，为后续的数据分析和决策提供支持。

1. 选择集中趋势指标

常见的集中趋势指标有均值、中位数和众数，见表9-14。

表 9-14　集中趋势指标

指标	定义	示例
均值	数据集的平均值，所有数值相加后除以数值的个数	计算"××教育"的"人工智能讲堂"课程的平均观看时长，得到每门课程的平均学习时长
中位数	数据集中间位置的数值，将数据集从小到大排序后，位于中间位置的数值	将"××教育"的"人工智能讲堂"课程的观看时长数据排序，找到位于中间位置的观看时长数值，作为中等参与度课程的代表
众数	数据集中出现次数最多的数值	分析"××教育"的"人工智能讲堂"课程，确定用户观看次数最多的课程，以识别最受欢迎的课程

2. 计算集中趋势指标

确定适用的集中趋势指标后，第二步就是利用统计软件或计算工具进行数据计算，见表9-15。

表 9-15　集中趋势指标的计算步骤

步骤	实施	示例
数据收集	收集相关数据，如学生的用户 ID、课程 ID、观看视频的时长等	"××教育"整理了所有课程的观看记录，准备分析学员观看视频的习惯
数据排序	将数据按照一定顺序排列，如观看时长从短到长	"××教育"把一周内学员的课程观看时长从最少到最多进行排序
确定中位数位置	根据数据的数量是奇数还是偶数，确定中位数所在的数据位置	"××教育"发现一周有7天的数据（奇数），所以中位数是位于中间的第4个数据
计算中位数	对于奇数个数据，中位数是中间的数；对于偶数个数据，中位数是中间两个数的平均值	"××教育"发现第4天的观看时长正好在中间，所以这就是中位数
计算均值	把所有数据加起来，然后除以数据的总数	"××教育"把一周内所有课程的观看时长相加，除以课程总数，得到平均观看时长
确定众数	找出数据中出现次数最多的数	"××教育"统计了每个观看时长出现的次数，发现30分钟的观看时长出现最频繁，所以它是众数
使用工具计算	使用统计软件或在线工具来计算均值、中位数和众数	"××教育"使用Excel的"AVERAGE""MEDIAN"和"MODE"函数来计算观看时长的均值、中位数和众数，或者使用Python的numpy库和scipy库的相关函数来进行计算

3. 解释和报告结果

计算得到集中趋势指标后，需要将其与实际业务场景相结合进行解释和报告，以帮助决策者更好地理解数据的含义和价值。在解释和报告结果时，应说明所选指标的含义和意义，并结合具体数值进行阐述。

在"××教育"的"人工智能讲堂"课程系列中，计算得到的集中趋势指标需要与实际业务场景相结合进行解释和报告，以帮助决策者更好地理解数据的含义和价值。具体见表9－16。

表9－16　集中趋势指标的解释与报告

指标	定义	示例
均值	数据集的平均值，代表数据集中心位置的一种度量	在"××教育"的"人工智能讲堂"课程中，平均观看时长若为45分钟，可能表明课程内容对用户具有恰当的吸引力和适中的长度
中位数	将数据集从小到大排序后位于中间位置的数值，是数据集的中点	若"××教育"的课程观看时长中位数为30分钟，意味着用户观看时长的分布中心点在30分钟，反映了用户对不同长度课程的接受度
众数	数据集中出现频率最高的数值，代表数据集中最常见的特征	如果"××教育"的课程观看众数时长为20分钟，这可能说明用户倾向于观看更短的课程，这些课程可能更易于消化，适合碎片化学习

（二）数据离散程度描述

数据离散趋势描述，主要是对数据分布的离散程度或波动范围进行刻画，它反映了数据在中心值周围的散布或波动状态。若数据点紧密围绕中心值分布，说明数据集较为稳定，离散程度较小；反之，若数据点分布广泛，则说明数据集存在较大的波动性，离散程度较高。

1. 选择离散趋势指标

选择合适的离散趋势指标对于准确描述数据的分布特征至关重要。根据数据的性质和分析目的，我们可以从多种指标中进行选择。常见的离散趋势指标见表9－17。

表9－17　离散趋势指标

指标	描述	示例
方差	衡量数据分布的离散程度，即各数据点与均值偏差的平方的平均值	在"××教育"的"人工智能讲堂"课程中，计算每门课程观看时长的方差，以评估用户观看时长的波动情况
标准差	衡量数据离散程度的指标，是方差的平方根，与原始数据在同一量纲	对"××教育"的日观看时长数据计算标准差，以量化课程观看时长的波动大小
范围	表示数据集中最大值与最小值之间的差距，反映数据的整体波动范围	计算"××教育"课程在一周内日观看量的最大值和最小值的差，以了解日观看量的变化范围

（续）

指标	描述	示例
四分位数	将数据分为四等分，每部分代表25%的数据点，描述数据的分布特征	分析"××教育"课程观看时长的四分位数，以识别不同课程观看时长的分布范围
四分位数间距（IQR）	衡量数据中间50%的离散程度，即第三四分位数与第一四分位数之间的差值	对"××教育"的课程观看时长数据，计算IQR = Q3 − Q1，以衡量观看时长的中间50%的离散程度
百分位数	表示低于或等于某个特定值的数据点所占的比例，用于描述数据的极端情况	利用百分位数分析"××教育"课程的观看时长，例如确定90%的课程观看时长低于某个特定数值

2. 计算离散趋势指标

评估数据的离散程度，可以利用统计软件或计算工具来计算所选的离散趋势指标。以"××教育""人工智能讲堂"一周内每天的观看次数数据为例，具体为：1000、1200、1100、1300、900、1400、1500。使用这些数据计算离散趋势指标，计算步骤见表9-18。

表 9-18　离散趋势指标的计算步骤

计算步骤	实施	示例
计算均值	计算数据集的平均值，作为后续计算的基础	对"××教育"一周的课程观看次数数据求和后除以7，得到平均观看次数1157.14
计算方差	衡量数据点相对于均值的离散程度，为标准差计算提供基础	计算每个数据点与均值之差的平方和，除以数据个数，得到方差
计算标准差	取方差的平方根，得到数据分布的标准差	对方差取平方根，得到"××教育"课程观看次数数据的标准差
计算四分位数间距	确定数据集中的第一四分位数（Q1）和第三四分位数（Q3）	排序后的数据：900、1000、1100、1200、1300、1400、1500。可见，Q1 = 1000，Q3 = 1400
计算IQR	计算Q3与Q1的差值，得到四分位数间距	IQR = Q3 − Q1 = 1400 − 1000 = 400。表示中间50%的观看次数分布在400的范围内
使用统计软件	利用统计软件或计算工具进行离散趋势指标的计算，确保准确性	使用Excel、Python的pandas库或其他统计软件来计算标准差和IQR

3. 解释和报告结果

将统计计算得出的离散趋势指标数值融入实际业务背景中，运营者能对这些数字有更直观、深入的理解。

以"××教育"的"人工智能讲堂"课程为例，将统计计算得出的离散趋势指标数值融入实际业务背景中，可以帮助运营者更直观、深入地理解这些数字。运营者在分析"××教育"的"人工智能讲堂"课程的观看数据时，发现一周内每天的观看次数分别为：

1000、1200、1100、1300、900、1400、1500。通过对这些数据进行统计分析，可得出平均观看次数为1157.14次，而标准差约为164.45。这些指标揭示了观看次数在一周内的波动情况，其中标准差显示了数据分布相对于平均值的离散程度。这种波动可能受到多种因素影响，包括课程内容的吸引力、推广活动的成效以及用户的日常学习安排等。

为了进一步理解数据的分布特性，运营者计算四分位数间距（IQR），其值为400。这一结果表明，在一周的观看次数中，有一半的数据落在一个相对较窄的区间内，这个区间从第一四分位数（Q1）到第三四分位数（Q3）跨度为400。这反映出尽管存在日常波动，但大多数课程的观看次数仍然维持在一个较为稳定的范围内。这种稳定性对于保持课程的吸引力和用户的参与度是一个积极的指标。

然而，运营者也应当对那些位于四分位数之外的数据点给予特别关注，因为这些异常值可能指示着某些课程需要额外的推广力度或内容上的优化。通过深入分析这些数据，并结合用户反馈，运营者可以制定更加精准的市场策略和内容改进计划，以提升整个课程系列的吸引力和用户满意度。

4. 可视化展示

可视化展示通过图形的方式直观展现数据的内在规律和特点，有助于运营者深入地理解数据。有些图形分别适用于展示集中趋势指标或离散趋势指标，也有些图形同时适用于两者，见表9-19。

表9-19 指标的图形可视化展示

图形类型	适用指标	描述	示例
柱状图	集中趋势和离散趋势	展示类别数据的集中趋势和离散程度，每个类别用柱状图形表示	"××教育"展示一周内每天"人工智能讲堂"课程的观看次数
折线图	集中趋势	展示数据随时间变化的集中趋势，通常用于时间序列数据	展示"人工智能讲堂"系列课程随时间的观看次数趋势
饼图	集中趋势	表示各部分数据占整体数据的比例关系，适合展示数据构成比	展示"人工智能讲堂"中不同主题课程的观看次数占比
直方图	离散趋势	展示连续数据的分布频率，适合展示数据的离散程度和分布形状	展示"人工智能讲堂"课程观看次数的频率直方图
箱形图	离散趋势	展示数据的分布情况，包括中位数、四分位数以及异常值，适合数据离散趋势分析	展示"人工智能讲堂"课程观看次数的分布箱形图
散点图	集中趋势和离散趋势	展示两个变量之间的关系，适合分析数据集中趋势和离散趋势	展示"人工智能讲堂"课程观看次数与用户评分的关系
茎叶图	集中趋势和离散趋势	展示数据的详细分布，同时提供集中趋势和离散程度的信息	展示"人工智能讲堂"课程观看次数的茎叶图

二、探索性数据分析

探索性数据分析包括两个方面,即单变量探索、多变量探索。

(一)单变量探索

单变量探索是数据分析中的基础步骤,它涉及对单一变量的深入研究,以揭示单一变量的内在特性、分布规律及潜在信息。通过单变量探索,分析者能够更深入地理解数据集,为后续的多变量分析和复杂模型构建提供坚实基础。其步骤见表9-20。

表9-20 单变量探索的步骤

步骤	描述	示例
数据类型确认	识别数据中的数值型变量(如观看次数、课程时长)和分类型变量(如课程类别、用户评分),以确定分析方法	"人工智能讲堂"课程中,观看次数和课程时长是数值型变量,课程类别和用户评分是分类型变量
制作频数分布表	将数值型数据按区间分组,统计每组的频数,以了解数据的分布情况	将"人工智能讲堂"课程的每日观看次数按100次为一个区间分组,统计每个区间的课程数量
描述性统计	计算数值型数据的均值、中位数、众数和标准差,快速把握数据的集中趋势和离散程度	计算"人工智能讲堂"课程的观看次数均值、中位数、众数和标准差,了解观看次数的一般水平和波动情况
数据可视化	利用直方图、箱形图等图表展示数据分布,直观识别集中趋势、离散程度和潜在异常值	绘制"人工智能讲堂"课程观看次数的直方图和箱形图,直观展示数据分布
正态性检验	通过Shapiro-Wilk检验等方法检验数据是否符合正态分布,为后续分析选择合适的统计方法	对"人工智能讲堂"课程的观看次数进行正态性检验,判断是否适用于参数统计方法
其他统计检验	计算偏度和峰度,评估数据分布的对称性和尖峭程度,了解数据的形态特征	计算"人工智能讲堂"课程观看次数的偏度和峰度,评估数据分布特性

(二)多变量探索

多变量探索同时考察、分析和理解两个或多个变量之间的关系。这种探索不仅关注每个变量自身的特性,更重要的是揭示这些变量之间的内在关系、相互依赖性以及潜在交互作用。

例如,在"××教育"的"人工智能讲堂"课程的多变量探索中,运营者可以采取一系列分析方法来深入了解不同课程特征与用户行为之间的复杂关系。这种分析有助于运营者识别哪些课程特性最吸引用户,哪些用户群体对课程的参与度最高,以及课程的观看次数与用户活跃度之间是否存在显著的相关性。这些信息对于优化课程设计、提升用户体验和推动业务发展具有重要意义。其步骤见表9-21所示。

表 9-21　多变量探索的步骤

步骤	描述	示例
相关性分析	使用统计工具来衡量两个或多个变量之间是否存在某种关系，以及关系的强度	"××教育"通过计算课程难度与用户评分之间的相关系数（$r=0.75$），发现难度较高的课程通常获得更高的评分，表明两者之间存在正相关关系
可视化分析	利用图表工具直观地展示变量之间的关系，帮助理解数据	"××教育"通过散点图矩阵展示了课程时长与完成率之间的关系，直观地发现课程时间越长，完成率越低
多元回归分析	构建一个统计模型来研究多个自变量对一个因变量的影响程度	"××教育"进行了多元回归分析，以课程观看次数作为因变量，课程难度、用户评分、课程时长作为自变量，发现课程难度每增加一个单位，观看次数平均增加 2.1 次
模型诊断与验证	确保模型满足统计假设，并通过验证过程来测试模型的预测能力	"××教育"对多元回归模型进行了诊断，通过残差图检查确认残差的分布是随机的，没有明显的模式，符合正态性假设。通过交叉验证进一步确认了模型的预测准确性
解释与报告	将复杂的分析结果转化为易于理解的业务建议，并清晰地报告	"××教育"根据分析结果，建议增加中等难度课程的数量，并适当缩短高难度课程的时长，以提高用户的参与度和观看次数。报告中详细解释了分析方法和结果，并提供了数据支持的优化建议

三、预测性数据分析

预测性数据分析是数据分析的一个重要分支，它通过构建和优化模型来预测未来的趋势和行为。这一过程通常分为两个关键阶段：模型的选择与构建、模型的评估与优化。

模型选择与构建阶段，其目标是从多种可用的预测模型中筛选出最适合当前数据集特性和预测目标的模型。通过利用历史数据对模型进行训练，可以使模型学会捕捉数据中的模式和趋势，从而对未知数据做出准确的预测。对于"××教育"而言，这意味着可以开发出能够预测课程注册人数、用户参与度、课程受欢迎程度、用户流失风险以及课程定价策略等多种业务指标的模型。这些模型将为运营决策提供数据支持，帮助提升运营效率和业务成果。

模型评估与优化阶段，旨在确保预测模型不仅在结构上合理，而且在实际应用中也能展现出强大的预测能力。这包括使用各种评估指标（如准确率、召回率、均方误差等）和方法（如交叉验证）来测试模型的性能。评估过程中，我们可以识别并解决模型的过拟合或欠拟合问题，通过调整模型参数和结构来提高其泛化能力。这样，模型在遇到新的或未知的数据时，也能够保持较高的预测准确性，为"××教育"提供可靠的决策支持。

通过这两个阶段的连续工作，预测性数据分析能够帮助"××教育"更好地理解其业务和用户行为，从而在竞争激烈的市场中做出更明智的策略选择，实现持续的业务增长和优化。其步骤见表 9-22。

表 9-22 预测性数据分析的步骤

步骤	实施	示例
模型选择与建立	明确预测目标	"××教育"想预测"人工智能讲堂"课程的报名人数,以便更好地分配广告资源和调整课程价格
	特征选择与特征工程	为了量化课程的受欢迎程度,创建一个新指标"课程吸引力指数",该指标考虑了课程的类型(如在线课程、面授课程、实验课程等)和学员对课程的评价(如课程质量、教学方法、实用性等)
	选择候选模型	选择线性回归模型来预测报名人数,适用于预测一个连续的数值,并考虑课程吸引力指数作为预测因素之一
	模型公式	注册人数 $=\beta_0+\beta_1\times$ 课程价格 $+\beta_2\times$ 课程时长 $+\beta_3\times$ 课程难度 $+\beta_4\times$ 教师声誉 $+\beta_5\times$ 课程吸引力指数 $+\epsilon$ 式中:β_0 是截距项;β_1 到 β_5 是模型系数,表示每个特征对注册人数的影响;ϵ 是误差项
模型评估与优化	模型评估与优化	使用均方误差(MSE)和决定系数(R^2)评估模型质量,并通过交叉验证来优化模型
	调整超参数	通过网格搜索调整模型的超参数,如正则化强度,以提高模型在验证数据上的表现
	采用集成方法	使用随机森林或梯度提升机(GBM)等集成学习技术,组合多个预测模型来提高预测的准确性
	对比与选择最佳模型	比较不同模型(如线性回归、随机森林、GBM)的性能,选择均方误差(MSE)最低的模型作为最终预测模型
	持续监控与更新模型	定期收集新数据并重新训练模型,以捕捉用户行为的最新趋势,确保模型预测的准确性

思维扩展

预测性数据分析在新媒体广告投放中的作用是什么?请讨论其优势和可能遇到的挑战。

国内数据分析常用的工具或资源见表 9-23。

表 9-23 国内数据分析常用工具和资源

工具/资源	用途	基本操作	学习资源
阿里云 DataV	数据可视化和动态报表	创建数据源连接;设计定制报表模板;实现数据实时展示	阿里云 DataV 官方文档;阿里云 DataV 社区论坛
腾讯云分析	网站和移动应用数据分析	设置数据监控;分析用户行为和来源;优化运营策略	腾讯云分析官方文档;腾讯云分析使用案例
百度统计	网站流量和用户行为分析	接入网站收集数据;查看实时访问数据;分析用户来源和行为	百度统计官方帮助中心;百度统计用户指南

(续)

工具/资源	用途	基本操作	学习资源
神策数据	用户行为分析和数据驱动决策	集成 SDK 收集数据；分析用户行为路径；构建用户画像	神策数据官方文档；神策数据学院
易观方舟	移动互联网数据分析	接入应用收集数据；分析用户活跃度和留存率；监控市场趋势	易观方舟官方文档；易观方舟用户论坛
金数据	在线表单和数据收集	创建在线表单；设计数据收集流程；分析和导出数据	金数据官方帮助中心；金数据用户手册
问卷星	在线调查和问卷分析	设计问卷；发布并收集问卷数据；分析问卷结果	问卷星官方帮助文档；问卷星用户指南
网易有数	数据可视化和商业智能	连接数据源；制作交互式图表；分析和分享数据报告	网易有数官方文档；网易有数用户社区

第四节　数据应用与优化

数据应用与优化阶段包括两个核心环节：数据应用和策略优化，如图 9-4 所示。

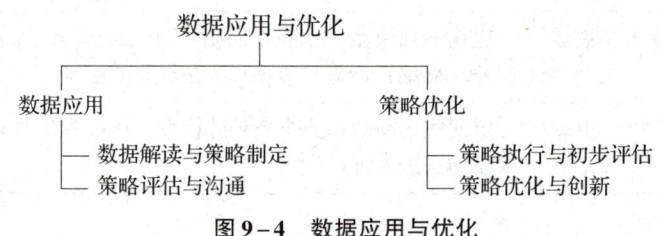

图 9-4　数据应用与优化

一、数据应用

数据应用是将数据分析的深刻洞察转化为实际可行的运营策略和行动计划的关键环节。它不仅仅是数据分析的延伸，更是确保数据分析结果能够真正落地、对业务产生实际影响的重要步骤。数据应用主要包括两个紧密相连的部分：数据解读与策略制定、策略评估与沟通。

（一）数据解读与策略制定

数据解读与策略制定要求新媒体运营者具备敏锐的数据感知能力，能够从纷繁复杂的数据中提炼出有价值的洞察内容，并结合业务目标，将这些洞察内容转化为具体且可行的运营策略。

以"××教育"为例，运营团队首先需要深入分析课程注册数据，识别出影响注册人数的关键因素，如课程难度、价格、教师声誉以及学生评价。然后，他们需要从这些数据中提炼出有价值的信息，比如哪些课程特性最受欢迎，或者哪个时间段的课程最容易吸引学生。

接下来，团队应该将这些洞察与"××教育"的业务目标相对照，比如提高课程的注册率或增加学生满意度。基于这些目标，运营者可以制定出具体的策略：对于受欢迎的课程特性，可以考虑增加类似课程的供应，或者对现有课程进行优化；如果发现某个时间段的课程特别受欢迎，可以在这个时间段推出更多课程或进行特别推广。根据学生评价来调整课程内容或教学方法，以提高学生满意度和口碑传播。

此外，运营团队还可以利用数据来预测未来的注册趋势，从而提前做好准备，比如预测到某个课程可能会有很高的需求，就可以提前增加资源投入，确保服务质量。通过这样的数据驱动策略，运营团队能够更精准地满足学生的需求，提升"人工智能讲堂"课程的市场表现。

数据解读与策略制定的步骤见表9-24。

表9-24　数据解读与策略制定的步骤

步骤	描述	示例
数据解读与洞察	利用数据分析工具识别关键指标，分析用户行为，发现课程受欢迎程度的变化趋势和模式	"××教育"分析发现，"人工智能讲堂"中关于机器学习的课程页面访问量和注册人数呈正相关，且用户在论坛中对此类课程的讨论最为活跃
数据驱动的决策制定	根据数据洞察，结合课程推广和用户满意度提升的业务目标，制定相应的决策	"××教育"决定增加机器学习相关课程的数量，并调整课程内容以更贴近用户讨论的热点话题，以提高用户参与度和满意度
策略制定与调整	基于数据洞察，制定并实施具体的运营策略，包括课程开发、营销推广和用户互动计划	"××教育"推出了新的机器学习课程系列，并通过电子邮件营销、社交媒体和在线广告进行定向推广。同时，增加了用户问答环节，以增强课程的互动性和实用性
监控与优化	建立监控机制，定期评估策略执行效果，根据反馈和最新数据调整策略	"××教育"设立了课程注册监控仪表板，实时跟踪新课程的注册情况。每月分析用户反馈和课程评价，及时调整课程内容和推广策略以优化用户体验

（二）策略评估与沟通

策略评估与沟通在新媒体运营中扮演着至关重要的角色。其步骤见表9-25。

表9-25　策略评估与沟通的步骤

步骤	描述	示例
效果预测与模拟	利用历史数据和用户行为模式构建预测模型，对策略效果进行初步验证和模拟	"××教育"分析了"人工智能讲堂"课程的历史注册数据，包括课程类型、价格区间和用户反馈。基于这些数据，构建了预测模型，模拟了不同课程定价和营销策略对新用户吸引和老用户复购的影响。模拟结果显示，降低中级课程价格和增加高级课程的实操环节能显著提高注册率。在小规模模拟实验中，对500名潜在用户进行了价格优惠推广，观察到注册率提升了25%

(续)

步骤	描述	示例
数据可视化与报告制作	将预测结果和模拟数据转化为直观的图表和报告，以便展示策略效果	"××教育"制作了包含课程注册趋势、用户留存率和营销活动效果的图表。例如，课程注册趋势图显示了价格变动后的注册峰值，用户留存率图展示了增加实操环节后用户参与度的提升。这些图表帮助团队和管理层直观理解策略的潜在效益
内部沟通与反馈收集	通过会议和沟通工具，向内部团队传达策略信息，收集反馈和建议	在"××教育"的团队会议上，运营团队展示了课程策略的目标、预期效果和模拟实验结果。团队成员提出了增加课程互动性、提供个性化学习路径等建议。这些建议被纳入最终策略，以提高用户参与度和满意度
外部沟通与合作伙伴支持获取	向外部利益相关者展示策略的价值和潜在收益，以获取支持和合作	"××教育"运营团队向潜在合作伙伴和教育行业投资者展示了策略的可视化报告，强调了通过"人工智能讲堂"提升品牌影响力和市场占有率的长期价值。通过这些沟通，团队成功获得了合作伙伴的资源支持，为策略的实施提供了坚实的基础

二、策略优化

策略优化是对策略执行过程的持续监控、初步评估，以及基于评估结果的优化与创新。通过策略优化，运营团队能够确保策略按照既定目标顺利推进，同时根据市场变化和用户需求进行灵活调整，从而实现更好的运营效果。

（一）策略执行与初步评估

策略执行与初步评估旨在帮助团队确保策略得到有效执行，并通过数据分析和用户反馈进行策略的持续优化。其步骤见表9-26。

表9-26 策略执行与初步评估的步骤

步骤	实施	示例
策略执行	根据策略计划，执行课程推广和运营活动，确保策略得到有效实施	"××教育"团队按照课程发布计划，定期推出"人工智能讲堂"新课程，并通过网站、社交媒体和邮件营销进行宣传
数据收集	建立数据跟踪系统，收集关键性能指标，如课程注册量、用户活跃度、用户反馈等	"××教育"收集课程页面的访问量、注册转化率、用户评分和论坛互动数据，以评估课程的市场表现
初步评估	分析策略实施后的数据，与实施前进行对比，评估策略的短期效果	"××教育"分析发现，尽管课程注册量有所增加，但用户参与度和课程完成率未达到预期目标

(续)

步骤	实施	示例
数据挖掘与用户调研	利用数据分析和用户调研工具，深入了解用户行为和偏好，识别问题根源	"××教育"通过问卷调查和用户访谈发现，课程难度设置不均、缺乏实践案例是影响用户满意度的主要因素
策略调整与优化	根据评估和调研结果，调整课程内容和运营策略，以提升用户体验和课程效果	"××教育"决定调整课程难度分布，增加更多实践和案例研究，优化用户界面，以提高用户参与度和课程完成率

（二）策略优化与创新

在策略执行过程中，根据初步评估的结果和市场反馈，团队需要进行策略的优化与创新，以确保运营活动能够持续有效地推进。

1. 策略优化

策略优化需要针对策略执行过程中的问题进行优化改进。其步骤见表 9-27。

表 9-27 策略优化的步骤

步骤	优化措施	示例
内容多样化	引入关键意见领袖讲座、实践案例分析、用户成果展示等多样化内容形式，预期提升用户阅读体验和用户参与度	"××教育"推出了"人工智能前沿"系列讲座，邀请了5位AI领域的专家进行在线分享，吸引了超过8000名学员参与。同时，举办了"我的AI项目"展示活动，展示学员的实践项目，增加了学员之间的交流和互动
提升互动性	在文章中嵌入问答、投票等互动元素，设置评论区、论坛等互动区域，增强用户黏性和社区氛围	在"人工智能讲堂"的每节课程后，增设了在线问答环节，由教师直接回答学员问题。同时，建立了学员社区，鼓励学员在社区中分享学习心得和项目经验。这些措施使得学员的课程完成率提高了25%，社区活跃度提升了30%
个性化推荐	通过深入分析用户数据和行为习惯，实现个性化内容推荐，预期提高用户满意度和留存率	"××教育"团队通过分析学员的学习进度和反馈，使用推荐算法为学员推荐适合其水平和兴趣的进阶课程。例如，对于在机器学习课程中表现优异的学员，系统会推荐深度学习相关的高级课程。个性化推荐实施后，学员的课程复购率提高了20%，满意度提升了15%

2. 策略创新

创新策略需要团队具备前瞻性和创造性思维，勇于尝试新的运营模式和手段。以"××教育"为例，其策略创新见表 9-28。

表 9-28 策略创新

创新策略	描述	示例
引入新媒体形式	利用新的平台和形式,如 AI 主题的短视频、在线研讨会,以更互动和吸引人的方式提升用户体验	"××教育"推出了"AI 技术前沿"短视频系列,涵盖 AI 的最新应用,并在直播平台上举办"人工智能的未来"主题讲座,提高学员的参与度和兴趣
拓展推广渠道	与高校、技术社区和行业会议合作,通过联合活动和研讨会来提升品牌知名度和专业认可度	"××教育"与年度 AI 技术峰会合作,为参会者提供"人工智能讲堂"的特别课程,并在 AI 相关的在线论坛上发布课程信息,吸引技术爱好者和专业人士
数据驱动的内容创新	利用大数据分析用户需求,发现新的内容创作方向,优化内容质量和呈现方式	"××教育"分析了学员在人工智能课程论坛上的讨论和课程反馈,发现对深度学习实践案例的需求强烈,随后增加了深度学习项目实践和案例分析模块

综上所述,通过策略优化与创新,"××教育"团队可以不断提升运营效果和用户满意度,实现更好的运营成果。同时,团队也需要保持对市场动态和用户需求的持续关注,及时调整和优化策略,确保运营活动的持续有效推进。

本章小结

本章全面解析了新媒体数据分析的体系与实践,内容共分为四个小节。

第一节开篇明义,概述了新媒体数据分析的基本概念、显著特点以及标准流程,为读者构建了数据分析的宏观框架。

第二节深入介绍了数据收集与整理的关键环节,涵盖了数据收集的策略与方法、数据清洗的技巧与工具、数据整合与格式化的步骤与要点。数据收集与整理的工作为后续的数据分析奠定了坚实的数据基础。

第三节聚焦于数据分析与探索的核心内容,详细阐述了描述性统计分析、探索性统计分析以及预测性统计分析的方法论与实践。这一系列分析,旨在从数据中挖掘有价值的信息和趋势,为新媒体运营提供数据支持。

第四节则着重于数据应用与优化,包括数据应用、策略优化等步骤。数据应用与优化将数据分析的成果转化为实际运营策略,推动了新媒体的持续改进与发展。

通过本章的学习,读者将能够全面理解和掌握新媒体数据分析的理论知识与实践技能,为提升新媒体运营的智能化和精准化水平打下坚实基础。

核心概念

1. 数据分析(Data Analysis)
2. 数据收集(Data Collection)
3. 数据清洗(Data Cleaning)

4. 数据整合（Data Integration）
5. 描述性统计分析（Descriptives）
6. 探索性数据分析（Exploratory Data Analysis）
7. 预测性数据分析（Predictive Data Analysis）
8. 单变量探索（Univariate Exploration）
9. 多变量探索（Multivariate Exploration）

思考题

1. 什么是新媒体数据分析？为什么要进行新媒体数据分析？
2. 试述新媒体数据分析的流程。
3. 解释新媒体账号如何进行数据收集与整理。
4. 解释新媒体账号如何进行数据分析与探索。
5. 阐述新媒体账号如何把数据分析的结果转化为具体的运营策略和行动计划。

测试题

实训指南

一、实训目的

1. 帮助学生全面了解新媒体数据分析的特点和流程。
2. 帮助学生掌握新媒体数据收集与整理的步骤和方法。
3. 帮助学生熟悉新媒体数据分析与探索的步骤和方法。
4. 帮助学生了解新媒体数据应用与优化的步骤和方法。

二、实训内容与步骤

表 9-29　实训内容与步骤

实训内容	任务	步骤
新媒体数据分析概述	理解新媒体数据分析的定义、特点和流程	1. 研读教材，总结新媒体数据分析的重要性和应用场景； 2. 绘制新媒体数据分析流程图，明确各环节的作用和衔接

(续)

实训内容	任务	步骤
数据收集与整理	学习并掌握数据收集、清洗、整合与格式化的方法	1. 确定数据收集的目标和来源,使用合适的工具进行收集; 2. 对收集到的数据进行清洗,去除重复、无效和错误数据; 3. 将清洗后的数据进行整合与格式化,便于后续分析
数据分析与探索	了解并应用描述性统计分析、探索性统计分析、预测性统计分析的方法	1. 使用描述性统计分析对数据集进行初步描述和总结; 2. 运用探索性统计分析深入挖掘数据间的关系和规律; 3. 根据业务需求,选择合适的预测性统计分析方法进行预测
数据应用与优化	学习如何基于数据分析结果制定、执行、评估和优化策略	1. 根据数据分析结果,制定具体的业务策略和实施计划; 2. 执行业务策略并进行持续监控,确保业务策略的有效实施; 3. 对业务策略效果进行评估,根据反馈进行优化调整

三、实训成果

1. 完成一份包含数据收集、整理、分析与探索的新媒体数据分析报告。
2. 制定并实施一项基于数据分析结果的新媒体业务策略,并记录实施过程和效果。
3. 提升学生的数据思维、分析能力和业务策略制定能力,为未来新媒体工作打下坚实基础。

综合案例

2022 年度"方志四川"新媒体矩阵传播力分析

2022 年,四川省地方志办顺应新媒体趋势,构建全方位、多层次的新媒体矩阵,显著提升了覆盖范围和影响力。

一、关注用户及阅读情况概览

截至 2022 年底,"方志四川"新媒体矩阵的关注用户数量已达到 38.67 万,较 2021 年增加了 25.07 万名用户,实现了显著增长。同时,该矩阵的内容累计阅读量也达到了惊人的 6.86 亿次,较 2021 年增加了 3.49 亿次。这一数据充分显示了"方志四川"新媒体矩阵在吸引用户和提升内容影响力方面的卓越表现。

二、阅读量及用户增长情况

截至 2022 年底,"方志四川"微信公众号累计阅读量达到 459.1 万,年度新增阅读量

134万。同时,"方志四川"在人民号上的总阅读量达到1.71亿,较2021年增长了1.5亿,涨幅显著。"方志四川"的澎湃号也表现不俗,总阅读量达到4.38亿,年度新增1.61亿。此外,"方志四川"的头条号、搜狐号、企鹅号等平台的阅读量也均有不同程度的增长。

"方志四川"新媒体矩阵的总体表现上,截至2022年底,其关注用户数量已达到38.67万,比2021年底增长了25.07万,涨幅高达184.3%。累计阅读量攀升至6.86亿次,较2021年增加了3.49亿次,涨幅为103.6%。更令人瞩目的是,"方志四川"的年度阅读量超过50万的文章数量达到了213篇,较上一年度增加了193篇,涨幅高达965%。

三、文章分类及阅读情况

2022年,"方志四川"新媒体矩阵发布的文章涵盖了九大类别,包括历史文化、红色文化、时事热点、乡土风情、文学艺术、传统文化、统计互动、工作信息、理论文章。这九类文章不仅内容丰富,而且深受读者喜爱。

具体而言,2022年度阅读量前10名的热点文章主要集中在红色文化、时事热点、传统文化和文学艺术四大类别。其中,红色文化类文章凭借其深厚的家国情怀和民族精神,成为读者最为喜爱的内容之一,共有6篇文章入围前10。传统文化和文学艺术类文章则分别以2篇和1篇的数量紧随其后,显示出读者对中华优秀传统文化的浓厚兴趣和对文学艺术的欣赏水平。此外,时事热点类文章也以其务实且有针对性的内容吸引了读者的关注。

"方志四川"在文章阅读量的具体分布上,10万以上阅读量的文章达到了224篇,其中50万以上阅读量的文章高达67篇。这些高阅读量的文章不仅内容优质,而且在多平台上获得了广泛传播和读者认可。值得一提的是,红色文化类和文学艺术类文章在阅读量50万以上的文章中占比最高,分别达到了46%和39%,进一步证明了这两类文章在读者中的受欢迎程度。

四、"方志四川"电台音频、抖音短视频影响力概览

2022年,四川省地方志办将《四川省志川剧志》转化为音频,成功打造了45集精品音频节目《川剧的前世今生》。该节目在"方志四川"微信、电台等平台发布后,受到了广泛关注,并被报送至"学习强国"平台,进一步扩大了其传播范围。

同时,四川省地方志办制作并发布了融媒体精品节目《雪山魂——记老红军冯元庭的夹金山情怀》,该节目也获得了"四川省广播电视局2022年广播电视优秀主题作品"的殊荣。

在短视频领域,"方志四川"抖音号积极发布征集的优质视频内容,例如《话说苏东坡》和《档案里的雅安》等,累计播放量达到6万次,吸引了大量用户的关注和互动。

此外,"方志四川"电台还不断丰富音频节目内容,截至2022年底,电台已拥有18个专辑、875篇音频节目,全年播放量达到128.9万次。这些音频节目涵盖了红色文化、民族文化、巴蜀文化以及地方风俗等多个方面,以大众喜闻乐见的形式进行展示和传播,让听众更加深入地了解四川并爱上四川。

资料来源:根据四川省地方志工作办公室《2022年度四川新媒体矩阵传播力分析报告》("方志四川"头条号,2023年6月5日)相关资料整理。

案例思考

1. 在构建和分析"方志四川"新媒体矩阵的传播力时，哪些数据收集策略和方法对于准确理解用户增长和阅读行为至关重要？这个过程中如何确保收集到的数据全面且具有代表性？

2. 在探索性统计分析中，可以采用哪些方法来识别"方志四川"新媒体矩阵中不同内容类别（如历史文化、红色文化等）的阅读量和用户互动之间的关系？这些发现如何帮助优化内容策略和提高用户参与度？

3. 在分析"方志四川"新多媒体矩阵的传播力时，哪些关键数据指标可以用来评估内容策略的有效性？如何利用这些指标来优化未来的传播策略，以提高用户参与度和内容的传播效果？

第十章
新媒体价值变现策略

本章导语

策划价值变现策略，执行价值变现流程，评价价值变现成效。

引例

主流媒体新媒体内容商业化路径探索

一、短视频平台主流媒体布局

主流媒体通过微博、微信、短视频、自有 App 以及其他第三方平台等五大渠道，构建传播矩阵，形成近万账号网络。短视频凭借其高用户覆盖率成为新媒体发展的核心战场，主流媒体账号粉丝量庞大，头部账号引领价值观导向，中尾部账号深耕细分领域，提升整体影响力。

二、主流媒体新媒体商业化路径

1) 内容营销：主流媒体结合用户需求和市场趋势，创作优质内容，与广告主合作，实现商业价值最大化。广电媒体的公信力及账号影响力是广告主最为看重的因素。

2) 故事化营销：通过情感共鸣传递品牌理念，例如央视新闻结合神舟十三号载人飞船返航直播与蒙牛品牌的故事化内容，实现跨平台传播。

3) 场景化营销：构建日常生活场景，提供沉浸式体验，例如央视财经为欧派家居定制的营销直播。

4) 文娱化营销：通过趣味性内容吸引消费者，例如天猫国潮与 CCTV-6 合作的非遗文化晚会。

三、主流媒体创新经营探索盈利新模式

1) 助力实体经济：主流媒体通过线上线下融合，促进消费市场繁荣，例如央视财经与拼多多合作的"五五购物节"直播。

2) 融入流行文化：策划音乐节等活动，吸引"Z世代"关注，例如芒果音乐节和鼓浪屿音乐节。

3) 乐享生活新篇章：通过节日营销，共创多彩生活体验，例如哈尔滨国际啤酒节和成都直播生活节。

四、虚实相生扩大商业版图

1) IP 内容共创：主流媒体结合 AR、VR 等技术，创新 IP 表达形式，例如中央广播电

视总台基于腾讯音乐虚拟社交平台TMELAND打造"数实融合虚拟音乐世界"。

2）虚拟主持人：推出数字分身，提升内容新鲜感和粉丝黏性，例如北京台的"时间小妮"。

3）数字藏品发行：发行数字藏品，探索新商业模式，例如河南卫视的"河大卫数字星球"。

五、广电媒体出海经营新篇章

1）短视频出海：主流媒体在海外平台发布优质内容，展现内容实力。

2）语种与垂类矩阵：中央广播电视总台建立多语种账号矩阵，探索多样化版权经营路径。

3）娱乐内容导流变现：湖南卫视/芒果TV在YouTube上推广国际版App，尝试私域导流。

4）品牌综艺会员制经营：浙江卫视探索会员制经营新模式，例如《奔跑吧》付费会员服务。

六、结语

主流媒体利用公信力和内容生产能力，通过多元化商业路径实现商业版图扩张。未来，主流媒体将继续探索元宇宙等新兴概念，借助先进技术，开拓更高效的商业模式，推动全媒体时代的持续领航。

资料来源：根据姜涛《主流媒体新媒体内容商业化路径探索》（今日头条"CTR洞察"账号，2022年8月12日）相关内容整理。

> **预热思考题：**
> 1. 主流媒体可采用哪些策略来最大化商业价值，并保持内容的公信力和价值观导向？
> 2. 主流媒体在价值变现执行阶段，如何通过数据监控来确保价值变现策略的有效性，并根据数据反馈进行及时优化？
> 3. 主流媒体在实施新媒体内容商业化变现策略后，如何评估这些策略的效果？如何总结经验并调整策略以应对市场变化？

知识结构

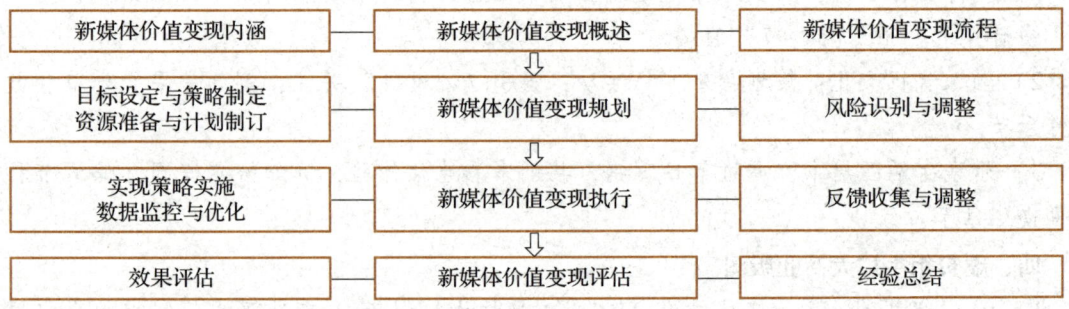

第一节　新媒体价值变现概述

一、新媒体价值变现内涵

（一）新媒体价值变现的定义

新媒体价值变现是指将新媒体账号所积累的用户关注、内容影响力、品牌认知等无形资产，通过一系列策略和方法转化为具体经济收益的过程。这不仅是新媒体运营的核心目标，也是确保新媒体账号长期稳健发展、提升市场竞争力的重要手段。

首先，新媒体价值变现是新媒体账号实现商业化的必经之路。对于个人创作者或企业来说，新媒体账号不仅是传播信息、展示才华的平台，更是连接用户、构建品牌形象的桥梁。通过价值变现，新媒体账号可以将用户关注度和内容价值转化为实际的收入，进而支撑内容的持续创作和服务的不断提升。

其次，新媒体价值变现有助于新媒体账号的可持续发展。在新媒体运营过程中，无论是内容创作、平台维护还是用户互动，都需要投入大量的人力、物力和财力。通过有效的价值变现策略，新媒体账号可以获得更多的资金支持，用于优化内容质量、提升用户体验、拓展业务领域等，从而实现自身的良性循环和可持续发展。

最后，新媒体价值变现是新媒体账号提升竞争力的关键。在日益激烈的竞争中，新媒体账号单纯依靠内容创作和用户积累已经难以保持领先地位。通过价值变现，新媒体账号可以深入了解用户需求和市场趋势，进而提供更加精准、有价值的内容和服务，提升用户黏性和品牌忠诚度，从而在竞争中脱颖而出。

> **思维扩展**
>
> 在新媒体运营中，如何平衡内容创作与商业化之间的关系，以确保既能吸引用户又能实现价值变现？

（二）新媒体价值变现的特点

了解新媒体价值变现的特点，有助于新媒体运营者理解新媒体行业的运作、规划职业道路、培养创新和数据分析能力、提升用户体验意识、增强市场竞争力、发展批判性思维以及适应未来趋势。新媒体价值变现的特点有多个维度，见表10-1。

表10-1　新媒体价值变现的特点

特点	描述	长期影响
多样性	提供多种变现途径，例如广告、付费订阅、电商等，并根据用户需求和账号特性选择最合适的变现方式	增加收入来源，提高适应市场变化能力

（续）

特点	描述	长期影响
互动性	强调用户参与，通过点赞、评论、问卷等增强互动，利用用户反馈优化内容，提高用户满意度和参与度	建立稳固用户群体，提升品牌忠诚度
数据化	依赖数据分析来指导内容创作和变现策略，利用用户数据进行精准营销，优化用户体验	提高变现效率，使策略与市场需求同步
创新性	利用新技术（如AI、VR/AR）创造新的变现机会，引入创新内容和体验，吸引用户，提高竞争力	保持新媒体的新鲜感，适应技术进步
长期性	变现是一个持续的过程，需要长期投入，持续改进内容和用户体验，探索新的变现渠道	确保新媒体账号的持续增长和市场领导地位

思维扩展

在当前的新媒体环境下，你认为在多样性、互动性、数据化、创新性和长期性这五个价值变现特点中，哪一个对于新媒体账号的成功最为关键？请结合具体案例和你的经验，解释为什么你认为这个特点最为重要。

二、新媒体价值变现流程

新媒体价值变现流程包括价值变现规划、价值变现执行、价值变现评估三个阶段，如图10-1所示。

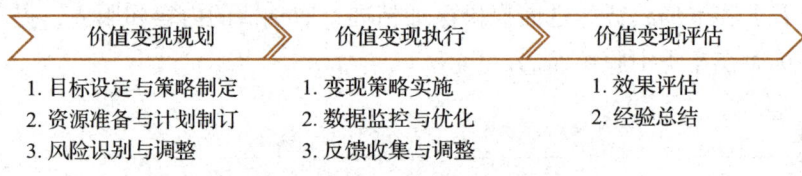

图10-1 新媒体价值变现流程

（一）价值变现规划

价值变现规划是指在新媒体运营过程中，对新媒体账号的价值进行评估和预测，并根据评估结果制定相应的变现策略和计划的过程。其作用在于明确变现目标、提升运营效率、增强竞争力和实现可持续发展。具体步骤有以下几点。

1. 目标设定与策略制定

这是价值变现规划的起点，需要明确新媒体账号的变现目标和期望收益，并制订相应的变现策略。通过深入分析目标用户、市场环境和竞争情况，可以制订更加合理和有效的变现策略。

2. 资源准备与计划制订

在明确了变现目标和策略之后，需要准备相应的资源，并制订详细的变现计划。这包括内容创作、用户维护、渠道拓展等方面的计划和资源准备,以确保变现策略的有效执行。

3. 风险识别与调整

在制订变现计划的过程中,需要对潜在的风险进行识别,并制定相应的应对措施。同时,随着市场环境的变化和用户需求的变化,需要及时调整变现策略和计划,以确保变现效果的持续优化。

(二)价值变现执行

价值变现执行是指在完成价值变现规划之后,按照规划所制定的策略和计划,具体实施价值变现活动的过程。它涉及各种实际操作的执行,例如广告合作、内容付费、电商转化等,以及与相关方的沟通协调、资源调配等活动。其步骤包括。

1. 变现策略实施

这是价值变现执行的第一步,需要根据之前制定的价值变现规划,开始实施具体的变现策略。这可能包括启动广告合作、推出付费内容、进行电商销售等活动。这一步的关键是确保策略的执行与规划的一致性,并根据实际情况进行灵活的调整。

2. 数据监控与优化

在变现策略实施的过程中,需要进行实时的数据监控,以了解变现效果。通过数据分析,可以了解用户的反馈和行为,进而优化变现策略。例如,如果发现某种类型的广告合作效果不佳,可以及时调整合作策略或者寻找新的合作伙伴。

3. 反馈收集与调整

反馈收集与调整是在数据监控与优化的基础上,进一步通过收集用户、内部团队等多方面的反馈,发现数据监控难以反映的问题,并及时调整策略,例如改进内容创意、增强用户互动、提升服务质量等,以进一步提高价值变现效果。

(三)价值变现评估

价值变现评估是指对新媒体账号的价值变现效果进行全面、系统和客观的评价和分析,包括评估变现策略的有效性、执行过程的效率及收益结果的满意度等方面。通过全面、系统和客观的评估,可以及时调整策略、提升运营效率、为决策提供支持、激励团队成员并增强透明度和信任度。其步骤有以下几点。

1. 效果评估

这一步骤的主要目的是对价值变现活动的实际效果进行量化和分析。具体来说,可以通过收集和分析相关数据,例如收益数据、用户反馈、市场反应等,来评估价值变现活动的成果。

2. 经验总结

在完成效果评估之后,新媒体账号需要对价值变现活动的整个过程进行回顾和总结。这一步骤的目的是提炼出活动中的成功经验和教训,以便在未来的运营中进行参考和借鉴。

第二节　新媒体价值变现规划

新媒体价值变现规划阶段包括目标设定与策略制定、资源准备与计划制订、风险评估与调整三个环节。以体育类账号"××体育"为例，这是一个专注于提供体育相关内容的新媒体公众号，它通过发布体育新闻、赛事报道、球队分析、运动员专访等多样化内容来吸引体育爱好者。其价值变现规划如图10-2所示。

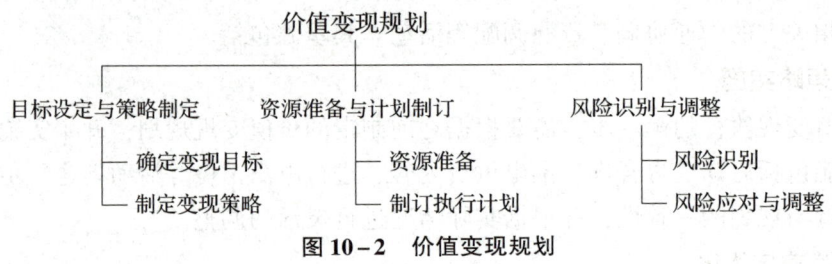

图10-2　价值变现规划

一、目标设定与策略制定

目标设定与策略制定环节，包括两个步骤，即确定变现目标、制定变现策略。

（一）确定变现目标

在新媒体运营中，变现目标不仅是一个经济指标，更是运营策略成功与否的重要衡量标准。它是指新媒体账号期望通过其流量、内容、用户等资源，运用一系列策略和方法，转化为具体、可量化的经济收益的目标。以体育类新媒体账号"××体育"为例进行说明，其步骤如下。

1. 市场调研与分析

在新媒体领域进行有效的市场调研与分析是制定成功变现策略的前提。这一过程包括对宏观环境的洞察、对竞争对手的深入了解、对用户需求的把握，以及对潜在市场机会和风险的评估。其步骤见表10-2。

表10-2　市场调研与分析的步骤

步骤	措施	示例
行业趋势分析	关注行业报告和新闻，分析技术发展趋势，评估行业发展动态，以全面了解新媒体行业的宏观环境	"××体育"跟踪体育新媒体的发展趋势，利用5G和AI技术提升用户体验，例如通过高清直播和实时数据分析来增强观众的观看体验
竞争对手分析	研究竞品的变现模式、渠道和效果，评估竞品的优劣势，寻找差异化竞争点	"××体育"分析市场上体育类新媒体账号的特色和优势，如专业深度内容或全面赛事覆盖，明确自己的定位和特色，例如通过提供独家赛事分析和幕后故事吸引用户

(续)

步骤	措施	示例
用户需求分析	创建用户画像,进行用户需求调研,利用工具分析用户行为,以明确目标用户群体的需求和偏好	"××体育"通过调研了解到体育爱好者对赛事新闻、专业解读的需求,以及互动社交功能的重要性,因此提供包括赛事实时更新、专家分析和在线社区互动在内的丰富多样的内容和服务
潜在市场机会与风险评估	识别新的市场机会,例如新内容形式或未被充分开发的用户群体,同时制定应对策略和预案,以评估风险	"××体育"开发针对特定用户群体的定制化内容和服务,如青少年体育培训、女性健身指导,同时关注政策变动和市场竞争带来的风险,通过灵活调整内容策略和营销活动来把握市场机会

2. 内部资源盘点

内部资源盘点是对新媒体账号所拥有的内容、用户、技术等各类资源进行全面、系统的梳理和评估,以明确自身的优势和不足,这有助于在制定变现策略时扬长避短,充分发挥自身优势并弥补不足,从而提高变现效率和效果。内部资源盘点的类型见表10-3。

表10-3 内部资源盘点的类型

类型	实施	示例
内容资源盘点	分析账号发布的内容类型、风格、质量和数量,以及更新频率和稳定性	"××体育"通过分析工具发现,图文结合的文章和视频节目特别受欢迎,点击频率高,用户黏性强,因此决定增加视频内容
用户资源盘点	统计分析用户数量、活跃度、增长趋势,挖掘用户基本信息和行为特征	"××体育"通过用户数据分析得知,主要用户群体为18~35岁的体育爱好者,对赛事直播和专家解读内容有较高参与度
技术资源盘点	梳理技术平台和工具,评估技术支持水平、技术创新能力和研发能力	"××体育"利用内容管理系统和数据分析工具提高发布效率,开展技术合作,确保技术创新,同时加强安全防护,保障用户数据安全

3. 变现目标设定及分解

变现目标设定是基于市场调研和内部资源盘点的综合考量,为新媒体运营者指明了清晰且具备可操作性的变现路径。对于"××体育"而言,其整体变现目标是提高年收入,确保自己在体育新媒体领域中的竞争优势。为实现这一目标,需要对账号进行细致入微的分解。具体步骤见表10-4。

表10-4 变现目标设定及分解的步骤

步骤	实施	示例
确定关键业务指标	选择与变现目标直接相关的业务指标,例如广告收入、会员订阅收入、电商销售额	"××体育"设定年度收入目标为480万元,包括广告收入200万元、会员订阅收入160万元、电商销售收入120万元

(续)

步骤	实施	示例
设定阶段性目标	根据关键业务指标,设定具体、可衡量的短期和中期目标	"××体育"计划每季度实现收入120万元,即每月约40万元(广告收入约16.7万元、会员订阅收入约13.3万元、电商销售收入约10万元)
制订具体行动计划	为实现阶段性目标,制订详细的行动计划,包括任务、责任人、时间节点和预期结果的设定	"××体育"将执行以下行动计划: 1. 增加广告位和优化布局(销售经理); 2. 与新品牌建立合作(商务经理); 3. 提高内容质量和用户参与度(运营经理); 4. 增加会员订阅推广活动(市场经理); 5. 优化电商平台用户体验(产品经理)
设定每日/每周指标	基于阶段性目标,设定日常运营的具体指标,以实时监控和调整策略	"××体育"将监控以下日常指标: 1. 每日广告曝光量和点击率(曝光每日至少15万次,点击率不低于3%); 2. 每周广告收入(每周4.2万元收入); 3. 会员订阅新增和续费率(每周至少新增100名会员,续费率不低于60%); 4. 电商平台销售额和转化率(销售额每周至少2.5万元,转化率不低于3%); 5. 广告内容的用户反馈和互动(每条广告至少150次互动)

(二)制定变现策略

变现策略是指在新媒体环境中,为实现账号价值的有效转化和经济收益的最大化,所精心策划并实施的一系列策略和手段。这些策略不仅关注如何将账号的流量、内容或影响力转化为实际的收入,还致力于优化变现途径、提升变现效率,并确保变现过程与账号的核心价值和长期发展目标相契合。

新媒体账号的变现策略可以基于业务逻辑与属性分为22种,见表10-5。

表10-5 新媒体账号的变现策略

变现方向	变现策略类别	具体策略
内容与知识变现	内容付费与订阅	1. 会员订阅; 2. 知识付费; 3. 音频/视频付费订阅
	版权与内容交易	4. IP打造与衍生品开发; 5. 版权交易; 6. 内容定制服务
	专业服务与咨询	7. 专业咨询服务; 8. 应用推广与开发

(续)

变现方向	变现策略类别	具体策略
广告与品牌合作变现	平台激励	9. 平台签约； 10. 平台奖励
	广告及品牌合作	11. 广告合作； 12. 内容赞助； 13. 品牌合作； 14. 联盟营销
产品与社群变现	电商与实体商品销售	15. 电子商务； 16. 线下活动； 17. 代理销售； 18. 书籍出版
	社群与粉丝运营	19. 社群运营； 20. 捐赠或打赏
	创新与合作模式	21. 众筹； 22. 数字艺术品销售

1. 内容与知识变现

内容与知识变现的策略侧重于通过提供专业知识、独家内容或专业服务，直接向用户或第三方机构收费。其策略见表10-6。

表10-6 内容与知识变现的策略

策略		实施	示例
内容付费与订阅	会员订阅	提供独家、优质或特权内容，吸引用户定期支付费用成为会员	"××体育"推出高级会员服务，用户支付299元/月，即可获得独家赛事分析、明星运动员专访、会员专属赛事门票折扣和高清直播流
	知识付费	创作者将专业知识与技能封装成课程、讲座、教程等，用户付费用获取访问权限	"××体育"开发了一系列专业体育技能提升课程，如"足球射门技巧"和"篮球控球大师班"，用户支付399元/课程即可获取专业教练的系统训练视频和在线指导
	音频/视频付费订阅	用户支付费用以访问特定的音频或视频内容	"××体育"提供"赛季全通"订阅服务，用户支付199元/月，即可访问所有赛季的高清比赛视频、专家解说音频和幕后花絮内容

(续)

策略		实施	示例
版权与内容交易	IP打造与衍生品开发	通过打造具有原创性和商业价值的IP，开发相关衍生品实现商业变现	"××体育"围绕热门体育赛事打造了系列IP，推出官方授权的纪念品服装，通过线上线下渠道销售，单品定价在100~500元
	版权交易	出售或转让拥有版权的内容或作品，获得经济收益	"××体育"制作的独家赛事纪录片被一家国际体育频道购买，用于全球播放，版权交易费用为每集10000元
	内容定制服务	根据客户需求提供个性化的内容创作服务	"××体育"为一家知名运动饮料品牌提供定制化内容服务，包括产品植入、品牌故事视频和社交媒体推广，项目收费为80000元
专业服务与咨询	专业咨询服务	利用专业知识为客户提供新媒体运营、内容创作等方面的专业咨询	"××体育"为体育俱乐部和运动员提供专业的品牌建设和媒体关系管理咨询服务，每月咨询服务费用为10000元
	应用推广与开发	开发并推广自己的应用程序，通过引导客户在应用内购买、广告收入等方式实现变现	"××体育"开发了一款名为"运动追踪器"的App，提供运动数据统计、健康建议和社区互动功能，通过应用内广告和高级功能订阅服务获得收益，月活跃用户超过30万人

2. 广告与品牌合作变现

广告与品牌合作变现通过与平台合作、内容创作和与品牌合作实现收益，具体策略见表10-7。

表10-7　广告与品牌合作变现的策略

策略		描述	示例
平台激励	平台签约	通过与平台签约，获得专属推广、编辑支持和稿费报酬	"××体育"与知乎签约成为盐选专栏作者，稿费标准是每千字300元保底，加上文章的分成收入
	平台奖励	根据内容的互动指标（如播放量、点赞数）获得平台奖励	"××体育"在视频平台上发布的原创体育分析视频，根据每月的播放量和互动数据，获得平台提供的现金奖励和虚拟礼物

(续)

	策略	描述	示例
广告及品牌合作	广告合作	在内容中插入广告,根据内容展示次数或点击次数获得广告收入	"××体育"在其公众号文章中合作展示运动装备广告,每千次展示获得广告分成200元
	内容赞助	与品牌合作,制作赞助内容,展示品牌产品或服务	"××体育"为一款运动饮品品牌制作赞助视频,介绍产品特点和用户评价,获得一次性赞助费10000元人民币
	品牌合作	与品牌合作,通过内容传播帮助品牌实现推广目标	"××体育"与一家知名运动品牌合作,发布品牌新款跑鞋的测评文章和视频,每篇文章获得2000元人民币的合作费用
	联盟营销	通过推广联盟链接,销售产品或服务,从中获得佣金	"××体育"在其网站上推荐某品牌运动营养补充剂,通过联盟链接每成功引导一位用户购买,获得30元人民币的佣金

3. 产品与社群变现

产品与社群变现,就是新媒体账号在电商与实体商品销售、社群与粉丝运营、创新与合作模式等策略类别下的具体变现策略。具体策略见表10-8。

表10-8 产品与社群变现的策略

	策略	实施	示例
电商与实体商品销售	电子商务	利用在线平台销售商品或服务,通过直接交易获得收益	"××体育"利用微信视频号进行直播,在直播间销售自有品牌的运动鞋和运动装备;还开发了小程序商城进行销售,每月实现销售额10万元
	线下活动	通过组织线下活动,例如研讨会、健康讲座等,吸引粉丝参与并收取费用	"××体育"组织了一次线下的足球训练营,邀请知名退役球员进行技术指导,每位参与者收取门票费用500元,活动吸引了300名参与者,总收入15万元
	代理销售	代理其他品牌的产品或服务,通过新媒体账号推广相关内容并从中获得销售提成	"××体育"与一家国际知名运动品牌合作,成为其线上代理商,在微信公众号和微博推广运动装备,每销售一件产品获得15%的销售提成,月收入达到5万元
	书籍出版	将新媒体账号的内容整理成书籍,通过出版和销售获取版税收入	"××体育"将平台上的热门体育战术分析文章编辑成书《足球战术精析》,与出版社合作出版,每售出一本书获得15元版税收入,书籍上市三个月销售达2万册,总收入30万元

(续)

	策略	实施	示例
社群与粉丝运营	社群运营	通过建立和维护社群，提供社群专属内容和服务，增强粉丝黏性并实现变现	"××体育"建立了一个付费会员社群，提供定制化训练计划和定期在线问答服务，会员年费为1200元，社群拥有500名活跃会员，年收入60万元
	捐赠或打赏	通过提供高质量内容，鼓励粉丝或读者进行捐赠或打赏，以此作为收入来源	"××体育"在B站发布的体育知识系列视频受到观众好评，通过开通打赏功能，每月收到打赏金额总计1万元
创新与合作模式	众筹	利用众筹平台发起项目，募集资金支持产品开发或内容创作	"××体育"在"京东众筹"平台发起智能运动手表项目，设定筹款目标为50万元，为众筹参与人员提供不同等级的回报，最终成功筹集资金80万元
	数据艺术品销售	创作基于数据分析的艺术品，通过展览和销售产品获得收益	"××体育"利用赛事数据创作了一幅互动数据画，展示了一年内重大赛事的关键时刻，该作品在一次艺术展上以2万元的价格售出

二、资源准备与计划制订

资源准备与计划制订环节包括两个步骤，即资源准备、制订执行计划。

（一）资源准备

资源准备是价值变现过程中的一个核心环节，它涉及对企业或运营者所持有的各类资源进行深入的分析、评估及合理配置。这里的资源并不仅指传统意义上的资金、物资和人力资源，还广泛包括品牌知名度、知识产权、用户数据等无形资产。其步骤见表10-9。

表10-9 资源准备的步骤

步骤	实施	示例
需求分析	深入分析市场趋势和用户需求，确定变现目标和所需资源的具体类型	"××体育"通过市场调研，确定变现目标是年度收入480万元。所需资源类型包括独家体育赛事直播权、专业赛事分析和报道团队、用户互动平台的开发与维护、数据分析和用户行为研究团队
资源准备与配置	根据需求分析结果，采购或准备相应的资源，并进行合理配置	"××体育"每季度进行以下操作： 1. 购买重要体育赛事的独家直播权； 2. 招聘资深赛事分析师、编辑和直播技术团队； 3. 升级网站和App，增加用户互动功能和改善用户观看体验； 4. 制订并执行一套全面的市场推广计划，包括社交媒体广告、搜索引擎营销和合作伙伴营销； 5. 分配预算，确保资源的有效利用和最大化回报

(续)

步骤	实施	示例
持续更新与优化	定期评估资源的使用效果，根据反馈进行资源更新和优化	"××体育"每季度进行以下操作： 1. 通过用户调查和数据分析评估内容质量和市场推广效果； 2. 根据用户反馈和行为数据，优化内容推荐算法和广告投放策略； 3. 增强数据分析能力，以便更好地理解用户需求和市场动态； 4. 调整资源配置，如增加对热门赛事的投入，或优化用户体验，以提高用户留存率

平台资源可以让价值变现更加高效、精准和灵活。常用平台资源见表 10-10。

表 10-10 价值变现的常用平台资源

平台名称	网址	功能描述	适用场景
有赞	https://www.youzan.com/	提供微商城搭建、商品销售、支付、客户关系管理等服务	电商运营、在线销售、客户服务
腾讯广告	https://e.qq.com/	提供广告投放、数据分析、效果优化等服务	广告变现、品牌推广、用户增长
百度联盟	https://union.baidu.com/	提供网站广告投放、收益分成等服务	网站广告变现、内容推广、收益增长
今日头条广告	https://ad.toutiao.com/	提供内容广告投放、效果跟踪、数据分析等服务	内容变现、品牌曝光、用户增长
企业微博	https://e.weibo.com/	提供微博广告投放、粉丝通推广等服务	社交媒体广告变现、品牌推广、粉丝互动增长
微信公众平台	https://mp.weixin.qq.com/	提供内容发布、广告投放、微信支付等服务	内容变现、品牌建设、用户服务

（二）制订执行计划

制订执行计划是将抽象的策略或目标细化为具体、可操作的行动步骤的过程。这一过程旨在确保策略能够得以有效实施，从而达成既定的目标。执行计划涵盖了多个方面，例如内容发布计划、用户互动计划以及合作推广计划等，这些都是为了实现整体策略而设计的具体行动路径。

内容发布计划明确了何时发布何种类型的内容，以确保信息能够及时、准确地传达给目标受众；用户互动计划规定了如何与用户进行有效互动，以提升用户参与度和品牌忠诚度；合作推广计划则着眼于与其他实体或个人建立合作关系，以共同推动目标的实现。

此外，制订执行计划时，还需为每个行动步骤设定明确的时间表和责任人。时间表确保了各项任务的及时推进，避免了延误或冲突；而责任人的指定则确保了每项任务都有专人负责，提高了执行效率。通过这种方式，执行计划不仅为策略的实施提供了清晰的路线图，还为团队成员提供了明确的工作指南和绩效评估标准。

制订执行计划的步骤如下。

1. 细化行动步骤

为了实现新媒体账号的变现目标，新媒体运营者需要将变现策略细化为具体、可操作的行动步骤，并形成一个全面的行动计划。见表10-11。

表10-11 执行计划的步骤

计划	步骤	实施	示例
内容发布计划	内容主题筛选	根据目标受众的兴趣和行业热点，筛选出有潜力的内容主题，并制定内容日历	"××体育"针对即将到来的乒乓球世锦赛，筛选热门选手和比赛作为报道主题
	内容形式多样化	用图文、视频、直播等多种形式展示内容，以满足不同用户的偏好，并保持一定的发布频率	"××体育"制作图文报道乒乓球世锦赛内容，视频内容包含选手访谈和比赛精彩瞬间
	发布频率设定	根据内容类型和用户活跃度，设定合理的发布频率，确保内容能持续稳定地输出	"××体育"在工作日每天发布一篇图文和一段视频，周末直播重要赛事
用户互动计划	建立互动机制	专门设立人员或团队负责监控和回复用户评论，以及时互动，增强用户黏性	"××体育"指定社区经理在世锦赛直播期间实时回复观众的评论和问题
	在线活动策划	定期策划并执行在线互动活动，例如问答、投票、话题讨论等，以提升用户参与度	"××体育"在世锦赛期间举办"最佳得分"投票活动，吸引用户参与投票和讨论
	问卷调查实施	定期通过问卷调查收集用户反馈，了解用户满意度和改进建议，用于优化内容和服务	"××体育"在世锦赛结束后发送满意度调查问卷，收集用户对报道和活动的看法
合作推广计划	合作伙伴选择	寻找与账号内容和目标受众相符的合作伙伴，进行互惠合作	"××体育"与知名乒乓球品牌合作，共同推广新款球拍和球桌
	合作方案制定	与合作伙伴共同制定推广方案，明确双方的责任和义务，确保合作的顺利进行	"××体育"与乒乓球品牌合作推出联名球拍，并在社交媒体上进行联合宣传
	合作效果评估	建立合作效果评估机制，定期分析合作推广的数据，根据结果调整合作策略	"××体育"分析联名球拍推广活动的销售数据和用户参与度，优化合作方案

2. 设定时间表

在新媒体价值变现的过程中，设定一个清晰、明确的时间表是至关重要的。这不仅能够确保团队成员对任务的紧急性和完成时间有充分的了解，还能够推动团队高效执行策略，从而顺利实现价值变现的目标。时间表应该包括以下几个关键要素。

首先，明确每个行动步骤的开始时间，有助于团队成员提前做好准备工作，确保任务能够按时启动。其次，设定每个行动步骤的结束时间，可以让团队成员明确任务的期限，从而合理安排工作进度，确保任务能够按时完成。最后，除了开始时间和结束时间外，新媒体运营者还应该设定一些关键的时间节点，这些节点通常是任务执行过程中的重要里程碑，标志着某个阶段任务的完成或重要决策的制定。通过关注这些关键时间节点，新媒体运营者可以及时了解任务的进展情况，评估团队的工作效率，以便在必要时进行调整和优化。时间表设定见表10-12。

表10-12 价值变现执行计划的时间表（示例）

行动步骤	开始时间	结束时间	关键时间节点
市场调研与分析	2025-05-01	2025-05-10	2025-05-05（初步分析报告）
内容策划与生产	2025-05-11	2025-05-31	2025-05-20（内容初稿完成）
推广与营销	2025-06-01	2025-06-20	2025-06-10（推广活动启动）
数据分析与优化	2025-06-21	2025-07-01	2025-06-30（数据报告提交）
价值变现实施	2025-07-02	2025-07-15	2025-07-10（查看初步变现成果）
总结与反馈	2025-07-16	2025-07-20	2025-07-20（项目总结会议）

在设定时间表时，新媒体运营者需要充分考虑时间实际可行性和挑战性之间的平衡。一方面，时间表应该基于团队成员的实际能力和资源状况设定，确保任务是可完成的；另一方面，时间表也应该具有一定的挑战性，以激发团队成员的积极性和创造力，推动团队不断提升执行效率。

此外，设定时间表还需要注意时间的灵活性和可调整性。因为，在新媒体运营的过程中，可能会遇到各种不可预见的情况和变化，例如市场环境的变化、用户需求的演变等。因此，新媒体运营者在设定时间表时应该留有一定的余地，以便在必要时进行调整和优化。

3. 分配责任人

新媒体运营者需要仔细分析每个行动步骤的性质和要求，然后根据团队成员的专长、经验和资源状况来指定合适的责任人。责任人需要对自己的任务有深入的了解，包括任务的目标、执行方式、所需资源以及可能遇到的问题等。同时，责任人还需要具备完成任务所需的技能和资源，例如市场分析、内容创作、营销推广等。

在分配责任人的过程中，新媒体运营者需要注重团队成员之间的协作和配合。

首先，对于需要多个团队成员共同完成的任务，应该明确团队成员各自的责任范围和协作方式，避免出现任务重叠或沟通不畅的情况。

其次，建立一个有效的沟通机制对于与团队成员之间的协作至关重要。新媒体运营者可以定期召开团队会议或使用项目管理工具来促进团队成员之间的交流和协作。这些沟通机制有助于责任人及时了解任务的进展情况、分享经验和资源，以及共同解决遇到的问题。

再次，新媒体运营者还需要对责任人进行必要的培训和支持。随着新媒体技术和市场的不断发展，责任人可能需要不断学习和掌握新的知识和技能，新媒体运营者可以通过提供培训资料、组织培训活动或邀请专家指导等方式来支持责任人的成长和发展。

最后，新媒体运营者应该对责任人的工作成果进行定期评估和反馈。通过设定明确的评估标准和反馈机制，新媒体运营者可以及时了解任务的执行情况和责任人的工作表现，以便在必要时进行调整和优化。见表10-13。

表10-13 责任分配表

步骤	责任人	协作与沟通	培训、支持与评估
内容主题筛选	内容策划师	与编辑团队和数据分析师协作，利用项目管理工具跟踪进度	定期参加策略会议，接受创意写作和市场趋势分析培训
内容形式制作	视频制作人	与图文编辑和技术支持团队协作，使用即时通信工具保持沟通	参与项目进度会议，接受视频制作和直播技术培训
发布频率管理	社交媒体经理	与内容发布团队协作，使用发布日历和周报系统管理内容	定期更新社交媒体策略，接受内容质量评估
用户互动管理	社区经理	与营销团队和客服团队协作，通过社区互动分析会议和用户反馈跟踪	参与用户服务技巧培训和互动策划工作坊
合作方案制定	商务拓展经理	与法务团队和财务团队协作，通过商务合作月度会议和合作方沟通渠道	参与商务沟通技巧培训，研究行业合作案例
合作效果评估	数据分析师	与各责任人协作，通过数据分析周会和项目管理工具共享数据	接受数据分析工具培训，学习市场研究方法论

三、风险识别与调整

风险识别与调整环节包括两个步骤，即风险识别、风险应对与调整。

（一）风险识别

在新媒体领域，价值变现通常涉及多个环节和多个利益相关方，因此面临多种潜在风险。风险识别就是要在这些复杂多变的因素中，准确地捕捉和识别出那些可能对价值变现产生负面影响的因素，进而制定相应的风险应对策略。这有助于降低风险发生的概率，减轻风险带来的损失，确保新媒体价值变现目标的顺利实现。其步骤如下。

1. 确定风险来源

新媒体价值变现的过程中，风险是无处不在的，它可能来源于多个方面。为了有效地进行风险管理，首先需要准确地确定可能产生风险的因素或来源。这些风险因素或来源主要可以分为内部风险因素和外部风险因素两大类。如图10-3所示。

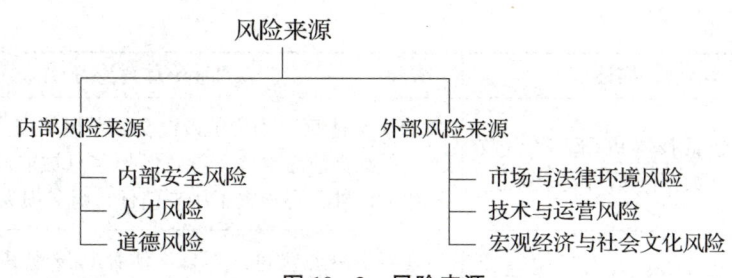

图 10-3　风险来源

（1）内部风险来源　新媒体账号在价值变现过程中有三种内部风险来源：内部安全风险、人才风险和道德风险，具体见表 10-14。

表 10-14　内部风险来源

风险来源	描述	示例
内部安全风险	1. 内容违规可能导致账号受限或封禁； 2. 财务管理不善可能导致资金短缺甚至资金链断裂，影响日常运营和长期投资； 3. 内部流程不规范可能导致各方面工作效率低下	在巴黎奥运会期间，"××体育"发布了不当评论，即对某位运动员进行了人身攻击。平台对账号进行了 7 天暂时封禁，期间无法发布内容，导致账号的广告和赞助收入中断，直接财务损失达到 30 万元，且账号品牌信誉受损影响了后续的商业合作
人才风险	1. 人才流失可能导致知识资产流失和运营中断； 2. 人才培养不足可能导致创新能力下降； 3. 团队协作不畅可能影响内容质量和用户满意度	"××体育"的资深编辑离职后，新任编辑未能及时适应岗位要求，导致内容更新频率下降，原创深度文章减少，用户满意度从 90% 降至 70%，用户流失率增加了 15%
道德风险	1. 忽视社会责任可能损害账号品牌形象和公信力； 2. 职业道德问题可能导致信任危机和法律风险； 3. 合规性问题可能导致账号受限或承担法律责任	"××体育"因未经核实即发布关于某运动员使用违禁药品的不实信息，遭到用户大量投诉。平台对账号进行了警告并暂时降低了内容推荐权重，导致账号的用户访问量下降了 20%。同时，品牌声誉受损，可能面临某运动员的名誉侵权诉讼，潜在法律费用高达 50 万元

（2）外部风险来源　新媒体账号可能有三种外部风险来源，即市场与法律环境风险、技术与运营风险、宏观经济与社会文化风险，具体见表 10-15。

表 10-15　外部风险因素

风险来源	描述	"××体育"示例
市场与法律环境风险	包括法律法规变化、市场竞争、用户获取与行为变化等	例如，针对体育赛事的版权法规发生变化，导致"××体育"无法直播某些赛事，从而减少了广告和赞助机会，估计财务损失达到 50 万元

(续)

风险来源	描述	"××体育"示例
技术与运营风险	包括技术更新、平台政策、数据隐私与安全等	"××体育"因未能及时更新其网络安全系统，账号遭受了一次数据泄露事件，导致用户信息被非法获取，除了面临法律诉讼外，还损失了用户信任，财务损失估计为80万元
宏观经济与社会文化风险	包括经济波动、政治稳定性、文化差异与社会接受度等	在经济衰退期间，"××体育"发现其广告收入下降了30%，因为广告商减少了预算。同时，由于社会对体育赛事的兴趣降低，导致用户参与度下降，进一步影响了账号收入和品牌价值

2. 收集风险信息

在新媒体价值变现的过程中，了解并应对各种潜在风险是至关重要的。通过收集风险信息，新媒体运营者可以更全面地了解新媒体运营环境中存在的风险因素，从而制定更有效的风险应对策略。风险信息的来源见表10-16。

表10-16 风险信息的来源示例

风险信息来源	描述	示例
历史数据	分析用户增长、活跃度、内容发布频率、互动情况等，揭示隐藏在数据背后的模式和规律，为风险识别提供线索	"××体育"通过分析历史数据发现，某季度的用户参与度下降了15%，通过进一步调查发现，这是因为用户对近期内容的不满，因此账号决定调整内容策略，增加了用户调查和反馈环节，以提高用户满意度
行业趋势	关注行业发展方向、热门话题、新内容形式、平台政策等，判断对新媒体价值变现的潜在影响和风险	"××体育"注意到虚拟现实（VR）和增强现实（AR）技术的兴起，认为这会为体育内容消费带来新体验，但同时也面临技术适配和内容创新的挑战
市场研究	通过问卷调查、用户访谈、竞品分析等手段了解用户需求、竞争对手和市场环境，评估市场接受度和风险，以调整策略	"××体育"在进行市场调研后发现，用户对实时赛事更新的需求强烈，因此账号决定增加实时赛事报道的投入。这一策略调整使得用户活跃度提高了20%，但同时也增加了编辑团队的工作量和成本
技术动态	关注技术发展趋势、新技术和工具的应用等，了解对用户体验的潜在提升和安全、合规方面的新挑战	"××体育"为了提升用户体验，决定采用最新的直播技术进行赛事直播。然而，由于新技术的不稳定性和高昂的维护成本，初期直播过程中出现了几次中断，影响了用户体验，并导致了一定数量的用户投诉

3. 记录风险

在新媒体价值变现的过程中，记录风险是至关重要的一环。它不仅有助于新媒体运营者系统地跟踪和管理风险，还能为后续的风险评估和风险应对工作提供有力的支持。记录风险时，建议使用统一的风险登记表或风险管理软件，以便系统地整理和管理风险信息。此外，风险记录应定期更新，以反映风险状况的变化。

风险记录主要包括以下几个方面。

（1）风险的名称与描述　在新媒体运营过程中，为确保有效管理潜在风险，需要对识别到的每个风险进行明确命名和详细描述。风险名称应简洁、直观，能够准确概括风险的本质特征。描述部分则应详尽阐述风险的具体表现形式、可能的产生原因，以及其可能造成的初步影响。

例如，"××体育"账号把识别到的一个风险命名为"内容创新性不足风险"，风险描述如下："账号在内容创作方面缺乏创新性和新颖性，导致用户对平台内容的兴趣逐渐降低。具体表现为用户日均活跃时长减少、内容互动率下降等问题的出现。造成这一风险的可能原因包括内容团队创意匮乏、对市场趋势和用户需求变化反应迟缓，以及内容更新频率不足等。若长期忽视此风险，可能会导致用户黏性降低，甚至引发用户流失，从而对账号的品牌形象、市场竞争力以及收入状况产生负面影响。"

（2）风险的分类和影响　新媒体运营者应详细记录潜在风险并分类，这有助于新媒体运营者更清晰地识别风险、理解其产生的背景和原因，并据此制定相应的风险管理策略和应对措施。这将有助于降低潜在风险对账号的不良影响，确保平台的稳定运营，并为账号持续发展奠定坚实基础。

例如，"××体育"基于内部和外部风险来源，将风险分为市场风险、竞争风险、用户风险、技术风险和内容风险五大类，见表10-17。

表10-17　风险的分类和影响

风险类型	描述	示例
市场风险	关注宏观经济趋势、行业发展方向以及市场消费模式的变化，这些因素可能会影响用户对体育内容的需求和消费行为	"××体育"预计广告需求下降导致广告收入下降20%，即减少10万元/月
竞争风险	涉及对竞争对手的策略、行为和市场表现的监控，以及他们可能对"××体育"市场份额和用户忠诚度构成的威胁	"××体育"预计用户流失率增加至5%/月，流失用户价值约为5万元/月
用户风险	专注于用户需求的演变和行为模式的变化，确保内容和服务始终与用户的期望和偏好保持一致	"××体育"预计订阅取消率增加至3%，即减少300个订阅用户/月，收入损失约为1.5万元/月
技术风险	涉及平台的技术架构稳定性、数据安全性以及新技术的应用，确保技术平台能够支持业务的持续增长和创新	"××体育"预计每次系统崩溃导致用户访问量下降30%，持续时间平均为4小时，间接损失约为2万元/次
内容风险	聚焦于内容的创新性、质量、版权合规性以及与用户需求的匹配度，以维持内容的吸引力和竞争力	"××体育"面临版权纠纷，预计法律费用为10万元，罚款额度根据侵权内容而定，平均约为5万元/次

(3) 风险评级　新媒体运营者应基于历史数据、专家意见和市场研究等信息，评估每个风险发生的概率。概率的评估应客观、公正，避免主观臆断。结合风险的影响和发生概率，对风险进行评级，例如使用高、中、低三级或更详细的五级制。评级的目的是对风险进行优先级排序，从而确定哪些风险需要优先关注和处理。要确认最大的风险，可以综合考虑风险的影响评级和发生可能性。

一种常见的方法是使用风险矩阵，将风险的影响评级和发生概率作为矩阵的两个维度，然后根据每个风险在矩阵中的位置来确定其总体优先级。如果一个风险的影响评级为高，并且发生概率也为高，那么它将被视为极高风险。相反，如果一个风险的影响评级为低，并且发生概率也为低，那么它将被视为极低风险。见表10-18。

表10-18　风险矩阵示例

影响评级	发生概率		
	高概率	中等概率	低概率
高影响	极高风险	高风险	中等风险
中等影响	高风险	中等风险	低风险
低影响	中等风险	低风险	极低风险

通过这种方式，新媒体运营者可以快速地识别出最大的风险，即高影响且高发生概率的风险，并优先采取措施来应对这些风险。

以"××体育"为例，其风险评级见表10-19。

表10-19　"××体育"的风险评级

风险类型	发生概率	影响评级	风险评级	示例
市场风险	高	高影响	极高风险	广告需求下降导致账号收入减少20%，即减少10万元/月
竞争风险	中等	中等影响	中等风险	用户流失率增加至5%/月，流失用户价值约为5万元/月
用户风险	低	低影响	低风险	订阅取消率增加至3%，即减少300个订阅用户/月，损失收入1.5万元/月
技术风险	中等	高影响	高风险	系统崩溃导致用户访问量下降30%，间接损失约为20万元/次
内容风险	低	中等影响	中等风险	版权纠纷导致的法律费用为10万元，罚款额度平均约为5万元/次

（二）风险应对与调整

风险应对与调整是新媒体账号在面对已识别并评估的风险时所采取的一系列行动。这些行动不仅直接针对风险本身进行应对，更注重在风险实际发生或外部环境发生变动时，对既有的运营策略和计划进行及时、灵活的调整和适配，包括优化变现策略、重新分配资源，甚至修订变现目标等,目的是确保变现计划能够在不确定因素和风险面前保持足够的灵活性和应对能力。以"××体育"为例,运营者意识到用户风险的存在,即订阅取消率增加到3%,为此,运营者做出了风险应对与调整,其步骤见表10-20。

表10-20 风险应对与调整的步骤

步骤	措施	示例
制定风险应对策略	利用社交媒体管理工具监测用户参与度,根据数据反馈优化互动话题和反馈机制	"××体育"针对用户参与度低的话题,设计调查问卷,收集用户反馈,并据此调整内容策略,如增加用户感兴趣的球员访谈和分析
	定期审查内容库,根据用户行为数据调整内容类型和发布频率	"××体育"分析用户观看数据,发现教学视频受到欢迎,于是账号增加相关视频的制作和推广,同时减少用户参与度低的内容发布
	建立竞争对手监控系统,分析其内容策略和市场表现,及时调整自身定位	"××体育"监控到竞争对手推出的健身内容受欢迎,账号迅速推出一系列运动健康和健身指导内容,以吸引和留住用户
调整变现计划与策略	根据用户活跃时间数据分析结果,优化内容发布时间表	"××体育"分析用户活跃数据,发现用户在晚上活跃度最高,因此账号调整直播和重点内容的发布时间为晚上,以提高用户参与度
	开发和实施多样化的在线互动活动,例如设立实时竞猜、互动问卷等	"××体育"在直播赛事中加入实时竞猜环节,鼓励用户参与并提供积分奖励,增加用户观看时长和互动
	结合用户兴趣和市场热点,设计主题活动,调整活动参与方式和奖励机制	"××体育"针对热门赛事,设计"赛事知识挑战"活动,设置积分兑换奖品机制,提高用户参与度,并通过活动推广增加广告和赞助机会
	基于内容表现数据和用户反馈,动态调整营销预算和推广策略	"××体育"通过分析用户对不同内容的互动数据,将营销预算重新分配,增加对用户参与度高的内容的推广,减少对低效内容的投入

> **思维扩展**
>
> 设计一份新媒体账号的价值变现规划,包括目标设定与策略制定、资源准备与计划制订、风险评估与调整。

第三节 新媒体价值变现执行

价值变现执行阶段包括三个环节,即变现策略实施、数据监控与优化、反馈收集与调整,如图10-4所示。

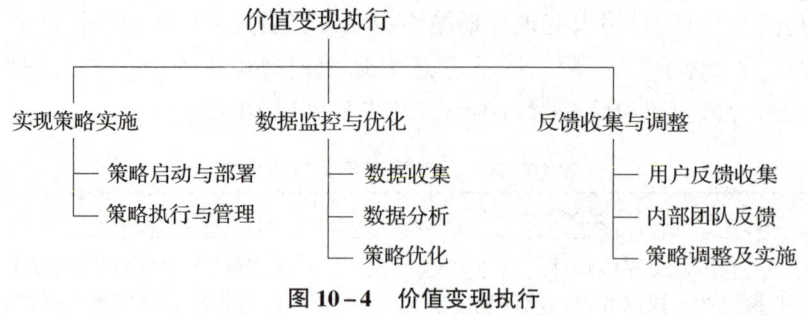

图 10-4 价值变现执行

一、变现策略实施

变现策略实施包括策略启动与部署、策略执行与管理这两个环节。

（一）策略启动与部署

在新媒体价值变现的过程中，策略启动与部署不仅仅是一个简单的计划开始执行的标志，更是确保整个团队对变现策略有深入、统一的理解，并进行具体、明确任务分配的关键环节。

策略启动意味着在经过前期的市场调研、用户分析、内容定位等基础工作后，新媒体团队已经形成了一套针对自身特点和市场环境的变现策略。这套策略可能包括广告合作、内容付费、电商推广、线下活动等多个方面，每一个方面都需要团队成员有清晰的认识和明确的执行计划。

而策略部署则是将这套变现策略具体化的过程，它要求团队将策略分解为一个个可执行的任务，明确每个任务的目标、责任人、完成时间和所需资源。通过有效的部署，可以确保团队的每个成员都清楚自己的职责所在，知道如何为实现整体变现目标贡献自己的力量。

在策略启动与部署阶段，团队领导者的作用尤为重要，他们不仅需要确保团队成员对变现策略有充分的理解，还需要根据实际情况进行灵活的任务分配和资源调配，以确保整个变现过程的顺利进行。

策略启动与部署的步骤见表 10-21。

表 10-21 策略启动与部署的步骤

步骤	描述	示例
深入解读变现策略	确保团队成员对策略有全面、深入的理解，澄清关键概念和目标	"××体育"团队成员共同研读变现策略文档，讨论如何通过会员订阅、广告合作和电商销售三种主要方式实现年度收入目标。他们分析了每种方式的市场潜力和实施难点，并确定了相应的策略，如通过增加独家内容来吸引会员订阅，与知名品牌合作进行广告植入，以及开发与体育相关的周边商品进行电商销售
统一团队认知	确保团队成员对变现策略有共同的理解和行动方向	"××体育"组织团队讨论：成为领先的体育内容提供者的长期目标，以及季度内增加会员数 20% 的短期目标。他们还提供了内容营销、数据分析等专业知识培训，以提升团队的专业能力

(续)

步骤	描述	示例
明确任务与责任分配	根据策略要求和团队成员能力进行任务分配	"××体育"分析了内容创新和用户互动提升的策略要求,以及团队成员的能力。他们将内容创作任务分配给有相关经验的成员,并将数据分析任务分配给具备统计背景的成员
制订详细执行计划	将大任务分解为小的、可执行的具体任务,并设定完成时间	"××体育"根据策略和时间表,制订了执行计划。例如,他们将"增加互动性内容"的任务分解为"每周发布至少一篇互动性强的文章",并设定每周末为完成时间
资源配置与优化	根据资源需求和现有资源评估结果,制订资源配置计划	"××体育"确定了需要补充的资源,如内容创作工具和数据分析软件,并升级了服务器硬件。他们建立了资源共享机制,如内容团队和市场团队共享图片库,并制定了资源管理流程
建立监控与反馈机制	确定关键绩效指标(KPI),设定目标值,建立监控和反馈系统	"××体育"选择了用户点击率、会员增长率等KPI,并设定了目标值。他们实施了定期监控,如每周检查KPI,并建立了反馈机制,如每月团队会议讨论策略执行情况

(二)策略执行与管理

策略执行与管理是指按照既定的变现策略进行实际操作,并在执行过程中进行监控、调整和优化的一系列活动。它确保变现策略能够按照计划逐步推进,同时根据实际情况灵活调整,以达到最佳的变现效果。其步骤见表10-22。

表10-22 策略执行与管理的步骤

步骤	实施	示例
任务执行与进度监控	1. 制定详尽的任务清单,明确每项任务的详细描述、责任人、截止日期; 2. 使用项目管理工具跟踪进度,定期组织会议,更新任务状态和解决问题; 3. 利用数据分析工具监控内容的表现,例如阅读量、用户参与度和转化率,根据分析结果调整内容策略和发布时间; 4. 在文档共享平台上建立问题追踪系统,记录执行过程中遇到的问题和解决方案	"××体育"为乒乓球比赛报道的每个阶段设定明确的时间节点,使用项目协作软件跟踪进度,并在每周会议中检查任务完成情况; 监控文章和视频的互动数据,发现特定时间段用户活跃度更高,因此调整了发布策略; 在腾讯文档上创建问题和解决方案文档,供团队成员参考
任务完成确认与经验分享	1. 完成每项任务后,团队成员进行自我检查,确保任务符合质量标准; 2. 团队负责人进行最终审核,并提供反馈; 3. 定期举办团队会议,分享任务执行过程中的成功经验和挑战; 4. 在内部知识库中存储团队的经验和教训	"××体育"的文章和视频在发布前需经过内部审核,主编在最终确认前提出修改建议; "××体育"每月举行团队分享会,讨论最佳内容案例和挑战,以及改进措施; 在内部知识库中存储写作指南、市场推广策略和用户反馈分析报告

(续)

步骤	实施	示例
反馈与持续改进	1. 通过定期问卷调查、用户评论和团队讨论收集内外部反馈； 2. 分析反馈数据，识别改进点和潜在问题； 3. 根据反馈结果，制订改进计划，明确责任分配、时间节点和预期目标； 4. 持续跟踪改进效果	"××体育"通过在线问卷和社交媒体监控工具收集用户对乒乓球比赛报道的反馈，发现用户对技术分析视频有需求； "××体育"根据用户反馈，制定增加技术分析视频内容的策略，并分配专门的视频团队执行； 持续监控新内容的用户反馈和参与度，评估改进效果

二、数据监控与优化

数据监控与优化包括三个步骤，即数据收集、数据分析、策略优化。具体步骤如下。

（一）数据收集

数据收集是系统地、有计划地搜集、记录、整理新媒体账号运营过程中产生的各种数据的过程。这些数据包括用户行为数据、内容表现数据、广告效果数据等。其步骤见表10-23。

表10-23 数据收集的步骤

步骤	描述	示例
确定数据收集目标	明确数据收集的目的，关联价值变现	"××体育"确定数据收集的目标为提升广告收入和会员订阅收入，以及提高用户参与度
选择合适的数据收集工具	根据变现策略选择合适的数据收集工具	"××体育"使用国内工具如百度追踪广告流量和转化；通过问卷星进行问卷调研了解用户对广告内容的反馈
设定数据收集指标	根据变现目标设定关键数据指标	关键指标包括广告展示次数、点击率、转化率、广告收入等，特别关注与广告收入直接相关的各项指标
制订数据收集计划	确保全面、准确地收集相关数据	"××体育"制订详细的数据收集计划，包括数据收集的时间段、频率和方法，确保数据的时效性和完整性
实施数据收集	按计划进行数据收集，确保数据真实反映用户行为	"××体育"利用数据分析工具追踪用户从广告展示到点击、转化的完整路径；结合问卷调研收集用户对广告内容的看法和建议
数据清洗与整理	对收集到的数据进行清洗和整理	"××体育"对收集到的数据进行去重、格式统一和异常值处理，确保数据的准确性和可用性

（二）数据分析

数据分析特指对新媒体账号在价值变现过程中所产生的数据进行深入挖掘、处理和分析，旨在提供关于用户行为、市场需求、运营效果等方面的洞察，为变现策略的执行和调整提供数据支持。其步骤见表10-24。

表10-24 数据分析的步骤

步骤	实施	示例
数据分析	利用社交媒体分析工具进行描述性统计分析，展示关键指标如点赞、评论和分享的数量变化	"××体育"使用新榜追踪广告流量和转化；通过问卷星进行问卷调研，了解用户对付费内容的看法
	进行探索性统计分析，分析用户行为模式，识别哪些内容类型或发布时间与高互动率相关	"××体育"分析发现特定类型的体育分析文章在晚上发布时获得更多的用户互动，因此调整内容发布策略
	应用预测性统计分析预测用户增长趋势和内容的潜在表现，为内容创作和营销活动提供依据	"××体育"根据过往数据建立预测模型，预测即将到来的体育赛事主题内容的潜在阅读量和用户参与度
结果呈现	制作直观的数据报告和仪表板，将分析结果以图表形式呈现，便于团队和管理层理解	"××体育"的数据分析团队制作了包含关键指标和趋势的月度报告，并通过企业微信分享给团队成员

（三）策略优化

在进行数据收集和数据分析后，新媒体账号基于大量的数据和信息，能够获得关于用户行为、内容效果、活动效果等方面的洞察。通过分析这些数据，新媒体运营者可以了解哪些策略是有效的，哪些策略需要改进。策略优化是指在收集和分析数据的基础上，对现有的运营策略进行评估和调整，以进一步提高运营效果和实现价值变现。其步骤见表10-25。

表10-25 策略优化的步骤

步骤	实施	示例
识别问题	利用数据分析工具深入分析关键指标（如点击率、转化率、用户留存率），与预期目标比较，识别表现不佳的广告或内容	"××体育"通过数据分析，发现某些广告位的点击率低于平均水平，识别出需要优化的广告位
提出改进方案	根据问题识别的结果，制定具体的改进措施，例如优化广告文案、调整内容发布时间、改进用户界面设计等	"××体育"决定调整广告位置，使其更加醒目，并更新广告视觉设计，以提高点击率
实施改进方案	更新广告投放策略，调整内容创作方向，或改进用户互动流程。确保团队成员了解变更方案并按计划执行	"××体育"的编辑团队更新了广告内容，并在微信公众号上发布了新的广告系列，同时调整了广告投放时间，以提高工作日的转化率

（续）

步骤	实施	示例
再次收集和分析数据	在实施改进措施后，持续监控关键指标的变化，使用 A/B 测试等方法评估改进效果，根据数据反馈进一步调整策略	"××体育"在实施新的广告策略后，监测到广告点击率和工作日的转化率有所提升。团队根据用户反馈继续优化广告内容和设计，以进一步提高用户参与度和转化率

三、反馈收集与调整

反馈收集与调整环节分为用户反馈收集、内部团队反馈、策略调整及实施三个方面。

（一）用户反馈收集

用户反馈收集是指通过各种渠道和方式收集用户对产品、服务或内容等各方面的意见和建议，以便了解用户的需求和期望，优化产品和服务，提高用户体验和满意度。其步骤如下。

1. 确定收集方式

常用的用户反馈收集方式见表 10-26。

表 10-26　常用的用户反馈收集方式

方式	描述	示例
在线调查	设计针对性的问卷，通过在线平台广泛分发，以收集用户对特定内容或服务的直接反馈。问卷应简洁明了，易于填写，同时提供激励措施以提高响应率	"××体育"设计了一个用户对广告内容偏好和广告干扰度的在线问卷，通过社交媒体、官方网站和邮件列表进行推广。问卷中包含用户对广告形式、频率、相关性的评价，以及他们对广告植入的容忍度。完成问卷的用户可以获得一次免费的去除广告的阅读体验作为奖励
电话访谈	通过电话与用户进行一对一的深入交流，获取更详细的用户反馈。在访谈前，明确访谈目标和问题列表，确保访谈内容的相关性和深度	"××体育"选取了活跃用户群体中的一部分，通过电话访谈了解他们对广告展示位置、广告内容质量的看法，以及广告对他们阅读体验的影响。访谈由专业的市场研究团队执行，确保获取真实有效的用户反馈
面对面访谈	在线下活动中与用户直接对话，收集更丰富的反馈信息，包括非语言信号。访谈应提前规划，确保环境适宜且用户感到舒适	在"××体育"举办的体育赛事活动中，团队成员与现场观众进行了面对面访谈，询问他们对赛事期间广告展示的看法，包括广告的适宜性、创意和影响力。访谈在赛事间隙进行，确保用户在轻松的氛围中提供反馈
社交媒体	利用社交媒体平台的互动特性，发布问卷或开放性问题，鼓励用户参与讨论并提供反馈。通过监控和分析用户互动，收集有价值的用户见解	"××体育"在其官方公众号上发布了关于广告体验的讨论话题，邀请用户分享他们对广告内容和展示方式的看法。团队成员积极回复评论，引导讨论，并从中收集用户对广告内容的期望和偏好

2. 收集数据

收集数据是至关重要的一步,尤其是当用户反馈数量很大时。有效地整理这些数据,能够为新媒体运营团队提供清晰的用户画像和市场需求,进而指导内容创作、产品优化和策略调整。

首先,新媒体运营团队需要将通过各种渠道收集来的用户反馈进行统一整理。这些反馈可能来自社交媒体上的评论、调查问卷的答复、电话访谈的记录或是面对面访谈的笔记。无论是哪种来源,要确保每一条反馈都被准确无误地记录下来。

其次,要将这些原始的、非结构化的数据转化为结构化的格式。这通常意味着新媒体运营团队需要对数据进行分类和标签化。例如,新媒体运营团队可以根据反馈的主题将其分为内容质量、用户体验、功能需求等几个大类,然后在每个大类下再细分出具体的子类别。这样做的好处是能够让新媒体运营团队更快速地识别出用户反馈中的共性和趋势。

最后,使用数据可视化工具是呈现这些数据的一种非常有效的方法。通过图表、柱状图、折线图等视觉元素,新媒体运营团队可以直观地展示用户对不同问题的看法和趋势。例如,新媒体运营团队可以制作一个饼图来展示用户对某一功能需求的支持度,或者制作一个折线图来展示用户满意度随时间的变化趋势。这些可视化数据不仅能够帮助团队成员更好地理解数据,还能够在汇报和决策时提供有力的支持。

3. 分析和总结

分析和总结的目的是从海量的数据中提炼出有价值的信息,为后续的优化工作提供明确的方向。其步骤见表 10-27。

表 10-27 分析和总结的步骤

步骤	实施	示例
数据深入分析	利用新榜等工具对用户反馈进行分类和归纳,识别用户群体的普遍需求和独特偏好	"××体育"通过数据分析发现晚间时段用户活跃度最高,篮球和足球内容最受欢迎。于是决定在这些时段重点推广相关体育内容
用户建议识别	收集和整理用户对产品或服务的具体建议,例如内容质量、功能改进等	"××体育"社交媒体调查发现用户希望看到更多与运动员相关的故事性广告。因此,账号计划制作一系列以运动员为中心的深度报道和视频内容
趋势和模式发现	对比不同时间段的用户活跃数据,分析用户需求的变化趋势和行为模式	"××体育"分析发现,大型赛事期间用户对体育新闻和分析内容的需求激增。为此,账号调整内容策略,增加赛事期间的新闻更新频率和深度分析文章
分析结果总结	简洁地概括分析结果,提出改进建议和明确的优化方向	"××体育"建议在用户活跃高峰时段增加互动性和故事性广告内容,以提高用户参与度和满意度。同时,账号计划在大型赛事期间推出专题报道,以满足用户对即时新闻和深度分析的需求

4. 反馈和建议

新媒体账号运营者可以更系统地进行反馈和建议的整合与实施，确保每一步都有明确的目标和执行方法。其步骤见表 10-28。

表 10-28 反馈和建议的步骤

步骤	实施	示例
分享分析结果	通过内部会议和共享文档，向内容创作者、市场营销人员、广告销售团队等跨部门成员分享用户对广告内容和形式的偏好和反馈，确保团队成员对用户需求有共同的理解	"××体育"通过内部平台分享用户数据分析报告，强调用户对赛事期广告互动性内容的需求，以及对特定运动员代言广告的正面反应
确保需求理解	组织工作坊和研讨会，让团队成员深入理解用户痛点、期望和行为模式，从用户角度出发思考问题	"××体育"组织角色扮演活动，让销售和产品团队模拟用户观看广告的体验，识别广告展示中的潜在问题和改进点
制定改进方案	根据用户反馈和团队讨论，制定具体改进措施，解决突出问题，满足用户需求和期望	"××体育"决定根据用户反馈增加赛事互动环节的广告，优化移动应用界面设计，提高广告的可见性和互动性，并调整广告投放策略以更精准触达目标用户群体
方案可行性评估	考虑改进方案的可行性、资源投入和预期效果，建立责任分工和时间表	"××体育"的市场团队评估了增加互动广告的技术和财务需求，制订了详细的执行计划和监控指标，确保项目按时按质完成
监控与调整	在实施过程中持续监控改进效果，根据实际情况进行必要的调整	"××体育"的广告团队在新广告活动上线后，监测用户点击率和转化数据，根据反馈调整广告创意和投放时间，以提高广告效果

（二）内部团队反馈

内部团队反馈是指在价值变现过程中，新媒体运营团队内部成员之间针对变现策略、执行效果、遇到的问题等方面进行的交流和反馈。这种反馈通常基于团队各成员的专业知识和实际经验，旨在为正在进行的价值变现活动提供改进意见和建议。其步骤见表 10-29。

表 10-29 内部团队反馈的步骤

步骤	实施	示例
设定反馈目标	明确反馈目标，如提升广告点击率和用户参与度，并设定具体问题来指导反馈收集	"××体育"设定目标为将广告点击率提升15%，并围绕如何提高广告创意和相关性收集团队反馈
收集团队意见	通过定期会议、匿名问卷调查和小组讨论等方式，收集团队成员对广告变现策略的见解和建议	"××体育"组织创意工坊，讨论广告创意；发放匿名问卷调查广告投放效果；开展小组讨论，优化广告定位策略

(续)

步骤	实施	示例
整理与分析	对收集到的反馈进行归类、识别关键问题、分析根本原因，并评估改进建议的可行性	"××体育"整理工作坊和问卷反馈，分析广告点击数据，识别出用户对特定赛事广告的高参与度，并建议增加此类广告的投放频率
策略调整决策	基于反馈分析结果，决策是否调整策略，并考虑所需资源、预期收益和潜在风险	"××体育"决定在大型赛事期间增加互动式广告的投放，调整广告内容策略以更好地吸引用户，并评估预期的广告收入增长
实施与跟踪	执行策略调整，并设定关键绩效指标（KPI）跟踪效果，确保调整后的策略能够达到预期目标	"××体育"实施新的广告策略，并设定KPI如点击率、转化率和用户留存率，定期跟踪和评估策略效果
持续优化	根据实施结果和持续收集的团队反馈，不断优化广告变现策略	"××体育"根据每月的广告效果报告和团队反馈，持续优化广告内容和投放时机，以提高广告收入和用户满意度

（三）策略调整及实施

策略调整及实施是指在价值变现过程中，根据数据分析、反馈收集，对现有的变现策略进行针对性的优化和改进，并确保这些调整措施得到有效执行的过程。其包括三个步骤，即策略调整、资源准备、策略实施。具体步骤见表10-30。

表10-30 策略调整及实施的步骤

步骤	措施	示例
策略调整	改变广告形式	"××体育"将广告与赛事内容深度融合，如在足球比赛关键时刻插入与赛事氛围相匹配的广告，提高广告的自然性和接受度
策略调整	调整定价策略	"××体育"根据用户消费能力和市场调研，调整广告套餐价格，引入动态定价模型，以适应不同赛事和时间段的广告需求
策略调整	优化付费内容	"××体育"根据用户观看习惯和偏好，精选并推荐热门赛事和独家内容，提升付费用户的观看体验和满意度
资源准备	设计素材准备	"××体育"设计团队创作了一系列与体育精神和赛事主题相关的广告素材，以增强品牌合作的吸引力
资源准备	技术支持与更新	"××体育"技术团队开发了新的用户行为追踪系统，以实时优化广告投放效果，并提供更精准的用户画像
资源准备	制定推广预算	"××体育"财务团队根据广告效果预测和市场情况，制定了一套灵活的推广预算方案，以支持多渠道广告推广活动
资源准备	人力资源调整	"××体育"人力资源部门对内部团队进行了重组，特别强化了创意和数据分析团队，以支持新策略的创意执行和效果分析
资源准备	时间规划与安排	"××体育"项目管理团队制定了详细的项目时间线，包括关键里程碑和交付物，确保新策略的按时实施

(续)

步骤	措施	示例
策略实施	更新广告内容与投放策略	"××体育"广告团队根据赛事热度和用户反馈,实时更新广告内容,并优化广告投放的时机和频率
	正式调整价格策略	"××体育"在新赛季开始前,通过新闻发布会和在线直播,正式宣布新的会员定价策略,并解释其对用户的价值
	发布与推广新的付费产品	"××体育"通过限量预售和会员专享活动,推广新的付费赛事包,并通过社交媒体和邮件营销吸引用户订阅
	建立监控与评估机制	"××体育"建立了一套综合评估体系,包括广告效果、用户满意度和收入增长等多个维度,以全面评估新策略的表现

第四节 新媒体价值变现评估

价值变现评估包括效果评估和经验总结两个环节,具体如图 10-5 所示。

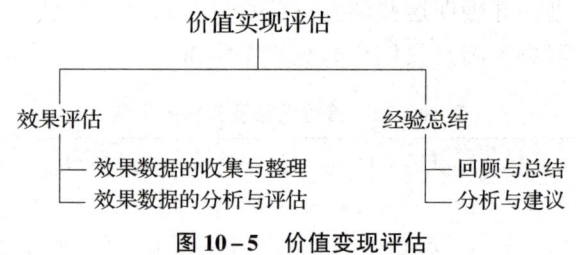

图 10-5 价值变现评估

一、效果评估

效果评估包括两个步骤,即效果数据的收集与整理、效果数据的分析与评估。

(一)效果数据的收集与整理

效果数据的收集与整理是指在新媒体运营过程中,对价值变现相关数据进行系统、有计划地收集和整理的过程。这些数据反映了价值变现策略的执行情况和实际效果,是评估价值变现效果的重要依据。其步骤如下。

1. 明确收集目标

价值变现的效果数据包括用户数量、用户活跃度、阅读量、点赞量、评论量、分享量、广告收入、电商销售额、转化率、品牌合作与赞助等。

在进行数据收集之前,明确价值变现的目标和策略是至关重要的。这些目标和策略将指导数据收集的方向和重点,确保所收集的数据与业务目标紧密相关。例如,如果价值变现的目标是增加广告收入,那么数据收集将重点关注广告展示次数、广告点击率等指标;如果目标是提高用户活跃度,那么数据收集将重点关注用户访问频率、互动次数等指标。

这些效果数据可能来自多个渠道,例如平台自带的数据分析工具、第三方数据分析工具、用户调研等。需要新媒体运营者根据数据的重要性和可获取性选择合适的来源。

可以根据价值变现目标的时限和策略的执行周期来确定数据收集的时间范围。例如,如果目标是短期内提高用户活跃度,那么可以收集最近一周或一个月的数据进行分析。

2. 设计数据收集表

根据价值变现目标和策略,确定需要关注的关键指标。例如,如果目标是增加收入,关键指标可能包括广告收入、电商销售额等;如果目标是扩大用户群体,关键指标可能包括新增用户数量、用户增长率等;如果目标是提高用户活跃度,关键指标可能包括用户访问频率、互动次数等。数据收集表见表10-31。

表10-31 数据收集表(示例)

时间范围	数据来源	关键指标	数据项	数据
2024-01-01至2024-01-31	平台A	广告收入	广告展示次数	10000次
2024-01-01至2024-01-31	平台A	广告收入	广告点击次数	800次
2024-01-01至2024-01-31	平台A	广告收入	广告转化率	8%
2024-01-01至2024-01-31	平台A	电商销售	销售额	5000元
2024-01-01至2024-01-31	平台A	电商销售	订单数量	250份
2024-01-01至2024-01-31	平台A	用户增长	新增用户数量	500人
2024-01-01至2024-01-31	平台A	用户增长	用户留存率	75%
……	……	……	……	……
2024-01-01至2024-01-31	平台B	活跃度	用户访问次数	15000次
2024-01-01至2024-01-31	平台B	活跃度	用户互动次数	3500次

3. 数据收集

新媒体平台通常提供丰富的数据分析工具,例如新榜、百度统计等。这些工具可以按照设计好的数据收集表进行数据收集,并提供多维度的数据分析功能。此外,还有一些第三方工具,例如数据爬虫、数据挖掘软件等,可以用于更高级或特定的数据收集需求。

确保数据的准确性和完整性是数据收集过程中的核心要求。首先,要校验数据源,确保数据来源可靠,并定期进行数据质量检查;其次,要设置数据验证规则,在数据收集表中设置数据验证规则,例如数据格式、数值范围等,以确保数据的准确性;再次,要避免数据重复,可通过唯一标识符(如用户ID、交易ID等)来避免数据的重复收集;最后,要始终保留原始数据备份,以便在需要时进行数据恢复或验证。

4. 数据整理

数据整理就是对收集到的数据进行清洗、分类和汇总,以便后续的分析和评估。

清洗数据的主要目的是消除错误、冗余和不一致,从而确保数据集的质量和可用性。清洗数据包括去除重复数据、处理异常值和缺失值等。

通过分类数据,可以更深入地理解数据的不同方面和特征,从而更好地与价值变现目标和策略相结合。分类维度的选择应根据价值变现目标和策略来确定。例如,如果目标是优化广告收入,可以按照广告来源、广告类型、用户群体等维度对数据进行分类,以了解不同类别广告的表现和贡献。

数据汇总是对数据进行统计和计算的过程,旨在提取关键指标的值,以便更好地了解和评估数据的整体表现和趋势。根据价值变现目标和策略,确定需要计算的关键指标。这些指标可以是收入、用户数量、活跃度、转化率等。通过使用统计方法(如求和、平均值、百分比等),可以对数据进行汇总,并得到关键指标的值。

5. 数据可视化

对于新媒体账号的价值变现来说,数据可视化不仅可以帮助团队更好地理解数据,还可以揭示账号潜在的价值变现机会和优化策略。例如,折线图适用于展示趋势变化,柱状图适用于比较不同类别的数据,散点图适用于展示变量之间的关联性。选择合适的图表类型可以更准确地传达数据的含义。

(二)效果数据的分析与评估

效果数据的分析与评估是对收集并整理好的数据进行深入解读和判断的过程,旨在评估新媒体运营的实际效果,并与既定的目标和策略进行对比,从而为后续的运营决策和优化提供数据支持。其步骤如下。

1. 数据概览

数据概览是对数据进行整体观察的过程,通过了解关键指标的变化趋势和总体表现,对数据形成一个初步的全局认识。这个过程有助于迅速掌握数据的基本情况和表现,并为后续的数据分析和评估提供基础。数据概览可以通过图表、仪表盘等可视化工具来直观地展示数据,使得观察者能够更加方便地理解数据的整体状况。例如,如果策略是通过内容营销吸引潜在用户,并引导他们进行购买,那么在数据概览时,应该关注内容阅读量、用户互动次数、引导至产品页面的流量等指标。

2. 目标对比

将实际效果数据与设定的目标进行对比,找出差距和异常点。针对差距和异常点进行深入分析,找出可能的原因。例如虽然策略本身没有问题,但在执行过程中出现了偏差或不足。或者市场环境、用户需求发生了变化,而原有的策略没有及时调整。也有可能是设定的目标过于乐观或不切实际,导致实际效果难以达成。第三种原因,就是内容创作、用户运营、活动推广等方面的资源投入不足,影响了运营效果。

3. 深入分析

运用统计分析、数据挖掘等方法,探索数据间的关系和规律。可以使用相关分析、回归分析、聚类分析等技术来发现数据中的趋势和模式。例如,分析文章、视频、图片等不同类型的内容对用户活跃度的影响。某些类型的内容可能更受欢迎,能够吸引更多的用户参与和互动,从而提高用户活跃度。也可以研究广告策略的广告定位、创意设计、投放渠道等因素对收入变化的影响。有效的广告策略可以吸引更多的目标用户,提高转化率,进而增加收入。

4. 问题诊断

针对数据中异常或不足之处进行深入分析,找出可能的问题所在。其具体步骤见表10-32。

表10-32 问题诊断的步骤

步骤	描述	示例
识别异常与不足	通过对关键数据的监测和分析,识别出价值变现过程中的异常或不足	"××体育"通过数据分析工具发现广告点击率下降至1.5%,第7天用户留存率下降至30%,明显低于行业平均水平,说明广告效果不佳
提出假设	基于观察到的异常或不足,提出可能的原因假设,涵盖内容质量、用户行为、市场环境、竞争对手等多个方面	假设1:广告内容与用户兴趣不匹配;假设2:用户对广告形式产生疲劳;假设3:竞争对手推出了更具吸引力的广告或促销活动
收集数据与信息	通过多种渠道收集数据和信息,以验证假设,包括调研、市场分析、竞品监控等	"××体育"通过在线调查收集用户对广告内容的反馈;分析市场报告以了解用户兴趣变化;监控竞争对手的广告策略和用户反应
深入分析	使用数据分析技术深入挖掘数据,找出问题的根本原因,并评估其对广告收入变现的影响	"××体育"利用用户行为数据分析工具发现用户对特定类型的体育赛事广告反应热烈,而对其他类型广告兴趣不足;市场分析显示用户对互动式广告的偏好增加
确定问题	综合分析结果,明确问题的具体表现、原因和影响,为制定解决方案提供依据	确定"××体育"的广告内容与用户兴趣不匹配,且缺乏创新,导致用户参与度下降;同时,竞争对手的互动式广告策略吸引了部分潜在用户
制定解决方案	根据确定的问题,制定具体的解决方案,包括内容创新、用户参与度提升、竞争对手策略应对等	"××体育"计划推出与热门赛事相关的互动式广告,增加用户参与度;同时,优化广告投放算法,提高广告的相关性和吸引力
实施方案	实施制定的解决方案,包括内容制作、技术调整、市场推广等	"××体育"制作了一系列互动式广告,并在赛事直播期间进行投放;同时,调整了广告推荐算法,确保广告内容与用户兴趣高度匹配
监控与评估	实施方案后,建立监控机制,定期评估方案的效果,并根据评估结果进行调整优化	"××体育"通过实时数据分析监控广告点击率和用户留存率的变化;根据评估结果,对广告内容和投放策略进行微调,实现最佳效果

5. 策略建议

基于数据分析结果,提出针对性的策略优化建议或新的运营思路。

(1) 明确问题 回顾数据分析的结果,明确数据反映出的关键问题、机会和挑战。在"××体育"的例子中,新媒体运营者已经确定了关键问题。首先,广告内容的质量未能满足用户的期望,导致广告点击率下降至1.5%,这远低于行业标准。其次,用户留存率也从50%降至30%,这表明用户对平台的忠诚度在降低。这些问题直接影响了"××体育"的收益,因此需要立即解决这些问题。同时,"××体育"也看到了机会,即市场上出现了新的热点话题,竞争对手的策略调整也提供了新的启示,这些都是可以利用的增长点。

(2)确定方向　根据分析结果,确定需要优化的策略方向或新的运营思路。在"××体育"的例子中,面对着问题和机会,新媒体运营者形成了三个新的策略方向:首先,提升广告内容的质量,确保它们的新颖、有趣且与目标用户群体高度相关;其次,紧跟市场趋势,及时调整内容策略,抓住热点话题,满足用户的新需求;再次,与竞争对手差异化,在广告策略和内容上形成自己的特色,避免直接竞争。

(3)制定策略建议　针对每个优化方向,制定具体的策略建议。这些建议应该具有可操作性、可衡量性和可持续性。在提出策略建议后,对其进行初步评估,确保建议的合理性和有效性。在实际执行过程中,还需要根据反馈和效果进行及时的调整和优化。

在"××体育"的例子中,新媒体运营者的策略建议见表10-33。

表10-33　策略建议示例

策略方向	策略建议	示例
提升广告内容质量	1. 引入专业广告创意团队,定期更新广告素材,确保广告内容新颖且吸引人; 2. 利用A/B测试进行广告版本优化,找出用户反应最好的广告设计; 3. 开发与热门话题或事件紧密相关的互动广告,提高用户参与度	"××体育"引入了一支有创意的广告团队,对广告素材进行了全面更新,并通过A/B测试发现用户对包含运动员故事的广告反响最好。此外,账号还推出了与即将到来的篮球赛事相关的互动广告,用户可以通过参与竞猜活动赢得奖品
紧跟市场趋势	1. 建立市场趋势监测机制,通过社交媒体监听和搜索引擎趋势分析,及时发现并响应新热点; 2. 与KOL或行业专家合作,通过他们的视角和影响力获取市场动态,增加内容的权威性和吸引力; 3. 快速整合热点话题到广告内容中,提升广告的时效性和相关性	"××体育"通过社交媒体监听工具发现了用户对即将到来的足球赛季的热议,迅速与知名足球评论员合作,制作了一系列预测新赛季表现的广告内容,这些内容在社交媒体上迅速传播,提高了用户参与度
与竞争对手差异化	1. 分析竞争对手的广告策略和优劣势,确定自身的独特卖点,避免直接竞争; 2. 在内容和广告形式上进行创新,如推出定制化的广告服务和用户生成内容广告,形成独特的品牌形象; 3. 通过品牌故事和价值观的传播,增强用户对品牌的情感认同	"××体育"分析竞争对手的广告策略后,决定专注于提供深度体育分析和幕后故事等内容,与竞争对手的通用体育新闻内容区分开来。账号推出了一系列用户生成内容的广告活动,并邀请粉丝分享他们与体育的故事,这些真实的故事在用户中引起了共鸣,增强了品牌忠诚度

二、经验总结

经验总结包括回顾与总结、分析与建议两个步骤。

(一)回顾与总结

回顾与总结是对新媒体价值变现活动进行系统性反思的过程,它要求新媒体运营者对过去一段时间内的工作进行全面梳理,包括目标设定、策略制定、执行过程、结果达成等各个方面,并清晰地了解到哪些变现策略有效、哪些变现策略需要调整,以及在整个过程中出现了哪些问题,如何解决这些问题。其步骤具体见表10-34。

表10-34 回顾与总结的步骤

步骤	实施	示例
成果与挑战	总结价值变现活动的成果,记录增长的用户基数、收入提升等关键指标,并识别遇到的挑战和问题	"××体育"总结发现广告收入提升了20%,主要得益于新的互动广告的推出;同时,识别出广告投放精准度不足的问题
过程与经验	分析策略制定和执行的关键环节,提炼团队协作和项目管理的经验,分享知识和教训	"××体育"分析广告投放流程,发现精准度不足的原因是用户数据分析不够深入,团队通过引入更精细化的数据分析工具来优化广告定位
知识共享	将提炼的经验和总结的教训进行团队内分享,避免重复犯错,激发新思考和创新	"××体育"组织季度策略回顾会议,让创意团队和数据分析团队交流广告创意和投放效果,共同探讨如何提升广告吸引力和转化率
团队文化建设	通过持续分享和交流,形成共同知识体系、价值观和工作方法,培养团队文化和凝聚力	"××体育"定期举办团队培训和创意工作坊,强化团队成员对体育内容创新的承诺,增强团队合作精神和创新能力

(二)分析与建议

在回顾和总结的基础上,新媒体账号运营者可以结合数据分析和最新技术来优化变现策略,并提出建议,为新媒体账号的长期发展制定创新的方向。具体见表10-35。

表10-35 分析与建议的步骤

步骤	实施	示例
策略优化	1. 利用机器学习技术对用户数据进行深入分析,构建精细化用户画像,实现内容个性化推荐; 2. 采用大数据分析工具,优化内容投放的时间、频率和目标用户群体,提高内容的相关性和转化率; 3. 引入AI创作工具,自动化生成内容,提高内容生产的效率和创新性	"××体育"通过机器学习模型分析用户观看体育赛事的行为模式,为用户推荐他们可能感兴趣的赛事广告和相关产品,从而提升用户参与度和广告收入

(续)

步骤	实施	示例
创新探索	1. 结合最新的市场趋势和技术发展，如AR/VR、区块链等，探索新的广告变现模式； 2. 利用大数据和AI技术，为用户提供个性化的内容，增加用户黏性； 3. 开发基于区块链的产品，确保内容的版权保护，提高品牌信任度	"××体育"开发AR健身课程，用户可以通过手机应用参与虚拟的体育活动，同时账号接收到与活动相关的广告和产品推荐，提升用户体验和广告互动性

本章小结

本章分为四个小节。第一节介绍了新媒体价值变现概述，包括了新媒体价值变现的内涵，以及新媒体价值变现流程的三个阶段；第二节介绍了新媒体价值变现规划，包括目标设定与策略制定、资源准备与计划制订、风险识别与调整三个环节；第三节介绍了价值变现执行阶段，包括变现策略实施、数据监控与优化、反馈收集与调整三个环节；第四节介绍了价值变现评估，包括效果评估、经验总结两个环节。

整体而言，本章为新媒体运营者提供了一个全面的变现指南，从规划到执行再到评估，每个环节都至关重要。通过遵循这一流程，新媒体运营者可以更有效地实现内容的价值转化，提升用户体验，实现可持续的商业成功。

核心概念

1. 价值变现（Value Realization）
2. 价值变现规划（Value Realization Planning）
3. 价值变现执行（Value Realization Execution）
4. 价值变现评估（Value Realization Evaluation）
5. 价值变现策略（Value Realization Strategy）
6. 知识付费（Knowledge Payment）
7. 知识产权（Intellectual Property，IP）

思考题

1. 什么是新媒体价值变现？为什么要进行新媒体价值变现？
2. 试述新媒体价值变现的流程。
3. 阐述新媒体账号如何进行价值变现规划。
4. 新媒体账号有哪些变现策略？
5. 阐述新媒体账号如何进行价值变现执行。
6. 阐述新媒体账号如何进行价值变现评估。

测试题

实训指南

一、实训目的

1. 理解新媒体价值变现的定义、特点和流程。
2. 掌握价值变现规划、执行和评估的关键步骤。
3. 学会如何通过数据分析和用户反馈来优化变现策略。

二、实训内容与步骤

表 10-36 实训内容与步骤

实训环节	任务	步骤
新媒体价值变现概述	学习基本概念，理解变现的五大特点	1. 通过阅读相关教材，深入理解新媒体价值变现的定义和核心要素； 2. 分析不同新媒体账号的变现案例，从中提炼出变现的多样性、互动性、数据化、创新性和长期性等特点，并探讨这些特点如何影响变现策略的制定和执行
价值变现规划	设定目标，制定策略，准备资源，制订计划，进行风险评估	1. 明确新媒体账号的短期和长期变现目标，确保目标具体、可衡量； 2. 根据账号定位和市场分析，设计一套全面的变现策略，涵盖内容创作、平台利用和用户互动等方面； 3. 准备必要的资源，包括内容素材、技术工具和合作伙伴； 4. 制订详细的执行计划，明确每个阶段的时间节点和责任人； 5. 进行风险评估，识别潜在的挑战，并制定相应的应对策略
价值变现执行	实施策略，监控数据，优化调整，收集反馈	1. 按照既定的变现策略执行各项活动，例如广告投放、内容付费等； 2. 利用数据分析工具实时监控关键指标，例如用户行为数据和收益数据。根据监控结果，及时调整策略以优化变现效果； 3. 积极收集用户反馈和市场动态，以便快速响应市场变化，调整策略以保持竞争力
价值变现评估	制定评估标准，进行效果评估，总结经验教训	1. 设定一系列评估标准，包括收益指标如点击率、转化率，以及用户指标如留存率、满意度等； 2. 通过收集的数据进行客观的效果评估，比较实际结果与预期目标的差异； 3. 编写评估报告，详细记录成功经验和遇到的问题，提出有针对性的改进建议，为未来的变现活动提供参考

三、实训成果

1. 完成一份详细的新媒体价值变现策略报告。
2. 实施并监控至少一个新媒体价值变现活动。
3. 提交一份包含效果评估和经验总结的实训报告。

综合案例

故宫文创的价值变现

故宫口红、故宫日历、故宫胶带、故宫娃娃、故宫猫盲盒……这些名字，如今在文创市场上已为人们所熟知。它们代表着一种文化的新生命力，也见证了故宫博物院在文创产品开发道路上的坚实步伐。

然而，这条道路并非一开始就铺满鲜花。从最初的普通旅游纪念品，到如今的爆款IP，故宫博物院走过了一段充满挑战与创新的历程。那么，是什么让故宫文创产品如此受欢迎？故宫博物院又是如何实现这一华丽转身的呢？

一、故宫文创发展史

（一）旅游纪念品阶段

在初始时期，故宫博物院的文创产品开发主要聚焦于对典藏文物的复制。团队致力于呈现文物的丰富题材，并追求对其原貌的忠实描绘。例如，故宫博物院曾推出一款名为"皇帝之宝——玉玺"的产品。这款产品以院藏文物中清宫25方宝玺中唯一一个全满文篆书的玉玺为蓝本，进行了等比复制，旨在传达"天之受命，至尊无上"的寓意。

然而，在这一阶段，由于团队的开发经验不足，故宫文创产品主要停留在对文物的简单复制层面，且多以小产品为主。尽管故宫文化创意中心于2008年就已成立，并随后上线了故宫淘宝，但当时的文创产品依然延续了对书画、瓷器等文物的简单复制模式，市场反馈并不尽如人意。

（二）文创商品阶段

进入第二阶段，故宫文创开始深度挖掘藏品内涵，并巧妙地与现代社会生活用品结合。2013年，台北故宫博物院推出的"朕知道了"纸胶带在网络上引起热议，其风靡两岸的现象让大家看到了博物馆IP文创衍生品的巨大市场潜力。故宫博物院受到这一启发，于2014年通过一篇名为《雍正：感觉自己萌萌哒》的文章，成功塑造了一种"无厘头"的雍正形象，这一创新尝试在社交媒体上引起极大反响，为故宫文创开发开辟了新的路径。

自2016年起，以故宫IP为代表的文创产品开发迎来"井喷式发展"。产品类型丰富多样，涉及美妆护肤、电子产品、食品饮料、家居服饰等多个品类。其中，故宫口红、故宫日历、故宫胶带、故宫娃娃、故宫猫盲盒等网红商品更是受到消费者的热烈追捧。此外，故宫博物院还积极与卡地亚、农夫山泉、北京稻香村、羽西、丽思卡尔顿、奥利奥、真维斯、毛戈平美妆、安踏等国内外知名品牌进行跨界合作，推出的文创产品渗透到消费者生活的方方面面。

在文创产品开发过程中，故宫博物院严格控制，采用独立开发、共同开发及授权开发三种形式。产品规划流程精细分为四个时段：先期谋划、产品设计、产品试销和总结归纳。每个时段都有明确的目标和流程，确保文创产品既具有文化属性又符合市场需求。

经过精心策划和严格把控，故宫文创产品取得了显著的市场成绩。2019年，故宫博物院所有文创产品的全年总收入达到15亿元。截至2023年，故宫文创淘宝粉丝已超过900万，遥遥领先其他博物馆。这一阶段的成功不仅提升了故宫博物院的品牌影响力，也为博物馆文创产业的发展树立了典范。

（三）大文创阶段

随着科技的不断进步和市场的日益多元化，故宫文创进入了全新的"大文创"阶段。这一阶段的核心在于跨界合作、交叉融合，形成全方位、多元化的产品体系。大文创不再局限于实体产品，更延伸至虚拟形态，旨在通过一切创意手段，将故宫博物院的文化资源转化为可供人们感知、理解和消费的文化产品。

故宫博物院以其丰富的藏品为基础，先后推出了以故宫建筑、海错图、千里江山图等IP素材为灵感的大文创产品系列。其中，千里江山系列尤为引人注目，该系列以北宋名画《千里江山图》为创作蓝本，通过数字展览、文创产品、数字产品和舞剧等多种形式，将这幅传世名作以全新的方式呈现在公众面前。

在数字展览方面，故宫利用先进技术，例如巨幅高清动态数字长卷和丰富的交互手段，再现了《千里江山图》的雄浑壮阔，为观众带来了身临其境的艺术体验。随后，这一展览升级为沉浸艺术展，通过三维粒子化解构和重组技术，呈现出更加生动立体的数字景观。

在文创产品方面，故宫将《千里江山图》的经典青绿配色应用于各类饰品、日用品和消费品中，推出了首饰、文具、日用品等系列产品，让这幅名画走进了人们的日常生活。此外，故宫博物院还通过与丝域养发等品牌的合作，进一步拓宽了"千里江山"系列文创的边界。

在数字产品方面，故宫博物院借助现代技术手段，推出了以《千里江山图》为蓝本的音乐、手游和数字藏品等创新产品。这些产品以全新的方式诠释了传统文化，吸引了更多年轻人的关注和喜爱。

在舞剧方面，取材于《千里江山图》的舞剧《只此青绿》在国家大剧院首演后，便收获了如潮好评，该剧以舞蹈的形式展现了《千里江山图》的美妙画卷，为观众带来了全新的艺术享受。

大文创阶段的成功实践充分证明了传统文化与现代科技的结合可以产生巨大的市场潜力。故宫博物院通过不断创新和探索，成功将传统文化资源转化为具有市场竞争力的文化产品，为博物馆文创产业的发展树立了新的典范。未来，故宫博物院将继续深化大文创理念，推动文化创意产业的持续发展。

二、总结：从宝藏到超级IP的"互联网+"商业化蜕变

故宫，这座历史悠久的文化宝库，在"互联网+"的时代浪潮中，成功地将自己的丰富文化资源转化为市场竞争力，成为一个超级IP。这一转变过程不仅彰显了传统文化的魅

力，也揭示了商业化运营与文化传承相结合的无限可能。

（一）整合资源：最大化发挥馆藏文物价值

故宫文创的首要任务是从浩如烟海的文物中筛选出最具开发价值的元素。通过梳理文物素材，建立IP素材库，并根据市场和消费者的偏好进行灵活调整，故宫文创确保每一件产品都能充分体现文物的独特魅力。

（二）开放合作：联合企业力量实现共赢

在文创产品的开发过程中，故宫博物院并非孤军奋战。通过设立文创事业部和文化产业管理处，以及成立专业的文化发展有限公司，故宫博物院积极与商业品牌展开合作。这种强强联合的模式不仅加速了产品的研发进程，还确保了产品的高品质和高市场接受度。

（三）市场导向：以消费者为中心的产品策略

故宫文创始终坚持以市场为导向、以消费者为中心的产品开发策略。通过紧密关注市场反馈，及时调整产品策略，以及严苛把控产品质量，故宫文创成功推出了一系列深受消费者喜爱的产品。同时，通过制定合理的定价策略，满足不同消费者的需求，进一步扩大了市场份额。

（四）数字创新：探索边界，拥抱新时代

随着数字技术的飞速发展，故宫文创积极拥抱变革，通过"数字科技+新文创"的手段构建强大的数字平台。推出形式多样的数字文创产品，例如数字展览、游戏、音乐、沉浸式体验等，不仅让文化遗产资源"活"起来，也为观众提供了更加丰富多元的互动体验。

（五）持续创新：让文物"活"起来，让传统"潮"起来

无论是数字展览、舞剧还是文创产品和数字产品，故宫文创始终在不断尝试和创新。通过找到契合自己的文创之路，故宫博物院成功地将文物和传统元素融入现代生活，让更多人能够感受到历史的魅力和文化的力量。

资料来源：根据佚名《文物"成精"了！故宫爆款文创"潮"起来的密码！》（"看见邛崃"头条号，2023年12月5日）相关内容整理。

案例思考

1. 故宫文创在从旅游纪念品阶段过渡到文创商品阶段的过程中，采取了哪些关键策略来提升产品的市场吸引力和文化价值？
2. 故宫文创在执行其商业化变现策略时，是如何优化其产品开发和市场推广策略的？
3. 故宫文创在价值变现上，有哪些值得学习和借鉴的优秀经验？

参考文献

[1] 李俊，魏炜，马晓艳. 新媒体运营[M]. 北京：人民邮电出版社，2020.
[2] 黄桓. 新媒体运营与推广从入门到精通[M]. 北京：清华大学出版社，2021.
[3] 李东临. 新媒体运营[M]. 天津：天津科学技术出版社，2018.
[4] 赵溪，张艳，王嫣菁，等. 全媒体运营师[M]. 2版. 北京：清华大学出版社，2023.
[5] 郭晓斌，袁欣，王晓华，等. 新媒体运营[M]. 北京：人民邮电出版社，2022.
[6] 宁延杰. 数字化营销：新媒体全网运营一本通[M]. 北京：北京大学出版社，2023.
[7] 王力建. 新媒体和电商数据化运营[M]. 2版. 北京：清华大学出版社，2022.
[8] 黄有璨. 运营之光[M]. 北京：电子工业出版社，2022.
[9] 袁国宝. 政务新媒体[M]. 北京：中国经济出版社，2020.
[10] 傅一声. 运营之巅：非互联网行业的新媒体运营[M]. 北京：北京大学出版社，2022.
[11] 韩智华. 抖音运营实战一本通[M]. 北京：人民邮电出版社，2020.
[12] 叶龙. 从零开始学新媒体运营推广[M]. 3版. 北京：清华大学出版社，2023.
[13] 秋叶，乔辉，麻天骁. 新媒体营销与运营[M]. 北京：人民邮电出版社，2021.
[14] 张浩淼，乐金生，张宏宇. 新媒体运营实务[M]. 北京：中国人民大学出版社，2021.
[15] 吕白. 从零开始做内容[M]. 北京：机械工业出版社，2020.
[16] 李东进，李申，尹寿芳，等. 新媒体营销与运营[M]. 北京：人民邮电出版社，2022.
[17] 唐妍. 消费者洞察：大数据驱动下的新媒体运营研究[M]. 北京：人民邮电出版社，2022.
[18] 谭贤. 新媒体运营从入门到精通[M]. 北京：人民邮电出版社，2017.
[19] 张晞，刘洁. 微博营销：Web2.0时代的营销变革[M]. 南宁：广西科学技术出版社，2012.